D1673560

Bauer
Recht kurios

Recht kurios

Amüsantes und Trauriges

von

Rechtsanwalt Prof. Dr. Jobst-Hubertus Bauer

C.H.BECK

www.beck.de

ISBN 978 3 406 64238 8

© 2012 Verlag C.H. Beck oHG
Wilhelmstraße 9, 80801 München

Druck: CPI – Clausen & Bosse GmbH
Birkstraße 10, 25917 Leck

Satz: ottomedien, Darmstadt

Umschlaggestaltung: Kunst oder Reklame, München
Foto: Thinkstock

Gedruckt auf säurefreiem, alterungsbeständigem Papier
(hergestellt aus chlorfrei gebleichtem Zellstoff)

Vorwort

Die Idee zu dem vorliegenden Buch geht auf die Festrede zurück, die der viel zu früh verstorbene, gleichermaßen geistreiche wie wortgewandte und humorvolle Arbeitsrechtler und geschätzte Mitherausgeber der NZA, *Meinhard Heinze*, am 29. September 1999 beim Festakt zum 50-jährigen Bestehen der Arbeitsgerichtsbarkeit des Landes Rheinland-Pfalz gehalten hat. *Heinze*, der mir damals seine Rede zur weiteren Verwendung überlassen hat, setzte sich launig mit den „Schwierigkeiten einen Prozess zu gewinnen" auseinander. Der große Gelehrte hat dabei der Juristerei satirisch und ironisch-unterhaltend den Spiegel vorgehalten.

Das hat mich animiert, weitere makabre, lustige oder auch nur verquere Beispiele aus der Rechtsprechung und sonstige Anekdoten aus der wundersamen Welt der Juristen zu sammeln. Das führte zu dem einen oder anderen Vortrag von mir unter dem Motto „Kuriositäten der Jurisprudenz". Als die Materialfülle schließlich mehrere Aktenordner einnahm, entschied ich mich an Weihnachten 2011, meine „Erkenntnisse" der juristischen Gemeinde, aber auch darüber hinaus, in Buchform zur Verfügung zu stellen.

Das Buch soll sich von herkömmlichen kabarettistischen Werken unterscheiden, zum einen dadurch, dass es aus der Feder eines praktizierenden Anwalts stammt, der während seiner jahrzehntelangen Tätigkeit manch eigene Erfahrung mit den Sonderbarkeiten des juristischen Betriebs gemacht hat, zum anderen durch Fußnoten, die dem Leser helfen sollen, das eine oder andere nachzuprüfen bzw. genauer zu lesen. Auch wenn meine Spezialisierung dazu geführt hat, dass ich mich als Anwalt fast ausschließlich mit Problemen des Arbeitsrechts und des Dienstvertragsrechts beschäftige, soll der Bogen weiter gespannt werden. Zivil-, verwaltungs-, sozial- und strafrechtliche „Ergüsse" werden deshalb nicht vernachlässigt. Speziell zum Arbeitsrecht konnte ich mir auch die ein oder andere pointierte Kritik am geltenden Recht und seiner Auslegung durch die Gerichte nicht verkneifen. Zudem sind Anekdoten aus meiner Tätigkeit bei *Gleiss* Lutz eingeflochten. Das Ganze wird abgerundet durch Kapitel zur Gesetzgebung, der Wissenschaft und natürlich auch der Anwaltschaft.

Um Nachsicht bitte ich, dass ich – zugegebenermaßen relativ „unmodern" – im Sinne besserer Lesbarkeit nur die männliche Form „Jurist", „Anwalt", „Partner" usw. gewählt habe, die als verallgemeinernde Funktionsbezeichnungen zu verstehen sind.

Fünf Kapitel sind der wunderlichen Jurisprudenz (A.), dem Jus des Gesetzgebers und der Behörden (B.), der Welt der Rechtswissenschaft (C.), den richterlichen Narren und ihren Elaboraten (D.) und der Anwaltschaft als Krone der Jurisprudenz (E.) gewidmet.

Mein Dank gilt dem Verlag *C. H. Beck*, der sich bereit erklärt hat, ein solches Wagnis einzugehen und Herrn *Thomas Wilting*, der die Entstehung des Buchs seitens des Verlags bestens betreut hat. Dankbar bin ich auch meinen Partnern und Mitarbeitern der Anwaltskanzlei *Gleiss Lutz* für viele Anregungen und Hinweise, insbesondere den Rechtsanwälten *Dr. Christian Arnold* und *Dr. Andreas von Medem* sowie Herrn Rechtsreferendar *Kai Brauneisen*. Last but not least gilt mein ganz besonderer Dank Frau *Gertrud Raikov* und Frau *Heike Warmuth*, die sich neben ihrer eigentlichen Tätigkeit unermüdlich und stets zuverlässig um das Manuskript gekümmert haben. Trotz der vielen Änderungen im Laufe des Herstellungsprozesses haben sie diese Sonderaufgabe mit der nötigen Prise Humor gemeistert.

Viel Spaß beim Lesen!

Stuttgart, im Juli 2012   *Jobst-Hubertus Bauer*

Inhaltsverzeichnis

Literaturverzeichnis XIII
Abkürzungsverzeichnis XV

A. Wunderliche Jurisprudenz 1

B. Jus des Gesetzgebers und der Behörden 3
  I. In Deutschland ist die Made drin 3
  II. Europäische Regelungswut 13
    1. Gurken stramm gestanden! 13
    2. Das sitzt! 13
    3. Beutel-Sicherheit 14
    4. In luftiger Höhe 15
  III. Blick über den großen Teich 16
  IV. Beamtenschweiß und mehr 17

C. Aus der Welt der Rechtswissenschaft 19
  I. Gesunder Menschenverstand oder was? 19
  II. Marotten und Sünden von Rechtswissenschaftlern   20
  III. Plagiate 22
  IV. Schuster bleib bei Deinen Leisten 24
  V. Arbeitsrechtspoesie 25
  VI. Professorenwitze 29

D. Über richterliche Narren und ihre Elaborate 33
  I. Selbstironie und anderes mehr 33
    1. Auf hoher See und vor Gericht 33
    2. Was Richter erwarten 41
    3. Was von Richtern zu erwarten ist 43
    4. Kein Prozessgewinn und dennoch ein Gewinn .. 46

Inhaltsverzeichnis

5. Vereinfachte Rechtsfindung 49
6. Ironische Autobiographie 50
7. Aus den (Un-)Tiefen höchstrichterlicher
   Tätigkeit 51
8. Schlafende Richter 53
9. Altersgrenzen 55
10. Vergleichsquetsche zwecks richterlicher
    Arbeitsentlastung 55
11. Mickrige Produktivität 55
12. Nacht- und Wochenendarbeit 58
13. Urteil oder Vergleich? 59
14. Erotischer Traum eines Arbeitsrichters 60
15. Arbeitsrechtslieder 60
16. Richterwitze 63

II. „Highlights" arbeitsrechtlicher Rechtsprechung
    und Reiz des Arbeitsrechts 64
    1. Mobbing 65
    2. Sexuelle Belästigung oder sexuelle Belustigung? 68
       a) Männliche Übeltäter – wer sonst? 68
       b) Beweisnot 71
    3. Kleidungszwänge 72
    4. Kündigungsrechtsprechung 74
       a) Kündigungsschutz als Einstellungshemmnis 74
       b) Ungebührliches Verhalten 76
       c) Nicht- bzw. Schlechtleistung 77
       d) Ab zum Arzt und dann Kofferpacken 80
       e) Arbeitsverweigerung aus Glaubensgründen . 81
       f) Missachtung von Frauen 83
       g) Menschenrecht auf „Whistleblowing"? 84
       h) Außerdienstliches Verhalten 87
       i) Zu dickes Mannequin 89
       j) Bürokratiemonster Sonderkündigungsschutz 89
       k) Tückische Betriebsratsanhörung 91
       l) Kündigungserklärung 92
    5. Duzen 93
    6. Umgang mit Betriebsratsmitgliedern 93
    7. Zeugnisse: Eldorado für Wortklaubereien! 94
    8. Entgeltfortzahlung bei Krankheit 98

9. Arbeitszeit und Urlaub 99
   a) Vorurteile 99
   b) Mögliche Arbeitgeberreaktion bei
      Urlaubswunsch 100
   c) Kündige, bevor Du stirbst! 101
   d) *Paletta*, nach zehn Jahren endlich alles
      paletti 102
10. Arbeit und Würde 105
11. Baden-Württembergischer Funktionärs-Krieg . . 109
12. „Hocker-Masturbation" im Russenpuff 111
13. Diskriminierungsprobleme 114
    a) Exotische Fälle 115
    b) „Männlich" formulierte Regelungen 116
    c) Dame oder Frau 118
    d) Probleme sexueller Identität 118
    e) Religion oder Weltanschauung 120
    f) Junge Frauen, alte Männer 122
    g) Einstellung nach „Schönheit" 127
    h) Plattdeutsch versus schwäbisch/alemannisch 128
14. Kostenwirrwarr 129
15. Toilettenfälle 129
16. Bildungsurlaub 131
17. Love contracts für love contacts? 132
18. Schadensersatzprobleme 133
19. Besamung und Arbeitnehmerzusatzversorgung 133
20. Befristungsrecht auf Abwegen 133
    a) Lebensfremdes Richterrecht 133
    b) Gesetzgeberisches Trauerspiel 134
    c) „*Mangold*-Entscheidung – Ein Stück aus
       dem Tollhaus! 137
21. Jugendarbeitsschutz – „Auf Schalke" 139
22. Kühlschrank als Waschmaschine 139
23. Schnarchender Chorsänger 140
24. Reiz des Arbeitsrechts für Anwälte 140

III. Alltagsprobleme sozialgerichtlicher Rechtsfindung 144
     1. „Dritte" Alternative 144
     2. Klemmender Reißverschluss 144
     3. Zu faul, um zum Sozialamt zu gehen 144

Inhaltsverzeichnis

4. Kuriose Arbeitsunfälle 145
5. Ungehörige Papst-Witze 146
IV. Skurrile Fälle des Verwaltungsrechts 148
1. Prüfungstheater mit verteiltem Rollenspiel 148
2. Gekaufte Hausarbeit 149
3. Schweigender Prüfling 151
4. Ochsen und Verfassungsrichter 153
5. Notleidende Professoren 155
6. Musliminnen auf Betriebsausflug 156
7. Koedukativer Sportunterricht 157
8. Gestank pupsender Schweine 158
9. Richterbeschimpfung in ehelicher Privatsphäre 158
10. Sensibler Polizeikommissar 159
11. Arbeit oder Vergnügen für Freier? 161

V. Zivilgerichtliche Erleuchtungen 161
1. „Poppende" Richter 161
2. Gestörter Intimverkehr 162
3. Nicht aufgedeckte Betten 163
4. Der Widerspenstigen Zähmung 165
5. Ehelicher Beischlaf 167
6. Arbeitsminimierung 169
7. „Holz/Kunststoff"-Vorteile 170
8. Nichts wird so heiß gegessen 170
9. „Magere Brasse" statt „loup de mer" 171
10. Braunschweiger Robenstreit 173
11. Unter beleidigt Ober 174
12. Kein Wunder in München 175
13. „Kölsch"-Bierkutscher 176
14. Wieverfastelovend 179
15. Höchstrichterliches Gegacker 181
16. Versäumte „Nabucco"-Oper 182
17. Katzenjammer wegen Fax zur Unzeit 184
18. Frühdeutsches Lehrer-Gezänk:
    „Eyn kurtzweyling spil von zwo fraw'n ..." 184
19. Mitgeflogen, mitgehangen 188
20. Des Pudels Lösung 189
21. Dumme Kuh 190
22. Rinderwahnsinn 195

23. Furchtbar teures Ferkelchen 197
24. Terroristische „Dackel"-Vereinigung 200
25. Verschollene Pommes 202
26. Küssen verboten 204
27. Richterliche Selbstjustiz 205
28. Poetische Mahnung 205

VI. Dichtende Finanzrichter 207

VII. Strafrechtliche Leckerbissen 209
1. Bitterer (Nach-)Geschmack 209
2. Vorderpfälzische Eigenheiten 210
3. Führerschein 211
4. Rasender Wellensittich-Retter 212
5. Störung der Totenruhe 213
6. Beleidigungen 215
7. Bordelle, Nutten und andere Annehmlichkeiten 215
8. Lehrer/Schülerin-Liebe 218
9. Durch die Welt des Rausches 220
10. Duftende Destille 224
11. Schnelles Mundwerk 225
12. Armer Ehemann 226
13. Zu mutiger Proberichter 226

VIII. Gebrauchsmuster für „Schlitzohren" 227

IX. Fa. *Thomas Putzo* in Baumbach-Lauterbach 228

X. Erzengel *Gabriel* 228

XI. Ohne Schuss kein Jus 229

XII. Kritik an „humoristischen" Entscheidungen 230

E. Krone der Jurisprudenz: Anwaltschaft 233

I. Artenvielfalt 233

II. Rechtsanwältinnen 239

III. Junganwälte 241

IV. Ruf 243

V. Honorar 247

Inhaltsverzeichnis

VI. Vielredner, Vielschreiber 247

VII. Auftreten 250

VIII. Problem: Mandant 253

IX. Verschwiegenheit 258

X. Humor bis zum bitteren Ende 259

XI. Traumberuf 260

XII. Anwaltswitze 261

F. Schluss 267

Anhang

Anmerkungen 269

Literaturverzeichnis

Ascheid/Preis/Schmidt: Kündigungsrecht, 4. Aufl. 2012
Bauer/Göpfert/Krieger: Kommentar zum AGG, 3. Aufl. 2011
Feuerich/Weyland: Kommentar zur BRAO, 7. Aufl. 2008
Fikentscher/Heinemann: Schuldrecht, 10. Aufl. 2006
Fitting: Kommentar zum BetrVG, 25. Aufl. 2010
Gerhardt: Wenn man's Recht betrachtet, 1988; Das Lächeln der Justitia, 2005
Golluch: Stirbt ein Bediensteter während der Dienstreise, so ist damit die Dienstreise beendet, 9. Aufl. 2011
Gritschneder: Ludwig Thoma und die Justiz, in: *Weber,* Prozesse und Rechtsstreitigkeiten um Recht, Literatur und Kunst, 2002
Grunsky: Kommentar zum ArbGG, 7. Aufl. 1995
Hachenburg: Lebenserinnerungen eines Rechtsanwalts, 1. Aufl. 1927
Hanau: Fröhliche Rechtswissenschaft, 2009
Höcker/Brennecke: Lexikon der kuriosen Rechtsfälle, 1. Aufl. 2007
Jhering: Scherz und Ernst in der Jurisprudenz, 1884, neu herausgegeben von *Leitner,* 2009
Kissel/Mayer: Kommentar zum GVG, 6. Aufl. 2010
Klein: Kommentar zur AO, 10. Aufl. 2009
Koczwara: Am achten Tag schuf Gott den Rechtsanwalt, 3. Aufl. 2010
KR/Bearbeiter: Gemeinschaftskommentar zum KSchG und zu sonstigen kündigungsschutzrechtlichen Vorschriften, bearbeitet von *Etzel, Bader, Fischermeier, Friedrich, Griebeling, Lipke, Pfeiffer, Rost, Spilger, Treber, Vogt, Weigand, Wolff,* 9. Aufl. 2009
Laughlin: Abschied von der Weltformel, 2007
Lechner/Zuck: Kommentar zum BVerfGG, 6. Aufl. 2011
Leuthner: Nackt duschen streng verboten – Die verrücktesten Gesetze der Welt, 1. Aufl. 2009
Lingemann: Kündigungsschutz, 1. Aufl. 2011
Mörsdorf-Schulte: Funktion und Dogmatik US-amerikanischer punitive damages, 1. Aufl. 1999
Nentwig: Rechtsanwälte in Karikatur und Anekdote, 2. Aufl. 1978
Richter in Karikatur und Anekdote, 2. Aufl. 1990
Pausch/Pausch: Goethe-Zitate für Juristen, 4. Aufl. 2000
Pflanze: Bismarck – Der Reichsgründer, 1. Aufl. 1997
Pufendorf: Über die Verfassung des Deutschen Reiches, 1667, übersetzt von *Breßlau,* 1870
Pünnel/Wenning-Morgenthaler: Die Einigungsstelle, 5. Aufl. 2009
Quadbeck-Seeger: Der Wechsel allein ist das Beständige, Zitate und Gedanken für innovative Führungskräfte, 2. Aufl. 2007

Schmidt/Hanel: Juristen sind gar nicht so, 4. Aufl. 1979

Seul: Wo sind die Buddenbrooks? Und andere juristische Anekdoten aus der Weltliteratur, 1. Aufl. 2011

Stolleis: Geschichte des öffentlichen Rechts in Deutschland, 2. Bd. 1800-1914, 1. Aufl. 1992

Streck: Beruf: Anwalt Anwältin, 1. Aufl. 2001

Westermann: Über Unbeliebtheit und Beliebtheit von Juristen, 2. Aufl. 1987

Zimmermann: Lyrische Paragraphenreiterei, 1. Aufl. 1992

Abkürzungsverzeichnis

a.a.O. . . . . am angegebenen Ort
a.D. . . . . außer Dienst
ABl. . . . . Amtsblatt
Abs. . . . . Absatz
AEUV . . . . Vertrag über die Arbeitsweise der Europäischen Union
a.F. . . . . alte Fassung
AfP . . . . Archiv für Presserecht
AG . . . . Amtsgericht bzw. Aktiengesellschaft
Ag . . . . Antragsgegner/in
AGB . . . . Allgemeine Geschäftsbedingungen
AGG . . . . Allgemeines Gleichbehandlungsgesetz
AiB . . . . Arbeitsrecht im Betrieb (Zeitschrift)
Anm. . . . . Anmerkung
AO . . . . Abgabenordnung
AP . . . . Arbeitsrechtliche Praxis, Nachschlagewerk des BAG
ArbG . . . . Arbeitsgericht
ArbR . . . . Arbeitsrecht Aktuell (Zeitschrift)
ArbeitsschutzG Arbeitsschutzgesetz
ArbGG . . . . . . Arbeitsgerichtsgesetz
Art. . . . . Artikel
ASchO . . . . . . Arbeitsschutzordnung
Ast . . . . Antragsteller/-in
Aufl. . . . . Auflage
AuA . . . . Arbeit und Arbeitsrecht (Zeitschrift)
AuR . . . . Arbeit und Recht (Zeitschrift)
AVG . . . . Angestelltenversicherungsgesetz

BAG . . . . Bundesarbeitsgericht
BAT . . . . Bundesangestellten-Tarifvertrag
Ba-Wü . . . . . . Baden-Württemberg
BayRKG . . . . Bayerisches Reisekostengesetz
BB . . . . Betriebs-Berater (Zeitschrift)
Bd. . . . . Band
BeckRS . . . . . . Beck Rechtsprechung (Rechtsprechung in beck-online)
BerG. . . . . Berufungsgericht
Beschl. . . . . Beschluss
BetrVG . . . . . . Betriebsverfassungsgesetz
Bf. . . . . Beschwerdeführer/-in
BGB . . . . Bürgerliches Gesetzbuch

Abkürzungsverzeichnis

BGBl. . . . . Bundesgesetzblatt
BGH . . . . Bundesgerichtshof
BGHSt. . . . . . . Entscheidungen des Bundesgerichtshofs in Strafsachen
BH . . . . Büstenhalter
BORA . . . . Berufsordnung der Rechtsanwälte
BRAO . . . . Bundesrechtsanwaltsordnung
BR-Drucks. . . . Drucksache des Deutschen Bundesrats
BSG . . . . Bundessozialgericht
BSGE . . . . Entscheidungssammlung des Bundessozialgerichts
BStBl. . . . . Bundessteuerblatt
BT-Drucks. . . . Drucksache des Deutschen Bundestags
BVerfG . . . . . . Bundesverfassungsgericht
BVerfGE . . . . . Entscheidungen des Bundesverfassungsgerichts
BVerfGG . . . . . Bundesverfassungsgerichtsgesetz
BVerwG . . . . . Bundesverwaltungsgericht
BVerwGE . . . . Entscheidungen des BVerwG
bzw. . . . . beziehungsweise

CCZ . . . . Corporate Compliance Zeitschrift

DAV . . . . Deutscher Anwaltverein
DDR . . . . Deutsche Demokratische Republik
ders. . . . . derselbe
DGB . . . . Deutscher Gewerkschaftsbund
d. h. . . . . das heißt
DM . . . . Deutsche Mark
DöD . . . . Der öffentliche Dienst
DÖV . . . . Die öffentliche Verwaltung (Zeitschrift)
dpa . . . . Deutsche Presseagentur
DRiG . . . . Deutsches Richtergesetz
DRiZ . . . . Deutsche Richterzeitung
Drucks. . . . . . . Drucksache
dt. . . . . deutsch
dtv . . . . Deutscher Taschenbuch-Verlag
DVBl. . . . . Deutsches Verwaltungsblatt
DVP . . . . Deutsche Verwaltungspraxis – Gesetzessammlung

E. . . . . Entscheidungen
EFG . . . . Entscheidungen der Finanzgerichte
EG . . . . Europäische Gemeinschaft
EGV . . . . Vertrag über die Gründung der Europäischen Gemeinschaft
EMRK . . . . . . Konvention zum Schutz der Menschenrechte und Grundfreiheiten
EU . . . . Europäische Union

XVI

EzA . . . . Entscheidungssammlung zum Arbeitsrecht
EzA-SD . . . . . Schnelldienst der EzA

f. . . . . folgende Randnummer/Paragraph/Seite
ff. . . . . folgende Randnummern/Paragraphen/Seiten
FA . . . . Fachanwalt Arbeitsrecht (Zeitschrift)
FamG . . . . Familiengericht
FAZ . . . . Frankfurter Allgemeine Zeitung
Festschr. . . . . . . Festschrift
FG . . . . Finanzgericht
FGO . . . . Finanzgerichtsordnung
Fußn. . . . . Fußnote

GdB . . . . Grad der Behinderung
GdF . . . . Gewerkschaft der Flugsicherung
Gedächtnisschr. Gedächtnisschrift
gem. . . . . gemäß
GewO . . . . Gewerbeordnung
GG . . . . Grundgesetz
GRUR-RR . . . Gewerblicher Rechtsschutz und Urheberrecht (Zeitschrift)
GS . . . . Großer Senat
GVG . . . . Gerichtsverfassungsgesetz
GVOBl. . . . . . . Gesetz- und Verordnungsblatt
GWR . . . . Gesellschafts- und Wirtschaftsrecht (Zeitschrift)

Halbs. . . . . Halbsatz
Hrsg./hrsg. . . . . Herausgeber, herausgegeben
HVBG . . . . . . Hauptverband der gewerblichen Berufsgenossenschaften

IBR . . . . Immobilien und Baurecht (Zeitschrift)
i. d. F. . . . . in der Fassung
IG Metall . . . . Industriegewerkschaft Metall
i. H. v. . . . . in Höhe von
i. S. d. . . . . im Sinne des/der
i. V. m. . . . . in Verbindung mit

JAO . . . . Hamburgische Juristenausbildungsordnung
JArbSchG. . . . . Jugendarbeitsschutzgesetz
Jg. . . . . Jahrgang
JZ . . . . Juristen-Zeitung (Zeitschrift)

Kap. . . . . Kapitel
kg . . . . Kilogramm
Kl. . . . . Kläger/-in
km/h . . . . Kilometer pro Stunde
Komm. . . . . . . Kommentar

KR .... Gemeinschaftskommentar zum KSchG und zu sonstigen kündigungsschutzrechtlichen Vorschriften
KSchG .... Kündigungsschutzgesetz

LAG .... Landesarbeitsgericht
Lfg. .... Lieferung
LG .... Landgericht
LMK .... Kommentierte BGH-Rechtsprechung Lindenmaier-Möhring (Zeitschrift; seit 2005 E-Mail-Ausgabe)
LSeilbG M.-V. Landesseilbahngesetz Mecklenburg-Vorpommern
LSG .... Landessozialgericht

m. E. .... meines Erachtens
Mio. .... Millionen
Mrd. .... Milliarden
MTT .... Maria-Theresien-Taler
M.-V. .... Mecklenburg-Vorpommern

NJOZ .... Neue Juristische Online-Zeitschrift
NJW .... Neue Juristische Wochenschrift (Zeitschrift)
Nr. .... Nummer
Nrn. .... Nummern
NRW ...... Nordrhein-Westfalen
NStZ .... Neue Zeitschrift für Strafrecht
NVwZ-RR ... Neue Zeitschrift für Verwaltungsrecht – Rechtsprechungs-Report (Zeitschrift)
NWVBl. ..... Nordrhein-Westfälische Verwaltungsblätter (Zeitschrift)
NZA .... Neue Zeitschrift für Arbeitsrecht
NZA-Beil. .... NZA-Beilage
NZA-RR ..... Rechtsprechungsreport Arbeitsrecht (Zeitschrift)

o. .... oben
OLG .... Oberlandesgericht
OVG .... Oberverwaltungsgericht
OVGE MüLü . Entscheidungssammlung der Oberverwaltungsgerichte Münster und Lüneburg
OWi .... Ordnungswidrigkeit
OWiG .... Ordnungswidrigkeitengesetz

PH .... Pädagogische Hochschule

RAnB .... Rechtsprechung Aktuell neue Bundesländer (Zeitschrift)
Rdnr. .... Randnummer(n)
RGBl. .... Reichsgesetzblatt
Rspr. .... Rechtsprechung

XVIII

RVÄndG . . . . . Rentenversicherungsänderungsgesetz
RVG . . . . Rechtsanwaltsvergütungsgesetz

S. . . . . Seite
s. . . . . siehe
SchlHA . . . . . . Schleswig-Holsteinische Anzeigen
SG . . . . Sozialgericht
SGB . . . . Sozialgesetzbuch
sog. . . . . sogenannt(e, er)
Sp. . . . . Spalte
SPD . . . . Sozialdemokratische Partei Deutschlands
StBW . . . . Steuerberater-Woche (Zeitschrift)
StGB . . . . Strafgesetzbuch
st. . . . . ständige(r)
StPO . . . . Strafprozessordnung
StVO . . . . Straßenverkehrsordnung

TU . . . . Technische Universität
TV . . . . Tarifvertrag
TV RatAng . . . Tarifvertrag über den Rationalisierungsschutz für Angestellte
TVG . . . . Tarifvertragsgesetz
TVöD . . . . Tarifvertrag des öffentlichen Dienstes

u. a. . . . . und andere, unter anderem
Urt. . . . . Urteil
U. S. . . . . Supreme Court der USA
usw. . . . . und so weiter
u. U. . . . . unter Umständen
UWG . . . . Gesetz gegen den unlauteren Wettbewerb

v. . . . . von/vom bzw. versus
ver.di . . . . Vereinigte Dienstleistungsgewerkschaft
VG . . . . Verwaltungsgericht
VGH . . . . Verwaltungsgerichtshof
vgl. . . . . vergleiche
VO . . . . Verordnung
VW . . . . Volkswagen-Werk

WRV . . . . Weimarer Reichsverfassung
WuW . . . . Wirtschaft und Wettbewerb (Zeitschrift)

z. B. . . . . zum Beispiel
ZfSH/SGB . . . Zeitschrift für Sozialhilfe und Sozialgesetzbuch
Ziff. . . . . Ziffer
zit. . . . . zitiert

Abkürzungsverzeichnis

ZPO .... Zivilprozessordnung

ZRP .... Zeitschrift für Rechtspolitik

ZTR .... Zeitschrift für Tarif-, Arbeits- und Sozialrecht des öffentlichen Dienstes

A. Wunderliche Jurisprudenz

Die Jurisprudenz ist beileibe nicht so trocken, wie sie allgemein erscheinen mag.[1] Juristen, deren Aufgabe es ist, einerseits „gerechte" Lösungen zu erarbeiten, andererseits Schlupflöcher des Paragraphen-Irrgartens aufzuspüren oder zu schließen, haben dem Volk von jeher reichlich Veranlassung zu humorvollen Bemerkungen, teils kräftiger sarkastischer, spöttischer und satirischer Art geliefert. Dabei ist Selbstverspottung allen juristischen Spezies nicht fremd. *Ortega y Gasset*[2] hat einmal gesagt: „Nie zeigt die Kunst ihre magische Gewalt schöner als in ihrer **Selbstverspottung**." Und auch die Juristerei ist – zumindest hin und wieder – Kunst.

Wem das eine oder andere nicht gefällt, sei vorsorglich an den **Erfahrungssatz** von *Werner Finck* erinnert: „Bei Kabarett und bei der Satire gilt das Prinzip: Wer sich getroffen fühlt, ist auch gemeint."[3] Verarbeitet sind persönlich erlebte bzw. gehörte Anekdoten aus dem Umfeld meiner Tätigkeit und der Juristerei insgesamt. Verkneifen kann und will ich mir dabei nicht die eine oder andere persönliche Anmerkung, insbesondere zum Arbeitsrecht.

Kein Geringerer als *Johann Wolfgang von Goethe*[4], nicht nur ein großer Schriftsteller und Dichter, sondern von Hause aus Jurist[5], hat treffend bekannt: „Die Jurisprudenz fängt an, mir sehr zu gefallen. So ist's doch mit allem, wie mit dem Merseburger Biere; das erste Mal schauert man, und hat man's eine Woche getrunken, so kann man's nicht mehr lassen."[6] *Goethes* genialer Verstand steht außer Frage. So zeigt sich, dass das von *Ludwig Thoma*[7] kreierte beliebte Wortspiel „Er war ein guter Jurist und auch sonst von mäßigem Verstand" zumindest nicht durchweg den Kern der Sache trifft. Aber *Goethe* hat andererseits die Juristen auch als das „wunderlichste Volk auf der Welt" bezeichnet.[8] So wird der **Zunft der Juristen** Arroganz, Besserwisserei und Formalismus nachgesagt. Bemerkenswert ist der Wunsch *Lord Byrons*[9]: „Sollte ich einmal einen Sohn haben, sollte er etwas Prosaisches werden, Jurist oder Seeräuber." Vernichtend ist das Urteil *Friedrich Hebbels*[10], der das Jurastudium schon nach dem zweiten Semester 1837 aufgegeben hat. In einem Brief aus seiner Studienzeit charakterisierte er die

Juristerei als eine „feile Mätresse, die sich in sehr vielen Stücken der Macht und Gewalt willig ergeben und in ehrlosem Beischlaf manchen Gesetz-Bankert erzeugt hat". Dass *Hebbel* damit nicht ganz daneben lag, haben in Deutschland auf schreckliche Art und Weise ca. hundert Jahre später Gesetzgebung und Rechtsprechung der Nazi-Zeit gezeigt. Und um einen Unrechtsstaat hat es sich auch bei der DDR gehandelt. Andererseits gefällt es mir sehr, dass die Juristerei immer wieder zur Rubrik der **Kunst** gerechnet wird. Dazu passt die Anekdote, die der Münchener Oberbürgermeister *Christian Ude*, der selbst einmal zwölf Jahre lang Anwalt war, anlässlich seines Grußwortes zur Eröffnung des 63. Deutschen Anwaltstags am 15. 6. 2012 zum Besten gegeben hat. Danach musste *Ude* einmal *Franz Beckenbauer* eine Goldmedaille für seine Verdienste um Wissenschaft und Kunst überreichen. Auf *Udes* Frage, ob Fußballspielen denn überhaupt etwas mit Kunst zu tun habe, meinte unser deutscher Kaiser nur: „*Ja mei, des kimt drauf o, wie ma spuilt.*" Was dem Fußball recht ist, ist der Juristerei billig. Weiß ein Jurist auf der **Klaviatur der Paragrafen** zu spielen, handelt es sich um Kunst. Auch eine gute Rede zu halten, ist Juristen-, insbesondere Anwaltskunst.

2

B. Jus des Gesetzgebers und der Behörden

I. In Deutschland ist die Made drin

Nach einem alten spanischen Sprichwort sandte Gott die **Streit-sucht** auf die Erde, damit die Juristen zu leben hatten. Um ihr Glück zu vervollkommnen, schufen sie **Gesetze**. Während jedoch die zehn Gebote[1] mit gerade einmal 279 Wörtern auskommen, umfasst allein das Betriebsverfassungsgesetz – ungeachtet seines von so manchem Arbeitgeber nicht geliebten Regelungsinhalts[2] – mehr als 22 000 und das Bürgerliche Gesetzbuch gar 182 037 Wör-ter.[3] Die Mahnung *Senecas*[4], ein Gesetz müsse „kurz sein, damit es von Unkundigen desto leichter behalten werde", scheint jedenfalls für den neuzeitlichen Gesetzgeber keine Maxime zu sein. So kons-tatierte bereits *Goethe*: „Wenn man alle Gesetze studieren sollte, so hätte man gar keine Zeit, sie zu übertreten."[5] Und den von ihm kreierten *Mephisto* lässt er spotten[6]:

> „Es erben sich Gesetz und Rechte
> Wie eine ewge Krankheit fort;
> Sie schleppen von Geschlecht sich zum Geschlechte
> Und rücken sacht von Ort zu Ort.
> Vernunft wird Unsinn, Wohltat Plage;
> Weh dir, dass du ein Enkel bist!
> Vom Rechte, das mit uns geboren ist,
> Von dem ist, leider! nie die Frage."

Sehr ironisch hat sich auch der deutsche Schriftsteller *Ludwig Bör-ne*[6a] geäußert: *„Hätte die Natur so viele Gesetze, wie der Staat, Gott selbst könnte sie nicht regieren."* Noch derber schrieb *Otto von Bis-marck* 1850 an einen Freund: „Die Bürokratie ist krebsfräßig an Haupt und Gliedern, nur ihr Magen ist gesund und die Gesetzes-exkremente, die sie von sich gibt, sind der natürliche Dreck der Welt."[7] Ein andermal bemerkte der robuste Reichskanzler: „Ge-setze sind wie Würste, man sollte besser nicht dabei sein, wenn sie gemacht werden."[8] Was würde er wohl heute zu den Produkten des sich als *„modern"* gerierenden Gesetzgebers und der Verwaltung sa-

gen? Vielleicht würde er resigniert von „*moderndem*" Recht sprechen! Bezeichnenderweise heißt „Recht" im Lateinischen „**Jus**",
nach der sich aus der lateinischen ableitenden französischen Sprache jedoch „Brühe".[9] Hieß es früher, jedes neue Gesetz erfreue den
Anwalt, weil es ihm neue Arbeit bringe, so gilt dies heute nur noch
eingeschränkt. Die 20. Änderung zu einem Gesetz innerhalb weniger Jahre erfreut nur noch ganz „hart gesottene Rechtsfreaks".
Heribert Prantl[10] hat aus Anlass des 80. Geburtstags (9. 4. 2012)
von *Hans Dieter Beck* (der „Jura-Beck") und des im kommenden
Jahr 250-jährigen Bestehens des *Verlags C. H. Beck* allerdings darauf
hingewiesen, dass es einen „Stillstand der Rechtspflege" in einem
„leidlich gut geordneten Staatswesen wie dem der Bundesrepublik"
nicht vorstellbar sei. Selbst wenn sich der Gesetzgeber auf ein
Minimum beschränken würde: „Die Rechtspflege würde weiter
funktionieren, gefüttert von den Rechtstexten, von den juristischen
Lehrbüchern, von den Groß- und Kurzkommentaren, den 50
Fachzeitschriften, der Online-Datenbank und den 4500 Autoren
des *Verlags C. H. Beck*." Damit ist klar, wer der eigentliche **Nutznießer** der ganzen Chose ist.

Gefahren für den Rechtsanwender schlummern bereits in der
unübersehbaren, häufig überaus unklaren und an Stilblüten reichen
Regelungswut des deutschen Gesetzgebers.[11] Klassische Beispiele
enthält das BGB. So heißt es in § 919 I BGB:

> „Der Eigentümer eines Grundstücks kann von dem Eigentümer
> eines Nachbargrundstücks verlangen, dass dieser zur Errichtung
> fester Grenzzeichen und, wenn ein Grenzzeichen verrückt oder
> unkenntlich geworden ist, zur Wiederherstellung mitwirkt."

Ebenso von größter praktischer Bedeutung ist § 961 BGB:

> „Zieht ein Bienenschwarm aus, so wird er herrenlos, wenn nicht
> der Eigentümer ihn unverzüglich verfolgt oder wenn der Eigen-
> tümer die Verfolgung aufgibt."

Dabei kann der lichtvolle Gesetzgeber durchaus „modern" agieren,
hat er doch den von manchen Männern durchaus geschätzten
§ 1358 I BGB mit Wirkung ab Juli 1958 aufgehoben. Bis dahin
konnte der Mann als der eigentliche **Herr des Geschehens** mit Ermächtigung des Vormundschaftsgerichts ein Arbeitsverhältnis
fristlos (!) kündigen, das seine Frau ohne sein Wissen eingegangen

war. Bis 30. 6. 1977 bestimmte § 1356 I BGB immerhin noch, dass die **Ehefrau** zwar den **Haushalt** in eigener Verantwortung führt; sie aber nur berechtigt ist, erwerbstätig zu sein, soweit dies mit ihren Pflichten in Ehe und Familie vereinbar ist. Echte Gleichberechtigung trat erst ab 1. 1. 2002 ein. Nun haben nach § 1356 I, II BGB n. F. die Ehegatten die Haushaltsführung in gegenseitigem Einvernehmen zu regeln. Bei der Wahl einer Erwerbstätigkeit haben sie auf die Belange des anderen und der Familie die gebotene Rücksicht zu nehmen.

Durch das Gesetz zur Neuordnung des Eheschließungsrechts vom 4. 5. 1998[12] hat der Gesetzgeber auch für die alten Bundesländer § 1300 BGB abgeschafft. Danach konnte eine **„unbescholtene" Frau**, die ihrem Verlobten die **„Beiwohnung"** gestattet hat und von ihm verlassen wurde, für den Verlust der Jungfräulichkeit im Hinblick auf das Eheversprechen eine „billige" Entschädigung (sog. „Kranzgeld") verlangen. Für die neuen Bundesländer galt § 1300 BGB übrigens schon seit 1957 nicht mehr. Das beweist einmal mehr, dass nicht alle Regelungen des DDR-Unrechtsstaates rechtsstaatlich bedenklich waren.

Die **Güte heutiger Gesetzgebungskunst** wird durch folgende Regelungen verdeutlicht:

§ 4 Nr. 2 ArbeitsschutzG: „Gefahren sind an ihrer Quelle zu bekämpfen."

§ 87 III StPO: „Zur Besichtigung oder Öffnung einer schon beerdigten Leiche ist ihre Ausgrabung statthaft."

§ 88 II StPO: „Ist ein Beschuldigter vorhanden, so soll ihm die Leiche zur Anerkennung vorgezeigt werden."

Gesetzlicher Klarstellung (§ 1923 I BGB) bedarf es m. E. auch nicht dafür, dass **Erbe** nur werden kann, wer **lebt**.

Genial war das Elaborat der Juristen des Bundesministeriums für Ernährung, Landwirtschaft und Forsten, die in § 4 IV der **„Verordnung zur Bekämpfung der San-José-Schildlaus"**[13] formulierten:

„Eine Pflanze gilt als befallen, wenn sich an ihr mindestens eine San-José-Schildlaus befindet, die nicht nachweisbar tot ist."

Gleichermaßen praxisbezogen formuliert § 56 der „Allgemeinen Vorschriften der **Großhandels- und Lagereiberufsgenossenschaft**":

„Ausruhen und Schlafen an gefährlichen Orten ist verboten."

Leicht verständlich regelt dagegen Anlage 2.2.3 zu § 6 Satz 1 der **Saatgutverordnung** von 1986[14] die Befruchtungslenkung bei Hybridsorten von Mais:

> „Ein Feldbestand zur Erzeugung von zertifiziertem Saatgut, in dem der väterliche Elternteil die männliche Fruchtbarkeit des männlich sterilen mütterlichen Elternteils nicht wiederherstellt, muss in einem der Sorte entsprechenden Verhältnis auch männlich fruchtbare Pflanzen des mütterlichen Elternteils enthalten; dies gilt nicht, wenn sichergestellt ist, dass nach der Ernte Saatgut des männlich sterilen und männlich fruchtbaren mütterlichen Elternteils in einem der Sorte entsprechenden Verhältnis gemischt wird."

Da nahm sich die bis 31. 12. 2002 geltende **Geschlechterregelung** des § 120 b II GewO geradezu sittlich aus,[15] hieß es doch dort:

> „Insbesondere muss, soweit es die Natur des Betriebes zulässt, bei der Arbeit die Trennung der Geschlechter durchgeführt werden, sofern nicht die Aufrechterhaltung der guten Sitten und des Anstandes durch die Einrichtung des Betriebs ohnehin gesichert ist."

Von äußerster **Klugheit** und **Weitsicht** zeugen zahlreiche Verwaltungsvorschriften und -erläuterungen wie z. B.:

> „Die Fürsorge umfasst den lebenden Menschen einschließlich der Abwicklung des gelebt habenden Menschen."[16]
> „Der Tod stellt aus versorgungsrechtlicher Sicht die stärkste Form der Dienstunfähigkeit dar."[17]
> „Stirbt ein Bediensteter während einer Dienstreise, so ist die Dienstreise beendet."[18]
> „Welches Kind erstes, zweites, drittes Kind usw. ist, richtet sich nach dem Alter des Kindes. Das älteste ist also das erste Kind. Das Zweitälteste das zweite Kind usw."[19]

Dem hessischen Lehrerverband ist es zu verdanken, dass in die wirre Debatte über die **Frauenquote** Klarheit kam:

> „Besteht ein Personalrat aus einer Person, erübrigt sich die Trennung nach Geschlechtern."[20]

6

Aber auch sonstige, nicht dem Arbeitsleben bzw. Personalwesen zurechenbare, „**Anweisungen**" bzw. „**Klarstellungen**" fallen durch Originalität auf, z. B.:

> „In Nr. 2 ist in Spalte 2 das Wort ‚Parkplatz' durch die Worte ‚Platz zum Parken' zu ersetzen."[21]
> „Gewürzmischungen sind Mischungen von Gewürzen."[22]
> „Margarine ist Margarine im Sinne des Margarinegesetzes."[23]
> „Persönliche Angaben zum Antrag sind freiwillig. Allerdings kann der Antrag ohne die persönlichen Angaben nicht weiterbearbeitet werden."[24]
> „Ausfuhrbestimmungen sind Erklärungen zu den Erklärungen, mit denen man eine Erklärung erklärt."[25]

Donnerwetter, wer hätte das alles gedacht? „Oh Herr, schmeiß Hirn ra!", stöhnt da der Schwabe.[26] Es sind aber nicht nur Behörden und der Deutsche Bundestag als klassischer Gesetzgeber, die sich durch solche „klarstellenden" Formulierungen auszeichnen. Auch der **Bundesrat** verdient ein Lob, liest man bei ihm z. B. zur umstrittenen Käfighaltung von Legehennen:[27]

> „Hinsichtlich der Gestaltung der Haltungsumgebung ist zu berücksichtigen, dass das Huhn aus ethologischer Sicht (seiner Verhaltensweise) ein sozial und territorial lebender Scharr- und Flattervogel mit klar strukturierter Rangordnung ist, dessen wichtigstes Fortbewegungsmittel die Beine sind."

Eine absolute **Spitzenleistung**[28] behördlicher **Regelungskunst** stellte jedoch die seinerzeit vom Bundesministerium für das Post- und Fernmeldewesen[29] seinen neuen Mitarbeitern mit auf den Weg gegebene Klarstellung dar:

> „In Dienstanfängerkreisen kommen immer wieder Verwechslungen der Begriffe ‚**Wertsack**', ‚**Wertbeutel**', ‚**Versackbeutel**' und ‚**Wertpaketsack**' vor. Um diesem Übel abzuhelfen, ist das folgende Merkblatt dem § 49 der Allgemeinen Dienstanweisungen vorzuheften. Der Wertsack ist ein Beutel, der auf Grund seiner besonderen Verwendung im Postbeförderungsdienst nicht Wertbeutel, sondern Wertsack genannt wird, weil sein Inhalt aus mehreren Wertbeuteln besteht, die in den Wertsack nicht verbeutelt, sondern versackt werden. Das ändert aber nichts an

der Tatsache, dass die zur Bezeichnung des Wertsackes verwendete Wertbeutelfahne auch bei einem Wertsack mit Wertbeutelfahne bezeichnet wird und nicht mit Wertsackfahne, Wertsackbeutelfahne oder Wertbeutelsackfahne. Sollte es sich bei der Inhaltsfeststellung eines Wertsackes herausstellen, dass ein in einem Wertsack versackter Versackbeutel statt im Wertsack in einem der im Wertsack versackten Wertbeutel hätte versackt werden müssen, so ist die in Frage kommende Versackstelle unverzüglich zu benachrichtigen. Nach seiner Entleerung wird der Wertsack wieder zu einem Beutel, und er ist auch bei der Beutelzählung nicht als Sack, sondern als Beutel zu zählen. Bei einem im Ladezettel mit dem Vermerk ‚Wertsack' eingetragene Beutel handelt es sich jedoch nicht um einen Wertsack, sondern um einen Wertpaketsack, weil ein Wertsack im Lagezettel nicht als solcher bezeichnet wird, sondern lediglich durch den Vermerk ‚verpackt' darauf hingewiesen wird, dass es sich bei dem versackten Wertbeutel um einen Wertsack und nicht um einen ausdrücklich mit ‚Wertsack' bezeichneten Wertpaketsack handelt. Verwechselungen sind insofern im Übrigen ausgeschlossen, als jeder Postangehörige weiß, dass ein mit Wertsack bezeichneter Beutel kein Wertsack, sondern ein Wertpaketsack ist." (Fettdruck von mir).

Ob damit wirklich auch dem dümmsten Postbediensteten alles klar ist? Die *Charles de Montesquieu* zugeschriebene **Weisheit** „Wenn es nicht notwendig ist, ein Gesetz zu erlassen, ist es notwendig, es nicht zu erlassen" vernachlässigt jedenfalls der heutige Gesetz- und Verordnungsgeber leider weitgehend. So hat eine durchaus prominente Juristin dem Bundesgesetzgeber ins Stammbuch geschrieben:[30]

„Dem Bundesgesetzgeber wird in den letzten Jahren immer häufiger vorgeworfen, er verabschiede allen Versprechungen zum Trotz immer mehr technisch schlechtere unverständliche Gesetze. Das ist richtig. Leider. Der Vorwurf lässt sich belegen bei der Umsetzung von europäischem Recht, bei der Regelung neuer Bereiche wie dem Telekommunikations- oder Energiewirtschaftsrecht, aber auch in den klassischen Bereichen von Straf- und Zivilrecht ist Ideologie vor Gründlichkeit gegangen. Es ist wahr, die Unstimmigkeiten häufen sich, es passt immer weniger zusammen, auch technische Patzer nehmen zu. Dagegen hilft nur: Mehr und gründlicher nachdenken, Beratung und Hilfe durch den Sachverstand aus Universitäten und Praxis nicht wie derzeit häufig als Alibi vergeuden, sondern nutzen und im Zweifel auf eine Regelung verzichten."

Mein **Fazit zur deutschen Regelungskunst** lautet deshalb: „Wenn die Menge der Regelungen ein Volk glücklich machte, stünde längst das deutsche oben an!"

Deshalb hat kein Geringerer als der frühere Präsident des Bundesverfassungsgerichts und spätere Bundespräsident *Roman Herzog*[31] – allerdings nach seiner Amtszeit – auf die unverständliche **deutsche Gesetzgebungsleidenschaft** – wohl auch in unausgesprochener Erinnerung an *Tacitus*[32]: „Früher litten wir an Verbrechen, heute an Gesetzen" – wie folgt hingewiesen:

„Ich nenne das ironisch den ‚Furor Legislativus Germanicus'. Die Deutschen machen eben gern Vorschriften. Dazu kommt dann noch der Fimmel, möglichst immer bis auf die siebente Stelle hinter dem Komma Einzelfallgerechtigkeit zu schaffen, statt gegebenenfalls mal etwas über den Daumen zu peilen. Das ist ein Fluch unserer Rechtsordnung."

Später hat *Roman Herzog*[33] in ähnlichem Zusammenhang im Rahmen diverser Vorträge das Gütesiegel „**Made in Germany**" übersetzt mit: „In Deutschland ist die Made drin." Und auch ein weiterer Bundespräsident, nämlich *Horst Köhler*[34], hat sicher Recht, soweit er einmal anmerkte:

„**Gesetze** und Verordnungen sind **keine Bananen**; sie dürfen nicht erst beim Abnehmer reifen."

Die Wirklichkeit sieht leider anders aus. Man denke nur an das Allgemeine Gleichbehandlungsgesetz (AGG). Als dieses das Licht der Welt erblickte, sprach die Ministerialbürokratie von einem „**lernenden**" Gesetz, also einem Gesetz, bei dem langjährige Lernprozesse nötig sind, um es verstehen zu können. Nicht gerade sehr kundenfreundlich! Der Stuttgarter Arbeitsrichter *K. Helmut Zimmermann*[35], später Präsident des Arbeitsgerichts Stuttgart (heute a. D.), hat dies in Versform wie folgt beklagt:

„Gesetze sind wie rote Grütze
oft wabbelig und puddingweich.
Zwar sind sie mehr als jene nütze
und nicht so kalorienreich,
doch ähnlich schwer nur zu verdauen.
So stoßen sie bisweilen auf
und schmälern manchmal das Vertrauen
in der Gerechtigkeiten Lauf."

Auch aus **Richtersicht** handelt es sich bei den Gesetzen also eher um „elendes Handwerkszeug", mit dem gearbeitet werden muss.[36] Viel effektiver wäre es, wenn nicht so sehr die Gesetze, sondern der Gesetzgeber lernte, damit die Gesetze ihre Geheimnisse nicht erst nach sehr langwierigen und teuren Auseinandersetzungen preisgeben. Nachholbedarf besteht auch bei der **deutschen Sprache**. So ist z. B. das deutsche Mutterschutzgesetz vom 17. 5. 1942[37] mit folgendem Wortlaut veröffentlicht worden:

„Damit *sie* [Kursivdruck von mir] die Pflichten ihrer Mutterschaft ungefährdet erfüllen kann, hat die Reichsregierung das folgende Gesetz beschlossen, das hiermit verkündet wird: ..."

Da ich erst 1945 das Licht der Welt erblickt habe, kann ich nicht beurteilen, ob bei der Einführung der **Mutterpflichten** der Reichsregierung damalige Arbeitsrechtler aufgestöhnt haben.

Aber auch der heutige, natürlich in keinster Weise mit dem Gesetzgeber der Nazizeit vergleichbare Gesetzgeber, hat so seine Schwierigkeiten mit der **Grammatik**. So lautet der im Jahr 2000 in Kraft getretene § 623 BGB trotz mehrfach geäußerten Korrekturbedarfs nach wie vor so:

„*Die Beendigung* von Arbeitsverhältnissen durch Kündigung oder Auflösungsvertrag *bedürfen* zu ihrer Wirksamkeit der Schriftform." [Kursivdruck von mir]

Und selbst das **Grundgesetz** weist gleich im ersten Satz der Präambel einen Fehler auf, der seit längerem gerügt wird und dessen Beseitigung versprochen worden ist[38], ohne dass bis heute etwas geschehen ist. Das „Fugen-s" im Wörtchen „verfassunggebenden" ist nämlich falsch. Richtig muss es vielmehr heißen: „verfassunggebenden".[39] Das Problem mit dem „Fugen-s" ist dem Gesetzgeber inzwischen allerdings geläufig, hat er doch die Novellierung des SGB III durch das „Gesetz zur Verbesserung der Eingliederungschancen am Arbeitsmarkt" vom 20.12.2011[40] zum Anlass genommen, in § 2 I Nr. 1 das Wort „Ausbildung*s*suchende" durch „Ausbildungsuchende" zu ersetzen[41]. Was einem einfachen Gesetz recht ist, sollte dem Grundgesetz billig sein! Aber auch veritable **Wortungetüme** gibt der Gesetzgeber von sich, man denke nur an das „Gesetz zur Umsetzung der Protokollerklärung der Bundesregierung zur Vermittlungsempfehlung zum Steuervergünstigungsabbaugesetz".[42]

Manche Gesetze sind so diffus, dass es allein schon deshalb schwerfällt, sie zu beachten. Erinnert sei an den geltenden bzw. zu reformierenden **Arbeitnehmerdatenschutz**. Ich meine: „Ex natura obsoletum." Frei übersetzt: „Von Natur aus zum Scheitern verurteilt." Viele Regelungen sind einer ausufernden Bürokratie zu verdanken, zu deren Abbau nach Meinung des beliebten österreichischen Schauspielers, Regisseurs und Kabarettisten *Karl Farkas* (1893–1971) einfach die nötigen Beamten fehlen. Allerdings hat der frühere Finanzminister und vielleicht kommende Kanzler(kandidat) der SPD *Peer Steinbrück*[43] dazu nicht ganz zu Unrecht angemerkt:

„Alle klagen über die **Bürokratie**. Aber wenn der Hund des Nachbarn in ihren Garten furzt, wollen die gleichen Leute eine Änderung des Emissionsschutzgesetzes."

„Ein Blick ins Gesetz erleichtert die Rechtsfindung" – so lautet ein Sprichwort unter Juristen. Gerade im Arbeitsrecht hilft das Gesetz allerdings häufig nicht weiter. Zu wichtigen Teilbereichen wie etwa dem Arbeitskampfrecht gibt es keine gesetzlichen Vorschriften sieht man einmal von Art. 9 III GG ab. Der Gesetzgeber hüllt sich in Schweigen und das, obwohl die Bundeskanzlerin am 23.11.2010 beim Deutschen Arbeitgebertag verkündet hatte, das Prinzip der **Tarifeinheit** werde unter Berücksichtigung des von BDA und DGB erarbeiteten Vorschlags innerhalb von drei Monaten geregelt werden. Geschehen ist jedoch bis heute nichts. Und so kommt es z.B. dazu, dass im Februar 2012 auf Grund der Mobilisierung durch die Kleinstgewerkschaft GdF 200 streikende Vorfeldlotsen und damit nicht einmal 1 % der Belegschaft des

Frankfurter Flughafens gewaltige gesamtwirtschaftliche Schäden verursachen konnten. Betroffen waren nicht nur das Betreiberunternehmen des Flughafens, Fraport, sondern auch die Fluggesellschaften, insbesondere die Lufthansa und last but not least mehr als 100.000 Passagiere. Auch die **Formulierungskünste** des Gesetzgebers sind leider häufig eher dazu angetan, die Rechtsfindung zu erschweren als zu erleichtern. Gesetze wie das Betriebsrentengesetz sind nur für Spezialisten verständlich. Die Komplexität dieser Gesetze ist sicherlich durch die Komplexität der Materie bedingt. Bedenkt man aber, welch hohe Anforderungen an **Transparenz** und Verständlichkeit das Arbeitsrecht den Arbeitgebern aufbürdet, wenn es um die Formulierung von Arbeitsverträgen (AGB-Kontrolle nach §§ 305 ff. BGB) und Unterrichtungsschreiben bei Betriebsübergängen nach § 613 a BGB geht (warum gibt es keine gesetzliche Ausschlussfrist?), wäre es schon wünschenswert, wenn der Gesetzgeber sich selbst ähnliche Maßstäbe zum Ziel setzen würde.

Bisweilen führt der Blick ins Gesetz auch in die Irre. Paradebeispiel ist § 622 II BGB: Die Norm bestimmt, dass bei der Berechnung der dienstzeitabhängigen Kündigungsfristen Dienstjahre vor Vollendung des 25. Lebensjahres nicht berücksichtigt werden. Der Europäische Gerichtshof[44] hat am 19. 1. 2010 entschieden, diese Vorschrift verstoße gegen das europarechtliche Verbot der Altersdiskriminierung und dürfe daher nicht angewendet werden. Trotzdem findet sich die Norm noch immer im Gesetzestext. Wenn also ein juristischer Laie oder auch ein mit dem Arbeitsrecht nicht vertrauter Jurist die gesetzliche Kündigungsfrist eines Arbeitsverhältnisses berechnet, kommt er durch Lektüre des Gesetzestextes auf das **falsche** Ergebnis (s. auch S. 123). Ähnliche Probleme stellen sich beim Massenentlassungsschutz nach §§ 17, 18 KSchG und der Übertragung von Urlaubsansprüchen nach § 7 III BUrlG. Hier zwingen europarechtliche Gründe zu einer Auslegung der Gesetze, die dem Wortlaut der Vorschriften nicht einmal ansatzweise zu entnehmen sind. Dass der Gesetzgeber nicht in der Lage ist, diese entsprechend anzupassen, ist ein **Armutszeugnis 1. Klasse!** Man fragt sich: Kann es der Gesetzgeber nicht oder will er nur nicht? Und wer bei einer Bundestagswahl hofft, durch seine Stimmabgabe zu einer Besserung der aus seiner Sicht desolaten Gesetzgebung beizutragen, wird meist feststellen müssen, dass die Politik große

Ähnlichkeit mit einem Weinkeller hat: Erst nach der Wahl weiß man, was für Flaschen man gewählt hat!

II. Europäische Regelungswut

1. Gurken stramm gestanden!

Klassisches Beispiel für die „ungebremste und unkontrollierte Regelungswut der EU"[45] war viele Jahre lang die „Verordnung Nr. 1677/88/EWG zur Festsetzung von Qualitätsnormen für Gurken". Damit wurden Gurken anhand verschiedener Merkmale in unterschiedliche Güteklassen eingeteilt. „Berühmt" wurde sie u. a. dadurch, dass mit ihr festgelegt wurde, dass eine Gurke der Handelsklasse „extra" maximal eine Krümmung von 10 mm auf 10 cm Länge aufweisen durfte. Diese „**Gurkenverordnung**" diente Europakritikern und Kabarettisten viele Jahre völlig zu Recht als gängiger Beleg für überflüssigen Regelungswahn der europäischen Verwaltung. Mit Wirkung ab 1. 7. 2009 wurde sie außer Kraft gesetzt.

2. Das sitzt!

„Mustergültig" ist auch die EU-Richtlinie über **land- und forstwirtschaftliche Zugmaschinen**[46] mit ihrer arbeitsschutzrechtlichen Bedeutung, soweit dort zu lesen ist:

„Der Sitzbezugspunkt (S) ist der auf der Längsmittelebene des Sitzes gelegene Schnittpunkt zwischen der tangential zum unteren Teil der gepolsterten Rückenlehne verlaufenden Ebene und einer horizontalen Ebene. Diese horizontale Ebene schneidet die untere Fläche der Sitzplatte des Sitzes 150 mm vor dem Sitzbezugspunkt (S)."

Nicht festgestellt wurde leider, wie das **Gesäß** des jeweils mit diesem „Sitzbezugspunkt" in Berührung kommenden Fahrers zu berechnen sei.[47]

3. Beutel-Sicherheit

Ganz besonders ärgerlich, weil teilweise unsinnig und überflüssig, ist die Verordnung Nr. 820/2008 vom 8.8.2008 „zur Festlegung von Maßnahmen für die Durchführung der gemeinsamen grundlegenden Normen für die **Luftsicherheit**".[48] Im Anhang 4.1.1 f. heißt es:

> „1. Folgende Gegenstände dürfen von Fluggästen nicht in Sicherheitsbereiche oder an Bord eines Luftfahrzeugs mitgenommen werden:
> ...
> f. Flüssigkeiten, es sei denn, diese befinden sich in Einzelbehältnissen mit einem Fassungsvermögen von nicht mehr als 100 Millilitern oder einer gleichwertigen Maßeinheit und sämtliche Einzelbehältnisse sind in einem durchsichtigen, wieder verschließbaren Plastikbeutel mit einem Fassungsvermögen von nicht mehr als 1 Liter enthalten. Alle Einzelbehältnisse müssen leicht in den Plastikbeutel passen und dieser muss komplett geschlossen sein. Zu den Flüssigkeiten zählen Gels, Pasten, Lotionen, Mischungen von Flüssigkeiten und Feststoffen sowie der Inhalt von Druckbehältern, wie z.B. Zahnpasta, Haargel, Getränke, Suppen, Sirup, Parfum, Rasierschaum, Aerosole, und andere Artikel mit ähnlicher Konsistenz."

Nichts gegen Sicherheit! Aber was hat es mit Sicherheit zu tun, wenn die Zahnpastatube nur in einem durchsichtigen **Plastikbeutel** die Kontrolle passieren darf? Absolut gar nichts.

Wahnwitzig ist aber auch die „**100-Milliliter/1-Liter-Vorschrift**": Man darf 10 mal 100 Milliliter mitnehmen, nicht aber 1 Liter Milch in einem Gefäß. Verstehe das, wer will! Aber, man muss sich fügen. Wer auf den Gedanken kommt, scherzhaft den kontrollierenden Luftsicherheitsassistenten („Seine Durchleucht") zu fragen, ob er etwa meine, dass in dem Liter Milch eine Bombe versteckt sei, kann sein blaues Wunder erleben: Er kann in den sog. „Wellness-Bereich" gebeten werden, das ist die Kabine, in der man sich splitternackt ausziehen muss.[49] Wenn weiter Witze gerissen werden, wird möglicherweise die **Bundespolizei** geholt und es gibt noch eine **Personenkontrolle**. Folge: Man verpasst seinen Flug. Ist das Reisegepäck eingecheckt, muss auch dieses kontrolliert werden;

der Flieger wird wieder komplett ausgeräumt. Das kann richtig Geld kosten: Wenn ein Verkehrsflugzeug eine Stunde länger am Flughafen parkt als vorgesehen, werden leicht Euro 1.500,– fällig. Etwaige Regressansprüche von Mitreisenden sind dabei noch gar nicht mitgerechnet.

4. In luftiger Höhe

Brüssel ist in der Tat überall. Die EU-Bürokratie kann sogar Berge ins flachste Land versetzen. Deshalb musste das Land Mecklenburg-Vorpommern die Richtlinie 2000/9/EG vom 20. 3. 2000 über **Seilbahnen für den Personenverkehr**[50] umsetzen, und zwar durch das Landesseilbahngesetz vom 20. 7. 2004.[51] Nun ist auch für das flache Land an der Ostsee festgestellt:[52]

„(1) Seilbahnen sind Anlagen für den Personenverkehr aus mehreren Bauteilen, die geplant, gebaut, montiert und in Betrieb genommen werden, um Personen zu befördern. Bei diesen, an ihrem Bestimmungsort errichteten Anlagen, werden Personen in Fahrzeugen oder mit Schleppeinrichtungen befördert, welche durch entlang der Trasse verlaufende Seile sowohl bewegt oder getragen als auch bewegt und getragen werden. Im Einzelnen handelt es sich bei den betreffenden Anlagen um

1. Standseilbahnen und andere Anlagen, deren Fahrzeuge von Rädern oder anderen Einrichtungen getragen und durch ein oder mehrere Stellen bewegt werden,
2. Seilschwebebahnen, deren Fahrzeuge von einem oder mehreren Seilen getragen und bewegt oder getragen oder bewegt werden; dazu gehören auch Kabinen- und Sesselbahnen,
3. Schleppaufzüge, bei denen mit geeigneten Geräten ausgerüstete Benutzer durch ein Seil fortbewegt werden.

(2) Anlage ist das an seinem Bestimmungsort errichtete, aus der Infrastruktur und den in Anhang I der Richtlinie 2000/9/EG des Europäischen Parlaments und des Rates vom 30. März 2000 über Seilbahnen für den Personenverkehr (ABl. EG Nr. L 106 S. 21) aufgezählten Teilsystemen bestehende Gesamtsystem. Die Infrastruktur, die speziell für jede Anlage geplant und jeweils vor Ort erreichtet wird, besteht aus der Linienführung, den Systemdaten sowie den für die Errichtung und Funktion der Anlage er-

forderlichen Stations- und Streckenbauwerken einschließlich der Fundamente."

Bei dieser Wiedergabe handelt es sich nur um ein **Bruchstück** eines an sich gänzlich überflüssigen Gesetzes.

III. Blick über den großen Teich

Die Erkenntnis, dass sich Verbraucher ständig in Gefahr befinden, ist den Vereinigten Staaten und den dort tätigen **amerikanischen Anwälten** zu verdanken. Deshalb sind Produkte aus den Vereinigten Staaten durchweg mit sinnreichen Warnhinweisen versehen. Zum Beispiel das Mountainbike. Ein Etikett am Rahmen klärt auf: „Bei unsachgemäßer Handhabung Gefahr schwerer Verletzungen!" Wer mit einem solchen Gerät einmal gestürzt ist, wird feststellen, dass diese Aussage tatsächlich stimmt. Aber ist es wirklich nötig, einem **Roller** die Worte „Dieses Produkt bewegt sich, wenn man es benutzt" mit auf den Weg zu geben? Und noch schöner ist es, wenn ein **Fieberthermometer** mit einem Zettel ausgeliefert wird, auf dem steht: „Nach rektalem Gebrauch nicht mehr oral verwenden."

Solche Formulierungen sind wirklich drollig. Immerhin hat die Organisation zur Verhütung von Rechtsmissbrauch in Michigan den beiden zuletzt genannten Mahnungen Anfang 2005 den zweiten respektive dritten Platz im Wettbewerb um den bizarrsten Verbraucherhinweis zuerkannt.[53] Der **Hauptpreis** ging allerdings an einen Sanitärfabrikanten, der seine **Klobürsten** mit der Aufschrift „Zur Körperpflege ungeeignet" unters Volk brachte.

Solche Verbraucherhinweise sind in den Vereinigten Staaten tatsächlich von Nöten. Sie gehen letztlich auf einen berühmten Prozess des Jahres 1979 zurück, den die 79 Jahre alte *Stella Liebeck* gegen McDonalds führte. *Stella Liebeck* hatte sich einen **Becher Kaffee** gekauft, sich ins Auto gesetzt und den Becher zwischen die Beine geklemmt. Als sie losfuhr, schwappte der heiße Kaffee über und fügte ihr Verbrennungen in einer Körpergegend zu, in der solche wenig beliebt sind. *Stella Liebeck* verklagte McDonalds und bekam tatsächlich US-Dollar 2,9 Mio. (!) Schadensersatz zugesprochen. Der Fall zeigt: Viele Errungenschaften der Vereinigten

Staaten sind löblich, das **amerikanische Justizsystem** ist allerdings **mit Vorsicht zu genießen!**

IV. Beamtenschweiß und mehr

An dieser Stelle dürfen meine liebsten **Beamtenwitze** nicht fehlen:

(1) Seltene Flüssigkeit mit 14 Buchstaben? **Beamtenschweiß!**

(2) Warum gibt es auf Toiletten, die von Beamten benutzt werden, immer dreilagiges **Klopapier**? Laut Dienstordnung erfordert jeder Geschäftsgang ein Original und zwei Durchschläge!

(3) „Ist Ihre **Arbeit** eigentlich schwer?", wird ein Beamter gefragt. „Nein", gesteht er, „aber sie ist doch ein **Störfaktor** zwischen Kur, Nachkur, Urlaub, Feiertagen, Wochenenden, Betriebsausflügen, ..."

(4) Finden zwei Polizeibeamte eine **Leiche** vor einem Gymnasium. Fragt der eine den anderen: „Du, wie schreibt man denn Gymnasium?" Der andere überlegt und sagt: „Schleppen wir ihn zur Post!"

(5) Welcher Tag ist der arbeitsintensivste für einen Beamten? Der **Montag**, da muss er gleich drei Kalenderblätter abreißen.

(6) Drei Jungs streiten darüber, wessen Vater der schnellste ist. Der erste: „Mein Vater ist Rennfahrer, der ist sicher der schnellste!" Der zweite: „Vergiss es! Meiner ist Pilot bei der Luftwaffe, der ist viel schneller!" Der dritte: „Nein, mein Papi ist noch schneller!" Die beiden anderen: „So, und wie macht er das?" „Er ist Beamter!" Großes Gelächter. „Nein, wirklich! Er ist so schnell, dass er um vier Uhr **Feierabend** hat, aber schon um drei Uhr zuhause ist!"

(7) In einer Behörde wird ein **Baby** gefunden. Da wird schnell klar, dass dieses nicht von einem Beamten sein kann. Hier hat noch niemand so kooperativ zusammengearbeitet, dass nach nur neun Monaten etwas herauskommt, was Hand und Fuß hat.

(8) Ein Beamter sitzt so im Büro. Da kommt eine gute Fee und sagt ihm, er habe **drei Wünsche** frei. Da wünscht sich der Be-

amte, auf einer Insel mit Palmen und Sonnenschein zu liegen. ... Zack ..., da liegt der Beamte am schönsten Strand der Welt mit Palmen und Sonnenschein. Als er seinen zweiten Wunsch äußert, von knackigen gut gebauten einheimischen Mädchen am Strand verwöhnt zu werden, ... Zack ..., geht auch dieser Wunsch in Erfüllung. Als letztes wünscht er sich, nie wieder zu arbeiten, keinen Stress mehr, nur noch erholsame Ruhe. ... Zack ..., schon sitzt er wieder im Büro.

(9) Was ist ein **08/15-Beamter**? Null Ahnung, 8 Stunden am Tag im Büro, nach A15 bezahlt.

(10) Warum sind bei Beamten **Papiertaschentücher** so unbeliebt? Weil häufig „Tempo" draufsteht!

(11) Zwei Dinge sind in der Verwaltung zu **lernen** – erstens: „Lerne zu unterschreiben, ohne zu lesen; zweitens: Lerne zu reden, ohne zu denken."

(12) Auch in der Verwaltung hat man es mit einer Unmenge von **Spezialisten** zu tun. Diese wissen bekanntlich von immer weniger immer mehr, bis sie von nichts alles wissen, während die Generalisten von immer mehr immer weniger wissen, bis sie von allem nichts wissen. Zwei verschiedene Wege, die zum selben Ergebnis führen.

(13) Mit **schlechten Gesetzen** und **guten Beamten** lässt sich immer noch regieren. Bei schlechten Beamten helfen die besten Gesetze nichts.

(14) Zwei **Beamtengattinnen** treffen sich auf dem Markt. Die eine flüstert der anderen zu: „Mein Mann ist impotent." Darauf die andere: „Ist das mehr als Oberregierungsrat?"

(15) **EU-Bürokratie:** Ein Kleinbauer besitzt zwei Kühe. Die EU nimmt ihm beide ab, tötet eine, melkt die andere, bezahlt eine Entschädigung aus dem Verkaufserlös der Milch und schüttet diese dann in die Nordsee.

18

C. Aus der Welt der Rechtswissenschaft

I. Gesunder Menschenverstand oder was?

Das dritte Kapitel befasst sich mit der Rechtswissenschaft, vor der bereits *Rudolf von Jhering* eindringlich **gewarnt** hat:

> „Die juristische Theorie, diese Spekulation fängt da an, wo der gesunde Menschenverstand aufhört; um sich ihr widmen zu dürfen, muss man entweder nie Verstand gehabt oder ihn längst verloren haben."[1]

So besticht der eine oder andere juristische Literat mit messerscharfer **Formulierungskunst**. In Kündigungsschutzkommentaren[2] heißt es, ein wichtiger Kündigungsgrund sei ein solcher „mit dem Gewicht eines wichtigen Grundes". Beginn und Ende einer Dienstreise sind penibel im „Bundesreisekostengesetz" festgelegt. Das genügt aber nicht. In einschlägigen Kommentaren dazu muss dann noch klargestellt werden, dass „die Dienstreise endet, wenn ein Bediensteter während einer Dienstreise stirbt".[3]

Von ähnlicher **Prägnanz** sind folgende Sätze aus einem Kommentar zur Abgabenordnung[4]:

> „Ein Ehemann hat in der Regel seinen Wohnsitz dort, wo sich seine Familie befindet.[5] Ein Verschollener hat seinen Wohnsitz bei der Ehefrau."[6]

Rechtswissenschaftler zeichnen sich durch **Kreativität** und **Praxisnähe** aus. So soll ein professorales Schuldrechtslehrbuch[7] folgenden für Liebhaber der juristischen Hochgotik gedachten Lehrfall angeführt haben:

> „Ein unbeaufsichtigtes Kind wirft mutwillig einen Ball, der den Hut eines Passanten vom Kopf wirft. Beim Aufheben stößt dieser den ungeschickt gehaltenen Stock ins Auge eines hinter ihm gehenden Hundes. Dessen Besitzerin wird ohnmächtig und entzweit sich mit ihrem Verlobten, der das halberblindete Tier töten lassen will. Die enttäuschten Schwiegereltern und Hochzeits-

gäste insbesondere wüssten gerne, wer die Ursache im Rechts-
sinne gesetzt hat."

Und ein anderes **berühmtes Schuldrechtslehrbuch**[8] setzte noch
einen drauf:

> „Beschädigt jemand die Rosenkulturen seines Nachbarn, weil er
> die Kontrolle über sein Kartoffelfeuer verliert, so kann sich der
> Schädiger nicht auf ‚überholende Kausalitäten' berufen, wenn
> noch während des Brandes ein niedergehender Meteorit die Ro-
> senkulturen restlos verwüstet."

II. Marotten und Sünden von Rechtswissenschaftlern

Nicht alle Inhaber ordentlicher Lehrstühle sitzen allerdings nur im
Elfenbeinturm. Manche sind durchaus geschäftstüchtig. So hat *Ot-
mar Wassermann*, Toxikologie-Professor an der Universität Kiel,
Ende der 90er Jahre des letzten Jahrhunderts die Nebentätigkeiten
seiner Kollegen untersucht und sich besonders über **Gefälligkeits-
gutachten** geärgert, die „oft wie am Fließband produziert" würden.
Die Abkürzung „Prof." stehe deshalb für „Profit, Profilsucht und
Profanität", was der Spiegel[9] nicht zuletzt für Rechtswissenschaftler
ins Feld geführt hat. Da ich inzwischen auch den Titel „Professor"
führen darf, muss allerdings erwähnt werden, dass ich nur Honorarprofessor bin, also jemand, der entgegen landläufiger Meinung
für seine Professorentätigkeit gerade kein Honorar erhält. Die Bedeutung der genannten Abkürzung kann also für mich nicht gelten.
Mein hochgeschätzter Partner *Gerhard Röder*, der 1984 zu *Gleiss
Lutz* gekommen ist und mein erster Mitarbeiter war, hatte zu meinem Leidwesen lange vor mir eine Honorarprofessur an der *Albert-
Ludwigs*-Universität Freiburg erhalten. Um mich ins rechte Licht
zu rücken und ihn etwas zu ärgern, pflegte ich jahrelang – allerdings scherzhaft gemeint – Mandanten zu fragen: „Wollen Sie
einen Professor oder einen **richtigen Anwalt?**" Seitdem ich den Titel auch habe, mache ich mich über eine solche Professur natürlich
nicht mehr lustig. Was interessiert mich schließlich mein Ge-
schwätz von gestern?
Zu meiner **Ehrenrettung** sei hinzugefügt, dass ich keinerlei
Wert darauf lege, mit Professor oder Doktor angeredet zu werden.

Es genügt vollkommen, wenn meine Gesprächspartner wissen, dass ich diese Titel habe.

Einem ordentlichen Lehrstuhlinhaber ist sogar nachgewiesen worden, sowohl durch **Geld** als auch durch **Sex** bestechlich zu sein.[10] So hat *Thomas A.*, Professor für Bürgerliches Recht und Internationales Privatrecht an der Universität Hannover, von einem „Institut für Wissenschaftsberatung" in Bergisch Gladbach zwischen 1996 und 2005 insgesamt etwa Euro 184 000,– dafür kassiert, dass er 69 der Klienten des Instituts zum Doktortitel geführt hat oder führen sollte. Außerdem soll der Gelehrte insgesamt drei Studentinnen für „sexuelles Entgegenkommen" bessere Noten bzw. einen Arbeitsplatz an der Universität versprochen oder verschafft haben.[11]

Heutzutage gibt es Gott sei Dank kaum noch Jura-Professoren, die sich durch Unnahbarkeit und Überheblichkeit, vor allem im Umgang mit Studenten und Prüflingen, auszeichnen. Früher war das teilweise anders. Dazu eine Geschichte aus meiner Zeit an der *Albert-Ludwigs*-Universität zu Freiburg: Im Wintersemester 1971/72 hatte ein Kandidat (nicht ich!), der die schriftlichen Klausuren durchaus ordentlich bewältigt hatte, das Pech, in der **mündlichen Prüfung** im Öffentlichen Recht auf den gefürchteten Prüfer *M. B.* zu stoßen. Dieser fand die Antworten zu seinen Fragen wenig überzeugend, was in folgender **Bemerkung** gipfelte:

„Ich frage mich, wie Sie es überhaupt in die mündliche Prüfung geschafft haben!"

Darauf antwortete der Prüfling bemerkenswert schlagfertig und mit einem Höchstmaß an **Zivilcourage:**

„Und ich habe Ihre Habilschrift ‚Die Mineralölfernleitungen' gelesen und mich gefragt, wie Sie sich überhaupt habilitieren konnten."

Das **sardonische Lächeln** des Prüfers erstarrte, während der noch renommiertere mitprüfende Strafrechtler *H.-H. J.* lakonisch meinte:

„Ein klassischer Fall der in der Regel für beide Seiten straffreien wechselseitig begangenen Beleidigungen nach § 199 StGB."

Die Gesamtexamensnote des Kandidaten fiel im Übrigen durchaus ordentlich aus, weil die schlechte Note im Öffentlichen Recht durch **wohlwollende Benotung** in den anderen Fächern ausgeglichen wurde. Ein andermal soll *M. B.* einen Kandidaten am Ende der Prüfung mit folgenden Worten verabschiedet haben:

„Ich habe mich mit einem Laien über Jura noch nie so angenehm unterhalten wie mit Ihnen."

III. Plagiate

Die freiherrliche Plagiatsaffäre des Jahres 2011 hat gezeigt, dass bei der Wissenschaft **nicht alles Gold** ist, was glänzt. Der Satiriker *Eugen Roth* hat schon vor geraumer Zeit angemerkt:

„Die Wissenschaft, sie ist und bleibt, was einer ab vom andern schreibt."

Und *Samuel von Pufendorf*[12] hat noch viel früher, nämlich 1667, über die Deutschen[13] geschrieben:

„[Sie] ... leiden an einer kaum zu befriedigenden Schreibwuth; da es nun aber den wenigsten gegeben ist, durch eigene Erfindungskraft oder feine und anmuthige Darstellung den Beifall ihrer Zeitgenossen sich zu erwerben, so begnügen sich die meisten, die das einmal dem Verderben geweihte Papier nicht begnadigen wollen, hier und da aufgeraffte Gedanken zu einem Buche zusammenzustoppeln, oft ohne eine Spur von eigenem Urtheil. Auch gilt es bei ihnen nicht für Plagiat, die Bücher anderer Gelehrten als ihre eigenen zu verkaufen, wenn sie nur hier und da ein paar eigene Worte hinzugefügt haben. Manche endlich glauben um deswegen eine Stellung in der schriftstellerischen Welt einzunehmen, weil sie aus einer ausführlichen Darstellung ein Compendium oder Tabellen ausgezogen haben, was mehr der Gedankenlosigkeit, als dem Gedächtniß zu gute kommt."

Volker Rieble, der „Zar"[14] des Arbeitsrechts und engagierte **Plagiatsbekämpfer,** hat mir sein Buch „Das Wissenschaftsplagiat"[15] mit der Widmung überlassen: „Dem nochmal Davongekommenen". Damit ich nicht Gefahr laufe, in der möglicherweise kommenden 2. Auflage des genannten Werkes des „guttenbergens" verdächtigt oder gar überführt zu werden, soll an dieser Stelle nochmals (vgl.

Vorwort) erwähnt werden, dass die Idee zu dem vorliegenden Buch letztlich auf *Meinhard Heinze* zurückgeht.

Die Berichte über vermeintliche oder tatsächliche Plagiate mehr oder weniger renommierter Zeitgenossen, meist Politikern oder Kinder von Politikern, reißen nicht ab. Unangenehm kann dabei nicht nur der Verlust des Dr.-Titels sein. Wie der Spiegel[16] berichtet hat, droht der FDP-Politikerin und Unternehmerin *Margarita Mathiopoulos,* die ältern Bürgern noch als SPD-Sprecherin zu *Willy Brandts-*Zeiten im Gedächtnis geblieben ist, der **Verlust** ihrer beiden **Honorarprofessuren** der Technischen Universität Braunschweig und der Universität Potsdam, weil sie bei ihrer Doktorarbeit „plagiiert" hat. Diese hatte sie 1986 an der Philosophischen Fakultät Bonn über „Amerika: Das Experiment des Fortschritts – Ein Vergleich des politischen Denkens in Europa und in den USA" erstellt. Nachdem die Universität Bonn den Dr.-Titel am 18. 4. 2012 aberkannt hat, werden wohl auch die Honorarprofessuren widerrufen. Motto: „Ohne Dr. kein Prof."

Es gibt aber nicht nur größere und kleinere Plagiate, sondern auch gänzlich **erschwindelte Titel.** So wurde ich vor etlichen Jahren einmal von einem Bankvorstand angerufen, der mich bat, ihn zu vertreten. Worum ging es? Der Mann war vor 20 Jahren bei einer Bank eingetreten und hatte dort Karriere gemacht. Sein **erster Fehler** bestand darin, der Bewerbung eine gefälschte Doktor-Urkunde beigelegt zu haben, der **zweite Fehler,** dass seine Frau über alles Bescheid wusste. Und der **dritte Fehler?** Der „Schein-Doktor" wandte sich 20 Jahre später einer jüngeren Dame zu und verhielt sich gegenüber seiner ersten Frau im Scheidungsverfahren offensichtlich zu „knickrig". Folge war, dass der Schwindel über eine Indiskretion der im Stich gelassenen Frau aufflog. Die vor Ort führende Zeitung berichtete, dass bei der Bank ein Vorstand beschäftigt werde, der zu Unrecht einen Doktor-Titel führe. Wie reagierte die Bank? So, wie es richtig ist, nämlich mit einer Anfechtung des Arbeitsverhältnisses wegen arglistiger Täuschung nach § 123 BGB und einer gleichzeitigen fristlosen Kündigung nach § 626 BGB. Mein Versuch, dem guten Mann klarzumachen, er könne auch mit der Begründung, 20 Jahre lang sehr gute Arbeit für die Bank geleistet zu haben, ein etwaiges Verfahren beim Landgericht kaum gewinnen, stieß auf wenig Verständnis. Jedenfalls habe ich es abgelehnt, ihn zu vertreten.

IV. Schuster bleib bei Deinen Leisten

Auch hochkarätigen **Sachverständigen**, insbesondere Ökonomen, die sich zugleich für rechtskundig halten, können peinliche Fehler unterlaufen. *Wolfgang Franz*, einer der sog. fünf Weisen, heute sogar ihr Vorsitzender, hatte in der FAZ vom 30. 3. 2004 in seinem „Standpunkt" die These vertreten, der Europäische Gerichtshof stelle das deutsche Modell der betrieblichen Mitbestimmung auf den Prüfstand. Der Gerichtshof habe den Weg dafür geebnet, dass ausländische Unternehmen die Rechtsform ihres Heimatlandes beibehalten könnten, wenn sie ihren Sitz nach Deutschland verlagern. Dann unterlägen sie nicht mehr der betrieblichen Mitbestimmung. Weiter folgerte *Franz* daraus, heimische Unternehmen könnten eine Sitzverlagerung ins „mitbestimmungsfreie" Ausland vornehmen und danach mitbestimmungsfrei nach Deutschland zurückkehren. Ich erinnere mich noch gut, wie mich am 30. 3. 2004, kaum hatte ich das Büro betreten, **aufgeregte Mandanten** anriefen und meinten, endlich seien sie ihren lästigen Betriebsrat los. Ich müsse nur die FAZ lesen. Sie hätten schon immer gewusst, dass die betriebliche Mitbestimmung in Deutschland kaum rechtens sein könne.

Leider musste ich die Mandanten belehren, dass der weise Sachverständige die **betriebliche Mitbestimmung** mit der **Unternehmensmitbestimmung verwechselt** hatte. Richtig war nur, dass auf Grund der Entscheidung des Europäischen Gerichtshofs[17] vom 30. 9. 2003 etliche Autoren davon ausgegangen waren, dass möglicherweise die „Totenglocken" für die Unternehmensmitbestimmung läuteten. Großunternehmen könnten dann durch Umwandlung in eine ausländische Gesellschaftsform die Arbeitnehmervertreter aus den Aufsichtsgremien drängen.

Dies alles hatte aber nichts mit betrieblicher Mitbestimmung zu tun, bei der es um die meist viel lästigeren **Mitbestimmungs- und Mitwirkungsrechte des Betriebsrats** geht. Diese Form der Mitbestimmung wird ebenso autonom vom nationalen Gesetzgeber geregelt wie der Kündigungsschutz, der an der tatsächlichen Beschäftigung in Deutschland anknüpft. Einmal mehr gilt: Wer publiziert, lebt gefährlich! Und gefährlich ist es, wenn sich Ökonomen auf fremdem Terrain bewegen. Ihnen kann man nur zurufen: „Schuster, bleib bei Deinen Leisten!"[18]

V. Arbeitsrechtspoesie

Dem großen deutschen Arbeitsrechtsgelehrten *Peter Hanau* ist es zu verdanken, dass Teile des Arbeitsrechts in **Versform** vorliegen. An dieser Stelle soll mit seiner Erlaubnis wenigstens sein Werk „Teuflisches Arbeitsrecht?" wiedergegeben werden:[19]

> „Mephisto sagt's, der Teufel im Faust von unserem Goethe,
> der Arbeitsrechtler schluckt's als Kröte:
> ,Das erste steht uns frei, beim zweiten sind wir Knechte.'
> Von Faust identifiziert als der Hölle Rechte.
> Das Arbeitsrechts hat's nachgemacht,
> der Hölle Recht vielfach beacht.
>
> *Ob* ein Arbeitsvertrag ist zu schließen oder zu meiden,
> darüber entscheiden frei die beiden.
> Arbeitgeber und Arbeitnehmer haben allein das Sagen,
> Kontrahierungszwang will der Gesetzgeber nicht wagen.
>
> *Mit wem* der Arbeitsvertrag kam zustand',
> der Arbeitgeber schon nicht mehr frei befand.
> Er darf den Arbeitnehmer nicht aussuchen nach Belieben,
> Bewerber nicht nach Lust und Laune sieben.
> Ob Mann oder Weib, schwul oder hetero,
> ob behände oder behindert ebenso,
> ob alt oder jung, fromm oder Heide,
> man jede Diskriminierung meide.
> All das geht den Arbeitgeber gar nichts an,
> denn hier fängt die Gleichbehandlung an.
> Auch Rasse und Herkunft spielten keine Rolle,
> das wohl jeder wolle.
> Auch Bayern und Preußen sind ethnisch verschieden,
> ethnische Vorlieben seien vermieden.
> Der Mensch ohne Eigenschaften ist gefragt,
> Robert Musil hat es vorhergesagt.
> Der/Die Transsexuelle ist das Ideal,
> zum Vorbild geworden auf einmal.
> Erst Mann, dann Frau, erst Frau, dann Mann,
> so sieht sich Gleichbehandlung an.

Wie lange das Arbeitsverhältnis dauert, ist noch strenger
  reglementiert,
dazu man viele Vorschriften gebiert.
Freie Befristung scheint zwei Jahre erlaubt,
doch wird der Effekt durch Formalien geraubt.
Die Schriftform legt viele Laien rein,
die glauben, das könne so nicht sein.
Wird die Form eine Minute zu spät beachtet,
ist die Befristung gleich geschlachtet.
Auch bei Verlängerung in den ersten beiden Jahren,
lauern überraschende Gefahren.
Jede Verlängerung oder Unterbrechung ist von Übel,
darauf achtet der Siebte Senat penibel.
Bei der Verlängerung ist die Veränderungssperre zu beachten,
sie mit keiner Änderung zu befrachten.
Die Veränderungssperre ist aber nur kurz,
vor und nach der Verlängerung ist dem BAG sie schnurz.
Juristischer Scharfsinn auf die Spitze getrieben,
für den Laien unverständlich geblieben.

Ohne Befristung gilt das Arbeitsverhältnis auf unbestimmte
  Zeit,
fast für die Ewigkeit.
Eine gesetzliche Altersgrenze gibt es nicht,
Beschäftigung bis zum Tode demnach Pflicht.
Vertragliche Altersgrenzen sollen das kompensieren,
doch könnt die Gleichbehandlung triumphieren.
Das Alter ist als Tatbestandsmerkmal jetzt verpönt,
als Diskriminierung wird die Altersgrenze jetzt verhöhnt.
Mit 70 noch fliegen, mit 80 noch operieren,
kann das funktionieren?
Die Gleichbehandlung ist manches Opfer wert,
mit praktischen Bedenken sei sie nicht beschwert.

Vorzeitiger Beendigung stellt sich der Kündigungsschutz
  entgegen,
er soll die Arbeitsverhältnisse lange hegen.
Betriebsbedingte Kündigungen sind freilich privilegiert,
die unternehmerische Entscheidung wird respektiert.
Auch wenn die Firma ist rentabel,

gerät der Kündigungsschutz ins Reich der Fabel.
Ein unternehmerisches Konzept ist freilich vonnöten,
um den Kündigungsschutz abzutöten.
Am einfachsten ist's, den Betrieb ganz zu schließen,
damit alle Arbeitnehmer ihn verließen.
Schwieriger zu entlassen ist die begrenzte Zahl,
denn dann hat der Arbeitgeber die Qual der Wahl.

Vier Kriterien sind für die Sozialauswahl wichtig,
ihr Verhältnis kaum zu bestimmen richtig.
Das Kriterium des Alters schleppt sich fort,
des Ageism[20] letzter Hort.
Leistungsaspekte und Personalstruktur spielen eine unter-
    geordnete Rolle,
als ob das Gesetz sie nicht wirklich wolle.

Als Sanktion von Regelverstößen ist die verhaltensbedingte
    Kündigung zu nennen,
wie wir es vom Fußball kennen.
Der Kündigungsschutz macht beim Foul-Spiel halt,
wie es schon immer beim Fußball galt.
Die Parallele geht noch weiter,
alle Fans stimmt das heiter.
Bei leichten Verstößen ist die gelbe Karte zur Hand,
Abmahnung wird dies im Arbeitsrecht genannt.
Einmal ist keinmal, lässt sich hier sagen,
doch die Wiederholung hat man nicht zu ertragen.
Wiederholte und schwere Verstöße führen zur roten Karte
    und der Spieler muss raus,
im Arbeitsrecht wird die verhaltensbedingte Kündigung
    daraus.
Im Fußball gilt die rote Kartei freilich selten als Kündigungs-
    grund,
auch wenn sich der Spieler benimmt, wie ein bissiger Hund.
Er will ja für seinen Arbeitgeber gewinnen,
mag dem Gegner das Blut noch so rinnen.

Auch der *Inhalt der Arbeitsverhältnisse* ist vielfach reguliert,
die Vertragsfreiheit weitestgehend sabotiert.
Auch wenn der Arbeitnehmer diktiert den Vertrag,

27

gilt für ihn zwingendes Schutzrecht, so viel er mag.
Erst die AGB-Kontrolle ist der Übertreibung entronnen,
hier haben Vertragsfreiheit und Flexibilität überraschend
  gewonnen.
Nur die Arbeitnehmerhaftung ist noch starr,
so wie sie seit langem war.
Zwingend soll hier alles sein,
was dem BAG fiel dazu ein.
Das Gericht nimmt sich hier etwas zu wichtig,
flexible AGB-Kontrolle wäre richtig.

Nun ganz am Schluss
die Frage stehen muss:
Ist das Arbeitsrecht vom Teufel geschaffen,
haben die Arbeitsrechtler nach ihm zu gaffen?
Sicher ist Mephisto damit zufrieden,
wie oft das Arbeitsrecht ihm folgt hienieden.
Beim ersten frei, beim zweiten Knecht,
beschreibt das Arbeitsverhältnis gar nicht schlecht.
Für den Laien ist es teuflisch schwer,
meist versteht er gar nichts mehr.
Trotzdem möcht' ich das Arbeitsrecht nicht teuflisch nennen,
mich als sein Freund und Förderer bekennen.
Mephisto sieht sich als Teil von jener Kraft,
die stets das Böse will und stets das Gute schafft.
Im Arbeitsrecht ist's umgekehrt,
die gute Absicht sei verehrt.
Mag der Effekt auch manchmal böse sein,
des Arbeitsrechtlers Gewissen ist stets rein."

Auch „Der leitende Angestellte" ist im Werk von *Hanau*[21] dichte-
risch verewigt, wobei dieser Vers auf *Leo Pünnel*[22], den früheren
Präsidenten des Landesarbeitsgerichts Köln, zurückgeht:

„Die im Betrieb befehlend schreiten,
ihn meist nur in der Optik leiten.
Auch wer zum Leiten angestellt,
für einen Haufen bares Geld,
ist – was im Ernstfall weit bequemer –
oft nur ein ganz simpler Arbeitnehmer.

Nur der sitzt hinter seinem Boss
auf dem bekannten Führungsross,
der so wie er in Freud und Leiden
kann unternehmerisch entscheiden.
Der auch, da hilft kein Beten, Fluchen,
in dem Betriebsrat nichts hat zu suchen,
kurz einer der, dass Gott erbarm,
die Hand am Arbeitgeber-Arm,
ist bei den „Leitenden" dabei,
entsprechend Canon 5 Vers 3!!
Wer das nun ist im Einzelfall
in den Betrieben überall?
Das weiß nur, unerdrückt das Lachen,
die Richterschar für Arbeitssachen."

VI. Professorenwitze

Zu meinen **liebsten Witzen**, in denen universitäre Rechtsgelehrte
auf den Arm genommen werden, gehören folgende:

(1) Arbeitsrechtsprofessor X. soll einen **Fachvortrag** halten. Dazu
lässt er sich von seinem Assistenten, der den Vortrag ausgear-
beitet hat, in die Stadt S. fahren. Weil es Hochsommer ist und die
Klimaanlage des Autos defekt ist, steigt der Professor in kurzer
Hose in das Auto. Als er am Ort des Geschehens ankommt, bemerkt der Professor, dass er vergessen hat, lange Hosen mitzu-
nehmen. Er geniert sich, den Vortrag nur in kurzer Hose zu halten und bittet seinen Assistenten, einzuspringen. Dieser
übernimmt den Job, während der Professor im nächstgelegenen
Geschäft eine lange Hose kauft und verspätet im Vortragssaal
erscheint; er nimmt dort als Zuhörer Platz.
Der Assistent macht seine Sache gut. In der Diskussionsrunde
stellt ihm ein Teilnehmer eine komplizierte Frage. Daraufhin
sagt er: „Die Frage ist unter meiner Würde." Dann deutet er auf
den Professor und fügt hinzu: „Die beantwortet mein Assistent."

(2) Am Anfang einer **Zivilrechtsklausur** sagt der Professor: „Sie
haben genau zwei Stunden Zeit. Danach werde ich keine weiteren Arbeiten mehr annehmen." Nach zwei Stunden ruft der Pro-

fessor: „Schluss, meine Damen und Herren!" Trotzdem kritzelt ein Student wie wild weiter ...

Eine halbe Stunde später, der Professor hat die eingesammelten Arbeiten vor sich liegen, will auch der Letzte sein Heft noch abgeben, aber der Professor lehnt ab. Da bläst sich der Student auf: „Herr Professor, wissen Sie eigentlich, wen Sie vor sich haben?" „Nein", meint der Professor. „Großartig", sagt der Student und schiebt seine Arbeit mitten in den Stapel.

(3) In der **Strafrechtsvorlesung** fällt der Begriff „a priori". Der Professor bemerkt in der ersten Sitzreihe eine Studentin, die an dieser Stelle die Stirn runzelt: „Na, junge Kommilitonin, Sie wissen wohl nicht, was das heißt?" Darauf die Studentin: „Nein" Der Professor belehrt sie: „Das heißt: Von vornherein!", worauf die Studentin meint: „Aha, jetzt weiß ich auch, was ‚apropos' heißt ..."

(4) Eine überaus hübsche **Jurastudentin** sagt zum renommierten Professor des öffentlichen Rechts: „Glauben Sie mir, ich würde alles tun, um dieses Examen zu bestehen. Ich meine wirklich alles." Darauf hakt der Professor nach: „Wirklich alles?" Darauf blickt die Studentin ihm tief in die Augen und haucht: „Alles.", worauf der Professor im Flüsterton fragt: „Würden Sie auch lernen?"

(5) **„Kennen wir uns nicht?"**, begrüßt der Arbeitsrechtsprofessor den aufgeregten Studenten bei der mündlichen Prüfung. „Ja, Herr Professor, vom letzten Mal. Ich wiederhole heute." „Gut. Wie lautete denn das letzte Mal die erste Frage?", will der Professor wissen, worauf der Kandidat antwortet: „Kennen wir uns nicht?"

(6) Der **zerstreute Rechtsgeschichtsprofessor** kommt gebeugten Ganges nach Hause. „Mein Schatz, hol' mir bitte sofort einen Arzt! Ich kann nicht mehr aufrecht gehen." Der Arzt kommt, untersucht den leidenden Professor und sagt: „In erster Linie möchte ich Ihnen raten, den obersten Hosenknopf aus dem dritten Knopfloch Ihrer Weste zu lösen."

(7) „Was ist **Betrug?**", fragt der Strafrechtsprofessor den Jurastudenten. „Betrug ist, wenn Sie mich durchfallen lassen", antwor-

tet dieser. Darauf der Professor: „Wieso denn das?" Antwort: „Weil sich nach dem Strafgesetzbuch derjenige des Betrugs schuldig macht, der die Unwissenheit eines anderen ausnützt, um diesen zu schädigen."

(8) In der Uni stößt der junge Jurastudent versehentlich mit einem emeritierten Professor zusammen. Der Jurastudent sagt: „Oh mein Gott! Ich bitte um **Entschuldigung**!" Darauf der Professor: „Ist schon in Ordnung! Aber Professor reicht vollkommen als Anrede!"

D. Über richterliche Narren und ihre Elaborate

I. Selbstironie und anderes mehr

1. Auf hoher See und vor Gericht

Bei der **Tagung der DAV-Arbeitsgemeinschaft Arbeitsrecht** im September 2010 in den heiligen Hallen des Bundesarbeitsgerichts hat die Präsidentin des Hauses bei ihrer Begrüßung mit nicht ganz ernst gemeinten Worten und wohl unter Berufung auf *Norman Mailer*[1] gemeint, Anwälte würden oft erst Streit in eine ansonsten friedliche Gesellschaft bringen. In meiner Funktion als Vorsitzender des Geschäftsführenden Ausschusses der Arbeitsgemeinschaft hätte ich mit den Worten des Kabarettisten *Dieter Hildebrandt*[2] erwidern müssen, jedenfalls können:

> „Es hilft nichts, das Recht auf seiner Seite zu haben. Man muss auch mit der Justiz rechnen."

Dem entspricht, was **englische Richter** gelegentlich anzumerken pflegen:

> „Between you and justice is a judge!"

Dazu passt die immer wieder gern zitierte **Kapitänsweisheit**:

> „Auf hoher See und vor Gericht sind wir in Gottes Hand."

Der wahre Grund für das **Tuch vor den Augen Justitias** ist also weniger darin zu sehen, dass die Gerichte ohne Ansehen der vor ihr auftretenden Personen entscheiden sollen. Es handelt sich vielmehr um eine „Erfindung" von höchst bedeutenden Geistern diesseits der Alpen. Zu sehen war das Tuch erstmals 1494 im „Narrenschiff" von *Sebastian Brant*, illustriert von *Albrecht Dürer*. Also ist es keineswegs das Sinnbild von Unparteilichkeit, sondern von Narretei![3] So ist es wenig verwunderlich, dass Richterschelte ein durchaus beliebter Sport ist. Im Sommer 2011 hat z. B. der Berliner Bezirksbürgermeister *Heinz Buschkowsky* die Berliner Richter als „Schwachmaten" bezeichnet.[4] Und als das Landesarbeitsgericht Berlin-Brandenburg[5] im Aufsehen erregenden Pfandbon-Fall *Emmely* der Arbeitgeberin Recht gab[6], rastete *Wolfgang Thierse*, immerhin Vizepräsident des Deutschen Bundestags, förmlich aus, indem er von einem „barbarischen Urteil von asozialer Qualität" sprach.[7] Deshalb hat sich die Präsidentin des Bundesarbeitsgerichts, *Ingrid Schmidt*, schützend vor die Berliner Arbeitsgerichtsbarkeit gestellt. Kurz darauf durfte sie allerdings ihr – sicherlich zu Unrecht mit „Richterin Gnadenlos" untertiteltes – Konterfei auf *Bild.de* bewundern.[8] Das hat sie aber ohne erkennbare Gegenreaktion eingesteckt, ganz nach dem Motto, dass ein guter Richter ohnehin nicht passiv beleidigungsfähig ist.

Auch ich habe mit der **Bild-Zeitung** meine Erfahrungen gemacht. Anfang der 80er Jahre vertrat ich ein mittelständisches Unternehmen im Stuttgarter Raum. Dieses war in wirtschaftliche Schwierigkeiten geraten und musste 300 Arbeitnehmer entlassen. Gleichzeitig musste auch der Personalleiter seinen Platz räumen. Allerdings nicht wegen des Personalabbaus, sondern weil er ein nicht gerade geringfügiges Vermögensdelikt zu Lasten des Unternehmens begangen hatte. Nachdem er die fristlose Kündigung erhalten hatte, nahm er sich das Leben.

Und so rief mich die Redaktion der Bild-Zeitung an und fragte, ob wir wüssten, warum Personalleiter *P.* sich das Leben genommen habe, ob das etwas mit dem Personalabbau zu tun habe. Die Devise meiner Mandantin war, nichts zu der Sache zu sagen. Das habe ich so an die Bild-Zeitung weitergegeben, worauf mir der Redakteur sinngemäß sagte: „Wenn Sie bzw. das Unternehmen nicht bereit sind, sich zur Sache zu äußern, dann müssen wir eben schreiben, was wir denken." Tags darauf lautete die ca. 5 cm **fette Schlagzeile** auf Seite 1: „Personalleiter musste 300 Arbeitnehmer entlassen und nahm sich das Leben." Darunter folgte ein dreizeiliger kleingeschriebener Text mit der üblichen Verweisung auf die letzte Seite. Erhellendes war auch dort nicht zu finden. Froh war ich, dass ich nicht als Anwalt des Unternehmens in dem Artikel auftauchte.

Nicht nur die Journaille, sondern auch Rundfunk und **Fernsehen** behandeln solche Fälle reichlich undifferenziert. In den Sendungen von *Anne Will* am 11.10.2009 und *Maybrit Illner* am 15.10.2009 ging es demgemäß auch um die angeblich „gnadenlose

Arbeitswelt", in der wegen der Unterschlagung von Pfandbons im Wert von Euro 1,30 oder dem unerlaubten Verzehr von Frikadellen fristlos gekündigt wird. Fast hätte ich das Vergnügen gehabt, an der *Maybrit Illner*-Talkrunde teilzunehmen. Aber: Bei einem Anruf der Redaktion am 13. 10. 2009 hatte ich mich nicht „professionell" genug verhalten. Nachdem man mir gesagt hatte, dass für den Part der Arbeitgeberseite ein engagierter Anwalt gesucht werde und ich dann gefragt wurde, was ich zu solchen fristlosen Kündigungen meine, habe ich wohl falsch reagiert. Ich habe nicht ausreichend berücksichtigt, dass für dieses Sendeformat nur **Scharfmacher** gefragt sind, und zwar auf beiden Seiten. Also war es falsch einerseits für die Arbeitgeberseite um Verständnis zu werben, andererseits aber auch zu erklären, dass es eben „böse Schafe" sowohl auf Seiten der Arbeitnehmer als auch auf Seiten der Arbeitgeber gäbe; auch ich könne nicht alle fristlosen Kündigungen nachvollziehen. Gereizt hatte es mich natürlich schon, auch einmal an einer solchen Sendung teilzunehmen. Also hätte ich bei dem Telefonat, unabhängig davon, was ich dann in der Sendung zum Besten gegeben hätte, nur sagen müssen: „Selbstverständlich muss ein Arbeitgeber bei jeder kleinen Verfehlung eines Arbeitnehmers gnadenlos zuschlagen." Da ich diese Empfehlung aber nicht von mir gegeben hatte, hörte ich nichts mehr. Am Donnerstag, 15. 10. 2009, trat dann ein Anwalt auf, der nicht nur nach meiner Einschätzung, sondern nach weitverbreiteter Meinung, alles andere als eine Zierde für die Arbeitgeberseite ist.

Zurück zu den Richtern: Viele leiden wie Anwälte darunter, dass sie von Dritten korrigiert werden können. So lieben es Richter höherer Instanzen durchaus, den Kollegen unterer Instanzen „über den Mund [zu] fahren", was durchaus die Unvollkommenheit der Juristen widerspiegelt.[9] Das kann dazu führen, dass der „untere" Vorsitzende Richter ein Urteil verkündet, das beide Seiten nicht zufrieden stellt und hinzufügt: „So, wenn Ihr nicht mit meinem Urteil einverstanden seid, geht getrost ans Oberlandesgericht, holt Euch dort dumme Sprüche, lauter lästige Fragen und dazu eine ganze Menge Kosten!" An den Protokollführer gewandt könnte es dann noch heißen: „Nach Urteilsverkündung wurden die Parteien ordnungsgemäß entsprechend der Prozessordnung über die Möglichkeit einer Berufung belehrt."[10] Zur ewig gültigen **Richtererfahrung** zählt auch der Satz: „Der Platz, bei dem man sich zwischen

alle Stühle setzt, ist der des Richters."[11] Andererseits spiegelt diese
Erkenntnis zutreffend die richterliche Unabhängigkeit wider, nämlich entscheiden zu können, ohne einer Seite der Parteien verpflichtet zu sein. Das generiert eine Art Macht, die umso größer ist,
wenn es sich bei dem Richter um einen Vorsitzenden Richter des
Senats eines Obersten Bundesgerichts handelt. Als ein solcher al-
tersbedingt ausschied und ich ihn fragte, wie er seine Pensionierung
verkrafte, antwortete er verblüffend ehrlich und durchaus nachvollziehbar: *„Schlecht. Ich habe keine **Macht** mehr."*[11a]
Tröstlich ist, dass auch **Richter nur Menschen** sind. Deshalb
spricht eine Vermutung für die Richtigkeit der Weisheit: „Recht ist,
was ein Richter zum Frühstück gegessen hat." Je später die Stunde
und je leerer der Magen, umso härter sollen nämlich die Urteile
ausfallen.[12] Im Übrigen pflegen Richter untereinander gelegentlich
einen etwas „angestrengten" Umgang wie er auch sonst im Arbeitsleben vorkommt.[13] Ausdrücklich distanzieren will ich mich allerdings von der These, Richter seien „in zweifacher Hinsicht verrückt: Einmal politisch und zum anderen sowieso". Um in der
Justiz arbeiten zu müssen, müsse man „mental gestört sein, psychisch verwirrt". Diese Vorwürfe sind Gott sei Dank noch von keinem deutschen Politiker gegenüber deutschen Richtern im Allgemeinen erhoben worden, sondern von einem gewissen *Silvio
Berlusconi* gegenüber italienischen Richtern.[14] Damit bedarf es keines Kommentars, was davon zu halten ist. Allerdings gibt es doch
Einzelfälle, die zu denken geben, so z. B. wenn Urteile über Seiten
so verfasst werden, dass sie nur aus einem Satz bestehen und deshalb ungenießbar sind. In diesem Sinne zeichnete sich jahrelang
ein Vorsitzender Richter des Landesarbeitsgerichts Hamm aus.
Dazu eine Kostprobe, allerdings nur der Leitsatz des Urteils vom
5. 10. 2000:[15]

„Hat ein öffentlicher Arbeitgeber, der selbst hinsichtlich der Bestimmungen des BAT sowie der den BAT ergänzenden Tarifverträge gemäß § 3 Abs. 1 TVG tarifgebunden ist und der mit allen
seinen Angestellten unabhängig davon, ob diese Angestellten
ihrerseits Mitglied einer der Gewerkschaften, die auf Gewerkschaftsseite den BAT sowie die den BAT ergänzenden Tarifverträge abgeschlossen haben, gewesen oder geworden sind, schon
im jeweiligen schriftlichen Einstellungsarbeitsvertrag die volle

Geltung des BAT sowie der den BAT ergänzenden Tarifverträge vereinbart hat, aufgrund einer Rationalisierungsmaßnahme durch ihn im Sinne des § 1 Tarifvertrag über den Rationalisierungsschutz für Angestellte (TV RatAng) mit insgesamt 191 Angestellten schriftliche Auflösungsverträge abgeschlossen und hierbei mit jedem dieser insgesamt 191 Angestellten im jeweiligen schriftlichen Auflösungsvertrag wortreich vereinbart, dass er zwar jedem Angestellten eine Abfindung nach Maßgabe des § 7 Abs. 1 TV RatAng zahlt, dass er aber hierbei auf diese Abfindung nach § 7 Abs. 1 TV RatAng das dem jeweiligen Angestellten seitens des Arbeitsamtes erbracht Arbeitslosengeld in voller Höhe anrechnet, ist diese seitens des öffentlichen Arbeitgebers mit allen insgesamt 191 Angestellten bezüglich der vollen Anrechnung des Arbeitslosengeldes auf die Abfindung gemäß § 7 Abs. 1 TV RatAng getroffene Vereinbarung wegen Verstoßes gegen § 10 Abs. 1 TV RatAng, wonach nach dem Urteil des Bundesarbeitsgerichts vom 20. 2. 1997 – 6 AZR 760/95 = AP Nr. 2 zu § 7 TV RatAng das Arbeitslosengeld auf die Abfindung nach § 7 Abs. 1 TV RatAng gerade nicht angerechnet werden darf, nur gegenüber denjenigen der insgesamt 191 Angestellten, die zumindest zum Zeitpunkt des jeweiligen Abschlusses des schriftlichen Auflösungsvertrages Mitglied einer der Gewerkschaften, die auf Gewerkschaftsseite den BAT sowie die den BAT ergänzenden Tarifverträge, wozu u. a. auch der TV RatAng zählt, abgeschlossen haben, gewesen sind, gemäß § 134 BGB i.V.m. § 4 Absätze 1 Satz sowie 3 TVG nichtig, da nämlich einerseits der TV RatAng nie nach § 5 Abs. 1 TVG für allgemeinverbindlich erklärt worden ist und da andererseits in den §§ 7 Abs. 1, 10 Abs. 1 TV RatAng keine „betrieblichen Fragen" im Sinne der §§ 1 Abs. 1, 3 Abs. 2, 4 Abs. 1 Satz 2 TVG, vielmehr ausschließlich der Inhalt von Arbeitsverhältnissen im Sinne der §§ 1 Abs. 1, 4 Abs. 1 Satz 1 TVG geordnet werden, weswegen dann aber auch die Regelungen in den §§ 7 Abs. 1, 10 Abs. 1 TV RatAng auf ein Arbeitsverhältnis nur dann nach § 4 Abs. 1 Satz 1 TVG gesetzlich zwingend Anwendung finden, wenn gleichzeitig sowohl der Arbeitgeber als auch der Angestellte jeweils gemäß § 3 Abs. 1 TVG tarifgebunden sind."

Alles klar? Wohl eher **Labyrinth** und Produkt eines vereinzelten verwirrten Juristen-Hirns! Ein solcher Richter wird sicherlich nicht den Anforderungen gerecht, die schon der griechische Philosoph *Sokrates* an das Richteramt gestellt hat:

„Vier Eigenschaften gehören zu einem Richter: Höflich anzuhören, weise zu antworten, vernünftig zu erwägen und unparteiisch zu entscheiden."

Als fünfte Anforderung wäre noch hinzuzufügen, dass Richter natürlich auch etwas vom **Recht verstehen** sollen.[16] Ob sie diese Anforderung erfüllen, ist naturgemäß von Fall zu Fall umstritten. Richter neigen gelegentlich dazu, ihren Berufsstand etwas zu verklären. So erinnere ich mich an gemeinsam mit Richtern durchgeführte Seminare, bei denen meine Kritik an mancher arbeitsrechtlichen Entscheidung eher eine Art Verschnupfung auslöste. Als dann einer dieser Richter pensioniert wurde und zur Anwaltschaft wechselte, erklärte er eines Tages, dass er nun doch erheblich mehr Verständnis für meine gelegentliche Richterschelte habe; kürzlich sei er beim Arbeitsgericht *X.* aufgetreten und der jungen Richterin habe er dann doch sagen müssen: „Ich glaube, wir sollten einmal zusammen den Gesetzestext lesen!" Allerdings musste er meine Vermutung bestätigen, dass diese „väterliche" Maßnahme nichts bewirkt, er also die Sache verloren habe.

Richter sind dazu aufgerufen, objektiv zu entscheiden. Sprechen sie allerdings vom **objektiven Maßstab**, meinen sie dennoch meist sich selbst.

Das Recht verstanden hat sicherlich der frühere Vizepräsident des Bundesarbeitsgerichts *Dirk Neumann*, der nach seiner Amtszeit geholfen hat, die Arbeitsgerichtsbarkeit in den neuen Bundesländern aufzubauen. Ihm war es als Präsident des Landesarbeitsgerichts Sachsen, wie die Redaktion des Betriebs-Beraters berichtet hat[17], zum Ende seiner verlängerten Richter-Laufbahn ein großes Anliegen, sich den lang gehegten Wunsch erfüllen zu können, ein Urteil entsprechend dem **französischen Sprachstil** in einen Satz zu fassen. So lautet ein unter seinem Vorsitz ergangenes Urteil:[18]

„Sachverhalt und Gründe: In Anbetracht dessen, dass die am 25.10.1939 geborene, geschiedene Klägerin seit Oktober 1966 bei der Beklagten als Hortnerin tätig war, ihr am 31.3.1992 zum 30.9.1992 mit Wirkung ab 1.10.1992 eine Änderungskündigung mit dem Angebot einer Weiterbeschäftigung mit 30 Wochen-

stunden ausgesprochen wurde, sie dies nur unter Vorbehalt annahm und am 14.4.1992 hiergegen Klage erhob, weil der Personalrat nicht ordnungsgemäß gehört sei sowie die Sozialauswahl falsch sei, sie demgemäß beantragt hat,
die Änderungskündigung für ungerechtfertigt zu erklären, und
Abweisung der Klage von der Beklagten beantragt worden ist,
weil die Zahl der zu betreuenden Kinder von 35 auf 20 gesunken sei und entweder eine Hortnerin hätte entlassen werden oder beide auf 30 Stunden hätten herabgesetzt werden müssen und das im Einverständnis des Personalrats geschehen sei, die Beklagte am 12.1.1993 Berufung gegen das am 23.12.1992 zugestellte, der Klage wegen unzureichenden Vortrags zur Anhörung des Personalrats stattgebende Urteil des Arbeitsgerichts eingelegt und am 11.2.1993 – nach Verlängerung der Frist bis zum 12.3.1993 – begründet hat unter Wiederholung ihres Vorbringens nunmehr beantragt,
unter Abänderung des angefochtenen Urteils, die Klage abzuweisen, und
Zurückweisung der Berufung von der Klägerin beantragt wird,
weil die Sozialauswahl falsch sei, da sie ältere Rechte als die erst seit 13 Jahren beschäftigte 32 Jahre alte Kollegin habe, war nach Beweiserhebung durch Vernehmung der Personalrätin Zeugin B. zu entscheiden, dass die Klage unbegründet ist, nachdem auf Grund der Beweisaufnahme feststeht, dass die Personalratsanhörung rechtzeitig, vollständig und deshalb ordnungsgemäß war, der starke Rückgang der Kinderzahl eine Herabsetzung der Betreuungskräfte auch aus Kostengründen erforderlich machte und nach der Bedarfskündigungsregelung des Einigungsvertrages Anlage I Kapitel XIX Sachgebiet A Abschnitt III Nr. 1 Abs. 4 Nr. 2 bis zum 31.12.1993 eine Herabsetzung der Arbeitskräfte im öffentlichen Dienst erleichtert möglich ist, diese Regelung auch für die Änderungskündigung gilt und § 1 KSchG ersetzt sowie eine gleichmäßige Herabsetzung der Arbeitszeit für beide Hortnerinnen einer vernünftigen Auswahl und Regelung entspricht, zumal die Klägerin zwar älter und länger beschäftigt, die Kollegin aber verheiratet ist und zwei Kinder hat, so dass unter Aufhebung des angefochtenen Urteils die Klage mit der Kostenfolge des § 91 ZPO abzuweisen und die Revision nicht zuzulassen war, da es sich um einen besonders gelagerten Einzelfall han-

delt, und folglich nur auf die Nichtzulassungsbeschwerde des § 72 a ArbGG hinweisen ist."

Ebenso ironisch wie zutreffend ist die Entscheidung allerdings **kommentiert** worden:[19]

„In Anbetracht dessen, dass es sich bei dem vorstehend wiedergegebenen Text um die wörtliche Abschrift eines der Redaktion in Ablichtung vorliegenden Original-Urteils eines Landesarbeitsgerichts handelt, also ein etwaiges Haareraufen seitens des Lesers nicht zu Lasten der Redaktion gehen kann, da diese lediglich der Chronistenpflicht nachgekommen ist, stellt sich die Frage, ob ein solchermaßen abgefasstes Urteil, dessen Darstellung von Tatbestand und Entscheidungsgründen auf ein zumindest eigenwilliges Verständnis des § 313 Abs. 1 Nr. 5 und 6 ZPO seitens des Urteilsverfassers schließen lässt, im Interesse der Prozeßparteien liegt, wobei insbesondere an die unterlegene Partei zu denken ist, der angesichts des auf dem Urteil beruhenden teilweisen Verlustes des Arbeitsplatzes und damit ihre Existenzgrundlage sowie im Hinblick auf die in den neuen Bundesländern insbesondere für ältere Arbeitnehmer generell schwierige Arbeitsmarktsituation wahrscheinlich der Sinn nicht nach philologisch-juristischer Erbauung durch einen iuris legumque peritus (Hor. serm. I 1,9) westdeutscher Provenienz steht, die vielmehr angesichts der Urteilsbegründung, die in ihrer Syntax für einen juristischen Laien kaum nachzuvollziehen ist, berechtigte Zweifel daran haben kann, ob die für das Streben des erkennenden Gerichts nach einer gerechten Entscheidung erforderliche Energie nicht teilweise in ein solches nach sachfremder judikatorischer Verbalartistik umgeleitet worden ist (vergl. die im Anschluß an die Veröffentlichungen des Urteils in BB 1993, 941 und DB 1993, 992 enthaltenen redaktionellen Hinweise), so dass sich schließlich der Gedanke aufdrängt, die vorliegende Entscheidung daraufhin zu überprüfen, ob sie den Anforderungen des § 313 Abs. 3 ZPO genügt – oder ob sie i.S. von § 551 Nr. 7 ZPO „nicht mit Gründen versehen" und deswegen als revisibel anzusehen ist.""

2. Was Richter erwarten

In Zivilverfahren ist es regelmäßig auch für beteiligte Parteien[20] wenig opportun, den bzw. die **Richter zu beschimpfen.** Die Chancen, den Prozess zu gewinnen, steigen dadurch kaum. Auch kann das Verhalten als „Ungebühr" i. S. d. § 178 GVG mit einem Ordnungsgeld bis zu Euro 1.000,– oder Ordnungshaft bis zu einer Woche belegt werden.

Anders ist es dagegen, wenn eine Stufe höher angesetzt wird, also die **Leistungen des Gesetzgebers** aufs Korn genommen werden. Richter haben insoweit sehr viel mehr Verständnis, zumal sie selbst unter vielen aus ihren Augen wenig geglückten Gesetzen leiden. So kam ein in Scheidung lebender Ehemann glimpflich davon, als er in einer mündlichen Verhandlung vor dem Familiengericht mehrmals die familienrechtlichen Bestimmungen als „Scheißgesetz" bezeichnete. Das Gericht wies ihn allerdings schon beim ersten Mal darauf hin, dass solches Verhalten die Verhängung von Ordnungsmitteln nach sich ziehen könne. Der erboste Ehemann lehnte auch die ihm am Schluss der Verhandlung von seinem Prozessbevollmächtigten angeratene Entschuldigung ab. Nach Verhängung eines Ordnungsgeldes half das Familiengericht seiner Beschwerde nicht ab.

Die Richter des Oberlandesgerichts Düsseldorf[21] hatten dagegen in ihrer Entscheidung über die Beschwerde mehr Verständnis für den aus ihrer Sicht auf Grund der Gesetzeslage benachteiligten Ehemann. Die **Kritik an bestehenden Rechtsnormen** gehöre grundsätzlich zum grundrechtlich geschützten Bereich der Meinungsfreiheit. Zwar habe sich der Ehemann hierzu „vulgärer und zu missbilligender Formulierungen" bedient. Eine ahndungsbedürftige Ungebühr i. S. d. § 178 GVG vermöge der Senat hierin jedoch nicht zu sehen. Eine solche setze eine Missachtung der Aufgaben des Gerichts in einer nach allgemeinem Empfinden grob unangemessenen Weise voraus, d. h. eine Verhaltensweise, welche geeignet sei, die Rechtspflegeaufgaben des Gerichts zu verletzen und die Ordnung der Gerichtsverhandlung zu stören. Dass der Ehemann durch die erwähnte Äußerung seine Missachtung gegenüber dem Familiengericht kundtun, dieses provozieren und den Verhandlungsablauf habe stören wollen, könne der Senat nicht feststellen. Vielmehr sei es dem erbosten Ehemann allein darum gegangen, „in – wenn auch derber – Weise, seine Empfindungen über die ihm unverständliche und von ihm nicht akzeptierte Gesetzeslage zum Ausdruck zu bringen". Schutzobjekte der §§ 175 ff. GVG sind das **Ansehen des Gerichts** als Institution der sozialen Gemeinschaft und der justizmäßige störungsfreie Ablauf des Verfahrens. Einen Angriff auf dieses Rechtsgut soll u. a. das Erscheinen in „unangemessener Kleidung" der in § 178 I 1 GVG genannten Personen (Parteien, Beschuldigte, Zeugen, Sachverständige und Zuhörer) [22], nicht aber von Anwälten in ihrer Funktion als Verfahrensbevollmächtigte darstellen. Nach heutigen, sehr viel liberaleren Maßstäben dürfen allerdings keine übersteigerten Anforderungen an die Kleidung der Prozessbeteiligten im Gerichtssaal gestellt werden. So ist weder das Auftreten in salopper Freizeitkleidung noch in im ordentlichen Zustand befindlicher Arbeitskleidung zu beanstanden. Auch eine ungewöhnliche Aufmachung, die dem überwiegenden Geschmack der Bevölkerung nicht entspricht, verstößt nicht ohne weiteres gegen die Würde des Gerichts. Einer Ungebühr vor Gericht macht sich eine Partei oder ein Angeklagter aber schuldig, der in kurzer, schmutziger Hose erscheint.[23]

Eine Ungebühr liegt auch vor, wenn gegen die allgemeinen Vorschriften über die **Ordnung im Gerichtssaal** verstoßen wird, z. B. Fotografieren oder Tonaufzeichnungen nach § 169 Satz 2 GVG. Ungebühr ist auch das Dazwischenreden außerhalb des verfahrensrechtlichen Frage-, Antrags- und Stellungnahmerechts, insbesondere wenn Zeugen verunsichert werden, ebenso alle akustischen Störungen, etwa durch Singen, Pfeifen, Klatschen, Sprechchöre, Schreien, Rascheln, usw.[24]

Das **Aufstehen** vor Gericht wurde früher streng gehandhabt. Die Äußerung des Berliner Kommunarden *Fritz Teufel*, der 1967 in einem Verfahren zum Aufstehen aufgefordert wurde und erklärte „Wenn es denn der Wahrheitsfindung dient", hat mit zu einem gewissen Umdenken beigetragen. Dennoch stellt m. E. **demonstratives Sitzenbleiben** bei Eintritt des Gerichts zu Sitzungsbeginn, bei Beendigung und bei Verkündung des Urteils eine Ungebühr dar.[25]

3. Was von Richtern zu erwarten ist

Viele Richter haben **Verständnis** für die Arbeit von Anwälten und die Rolle, die sie einnehmen müssen. So mancher freut sich auch darauf, nach seiner richterlichen Amtszeit einen Rollenwechsel vornehmen zu können. Aber es gibt vereinzelt auch Richter, die überhaupt keine Vorstellung von der Arbeit und den Aufgaben eines Anwalts haben. Anwälte sind „wandelnde Chamäleons", die z. B. in arbeitsrechtlichen Prozessen einmal die Arbeitgeber-, dann wieder die Arbeitnehmerseite vertreten. Das führt dazu, dass automatisch in verschiedenen Prozessen verschiedene Rechtspositionen bezogen werden müssen. Wenn dann ein Richter in einem Termin gleich mehrfach sagt, die heute vertretene Auffassung stehe aber in eklatantem Widerspruch zu früheren Rechtsausführungen in einer anderen Sache, so beweist er damit nur sein Unverständnis.[26] Hinzu kommt, dass sich mancher Richter diebisch freut, wenn er den Rechtsausführungen eines Prozessvertreters von diesem verfasste entgegenstehende Veröffentlichungen vorhalten kann. In der Tat: Wer publiziert, lebt gefährlich! In so einer Situation sollte sich der Anwalt zunächst für den Hinweis bedanken und dann damit kontern, dass er ohnehin dabei sei, seine Auffassung bei nächstbester Gelegenheit publizistisch zu revidieren.

Ein solches Unverständnis für die Rolle des Anwalts lässt sich auch unter „Ungebühr" im weiteren Sinne subsumieren. Noch ungehöriger wird es allerdings, wenn der Richter den **Anwalt mit** dessen **Partei verwechselt.** So wie der Straftäter Anspruch darauf hat, anwaltlich vertreten zu werden, so gilt dies auch für die schwierige Partei in einem Arbeitsgerichtsprozess. Das u. U. rechtswidrige Verhalten eines Arbeitgebers oder eines Arbeitnehmers rechtfertigt jedenfalls keine Äußerungen von der Richterbank, die den Anwalt zu dem Schluss verleiten könnten, der Richter sehe ihn (den Anwalt) als den eigentlichen Übeltäter an.

Leid tun können einem Anwälte, die von Richtern regelrecht vorgeführt werden. Auch wenn ein Anwalt auftritt, dessen Rechtskenntnisse eher bescheiden sind, sind **Äußerungen** wie: „Herr Rechtsanwalt, das haben wir doch schon im ersten Semester gelernt!" extrem deplatziert. Dabei ist nicht zu verkennen, dass mancher Anwalt geradezu Belehrungen provoziert. Dennoch: Mündliche Verhandlungen sollten **keine Schulstunde** sein![27] **Höflichkeit** ist vielmehr auch für Richter ein Gebot, also Klugheit. Folglich ist Unhöflichkeit Dummheit, mit der man sich Feinde machen kann.[28] Eine „glatte Verhandlung" – vielleicht auch ein Vergleich – wird durch richterliche Überheblichkeit und schnippische Bemerkungen eher gefährdet. Also ist es opportun, selbst „dummen" Anwälten und Parteien die größte Achtung aus Höflichkeit zu bezeugen, auch wenn sie es eigentlich nicht verdienen.

Hält sich ein Richter nicht an diese **Empfehlung**, kann ihm das widerfahren, was im Zusammenhang mit dem Ausscheiden des Vorsitzenden Richters eines Obersten Gerichts kolportiert wird. Dieser wurde insbesondere von den vor seinem Senat auftretenden Anwälten wegen seines (angeblichen) **hochnäsigen Umgangs** gefürchtet.

Einer dieser Anwälte ruft eines Tages die Geschäftsstelle an und verlangt, den Richter zu sprechen. Die Dame der Geschäftsstelle sagt: „Herr *R.* ist seit Ablauf des letzten Monats pensioniert." Einen Tag später ruft der Anwalt erneut an und verlangt wiederum nach Herrn *R.* Darauf die Geschäftsstellendame: „Ich habe Ihnen doch schon gestern gesagt, dass Herr *R.* nicht mehr tätig ist." Der Anwalt legt auf und ruft am dritten Tag bei der Geschäftsstelle an und wiederum verlangt er, mit *R.* verbunden zu werden. Jetzt explodiert die Geschäftsstellendame: „Verdammt, sind Sie schwerhörig oder begriffsstutzig? Ich habe Ihnen schon zweimal erklärt, dass Richter *R.* inzwischen pensioniert ist. Warum fragen Sie zum dritten Mal?" Antwort des Anwalts: **„Ich höre es so gern!"**

Ein weiteres leidiges Problem sind **Terminierungen**. Während die Gerichte unkontrollierbar Termine aus angeblich „dringenden dienstlichen Gründen" ändern können, sind die Parteien und ihre Anwälte von den Gerichten abhängig. Ist ein Anwalt einer Anwaltskanzlei schuldlos verhindert, etwa wegen Terminskollision, Krankheit, zuvor geplanten Urlaubs, wird nicht selten – mehr oder weniger stereotyp – auf die „anderen Anwälte" des Büros hingewiesen. Dabei wird nicht bedacht, dass gerade Büros mit mehreren Anwälten wegen der Komplexität des Rechts zunehmend zu einer Spezialisierung übergegangen sind. Und noch etwas kommt hinzu: Der Mandant hat vor allem ein Recht, vom Anwalt seines Vertrauens vertreten zu werden. Dieses Vertrauen wird nicht gerade unterstützt, wenn der Mandant – möglicherweise sogar in der entscheidenden Verhandlung – wegen der Ablehnung eines Verlegungsgesuchs von einem anderen Anwalt der Kanzlei vertreten werden muss. Dies gilt in hohem Maße für das Arbeitsrecht und dort für den Gütetermin, zumal dieser vielfach der entscheidende Termin ist, in dem das Schicksal für den Mandanten besiegelt werden kann.

Schließlich ist die gerichtliche Zeiteinteilung immer wieder ein Ärgernis par excellence. Wenn auch der Grundsatz „time is money" nicht im Vordergrund anwaltlicher Tätigkeit stehen sollte, so kann er doch nicht außer Acht gelassen werden. Anwälte und ihre Mandanten sind daran interessiert, dass ihr Verfahren pünktlich aufgerufen wird. Sie haben ein ebenso berechtigtes Interesse wie die Gerichte, Leerlauf zu vermeiden. Leider sind aber immer wieder **„Sündenfälle"** zu verzeichnen. Als ich einmal einen arbeitsgerichtlichen Gütetermin in Mainz wahrzunehmen hatte, hatte ich meine Robe vergessen. Der Termin in Mainz war auf 10.00 Uhr terminiert. Der Saal war voll mit Anwälten und Parteien. Gegen 11.30 Uhr (!) war es dann endlich soweit. Was geschah? Vom Vorsitzenden Richter wurde ich ohne Begrüßung angeraunzt:

„Wissen Sie nicht, dass es bei den Arbeitsgerichten in Rheinland-Pfalz auch in der Güteverhandlung üblich ist, in Robe aufzutreten?"

Da ich ohne Mandant erschienen war, konnte ich um so befreiter **explodieren** und dem Richter entgegenhalten:

„Für mein Versehen entschuldige ich mich. Für sehr viel angebrachter hätte ich es allerdings gehalten, dass Sie sich zunächst für die eineinhalbstündige Verzögerung entschuldigen."

Damit war ein Nerv getroffen. Jedenfalls kam es zu **Beifallsbekundungen** von den Zuhörerbänken.

Auch wenn ich leider als Arbeitgeberanwalt vielfach bei den Gerichten für Arbeitssachen wenig Erfolg habe, führt dies dennoch nicht dazu, dass ich – quasi aus Trotz – ständig mit **Befangenheitsanträgen** und **Dienstaufsichtsbeschwerden** arbeite. Diese Mittel sollten wirklich nur in Extremfällen eingesetzt werden. Ich selbst kann mich nur an zwei Dienstaufsichtsbeschwerden erinnern, die auch erfolgreich waren. Außerdem waren es höchstens vier Befangenheitsanträge, für die es handfeste Gründe gab und die entweder erfolgreich waren oder zumindest dazu führten, dass sich der von mir abgelehnte Richter im weiteren Verlauf des Verfahrens bzw. in späteren anderen Verfahren „mäßigte".

In besonderer Erinnerung ist mir ein Prozess geblieben, den ich bei einem Landesarbeitsgericht zu führen hatte. Es ging um die Kündigung eines Arbeitnehmers wegen überaus häufiger (angeblicher) **Kurzerkrankungen** mit erheblichen Lohnfortzahlungskosten für meine Mandantin. Der zuständige Vorsitzende Richter kam nicht in die Gänge. Der Kammertermin wurde mehrfach verschoben. Als er schließlich stattfand, wollte das Gericht – ohne dass es dafür einen erkennbaren Grund gegeben hätte – einen weiteren Kammertermin ca. sechs Monate später anberaumen.

Da ich in der Zwischenzeit herausbekommen hatte, dass der Richter selbst erhebliche gesundheitliche Probleme hatte, lehnte ich ihn als befangen ab mit der Begründung, ein Richter, der selbst erhebliche gesundheitliche Probleme habe, sei nicht in der Lage, unbefangen über eine Krankheitskündigung zu entscheiden. Die erstaunliche **Quintessenz** war, dass ich zum damaligen Präsidenten des Landesarbeitsgerichts gerufen wurde und er mit mir diskutierte, wie wir gemeinsam ohne öffentliches Aufsehen „die Kuh vom Eis bringen" könnten, ohne über den Befangenheitsantrag entscheiden zu müssen. Die von ihm vorgeschlagene Lösung bestand in einer Änderung der Geschäftsverteilung. Der neue Richter entschied die Sache alsbald und auf Basis der höchstrichterlichen Rechtsprechung.

Aber nochmals: Ich halte nichts davon, Befangenheitsanträge als Allzweckwaffen einzusetzen. Und bei Dienstaufsichtsbeschwerden gilt ohnehin meist der Spruch: „**Formlos, fristlos, fruchtlos.**"

4. Kein Prozessgewinn und dennoch ein Gewinn

Dass **kein Prozessgewinn** dennoch ein **Gewinn** sein kann, zeigt folgender, 1963 erschienene Beitrag mit der Überschrift „Das stand nicht im Gerichtsprotokoll – aus den Notizen eines Arbeitsrichters".[29]

„Sie hieß nicht nur Rita. Sie sah auch so aus: blond, dunkeläugig, eine wundervoll geformte Nase, blühende Lippen, aus denen eine Perlenkette blendend-weißer Zähne hervorleuchtete. Die Figur entsprach diesem vollendet schönen Gesicht. Rita mochte etwa Mitte zwanzig sein.

Der Richter entnahm der Akte, dass sie dem alleinstehenden Beklagten den Haushalt geführt hatte und von ihm fristgerecht entlassen worden war. Aber: Sie erwarte ein Kind und halte die Kündigung für nichtig. Der Beklagte war ein gutaussehender, sorgfältig gekleideter Mann, etwa Mitte Vierzig. Zur Klage hatte er sich schriftlich nicht geäußert. Vor Gericht stellte er sich vor das Stehpult, das den Prozeßparteien zur Aktenablage dient, und blickte unverwandt geradeaus. Sie befände sich im sechsten Monat, antwortete die Klägerin auf die Frage des Richters. Der belehrte sie behutsam, dass nach dem Mutterschutzgesetz zwar die Entlassung einer Arbeitnehmerin, die sich in Hoffnung befinde, unzulässig sei. Eine Ausnahme gelte jedoch für Hausgehilfinnen und Tagesmädchen. Deren Kündigung könne nach Ablauf des fünften Monats erfolgen. Es werde jedoch für die betroffenen Arbeitnehmerinnen ein Lohnausgleich gezahlt. Die Klägerin war mit großen, fast erschrockenen Augen der Rechtsbelehrung des Richters gefolgt. ‚Aber –‘, sie stockte sichtlich verzweifelt, aber das bedeutet ja, dass er mich entlassen konnte, dass ich nichts dagegen machen kann?!‘. ‚Leider!‘ bestätigte der Richter bedauernd. ‚Ihr Arbeitsverhältnis hat fristgerecht am letzten Tag des vorigen Monats sein Ende gefunden. Sie müssen sich jetzt wegen der Leistungen nach dem Mutterschutzgesetz an die zuständige Ortskrankenkasse wenden.‘ ‚Aber – das kann doch nicht möglich sein!?‘ stammelte die Klägerin fassungslos. ‚Er kann mich doch nicht so ohne weiteres entlassen, so einfach wegschicken?‘ ‚Sie haben doch verstanden, was ich Ihnen erklärt habe‘, entgegnete der Vorsitzende. ‚Als Richter bin ich an das Gesetz gebunden. Sie haben leider keine rechtliche Handhabe, die Kündigung anzugreifen.‘ Wortlos starrte die Klägerin eine Zeitlang den Vorsitzenden an. Sie schien wie gelähmt. Der Richter ließ sie einen Augenblick gewähren. ‚Sie müssen das doch einsehen‘, begann er nach einer Pause behutsam wieder. Seine Worte brachten Bewegung in das marmorhaft schöne Gesicht der Klägerin. Ihre Augen füllten sich langsam mit Tränen. Noch immer sah sie den Vorsitzenden ununterbrochen an. ‚Herr Richter‘, begann sie schleppend zu sprechen, und es war spürbar, wie sie sich jedes Wort schmerzlich abrang ‚kann er mich denn auch entlassen, wenn er … der Vater meines Kindes ist?!‘ Atemloses Schweigen. Es war einer jener seltenen Augenblicke, in denen der Gerichtssaal die Stille einer Kirche annimmt. Die Klägerin hatte inzwischen ihren Kopf auf das Stehpult gelegt und schluchzte herzzerreißend in ihre Hände. Der Richter ließt es geschehen. Er wandte sich an den bleich gewordenen und immer noch geradeaus starrenden Beklagten. ‚Sind Sie mit der Klägerin verlobt?' umging er die unmittelbare Frage nach der Vaterschaft. Es dauerte eine Weile, bis die Antwort kam. ‚Ich bin', erwiderte er zögernd, ‚ledig, Junggeselle'. ‚Das schließt ein Verlöbnis doch nicht aus', wies der Richter leicht ärgerlich diese ausweichende Antwort zurück. Aber zu einer Fortsetzung des Dialogs zwischen Richter und Beklagtem kam es nicht ...

Die Klägerin hatte ihre Fassung wiedergewonnen. Mit tränenüberströmten Gesicht trat sie auf den Beklagten zu und sah ihn zwingend mit ihren schwarzen Augen an: ‚Du hast doch gesagt, dass du mich heiraten willst?!' Trotz der Peinlichkeit entbehrte die Situation nicht einer gewissen Feierlichkeit. ‚Doch, ja – aber', ließ sich der Beklagte zaudernd vernehmen. ‚Wollen Sie mir nicht helfen', nahm wieder der Richter, an den Beklagten gewandt, das Wort, ‚diese Sache zu beenden? – Es scheint sich hier weniger um ein rechtliches Problem als um eine Frage männlicher Anständigkeit zu handeln'. Die Klägerin war wieder an ihr Stehpult getreten und weinte still in sich hinein. Sie hatte das ihre getan. Die Entscheidung lag jetzt weder bei ihr noch beim Gericht. Der Beklagte nahm die Worte des Richters zunächst ohne erkennbare Bewegung hin. Plötzlich straffte sich seine Gestalt. Er sah erst beschämt den Richter, dann unter vorsichtigem Wenden des Kopfes die Klägerin beinahe wehmütig an. Er zuckte mit den Schultern, und es war nicht zu erkennen, ob er damit seine Schuld eingestehen oder die menschliche Aussichtslosigkeit seiner Lage andeuten wollte. Er näherte sich der Klägerin. Behutsam legte er seinen Arm um sie. ‚Komm, wir wollen gehen', sagte er leise. Ohne ein Wort der Entgegnung ließ sie sich von ihm zur Tür des Gerichtssaales führen. Die Stimme des Richter, der schweigend dieser ungewöhnlichen Szene gefolgt war, unterbrach für einen Augenblick den Abgang der Hauptakteure. ‚Damit ist wohl der Rechtsstreit erledigt?!' ‚Sie nimmt ihre Klage zurück', erklärte mit ruhiger Stimme der Beklagte. In vielen Dienstjahren vorsichtig geworden, bat der Richter die Klägerin um ihre Bestätigung. Sie wandte ihr Gesicht voll dem Vorsitzen-

den zu: ‚Ja', sagte sie leise, und sie zeigte dabei die zaghafte Andeutung eines glücklichen Lächelns, ‚es geht jetzt wohl ohne Sie ...'.
Nach einigen Monaten traf beim Arbeitsgericht eine Geburtsanzeige ein. Erst nach längerem Nachdenken erkannte der Richter, wer der Absender war. Rita hatte als offensichtlich zufriedene Ehefrau ihres ehemaligen Arbeitgebers einen Jungen bekommen. Er hatte zwei Vornamen erhalten. Einer davon war der des Richters."

Einer der Vornamen muss *Leo* gewesen sein, denn der Autor dieses Berichts war kein anderer als *Leo Pünnel*, der später Vizepräsident des Landesarbeitsgerichts Düsseldorf und dann Präsident des Landesarbeitsgerichts Köln wurde. Auch hat er sich einen herausragenden Namen als Arbeitsrechtler durch viele Vorträge und Seminare, etliche auch zusammen mit mir, gemacht. Zu seiner Zeit gehörte er darüber hinaus zu den **„Einigungsstellenpäpsten"** Deutschlands.[30]

5. Vereinfachte Rechtsfindung

Zur „Ehrenrettung" von Richtern mag dienen, dass sie normalerweise nicht an Psychosen leiden, sondern viele von ihnen ein feines **Gespür für Humor** und **(Selbst-)Ironie** haben. So hat sich *Horst Sendler*[31] nicht gescheut, noch während seiner Amtszeit als Präsident des Bundesverwaltungsgerichts, einen von ihm der Nonsensliteratur zugerechneten, geschliffen formulierten Beitrag unter dem Titel **„Maria-Theresien-Taler (MTT) als Hilfe zur Rechtsfindung"** zu publizieren. Zu Beginn seines Beitrags weist *Sendler* auf einen „Negerstamm" (heute würde er sich möglicherweise nicht mehr getrauen, von „Negern" zu sprechen!) im alten Afrika hin, von dem bekannt sei, dass bei ihm Rechtsstreitigkeiten mit Hilfe des Maria-Theresien-Talers entschieden wurden. Vom Häuptling, vielleicht auch vom Medizinmann oder Priester – was in alter Zeit meist identisch gewesen sei –, jedenfalls von jemanden hochgeworfen, dem jedermann höhere Weisheit zubilligte, teilte der Taler das Ergebnis mit, je nachdem auf welche Seite er fiel. Jenen „Negerstamm" ob seiner vermeintlichen Primitivität zu belächeln, wäre – so *Sendler* – wohl verfehlt. Vielmehr frage sich, inwieweit der MTT nicht auch auf dem Gebiet heutiger Rechtspflege nutzbar gemacht werden könne. *Sendlers* Beitrag schließt mit der Erkenntnis:[32]

„Der Verfasser ist sich freilich der Leichtfertigkeit bewußt, mit der er unterstellt, daß selbst Juristen und sogar Richter Humor haben könnten. Eine solche Unterstellung ist gewiß kühn; aber wir Juristen sind halt gewohnt, mit Fiktionen zu leben. Es sei also gewagt!"

6. Ironische Autobiographie

Wie liebevoll, wenn auch und nicht ganz uneitel, sich *Sendler* selbst auf den Arm nehmen konnte[33], beweisen seine weiteren, nur auf den ersten Blick anonymen, Auslassungen im Stile besten Bekenntnisjournalismusses in dem Beitrag[34] „Über die Crux von Festschriften und von Jubilaren".[35] Anlass war die ihm zum Abschied aus seinem Amt gewidmete **Festschrift.**[36] Sein Wunsch war es, einen eigenen Beitrag in der Festschrift zu platzieren, was wohl von den Herausgebern als unpassend angesehen wurde. So musste der Jubilar auf die DÖV ausweichen. In dem Beitrag ist u. a. zu lesen:

„Das Maß des Unerlaubten wird aber übervoll dadurch, daß er [*Anm.: der DÖV-Beitrag*] anonym erscheint. Trotzdem hofft der Verfasser auf Verständnis beim Jubilar. Dessen Verhältnis zu Festschriften ist, wie er selbst eingestanden hat, gebrochen mit eher negativer Tendenz. Wahrscheinlich erscheint ihm diese Literaturgattung nicht eben als sonderlich originell; sie hat sich durch exzessiven Gebrauch wohl in seinen Augen nahezu verbraucht. Festschriften sind als Massenware seit längerem in Verruf geraten. Warum sollte gerade die ihm gewidmete Festschrift aus der Duzendware herausragen?
Wer ihn kennt, hatte deswegen eigentlich damit gerechnet und – zumindest diejenigen, die sich der Mühe der Herausgeberschaft unterziehen zu müssen glaubten – wohl auch gehofft, er würde die Ehrung, die manche in einer Festschrift sehen, ablehnen. Dafür hätte in der Tat manches gesprochen. Wahrhaft Große sind zu stolz und halten sich für zu groß, etwas anzunehmen, was heutzutage beinahe jeder bekommt. Insofern zeigt sich allerdings eine erstaunlich gesunde Selbsteinschätzung des

Jubilars, weil er sich ersichtlich nicht zu jenen wirklich Großen zählt, die sich Festschriften – anders als er – so energisch verbitten, daß es niemand wagen würde, ihnen mit einem solchen Konvolut lästig zu fallen."[37] Es folgen höchst amüsant-ironische **Bemerkungen** des Jubilars **zur eigenen Amtsführung**. Einige Kostproben:

„Dabei suchte der Jubilar mit seiner in der Tat manchmal erstaunlichen Aktenkenntnis zu brillieren. Allerdings scheint er sich wohl auch des billigen Tricks bedient zu haben, aus den Aktenbergen, die er schwerlich durchgelesen, geschweige denn im Einzelnen gekannt haben dürfte, eine Kleinigkeit herauszupicken, so seine Beherrschung der Akten wie der Materie vorzutäuschen und die solcher Art überraschten und naturgemäß insoweit ahnungs- und hilflosen Beteiligten auch noch mit Fragen in die Enge zu treiben. Er richtete, wie er sogar schon zugegeben hat, solche Fragen an die Beteiligten oft sozusagen aus Angst vor der eigenen Courage, nämlich deswegen, weil er sich seiner Sache nie ganz sicher und daher bestrebt war, aus anderen ‚herauszukitzeln‘, was sie von dem, das er zur Erörterung stellte, etwa hielten, dafür oder dagegen zu sagen wüßten. Aus solchen Verhandlungen, die doch wirklich nur routiniertes, möglichst störungsfrei, kurz und überraschungslos vollzogenes Ritual sein sollten, will er manches gelernt haben, dies nicht nur von guten Rechtsanwälten, sondern sogar von ‚Naturalparteien‘."
„Widerspruchsfreiheit und Logik sind seine Sache halt nicht. Seinen Mangel an logischem Denken bemäntelt er mit Redensarten wie der, daß ihm eine juristische Lösung, die sich in erster Linie auf Logik berufe, von vornherein verdächtig sei; ja er meint, die Logik in unangemessener Weise Kobolz schießen zu sehen, wenn jemand von einem richtigen Ausgangspunkt unter Anwendung reiner Logik zu absurden Ergebnissen zu gelangen vermochte."

7. Aus den (Un-)Tiefen höchstrichterlicher Tätigkeit

Ein weiterer Beleg für feinsinnigen richterlichen Humor ist der Beitrag eines Autors mit dem Namen „*Dr. Usel*" in der **Festschrift**

50 Jahre Bundessozialgericht[38] „Tiefen und Untiefen des Bundessozialgerichts und seiner Rechtsprechung". Der Name des Autors leitet sich von dem Bach Drusel ab, der unter dem Kasseler Dienstgebäude fließt. In diesem Gebäude residierte von 1936 bis 1945 das Generalkommando Mitte und ab 1954 das Bundessozialgericht und (bis 1999) auch das Bundesarbeitsgericht. „*Dr. Usel*" schildert den Festakt zur Eröffnung des Bundessozialgerichts am 11. 9. 1954 und sinniert u. a. über die besten Voraussetzungen für eine Tätigkeit an diesem Gericht. Sodann meint er, es sei etwas ganz Besonderes, ein in Kassel lebender Mensch zu sein:[39]

> „Es handelt sich nämlich um eine ‚Metropole' und gleichsam die kommende Kulturhauptstadt Europas. Während andere vergleichbare Städte den Louvre oder den Prado aufweisen, so wirbt Kassel – wie *er* [der Autor] erstaunt lesen konnte – mit dem VW-Ersatzteillager Baunatal, offensichtlich eine ganz exquisite Galerie moderner Kunst. Den Bürgern der Stadt ist es zumeist auch schon ganz schwindelig, so rasant fließt der Straßenverkehr durch die Straßenhöllen, und meistens schalten die Verkehrsampeln so rapide um, dass man kaum von der Stelle kommt. Die Bürger der Stadt gliedern sich in unzählige Untergruppen. Wer nur hier wohnt, heißt Kassler. Wer nicht gerne hier wohnt, heißt Bäh-Kassler. Wer hier wohnt und mindestens einmal in der Woche in der Zeitung abgelichtet wird – vorzüglich bei Weinproben oder Ernten-Kirmessen oder sonstigen events, wie sie in Metropolen üblich sind –, heißt Jubel-Kassler. Wer hier geboren ist, heißt Kasselaner, wessen Eltern hier geboren sind, Kasseläner, wessen Vorfahren (weiblich) mit *Jerome Bonaparte* geschlafen haben, Kasselhühner, wessen Vorfahren vor 1900 bereits Mitglieder der SPD waren, Kassozianer ... Alle 28 Untergruppen aufzuzählen verbietet das Platzkontingent des *Autors*."

Von großen **intimen Kenntnissen** zeugt die weitere Beschreibung, welche wichtigen und eingängigen Regeln für das Abfassen von Urteilen und Beschlüssen beim höchsten Sozialgericht – vermutlich ähnlich auch bei anderen Obersten Gerichten – gelten, insbesondere für Neulinge, nämlich:[40]

> „1. ‚Zitiere Deinen Vorsitzenden, wann immer möglich, Beisitzerkollegen und Senatsfremde nur mit dessen Einwilligung';

2. ‚Strafe aufmüpfige Anwälte mit Seitenhieben sowie unzulässigen Nichtzulassungsbeschwerden'; 3. ‚Ungebühr der Instanzgerichte (z. B. Sprungrevisionen; Zweifel an der Richtigkeit der BSG-Rechtsprechung) wird mit Zurückverweisung nicht unter 30 Seiten bestraft'."

„Höhepunkt"[41] des Festschriftbeitrags ist jedoch der **Lauschangriff** auf eine Senatsberatung. Dazu ist u. a. zu lesen:[42]

> „Nach einigem Hin und Her sagte dann D. [Beisitzerin], sie wolle sich nun doch dem Vorschlag von B. [Berichterstatter] anschließen, woraufhin V. [Vorsitzender] erklärte, er stelle dann zunächst – vorbehaltlich einer späteren Beratung – seine Bedenken zurück, sei aber der Meinung, dass doch wenigstens über die Begründung für eine Zurückverweisung Einigkeit erzielt werden solle. B. verwies sodann auf sein ‚Votum' und meinte, er habe darin die Begründung doch hinreichend dargestellt. Dieser könne sie allerdings an vielen Stellen nicht folgen, sagte nun D.; vor allem sei sie nicht damit einverstanden, dass B. wiederholt den Kommentar eines Herrn X., früherer Richter, zitiert habe, wo es doch allgemein bekannt sei, dass dieser Kommentar für ein Revisionsgericht völlig unbrauchbar sei; zu zitieren sei vielmehr aus dem Kommentar von Y., in dem sie selbst einen Beitrag geschrieben habe. Dem widersprach B.; D. sei doch nur verärgert, weil ihr nicht angeboten worden sei, am Kommentar von X. mitzuwirken. Dem widersprach wiederum D., während V. äußerte, ihm sei es am liebsten, in Urteilsbegründungen überhaupt auf das Zitieren von Kommentarstellen zu verzichten. D. verwies auf weitere Einzelpunkte, die ihr im Votum des B. nicht gefielen. B. erklärte sich schließlich bereit, sein Votum unter Berücksichtigung der Einwände von D. und V. zu überarbeiten und den Kommentar von X. nicht mehr zu erwähnen."

8. Schlafende Richter

Vielleicht ist ein solcher überobligatorischer Einsatz der Grund dafür, dass der eine oder andere Richter schon einmal schlafend während einer Verhandlung anzutreffen ist. So hatte sich das Bundesverwaltungsgericht[43] im Rahmen einer Beschwerde mit dem

Vorwurf zu beschäftigen, die Vorinstanz sei nicht ordentlich besetzt gewesen, weil einer der Richter während seiner Schlafphasen geistig nicht anwesend gewesen sei. Für **geistige Abwesenheit durch Tiefschlaf** soll jedoch das Schließen der Augen über weite Strecken der Verhandlung und das Senken des Kopfes auf die Brust allein nicht genügen, „denn diese Haltung kann auch zur geistigen Entspannung oder zwecks besonderer Konzentration eingenommen werden". Im Übrigen könne „erst dann davon ausgegangen werden, dass ein Richter schläft oder in anderer Weise abwesend ist, wenn andere sichere Anzeichen hinzukommen, wie beispielsweise tiefes, hörbares und gleichmäßiges Atmen oder gar Schnarchen oder ruckartiges Aufrichten mit Anzeichen von fehlender Orientierung". Ohne anschließende Desorientierung könne es sich dagegen beim „Hochschrecken" allenfalls um „einen die geistige Aufnahme des wesentlichen Inhalts der mündlichen Verhandlung nicht beeinträchtigenden Sekundenschlaf gehandelt" haben.

Fazit für Richter: Augen zu, ruhiges Atmen und Kopf auf die Brust – solange der Richter nicht schnarcht, konzentriert er sich nur besonders![44] Allerdings sieht es ein strenger und hellwacher Vorsitzender eines Spruchkörpers natürlich nicht gerne, wenn einer seiner Beisitzer in der mündlichen Verhandlung wegen einer vorangegangenen durchzechten Nacht etwas „tunkt". Das kann durchaus einen geharnischten **Rüffel** zur Folge haben:

> „Herr Kollege, Assessor ist lateinisch und heißt deutsch Beisitzer, nicht Beischläfer."[45]

Solche oder ähnliche Rüffel beweisen aber auch, dass – egal in welcher Instanz – der beste Platz eines Richters der in der Mitte ist.

Fazit für Anwälte und Parteien: Wird der Schlaf eines Richters erst in nächster Instanz gerügt, handelt es sich meist um vergebliche Liebesmühe. Besser ist es, den Richter sofort, also am Ort des Geschehens, mit verständnisvollen Worten zum Erwachen zu bringen.

9. Altersgrenzen

Richter auf Lebenszeit treten mit dem Ende des Monats in den Ruhestand, in dem sie die für sie jeweils nach Bundes- oder Landesrecht geltende **Altersgrenze** erreichen (vgl. §§ 48, 76 DRiG). Früher gab es dagegen keine festen Altersgrenzen für Richter. So soll in Baden die Frage: „Wann wird ein Altbadischer Richter pensioniert?", so beantwortet worden sein: „Wenn er während der Sitzung so laut schnarcht, dass dadurch seine beiden Beisitzer in *ihrem* Schlaf gestört werden."[46]

10. Vergleichsquetsche zwecks richterlicher Arbeitsentlastung

Wie es um die Arbeitsmoral und das Verhalten von Arbeitsrichtern bestellt sein kann, nicht muss (!), hat ein im Jahr 2010 entschiedener Fall des Bundesarbeitsgerichts[47] gezeigt, in dem ein Vorsitzender Richter des Landesarbeitsgerichts Niedersachsen wegen zu intensiver **Vergleichsquetsche** („Seien Sie vernünftig, sonst müssen wir Sie zum Vergleich prügeln"; „Ich reiße Ihnen sonst den Kopf ab"; „Sie werden sonst an die Wand gestellt und erschossen") in die Schranken gewiesen werden musste. Diesem Richter stellte sich die Anfertigung von Urteilen offensichtlich eher als Strafe Gottes denn als sinnvolle Arbeitsleistung dar. Deshalb zog er es in einem Kammertermin vor, einen Kläger förmlich zum Vergleich zu prügeln, um kein Urteil anfertigen zu müssen („Stimmen Sie dem jetzt endlich zu, ich will Mittagessen gehen").[48]

Solche Attitüden sind natürlich die absolute Ausnahme. Das „ordentliche" Bemühen um einen Vergleich gehört zu den **vornehmsten richterlichen Aufgaben**. „Der beste Richter ist nicht der, der die Schlechten beiseite räumt, sondern der sie bessert, indem er sie mit den Guten aussöhnt."[49]

11. Mickrige Produktivität

Mehr Verständnis hat dagegen das beim Bundesgerichtshof angesiedelte **Dienstgericht des Bundes** in seiner Entscheidung vom 4.6.2009[50] für den nicht gerade übermäßig großen Einsatz eines

Arbeitsrichters gezeigt. Es ging um die dienstliche Beurteilung des Richters *T.* des Arbeitsgerichts Leipzig. In der angefochtenen dienstlichen Beurteilung wurde dokumentiert, dass *T.* von insgesamt 217 streitigen Urteilen in der vierjährigen Beurteilungsperiode 185 nicht innerhalb der Drei-Wochen-Frist des § 60 IV 3 ArbGG in vollständig abgesetzter Form der Geschäftsstelle übergeben hat. 78 Entscheidungen legte *T.* erst vier bis fünf Monate nach ihrer Verkündung abgesetzt vor. Eine Reihe von Entscheidungen wurden erst nach Ablauf von fünf Monaten nach ihrer Verkündung in vollständig abgesetzter Form der Geschäftsstelle vorgelegt. Darüber hinaus wurde in der Beurteilung festgestellt, dass *T.* 34 Urteile jenseits der Fünf-Monats-Frist des § 66 I 2 ArbGG der Geschäftsstelle in vollständig abgesetzter Form vorgelegt hat, dabei in einer Reihe von Fällen sogar erst nach eineinhalb Jahren. Für zwei Bestandsschutzstreitigkeiten brauchte *T.* zwei Jahre und acht Monate bzw. zwei Jahre und neun Monate. Gründe, etwa Überbelastung oder Erkrankung, lagen nicht vor.

In der dienstlichen **Beurteilung** hieß es daraufhin u. a.: „Vor allem vor dem Hintergrund der dienstlichen Beurteilung vom 29.4.2002 zeigt dies, dass *Herr T.* nicht gewillt ist, sich insoweit gesetzlich und verfassungskonform zu verhalten." Nach dem Motto „Eine Krähe hackt der anderen kein Auge aus" soll es sich bei dieser Beurteilung – so jedenfalls das Dienstgericht des Bundes in seinem Urteil vom 4.6.2009 – jedoch um eine Beeinträchtigung der richterlichen Unabhängigkeit handeln.[51] Da stellt sich schon die Frage, ob die Richterdienstgerichte überhaupt nennenswerte Sanktionen richterlicher Dienstpflichtverletzungen zulassen oder ob man nicht resignierend „nur den Kopf darüber schütteln" [kann], „was Richterdienstgerichte den Richtern alles durchgehen lassen".[52]

Bezeichnend ist, dass die Vorsitzende Richterin am Bundesgerichtshof, die die dem Urteil vom 4.6.2009 vorausgehende mündliche Verhandlung mit der Aufforderung begann, beide Parteien mögen ihre Revisionen zurücknehmen und die Verhandlung unterbrach, noch ehe sie die Anwesenden festgestellt und die Anträge zu Protokoll genommen hatte. Die folgende mündliche Verhandlung erschöpfte sich in **Vergleichsgesprächen.** Eine Erörterung der Rechtslage fand nicht statt. Fragen des Prozessbevollmächtigten der Antragsgegnerin nach zulässigen Alternativformulierungen kritischer Feststellungen blieben unbeantwortet. Der

Präsident des Sächsischen Landesarbeitsgerichts hat anlässlich der 72. Konferenz der Präsidentinnen und Präsidenten der Landesarbeitsgerichte vom 9. bis 11.5.2010 in Braunschweig zutreffend darauf hingewiesen, dass es „jemandem, der eine mündliche Verhandlung in dieser Weise führt, (…) schwer fallen wird, eben solche kritischen Bemerkungen in einer dienstlichen Beurteilung für zulässig zu halten".

Der **Erfolg**, den Richter *T.* durch seine mickrige Produktivität und den von ihm angestrengten Prozess erzielt hat, hat ihm allerdings in einschlägigen Kreisen eher zweifelhafte Berühmtheit beschert, heißt es doch treffend: „Arbeit rächt sich. Wer seine nicht liebt, dem macht sie es schwer."[53] Sollte sich Richter *T.* einmal entschließen, die Justiz zu verlassen oder von ihr anderweitig eingesetzt zu werden, läuft er, falls keine Besserung eingetreten ist, Gefahr, in der vom Präsidenten des Landesarbeitsgerichts Sachsen verfassten Abschlussbeurteilung lesen zu müssen: „Richter *T.*, der zu meinem Bedauern das Arbeitsgericht Leipzig verlässt, arbeitete in seinem Dezernat in den letzten Jahren bereits so, als wäre er schon fort.[54]

Richter *T.*, der erst Anfang 50 ist, wird allerdings, so wie er gebaut ist, kaum auf den Gedanken kommen, vorzeitig das Feld zu räumen. Viel lieber führt er weitere Verfahren, in denen es um seine richterliche Unabhängigkeit geht. In von ihm beim Verwaltungsgericht[55] und beim Richterdienstgericht[56] anhängig gemachten Verfahren „wehrt" er sich gegen die Weihnachtswünsche 2010, die der sächsische Ministerpräsident *Stanislav Tillich* an alle Richter, Beamte und Angestellte des öffentlichen Dienstes des Landes Sachsen mit der Anrede „Liebe Mitarbeiterinnen, liebe Mitarbeiter" geschickt hatte. Richter *T.* hält dies für unzulässig, weil er Richter und **kein Mitarbeiter** sei. Eine solche Anrede beeinträchtige seine richterliche Unabhängigkeit. Da fragt man sich schon, was im Kopf eines Richters vorgehen mag, der solche Verfahren vom Zaun bricht!

Mit „mickriger" Produktivität hat es meist auch etwas zu tun, wenn Entscheidungen erst sehr spät abgesetzt werden. Unvergessen ist mir eine Geschichte, die ich vor vielen Jahren mit einem (damaligen) Stuttgarter Arbeitsrichter erlebt habe: In einem Kündigungsschutzprozess hatte ich den Arbeitgeber vertreten. Die Sache war aussichtslos, was sowohl der Mandant als auch ich wussten.

Die Hoffnung richtete sich ganz auf einen noch einigermaßen akzeptablen gerichtlichen Vergleich. Doch die Gegenseite spielte nicht mit. Also kam es zur streitigen Kammerverhandlung. Und, oh Wunder: Wer gewann? Mein Arbeitgeber! Wir rätselten, warum. Das in **vollständiger Form abgesetzte Urteil** ließ auf sich warten. Ca. vier Monate nach Urteilsverkündigung traf ich den Berufsrichter zufällig im Arbeitsgericht. Da mein Mandant und ich mit einer Berufung der Gegenseite rechneten, waren wir auch im Hinblick auf die Annahmeverzugsprobleme durchaus an einer **„Beschleunigung"** des Rechtsstreits interessiert. Also fragte ich den Richter: „Herr ..., wann dürfen wir das abgesetzte Urteil erwarten?" Die Antwort war erstaunlich: „Herr Bauer, wissen Sie, warum Sie gewonnen haben?" Was war geschehen? Der gute Mann wusste entweder nicht mehr, was in der mündlichen Verhandlung zusätzlich zu den schriftlich niedergelegten Argumenten noch mündlich vorgetragen worden war. Wahrscheinlicher ist, dass er erst beim Versuch, das Urteil zu begründen, gemerkt hat, meinen (Schein-) Argumenten auf den Leim gegangen zu sein. Falls Letzteres zutraf, wusste er einfach nicht mehr, wie das peinliche Fehlurteil zu begründen war. Für mich ist eines klar: Je schneller ein Vorgang nach einer Besprechung bearbeitet wird, desto effektiver geschieht das, weil die Erinnerung frisch ist. Z.B. Protokolle oder Urteile erst nach Monaten anzufertigen ist dilettantisch!

12. Nacht- und Wochenendarbeit

Andererseits gibt es aber auch **richterliche Prachtexemplare** – wenn sicherlich auch eher solitäre –, die sich notfalls zwecks Nacht- und/oder Wochenendarbeit den Zugang zu ihrem Dienstgebäude mit Hilfe von Kollegen erstreiten. So hat z. B. das Verwaltungsgericht Frankfurt a. M.[57] einem Amtsrichter Recht gegeben, der von Montag bis Freitag Zutritt zum Gericht bis 23.00 Uhr (statt 18.30 Uhr) und an Wochenenden und Feiertagen bis 19.00 Uhr (statt 12.00 Uhr) begehrte. Die Entscheidung fußte allerdings nicht auf der „heiligen Kuh" der Gerichtsbarkeit, also dem Grundsatz der richterlichen Unabhängigkeit, sondern darauf, dass der Landgerichtspräsident es vor Festlegung der Einlasszeiten versäumt hatte, sich „einer gleichberechtigten Entscheidungsteilhabe der Beschäftigten, vertreten durch den Personalrat, zu unterwerfen". Werden diese Formalien beachtet, droht fleißigen Richtern durchaus Ungemach: Der Zugang zu den jeweiligen Dienstgebäuden kann durchaus einschränkend reglementiert werden.

13. Urteil oder Vergleich?

Das oben unter D. I. 10. geschilderte Beispiel eines Arbeitsrichters, der sich zu intensiver Vergleichsquetsche verpflichtet sieht, sollte nicht zu Fehlschlüssen verleiten. **Vernünftige Vergleiche** sind aus jedwedem Blickwinkel zu begrüßen. Das hat *K. Helmut Zimmermann*[58] in Versform so beschrieben:

„Wer voller Wollust sucht den Streit,
gibt selten sich vergleichsbereit
und will wohl keinen Schritt breit weichen,
bloß um ein Urteil zu erreichen.
Das Urteil ist indes oft weit
entfernt von der Gerechtigkeit.
Zwar kann sein Recht man damit kriegen,
verlieren oder auch obsiegen,
doch manches Recht ist rein formal
und damit eine rechte Qual.
Wer auf die Art ist unterlegen,
wird irre an Justitias Wegen,
und wer so unverdient gewinnt,
glaubt ebenfalls: die Dame spinnt!
Bisweilen da ist mehr gewonnen,
wenn die Parteien sich besonnen
vor Gericht die Hände reichen,
das heißt, wenn sie sich vergleichen.
So ein Vergleich gibt beiden Seiten
die Möglichkeit, in spät'ren Zeiten
keine Feindschaft mehr zu hegen,
die Kontakte neu zu pflegen
und aufeinander zuzugehen,
statt weiter sich im Weg zu stehen.
Selbst die gestressten Advokaten
sind mit Vergleichen gut beraten;

denn dadurch öffnet sich die Tür
zu einer weiteren Gebühr.
Auch Richter tut es nicht verdrießen,
zuhauf Vergleiche abzuschließen[59];
man spart die Urteilspinselei
und bleibt in der Entscheidung frei."

14. Erotischer Traum eines Arbeitsrichters

Sieht sich ein Arbeitsrichter einer ganz besonders bezaubernden,
wunderschönen Klägerin gegenüber, kann das durchaus zu Träu-
mereien veranlassen, wozu sich der poetische Richter *K. Helmut
Zimmermann*[60] ebenfalls bekannt hat:

„Was sagte sie wohl, wenn sie wüsste,
um wie viel lieber ich sie küsste
als ihre Klage zu verhandeln
bar jeder Chance anzubandeln?

Statt die Gesetze zu besprechen
tät ich mich gar zu gern erfrechen,
die Öffentlichkeit auszuschließen,
ein Gläschen Sekt ihr einzugießen

und zu verkünden: jetzt nicht stören!
Dann würd' ich sie so zart betören,
dass sie mich zög' an ihren Busen
zu lust- und liebevollem Schmusen.

Wie traumhaft auch Gedanken schweifen –
der Richter muß sie sich verkneifen.
Im Dienste schick' ich deshalb schlafen
meinen Eroto-Seismographen."

15. Arbeitsrechtslieder

Wie sehr Arbeitsrichter andererseits das Arbeitsrecht lieben,
kommt vorzüglich in den von *K. Helmut Zimmermann*[61] und *Harald Schliemann*[62] nach der Melodie „**O Tannenbaum, o Tannenbaum**" verfassten Arbeitsrechtsliedern zum Ausdruck:

Zimmermann:

„(1) O Arbeitsrecht, o Arbeitsrecht,
wie schwer bist Du zu fassen.
Du bist nur selten transparent
für den, der Dich nicht gründlich kennt,

O Arbeitsrecht, o Arbeitsrecht,
wie schwer bist Du zu fassen.

(2) O Arbeitsrecht, o Arbeitsrecht,
wie bist Du doch vonnöten.
Du förderst nämlich jederzeit
weit mehr den Frieden als den Streit,

O Arbeitsrecht, o Arbeitsrecht,
wie bist Du doch vonnöten.

(3) O Arbeitsrecht, o Arbeitsrecht,
wie gern bin ich Dein Diener.
Du sicherst mir den Unterhalt
als Teil der dritten Staatsgewalt,

O Arbeitsrecht, o Arbeitsrecht,
wie gern bin ich Dein Diener.“

Schliemann:
„(1) O Arbeitsrecht, o Arbeitsrecht,
dein Ziel ist Arbeitsfrieden.
Ohne dich wär der Teufel los
In den Fabriken und Büros,

O Arbeitsrecht, o Arbeitsrecht,
dein Ziel ist Arbeitsfrieden.

(2) O Arbeitsrecht, o Arbeitsrecht,
du schützt die Arbeitnehmer.
Wer dieses ist, freut sich mit dir,
die andern stehen vor der Tür.

O Arbeitsrecht, o Arbeitsrecht,
du schützt die Arbeitnehmer.

(3) O Arbeitsrecht, o Arbeitsrecht,
du bist kaum zu begreifen.

Gleichheit ist die Gerechtigkeit
Vergleich ist besser als der Streit.

O Arbeitsrecht, o Arbeitsrecht,
du bist kaum zu begreifen.

(4) O Arbeitsrecht, o Arbeitsrecht,
wirst täglich neu geschaffen.
Gesetzlich wirst du novelliert
und von den Richtern fortgeführt.

O Arbeitsrecht, o Arbeitsrecht,
wirst täglich neu geschaffen.

(5) O Arbeitsrecht, o Arbeitsrecht,
was willst du alles regeln?
Begegnet dir Abhängigkeit,
bist du zum Schutz oft schnell bereit.

O Arbeitsrecht, o Arbeitsrecht,
was willst du alles regeln?

(6) O Arbeitsrecht, o Arbeitsrecht,
wie oft wirst du umgangen?
Die Freiheit oft am Anfang nutzt,
wer später sucht nur deinen Schutz.

O Arbeitsrecht, o Arbeitsrecht,
wie oft wirst du umgangen?

(7) O Arbeitsrecht, o Arbeitsrecht,
wir woll'n dich exportieren.
Giltst du für alle in der Welt,
wär es für alle gut bestellt.

O Arbeitsrecht, o Arbeitsrecht,
wir woll'n dich exportieren.

(8) O Arbeitsrecht, o Arbeitsrecht,
wir wollen dich bewahren.
Wir leben alle Tage hier
gern von und mit und wegen dir.

O Arbeitsrecht, o Arbeitsrecht,
wir wollen dich bewahren."

16. Richterwitze

Zur **Unterhaltung** mögen auch ein paar Richterwitze beitragen:

(1) Zwei Richter gehen in Erfurt in der Mittagspause spazieren. Plötzlich stürzt ein junger Mann atemlos auf sie zu und wirft einem der Richter vor: „Ihr Hund hat soeben meine Hose zerrissen." Der vorsichtige Richter gibt dem jungen Mann ohne große Diskussion Euro 100,– für den Kauf einer neuen **Hose**. Als der junge Mann wieder weg ist, fragt der Richter-Kollege erstaunt: „Seit wann hast Du denn einen Hund?" Sein Kollege antwortet: „Ich habe keinen Hund. Aber man weiß ja nie, wie die Gerichte entscheiden." Wohl wahr!

(2) Bei der Gerichtsverhandlung gegen den **Exhibitionisten** gelingt es dem flinken Angeklagten, sich blitzartig vor der jungen Richterin zu entkleiden. Die Dame wendet sich an den Verteidiger: „Das Verfahren wird wegen Geringfügigkeit eingestellt!"

(3) Der Inhaber einer Einzelfirma ist in einen Kündigungsschutzprozess mit für ihn sehr schlechten Karten verwickelt. Er fragt seinen Anwalt, ob es nicht zweckmäßig wäre, wenn er dem Richter vor der Verhandlung ein paar Flaschen Champagner zukommen ließe, um den Prozess günstig zu beeinflussen. Der Anwalt sagt: „Um Gottes Willen, der Richter ist **unbestechlich**. Wenn Sie versuchen, ihn zu bestechen, verlieren Sie den Prozess erst recht, also nicht nur 90%- sondern 100%ig." Wenige Tage später findet die mündliche Verhandlung statt mit anschließender Urteilsverkündung. Zur großen Überraschung des Anwalts gewinnt sein Klient: „Dass Sie gewonnen haben, ist mehr als erstaunlich." Darauf der Firmeninhaber: „Nein, nichts ist erstaunlich. Ich habe mich nur an Ihre Worte zur typischen Reaktion des Richters auf Bestechungsversuche erinnert und ihm Champagner geschickt, allerdings unter dem Namen des gekündigten Arbeitnehmers."

(4) Richter: „Ich kenn Sie doch! Hab Sie schon **tausendmal gesehen**! Sie sind doch sicher vorbestraft!" Angeklagter: „Nein. Ich bin Türsteher im Eros-Center ..."

(5) Der Richter fragt den Angeklagten: „Was stand in dem Brief, den Sie der Zeugin geschickt haben?" „Sag ich nicht, **Briefge-**

heimnis." „Und welchen Betrag haben Sie der Zeugin überwiesen?", fragt der Richter weiter. „Sag ich nicht, Bankgeheimnis." „Sie werden zu 5 Monaten Haft verurteilt!" „Aber warum denn?" „Sag ich nicht, **Amtsgeheimnis!**"

(6) **Unzucht mit Tieren** war bis 1969 durch § 175 b StGB verboten. Ein Angeklagter war einer solchen Straftat beschuldigt worden. Er sollte sich mit einer Kuh eingelassen haben. Der Vorsitzende Richter der Strafkammer war überzeugt, dass die Tat stattgefunden hatte, er wurde jedoch von seinen Beisitzern und Schöffen überstimmt, weil sie die Beweise nicht für ausreichend hielten. Hochroten Kopfes und ersichtlich wütend musste der Vorsitzende Richter den Freispruch verkünden. Er begründete ihn kurz, erklärte die Sitzung für geschlossen und verabschiedete den Angeklagten drohend mit folgenden Worten: „So, nu passen Se bloß auf, dass Ihnen das Kalb nicht ähnlich sieht!"[63]

(7) Zwei Männer mit Hund begegnen sich bei der Entenjagd. Der Hund des einen sitzt dabei die ganze Zeit nur gelangweilt da und macht keine Anstalten, die geschossenen Enten zu apportieren. „Was ist mit Deinem Hund los?" fragt der erste Jäger. „Der war doch früher der beste **Jagdhund**, den man sich vorstellen konnte." „Stimmt", sagt der andere, „der Hund hieß früher ‚Anwalt'. Dann habe ich den Fehler begangen, ihn in ‚Richter' umzubenennen. Seitdem sitzt er nur noch auf seinem Hintern und bellt."

(8) Der an sich gut vorbereitete, aber sehr aufgeregte junge Anwalt beginnt in einem Gerichtsprozess mit den Worten zu plädieren: **„Hohes Gericht!"** Es folgt eine lange Pause. Dann noch einmal: „Hohes Gericht!" Wiederum versagen Geist und Stimme des Anwalts. Darauf der gütige, alte Vorsitzende Richter: „Fahren Sie nur fort. Bisher stimmt das Gericht ja voll mit Ihren Ausführungen überein."

II. „Highlights" arbeitsrechtlicher Entscheidungen und Reiz des Arbeitsrechts

Die Palette der Probleme, mit denen sich Arbeitsrichter – und auch alle anderen mit dem Arbeitsrecht in Berührung kommenden Personen – beschäftigen müssen, ist **kunterbunt**. Sie reicht u. a. von absurden Kündigungs- und Diskriminierungsfällen, über unglaublich wichtige Zeugnisprobleme bis zu spannenden „Spezialfragen" der Altersversorgung. Ich wage zu behaupten, dass kaum ein anderes Rechtsgebiet so „vermint" ist, wie das Arbeitsrecht. Diese schlechte Seite hat natürlich eine gute Kehrseite: **Arbeitsplätze** und ein **auskömmliches Einkommen** für viele Nutznießer – Richter, Verbandsvertreter, Betriebsräte und Anwälte – werden gesichert!

1. Mobbing

Die **„Erfindungen"** der Arbeitsgerichtsbarkeit sind legendär. Seitdem sich die 5. Kammer des Landesarbeitsgerichts Thüringen[64] in einem ellenlangen Urteil mit dem Phänomen „Mobbing"[65] auseinandergesetzt hat, häufen sich solche Verfahren. Aber nicht nur das: Solche arbeitsrechtlichen Verfahren strahlen sogar in die Tierwelt aus. Als der vielgeliebte Berliner Eisbär *Knut* verstarb, vermeldeten prompt einschlägige Gazetten sinngemäß Folgendes: „Knut tot! Gemobbt von weiblichen Artgenossen!" Das scheint vordergründig die teilweise von Männern vertretene These zu bestätigen, dass eher das männliche als das weibliche Geschlecht diskriminiert wird.

Glaubt man dem Spiegel vom 16. 4. 2012[66], ist das Büro ein geradezu lebensgefährlicher Ort. Unter der Überschrift „Mobbing: Der Feind in meinem Büro" und dem reißerischen Titelbild eines in der roten Stuhllehne steckenden Schlachtermessers – es fehlte nur noch das triefende Blut – werden die neuesten **Zahlen einer europäischen Studie** vorgestellt, nach der angeblich 1,8 Mio. deutsche Arbeitnehmer jährlich von Kollegen oder Vorgesetzten „gemobbt" werden.[67] Die dadurch entstehenden Fehltage sollen die deutschen Unternehmen jährlich Euro 2,3 Mrd. kosten. Den volkswirtschaftlichen Gesamtschaden schätzte der DGB im Jahr 2003 – unter Einbeziehung „sonstiger Schäden" – sogar auf jährlich Euro 15 bis 23 Mrd. Damit wird ein **Zerrbild** der deutschen Arbeitswelt gezeichnet.

Wie kommt es zu den in der Studie genannten Zahlen? Ganz einfach: Schon die den Arbeitnehmern gestellte Frage „Wurden Sie im vergangenen Jahr am Arbeitsplatz gemobbt oder schikaniert?"

ist suggestiv und tendenziös. Ein Arbeitnehmer, der sich (einmal) ungerecht behandelt **gefühlt** hat, wird mit „Ja" antworten. Wenn das dann dennoch nur 4,6 % der gefragten Arbeitnehmer sind, stellt das den Arbeitgebern eher ein gutes als ein schlechtes Zeugnis aus. In der Realität sind echte Mobbingfälle **Ausnahmen**.[68] Nicht alles, was gemeinhin und geradezu inflationär mit dem Schlagwort Mobbing bezeichnet wird, ist auch tatsächlich Mobbing. Der Begriff Mobbing beschreibt das systematische Anfeinden, Schikanieren und Diskriminieren von Arbeitnehmern über einen längeren Zeitraum. Eine einzelne Attacke eines Vorgesetzten oder Kollegen ist daher kein Mobbing. Aber auch wenn der Arbeitnehmer dauerhaft **Kritik** oder ständig neuen Arbeitsanweisungen seines Vorgesetzten ausgesetzt ist, die er subjektiv als **Schikane** empfindet, handelt es sich in der Regel nicht um Mobbing.

Der Arbeitnehmer hat kein „Recht, in Ruhe gelassen zu werden". Dabei gilt der Grundsatz: Was arbeitsvertraglich erlaubt ist, kann regelmäßig nicht als Mobbing verboten sein. Das heißt aber nicht im Umkehrschluss, dass alles, was arbeitsvertraglich nicht erlaubt ist, automatisch Mobbing wäre. Vielmehr ist dem Arbeitgeber bei der Wahrnehmung seiner Interessen ein **Recht auf Irrtum** zuzubilligen. Deshalb stellen auch wiederholte unberechtigte Abmahnungen, rechtswidrige Weisungen und Ähnliches noch lange kein Mobbing dar. Zu Mobbing werden fortgesetzte Angriffe erst, wenn dahinter der planmäßige Wille steht, den Arbeitnehmer zu schikanieren.

Wirkliches Mobbing ist alles andere als ein modernes Phänomen. Seine Ursachen liegen auch nicht, wie Gewerkschaften verbreiten, in arbeitsorganisatorischen Mängeln und erhöhtem Druck durch zunehmende Leistungsverdichtung. Vielmehr ist es leider typisch für menschliche – nicht nur betriebliche und deutsche! – Gemeinschaften, dass eine Person aus unterschiedlichsten Gründen und auf verschiedenste Art und Weise von anderen sozusagen fertiggemacht werden soll. In der Regel sind mindestens zwei Personen beteiligt. Dementsprechend hält das Arbeitsrecht für Mobbingkonflikte kaum Patentlösungen bereit. Der gemobbte Arbeitnehmer kann sich beim Betriebsrat beschweren. Vor allem aber sollte er sich an seinen Arbeitgeber wenden, der auf Grund seiner Fürsorgepflicht Mobbing verhindern muss.

Last but not least: Nicht wenige Mobbing-Opfer täten gut daran, ihre Person selbstkritisch zu hinterfragen, statt vorschnell ausschließlich die Schuld anderen in die Schuhe zu schieben und auf die Hilfe der Gerichte zu vertrauen. **Gefühltes Mobbing**, bloße Empfindsamkeiten und mimosenhaftes Selbstmitleid reichen nicht aus, um von den Gerichten für Arbeitssachen Schadensersatz und Schmerzensgeld zugesprochen zu bekommen.[69]

Dabei habe ich geradezu **absurde Fälle** erlebt: So hat in einem Verfahren ein Anwalt für seine Mandantin eine über 500-seitige Mobbingklage eingereicht. Nur wenige Seiten stammten aus der Feder des Anwalts selbst, ansonsten waren offensichtlich ellenlange Ausführungen wörtlich übernommen worden, die von der vermeintlich gemobbten Person stammten. Dem Anwalt war es wohl teilweise zu mühsam, die Worte „ich" durch „Klägerin" zu ersetzen. Die Klage bestand aus etlichen Seiten abstrakter Ausführungen zum Mobbing. Dann folgte eine hunderte Seiten umfassende Auflistung nach Tagen und Uhrzeit von angeblich 46 Mobbing-/Diskriminierungskomplexen mit vielfachen Unterpunkten. Das Ganze natürlich rückwirkend für ca. sieben Jahre vor Klageerhebung. Dafür sollte die Beklagte 46 × Euro 30.000,–, also Euro 1,38 Mio. Schadensersatz bzw. Entschädigung nach § 15 I, II AGG zahlen. Absurd!

Meine unmittelbar an die Klägerin gerichtete Frage in der Güteverhandlung, ob sie hinsichtlich der (angeblichen) Vorfälle von vornherein Tagebuch geführt oder diese für die Klage auf Grund eines phänomenalen Gedächtnisses niedergeschrieben habe, wollte sie nicht beantworten. Die Klägerin fühlte sich im Übrigen – so war die Klage jedenfalls begründet – gleich **mehrfach „gemobbt"** bzw. nach § 3 III AGG belästigt, und zwar wegen des Geschlechts, einer Behinderung, ihres Alters und ihrer „Weltanschauung" (Eintreten für einen starken Betriebsrat!). Mehr ging kaum! An den Vorwürfen war rein gar nichts dran. Es war nur so, dass niemand mit der Klägerin arbeiten wollte, ihre Leistungen unterirdisch waren, aber der Arbeitgeber keine Möglichkeit sah, wirksam kündigen zu können, zumal eine ordentliche Kündigung ausgeschlossen war.

Wie endet ein solcher Fall? In der Regel mit der Beendigung des Arbeitsverhältnisses. Der leidgeprüfte Arbeitgeber kommt dann allerdings nicht umhin, eine **Abfindung** in entsprechender Anwendung der §§ 9, 10 KSchG zu zahlen. In meinem Fall hätte die Klägerin die Abfindung am liebsten auch noch als steuerfreies

Schmerzensgeld[70] kassiert. Das hat der Arbeitgeber jedoch kategorisch abgelehnt.

2. Sexuelle Belästigung oder sexuelle Belustigung?

a) Männliche Übeltäter – wer sonst?

Geht es nicht nur um bloßes Mobbing, sondern um **sexuelle Belästigungen**, lässt sich allerdings nicht leugnen, dass es sich meist um männliche Übeltäter aller Hierarchieebenen handelt. Solche Belästigungen am Arbeitsplatz scheinen trotz geänderter Zeiten nicht auszurotten zu sein, wie ein Fall des Bundesarbeitsgerichts[71] aus jüngerer Zeit zeigt: Am 18.10.2007 hatte der Arbeitgeber, ein Unternehmen des Möbeleinzelhandels, einen bei ihm beschäftigten Einkäufer und Produktmanager abgemahnt, weil er eine Mitarbeiterin mit einem Schlag auf das Gesäß belästigt hatte. Am 25.6.2008 wurde der abgemahnte Arbeitnehmer in der sog. „Traumfabrik" eingesetzt. Dort belästigte er die 26-jährige Einkaufsassistentin *K.* mit unakzeptablen sexistischen Bemerkungen[72]. So fragte er Frau *K.*: „Warum hast Du denn keinen Minirock an, wenn Du auf die Leiter steigst; dies hätte ich von Dir doch erwartet." Etwas später meinte er dann, nachdem sie sich seinen Alu-Zollstock ausgeliehen hatte: „Der ist so hart und dick wie meiner." Dann „erkundigte" er sich beim Essen in der „S-Bar", ob sie noch nie Sex beim Essen gehabt hätte und fügte hinzu: „Du kannst auch Sex von mir haben." Nachdem dies dem Arbeitgeber bekannt wurde, kündigte er dem Macho-Arbeitnehmer fristlos. Völlig zu Recht, wie auch das Bundesarbeitsgericht befand. Um eine gravierende Verletzung arbeitsvertraglicher Nebenpflichten handelt es sich auch, wenn ein Arbeitnehmer den nachdrücklichen Wunsch einer Arbeitskollegin, eine nicht-dienstliche **Kontaktaufnahme** mit ihr zu unterlassen, immer wieder negiert (sog. *Stalking*).[73]

Ist ein/e Arbeitnehmer/in sexuell belästigt worden i. S. d. § 3 IV AGG, kommt nicht nur eine **Kündigung** in Betracht. Denkbar sind auch **Schadensersatz-** und/oder **Entschädigungsansprüche** nach § 15 II AGG. Belästigten Personen – zu 99 % Frauen – stellt sich dabei die Frage, gegen wen solche Ansprüche zu richten sind, den Arbeitgeber oder den Belästiger. Die Zurechnung des Verhaltens von Erfüllungsgehilfen nach § 278 BGB ist allerdings insoweit eingeschränkt, als der Arbeitgeber nur für deren Verstöße im Zusammenhang mit der Wahrnehmung vertraglicher Pflichten einzustehen hat.[74] Der Arbeitgeber haftet also, wenn der Vorgesetzte oder Kollege in Ausübung des Direktionsrechts („in Erfüllung") eine sexuelle Benachteiligung begeht. Fehlt es dagegen an einem solchen Zusammenhang („bei Gelegenheit"), handelt die belästigende Person nicht als Erfüllungsgehilfe des Arbeitgebers mit der Folge, dass eine Haftungszurechnung nach § 278 BGB ausscheidet.[75] Es kann allerdings eine Haftung des Arbeitgebers auf Grund eigenen Organisationsverschuldens durch Verletzung seiner Handlungspflichten nach § 12 AGG in Betracht kommen. Die Arbeitnehmerin, die von einem Vorgesetzten/Kollegen sexuell belästigt worden ist, kann vom Arbeitgeber Schadensersatz und Entschädigung verlangen, sofern dieser nicht alle erforderlichen Maßnahmen (z.B. Schulung der Vorgesetzten/Mitarbeiter) zum Schutz vor Benachteiligungen durchgeführt hatte. Dabei geht es meist aber nur um eine „Entschädigung", also immateriellen Schadensersatz für die Verletzung des Persönlichkeitsrechts der belästigten Person.

Auch wenn nach den Vorgaben der Europäischen Antidiskriminierungsrichtlinien die von den Mitgliedsstaaten festzusetzenden Sanktionen abschreckende Wirkung haben müssen, sind nach Inkrafttreten des AGG **keine amerikanischen Verhältnisse** in Deutschland eingekehrt. Die Schadensersatz-/Entschädigungsansprüche halten sich also in einigermaßen vernünftigen Grenzen. Ganz anders sieht es in den USA aus: So wurde am 1.9.1994 die damals weltgrößte amerikanische Anwaltskanzlei Baker & McKenzie zu US-Dollar 6,9 Mio. *punitive damages* an eine Sekretärin verurteilt, weil ihr Chef, ein Steuer-Partner in San Diego, ohne ein Einschreiten der law firm diese mehrfach sexuell belästigt hatte („Busengrapschen"). Der Sex-Täter hatte dagegen „nur" US-Dollar 225.000,– zu bezahlen. Dabei hatte die Jury bei ihren Erwägungen darauf abgestellt, dass die law firm im Jahre 1993 Umsätze von US-Dollar 512 Mio. und ein Nettoeinkommen (net profits) von US-Dollar 65 Mio. erzielt und sich im Verfahren „arrogant" gegeben hatte.[76] Als ich einen Vermerk zu dieser Entscheidung im Stuttgarter Büro von *Gleiss Lutz* in Umlauf gesetzt hatte, meldeten sich spontan etliche Sekretärinnen bei mir und meinten, ich dürfe bei ihnen ähnlich wie der amerikanische Anwalt „grapschen"; sie seien durchaus mit „bescheideneren Beträgen" einverstanden. Ich habe erwidert, das amerikanische Recht kenne auch die sexuelle Belästigung von Männern durch Frauen. Unter Anlegung amerikanischer Maßstäbe wären sie, die Damen, in diesem Fall die Täterinnen, die einen harmlosen Anwalt sexuell belästigt hätten.

Zur **„Ehrenrettung"** der amerikanischen Justiz ist allerdings darauf hinzuweisen, dass in der Baker & McKenzie-Sache die Schadensersatzansprüche später von Seiten der nächsten Instanz um die Hälfte reduziert wurden.[77] Von vielen weiteren amerikanischen *sexual-harassment*-Fällen könnte berichtet werden, die wegen exorbitanter Beträge hierzulande nur zu verständnislosem Kopfschütteln geführt haben. Eine „schöne" Geschichte, die immer wieder kolportiert wird, soll allerdings noch erwähnt werden: Als Daimler und Chrysler fusionierten, wurde zur Sanierung des amerikanischen Teils des Konzerns eine tatkräftige Manager-Truppe von Stuttgart nach Detroit geschickt. Eines Tages soll eine schon bei Chrysler länger beschäftigte Mitarbeiterin eine nicht unerhebliche Gehaltserhöhung gefordert haben. Daraufhin soll einer der deutschen Manager der „Bittstellerin" entgegnet haben: „Ich übersetze Ihnen mal ein deutsches Sprichwort, das so lautet: Sie können doch einem **nackten Mann** nicht in die Hosentasche greifen!" Möglicherweise war die Übersetzung wörtlich oder zumindest ungeschickt. Zur Gehaltserhöhung soll es nicht gekommen sein. Aber immerhin soll sich die sexuell belästigt gefühlte Mitarbeiterin über eine vergleichsweise erzielte Entschädigung von US-Dollar 1 Mio. gefreut haben.

Apropos Sex: Seit dem 1.1.2002 gilt das „Gesetz zur Regelung der Rechtsverhältnisse der Prostituierten (ProstG)".[78] Damit wird Folgendes geregelt:

(1) Verträge über **sexuelle Dienstleistungen,** auch entsprechende Arbeitsverhältnisse, sind nicht sittenwidrig.
(2) Prostituierte können **nicht verpflichtet** werden, sexuelle Dienstleistungen zu erbringen.
(3) Das **eingeschränkte Weisungsrecht** steht der Annahme einer Beschäftigung i. S. d. Sozialversicherungsrechts nicht entgegen.
(4) **Strafbar** ist **nicht** mehr die **„Förderung der Prostitution",** sondern nur noch deren **Ausbeutung** (§ 180 a StGB).

Diese soziale Errungenschaft hat die progressive Gewerkschaft **ver.di** zum Anlass genommen, einen **Muster-Arbeitsvertrag**[79] zu entwerfen. Und weil ebenso progressive Verfasser von Formularbüchern sich nicht nachsagen lassen wollen, dass ihr Werk eine wesentliche Lücke enthält, ist dieses Formular auch von *Schrader*[80] in dem von *Schaub/Koch/Neef/Schrader/Vogelsang* entwickelten arbeitsrechtlichen Formular- und Verfahrenshandbuch übernommen worden. In dem von meinen Partnern *Stefan Lingemann, Martin Diller, Katrin Haußmann* und mir herausgegebenen Konkurrenzwerk[81] fehlt ein solches Formular. Vergessen haben wir es nicht. Wir wollten uns nur nicht dem Vorwurf aussetzen, sexuelle Dienstleistungen zu fördern.

b) Beweisnot

Einen **Grenzfall** zwischen sexueller Belustigung und sexueller Belästigung hatte das Landesarbeitsgericht Thüringen vor wenigen Jahren zu entscheiden.[82] § 3 IV AGG verbietet nur „unerwünschtes" sexuell bestimmtes Verhalten. Auf dieses Wörtchen kam es hier entscheidend an:

Der Kläger, ein **Gasmonteur**, setzte sich gegen die außerordentliche Verdachtskündigung seines Arbeitgebers zur Wehr. Dieser hatte die Kündigung auf die Beschwerde einer Kundin hin ausgesprochen, der Kläger habe sie sexuell belästigt und bedroht, als er bei ihr den Gaszähler ausgewechselt habe. Seitdem belästige er sie zudem ständig über das Firmen- und Privathandy.

Ins Rollen gekommen war die ganze Sache – bezeichnenderweise – auf Initiative des Ehemanns der Kundin hin. Aus einem Gefühl heraus hatte er das Mobiltelefon seiner Frau einer genaueren Prüfung unterzogen. Und was er fand, übertraf seine **schlimmsten Befürchtungen**. Es stellte sich heraus, dass seine Teure in gut 48 Stunden 15 Anrufe und nicht weniger als 264 SMS vom Gasmonteur erhalten hatte. Als er seine Frau zur Rede stellte, schilderte sie folgende Version, die sie auch vor dem erstinstanzlichen Gericht mit Unschuldsmiene wiederholte:

„(...) der ihr nur dienstlich bekannte Kläger habe sie am 7. 9. 2004 gleich von oben bis unten betatscht. Sodann sei sie mit dem Kläger in den Keller gegangen und habe die Taschenlampe gehalten. Nach Austausch des Zählers habe der Kläger in der Wohnung dann weitergefummelt und sie an der Brust betatscht. Sie habe ihn weggeschubst. Dann sei es erst mal gegangen. Nach

der Bezahlung habe der Kläger die Wohnung verlassen. Eine Anzeige habe sie zunächst nicht erstatten wollen. Auch ihrem
Mann habe sie nichts erzählt, weil sie mit der Sache erst habe
klar kommen müssen. Der Kläger habe sie dann aber mit SMS
,vollgejuchzelt' in denen gestanden habe, dass er sie bräuchte,
liebte und solche Sachen. Sie habe geantwortet und so getan, als
ob sie auf ihn stünde. Der Kläger habe auch damit gedroht, sie
mit einer Rohrzange zu erschlagen, wenn sie etwas sage."[83]

Erstaunlicherweise glaubte der Ehemann seiner Frau, nachdem er
sich bei der Ehefrau des Gasmonteurs telefonisch darüber erkundigt hatte, ob diese etwas von einem Verhältnis ihres Ehemannes zu
seiner Ehefrau wisse. Gemeinsam schrieben sie einen **Brief an den
Arbeitgeber** des Gasmonteurs, die städtischen Gaswerke, in dem
sie sich über die angebliche Belästigung beschwerten. Der Arbeitgeber kündigte dem Kläger daraufhin fristlos. Das Landesarbeitsgericht glaubte der Ehefrau jedoch nicht:

„Der Zeugin ist nicht abzunehmen, dass sie von dem ihr nicht
näher bekannten [Monteur], [kaum dass er ihre Wohnung betreten hat], gleich von oben bis unten abgetatscht wird, sie danach
mit ihm [trotzdem freiwillig] in den Keller geht und beim Zähler-
austausch hilft, es in der Wohnung dann erneut zu Zudringlich-
keiten kommt, die Angelegenheit aber zunächst auf sich beruhen sollte. [...] Mit den Erkenntnissen forensischer Psychologie
ist schwerlich zu erklären, dass die Zeugin nach eigener Aussage
in der Folgezeit die ihr zugeneigten SMS des Klägers (,Liebesge-
juchzel') wohlwollend beantwortet habe."

Das Gericht nahm also **„erwünschte Belustigung"** statt uner-
wünschter Belästigung an.[84] Der Monteur behielt seinen Arbeitsplatz. Ob auch seine Ehefrau, ist nicht bekannt.

3. Kleidungszwänge

Darf ein Arbeitgeber seinen Mitarbeitern die **Farbe der Unterwäsche** vorschreiben? Die Länge der Fingernägel und die Variations-
möglichkeiten bei deren Lackierung? Tragen von Feinstrumpfho-
sen ohne Muster, Nähte oder Laufmaschen? Darf er das Tragen
künstlicher Haare untersagen, wenn es die Natürlichkeit der Haar-

pracht beeinträchtigt? Was auf den ersten Blick dem Drehbuch
einer billigen Fernseh-Gerichtsshow entsprechen mag, war tatsächlich Gegenstand einer Entscheidung des Landesarbeitsgerichts
Köln.[85] Und auf den zweiten Blick stellt sich die Sache als gar nicht
so lächerlich dar. Zum Schmunzeln bringt einen der liebevolle De-
taillierungsgrad der in Rede stehenden Vorschriften. Dresscodes
geben immer wieder Anlass für Konflikte und beschäftigen nicht
selten die Gerichte.

Wenn der Arbeitgeber ein uniformes und nach seinem Verständ-
nis „ordentliches" Erscheinungsbild verlangt, sieht sich so mancher
Arbeitnehmer in seiner Individualität beschränkt. Es liegt auf der
Hand, dass dieser Konflikt nicht einseitig zu Gunsten der Arbeit-
geber- oder der Arbeitnehmerseite zu entscheiden ist. Immerhin
geht es um Grundrechte wie die Berufsfreiheit des Arbeitgebers
(Art. 12 GG) und das **allgemeine Persönlichkeitsrecht** (Art. 1 I, 2
I GG) von Arbeitnehmern. Der Betrieb ist weder unbeschränktes
Herrschaftsgebiet des Arbeitgebers noch ein Forum für die indivi-
duelle Selbstverwirklichung von Paradiesvögeln. Das Arbeitsrecht
kennt zwei Mechanismen, um die widerstreitenden Interessen einem gerechten Ausgleich zuzuführen. Zum einen müssen Weisungen des Arbeitgebers der Billigkeit entsprechen (§ 106 GewO),
zum anderen hat der Betriebsrat – wenn ein solcher existiert – bei
Fragen der betrieblichen Ordnung und des Verhaltens der Arbeitnehmer ein Mitbestimmungsrecht nach § 87 I Nr. 1 BetrVG.

Was zulässig ist, hängt vom Einzelfall ab. In der Entscheidung
des Landesarbeitsgerichts Köln ging es um die Mitarbeiter der **Si-
cherungskontrolle** des Flughafens Köln-Bonn. Das Gericht hielt
die Regelungen zur Unterwäsche, zur Länge der Fingernägel und
zu den Strumpfhosen für zulässig, die Regelungen zur Farbe der
Fingernägel und zur Haartracht jedoch nicht. Bei einer Model-
Agentur wären sicherlich weitergehende Einschränkungen zulässig
gewesen – und auch eine Wirtschaftskanzlei muss nicht hinnehmen, dass eine Sekretärin in durchscheinender Bluse ohne BH mit
mehrfarbig lackierten und mehreren Zentimeter langen Fingernä-
geln am Empfang sitzt.[86] Auch bei Männern muss ein solcher Arbeitgeber nicht jedes kuriose Outfit dulden. Im Übrigen hat schon
der französische *Cour de Cassation*[87] sinngemäß für das französische
Arbeitsrecht das gesagt, was auch in Deutschland entsprechend
gelten muss, nämlich:

„Zwar darf nach Art. L 120-2 Code du Travail ein Arbeitgeber einem Arbeitnehmer keine Kleidungszwänge auferlegen, die nicht durch die Natur der Arbeitsaufgaben gerechtfertigt sind und in angemessenem Verhältnis zum angestrebten Ziel stehen. Jedoch gehört die Freiheit, sich während der Arbeitszeit und am Arbeitsplatz nach eigenem Gusto zu kleiden, nicht zu den Grundfreiheiten."[88]

4. Kündigungsrechtsprechung

a) Kündigungsschutz als Einstellungshemmnis

Der Kündigungsschutz ist *das* „**Filetstück**" des Arbeitsrechts. Circa 80 % aller arbeitsgerichtlichen Verfahren sind arbeitsvertragliche Bestandschutzstreitigkeiten, davon wiederum die deutliche Mehrzahl Kündigungsschutzverfahren.

Dass es sich beim Kündigungsschutz um keine einfache, überschaubare Materie handeln kann, beweist schon der Umstand, dass der führende Kommentar[89] unter Mitzählung der römischen Ziffern sage und schreibe 3.024 (!) Seiten umfasst und 2,255 kg wiegt. Eine **Waffe**, mit der so mancher Arbeitgeber erschlagen werden kann!

Insbesondere die arbeitsrechtliche Kündigungsrechtsprechung ist reich an satirischem Material, das hohen **Unterhaltungswert** hätte, würde es Arbeitgeber nicht eher zur **Verzweiflung** treiben. So hat der Bundesarbeitsrichter *Christoph Schmitz-Scholemann*[90] bei einem Vortrag berichtet, ein ihm befreundeter Galerist habe gesagt: „Ich habe mich wie *Laokoon* im Kampf mit den Schlangen gefühlt, als ich den Versuch unternahm, einer ungetreuen Angestellten zu kündigen." Und − so *Schmitz-Scholemann* − „*Laokoon* fühlte sich wirklich schlecht: Er hat nicht einmal mehr geschrien."[91]

Dazu passt, was mir einmal ein damals aktiver Richter des Bundesarbeitsgerichts zu einem Zeitpunkt erzählt hat, als § 23 KSchG noch bestimmte, dass der Kündigungsschutz erst in Betrieben mit mehr als fünf Arbeitnehmern eingreift. Er lag eines Abends mit seiner Frau, die ein kleines Geschäft betrieb, im Bett. Sie erzählte ihm, dass sie daran dächte, nunmehr einen sechsten Arbeitnehmer einzustellen. Daraufhin hat der hohe Richter ihr erklärt: „Um Gottes Willen, dann gerätst Du in die Fänge des Kündigungsschutzes.

Und Du weißt ja gar nicht, was wir aus dem Kündigungsschutz gemacht haben." Das trifft den Nagel auf den Kopf! Die Rechtsprechung ist es nämlich, die die **Maßstäbe zu Ungunsten der Arbeitgeberseite** immer mehr **verschoben** hat. Bei Einführung des Kündigungsschutzgesetzes 1951 ist der Gesetzgeber noch davon ausgegangen, dass es bei der Unwirksamkeit von Kündigungen nur um „solche Kündigungen [geht], die hinreichender Begründung entbehren und deshalb als willkürliche Durchschneidung des Bandes der Betriebszugehörigkeit erscheinen."[92] Ähnlich wie der damalige Richter des Bundesarbeitsgerichts haben sich auch schon zu (Landes-)Arbeitsgerichtspräsidenten beförderte Arbeitsrichter geäußert, sobald sie sich mit Personalproblemen herumschlagen mussten. Das beweist einmal mehr, wie schnell sich die **Sichtweise** ändern kann, wenn Richter Personalverantwortung übernehmen müssen.

Wie unberechenbar der Kündigungsschutz ist, beweist auch eine Unternehmensrestrukturierung, bei der ein erheblicher **Personalabbau** vorgenommen werden musste. Leider waren auch betriebsbedingte Kündigungen unvermeidbar. So kam es zu 50 Kündigungsschutzverfahren, die von 50 verschiedenen, im gesamten Bundesgebiet verstreuten, Kammern entschieden werden mussten. In allen Verfahren ging es um identische Rechtsfragen und in allen Verfahren traten *Gleiss Lutz*-Anwälte auf. Erstaunlich war nicht so sehr, dass 26 Verfahren in erster Instanz gewonnen und 24 verloren wurden. Erstaunlich war vielmehr, dass die Begründungen innerhalb der gewonnenen, aber auch der verlorenen Verfahren jeweils gänzlich unterschiedlich ausfielen.[93]

In der Tat ist der Ausgang von Kündigungsschutzprozessen kaum prognostizierbar. Arbeitgeber, aber auch Arbeitnehmer, stöhnen über die Rechtsunsicherheit auf Grund der vielen unbestimmten Rechtsbegriffe und der bei allen Kündigungen nötigen Interessenabwägung. Wegen der erheblichen Annahmeverzugsrisiken sind die Kosten eines Kündigungsschutzprozesses kaum kalkulierbar. Daher verwundert es nicht, dass sich die Arbeitgeberseite häufig auf zu teure (außer)gerichtliche Aufhebungs- oder Abwicklungsverträge einlassen muss. Fakt ist, dass kaum ein Arbeitnehmer, dem gekündigt worden ist, bei seinem alten Arbeitgeber bleibt. Daraus sollten die nötigen Konsequenzen gezogen werden, indem der allgemeine Kündigungsschutz so novelliert wird, dass das Arbeitsverhältnis auch im Falle einer sozialwidrigen Kündigung nach §§ 9, 10 KSchG auf bloßen Antrag des Arbeitgebers durch **Auflösungsurteil** zum vorgesehenen ordentlichen Beendigungstermin gegen Zahlung einer Abfindung beendet wird.[94] Auch eine **Vereinbarungslösung** käme in Betracht, wonach bei Abschluss des Arbeitsvertrags gegen Verzicht auf eine mögliche Kündigungsschutzklage eine Abfindung vereinbart wird. Dazu könnte eine gesetzliche Mindesthöhe festgelegt werden. Angesichts der Macht der Gewerkschaften in Deutschland und ihres Einflusses auf die Politik, handelt es sich bei solchen Wünschen allerdings um bloße **Utopie**.

In den verbleibenden Kündigungssachen, die durch die Gerichte entschieden werden, kommt es aus Sicht von Arbeitgebern überproportional häufig zu **Prozessniederlagen**. Diese werden mancherorts darauf zurückgeführt, dass die Kammern der (Landes-) Arbeitsgerichte und die Senate des Bundesarbeitsgerichts ja in Wahrheit mit zwei bzw. vier Arbeitnehmern bestückt seien. Auch stellt sich die Frage, ob der starke Kündigungsschutz für Arbeitslose nicht eher ein Beschäftigungshemmnis darstellt.[95] Dazu kann eine Parallele zu der nach ihrem amerikanischen Erfinder *Arthur Laffer* benannten *Laffer*-**Kurve** gezogen werden. Nach ihr vermehrt ein steigender Steuersatz nur bis zu einer gewissen kritischen Größe die Steuereinnahmen und wirkt danach kontraproduktiv, nämlich für den Staat einnahmenmindernd. Bei einem Steuersatz von 0 % ist ersichtlich der Steuersatz zu niedrig, um Einkünfte zu generieren. Bei einem Steuersatz von 100 % wird sich tendenziell die Steuergrundlage verflüchtigen, weil entweder die steuerpflichtigen Aktivitäten unterbleiben oder versteckt oder ins Steuerausland verlagert werden. Eine solche kritische Größe könnte es auch bei der Schutzdichte staatlicher Kündigungsreglementierungen geben.[96]

b) Ungebührliches Verhalten

Immer wieder muss die Kündigungsrelevanz fragwürdiger Verhaltensweisen und **Äußerungen von Arbeitnehmern** gegenüber Vorgesetzten bzw. Kolleginnen oder über diese geprüft werden, wie: (1) „Jawohl, mein Führer!"[97], (2) „Ich wünsche Ihnen ein beschissenes Wochenende"[98], (3) „Besser eine Frau mit Charakter als drei Schlampen"[99], (4) „Wenn Sie schlechte Laune haben, dann wichsen

Sie mich nicht von der Seite an", „Wichser", „Arschloch"[100]; (5) „*V [Vorgesetzter]* kann nicht ficken und nicht saufen", Halten des ausgestreckten Mittelfingers unter die Nase eines Kollegen[101], (6) „Sie haben doch nur Bumsen im Kopf"[102] oder von seltsamen Abschiedsworten gegenüber Kunden, z. B.: „Jesus hat Sie lieb!"[103]. Auch die Frage, ob die mehrfache **Verweigerung des Grußes** gegenüber einem Vorgesetzen eine Kündigung rechtfertigt, beschäftigt die Gemüter.[104] Gekündigt werden muss so manches Mal nicht nur „normalen" Arbeitnehmern, sondern sogar Vorgesetzten, weil sie sich ungebührlich gegenüber Untergebenen verhalten.[105] Dabei handelt es sich nicht nur – wie man meinen könnte – um männliche Vorgesetzte, wie ein Fall des Landesarbeitsgerichts Düsseldorf[106] belegt, in dem einer Arbeitnehmerin Schmerzensgeld gegen ihre Vorgesetzte wegen eines Steißbeinbruchs nach einem Tritt ins Gesäß zugesprochen wurde.

c) Nicht- bzw. Schlechtleistung

Zu einem wohl aus Scham nicht in die amtliche Sammlung aufgenommenen Urteil gehört eine Entscheidung des Bundesarbeitsgerichts aus dem Jahr 1979.[107] Hier ging es um die **Kündigung eines Schichtarbeiters**, der zwar nicht 104-mal während des Jahres, wie in einer anderen berühmt-berüchtigten Entscheidung[108], aber immerhin zigmal zwischen 20 bis 25 Minuten verspätet nach Schichtbeginn um 7.00 Uhr im Betrieb erschienen war, ohne einen triftigen Grund angeben zu können. Das höchste Arbeitsgericht erachtete die Kündigung seltsam verquer wegen Verstoßes gegen das Ultima-Ratio-Prinzip als unwirksam. Der Arbeitgeber hätte den säumigen Arbeitnehmer ja in einen anderen, naheliegenden Zweigbetrieb mit Schichtbeginn um 7.30 Uhr versetzen können. Dann wäre der Arbeitnehmer immer pünktlich gewesen! Donnerwetter, welch bestechende Logik!

Zu dieser Kategorie von Entscheidungen gehört m. E. auch eine Entscheidung des Landesarbeitsgerichts Hessen[109] aus dem Jahre 2006. Im Anstellungsvertrag eines Gabelstablerfahrers war ausdrücklich vermerkt, das Führen eines Gabelstablers setze absolute Nüchternheit voraus und Verstöße hiergegen würden mit der fristlosen Kündigung geahndet. Der Arbeitnehmer erschien eines Tages mit respektablen 2,8 Promille am Arbeitsplatz. Daraufhin wurde ihm fristlos gekündigt, nach Ansicht des Landesarbeitsgerichts allerdings zu Unrecht. Die Kündigung sei unwirksam, weil das **Alkoholverbot** lediglich das Arbeiten unter Alkohol untersage, der Arbeitnehmer jedoch lediglich versucht habe, alkoholisiert zu arbeiten. Da stellt sich die Frage: Muss der Arbeitnehmer erst höflich gebeten werden, den Gabelstabler – wenn auch nur kurz – in Bewegung zu setzen, um danach kündigen zu können?[110] Im Übrigen ist Alkoholsündern zu empfehlen, vor den Schranken der Arbeitsgerichte die passende Story parat zu haben, etwa so wie ein betrunkenen Radfahrer, der am 4. 9. 2003 seinen lebensgefährlich hohen Alkoholwert von 4,1 Promille den Polizeibeamten damit erklärte, dass er Unmengen Obst gegessen und dieses wohl nach einem Glas Bier zu gären begonnen habe.[111] Nur am Rande: Als der Mann das beschlagnahmte Fahrrad einen Tag später bei der Polizei abholen wollte, wurde bei ihm – wieder und/oder noch – ein Wert von 3,1 Promille festgestellt.

Aber natürlich gibt es auch offensichtlich unwirksame, geradezu **absurde Arbeitgeberkündigungen.** So soll ein arbeitsrechtliches „Grundsatzurteil"[112] existieren, wonach einer Sekretärin nicht gekündigt werden kann, wenn sie sich weigert, während der Arbeitszeit ihrem Vorgesetzten ein „Zäpfchen" einzuführen. Dieser Entscheidung – sollte es sie wirklich geben – stimmen auch meine Sekretärinnen aus vollem Herzen zu!

Zu den rühmlichen Ausnahmen, in denen ein Arbeitgeber einmal einen Kündigungsschutzprozess gegen einen Arbeitnehmer gewonnen hat, also diesen nicht wieder einstellen oder eine Abfindung[113] zahlen musste, gehört eine Entscheidung des Arbeitsgerichts Paderborn aus dem Jahre 1997.[114] Die Parteien stritten über die Wirksamkeit einer verhaltensbedingten Kündigung. Der Kläger war bei der Beklagten im Verkauf „Automobiltechnik" tätig und für den Kunden Skoda in Tschechien zuständig. In seiner Funktion hatte der Kläger in zweiwöchigem Abstand bei Skoda an Sitzungen teilzunehmen. Einer solchen Sitzung blieb er fern, ohne triftige Gründe anführen zu können. Er wurde abgemahnt. Zwei Wochen später sollte der Kläger an einer weiteren Sitzung teilnehmen, der er jedoch wiederum fernblieb. Er meinte, dieser Terminierung hätte seine Teilnahme an der **Kreuzweg-Prozession** in **Pömbsen** im Wege gestanden. Auch an weiteren Sitzungen nahm er weisungswidrig nicht teil. Insbesondere Dienstreisen, die sich über Sonn-

und Feiertage erstreckten, ging der Kläger aus dem Wege. Daraufhin hat der Arbeitgeber dem störrischen Arbeitnehmer gekündigt. Die Klage wurde u. a. mit folgender Begründung abgewiesen:

> „Auch der Oberste Weltenrichter wird bei der Endabrechnung nicht nur danach fragen, wie fromm ein Erdenmensch gewesen ist, sondern auch danach, wie er seine Pflichten auf Erden erfüllt hat (...)." Und der Wunsch des Klägers, die Sonntagsruhe pflegen zu können, fand kein Gehör: „Auch der Direktor des Arbeitsgerichts hat wegen des Umfangs der Terminsakten den Sonntag Vormittag benutzt, um sich auf den Kammertermin vorzubereiten und die Absetzung des Urteils ebenfalls am Wochenende vorgenommen (...)."

Auch die (ordentliche) **Kündigung eines „aufsässigen" Kochs** ist nicht so einfach wie es scheint. So hat das Landesarbeitsgericht Hamm[115] entschieden:

> „Die eigenmächtige Abweichung von einem Speiseplan durch einen Koch in einem Seniorenwohnheim in der Weise, dass Hackfleischbällchen gedünstet statt gebraten worden sind, rechtfertigt eine ordentliche Kündigung selbst dann nicht, wenn der Arbeitnehmer bereits zuvor abgemahnt worden ist, weil er in einer Woche dreimal von einem Speiseplan abgewichen ist, indem er Wirsing statt Erbsen- und Möhrengemüse, Kartoffelsalat mit Ei und Gurke statt Speck und eine rote statt einer braunen Soße zu einer Haxe gefertigt hat."

Die „Koch-Entscheidung" mag nachvollziehbar sein, weil man sich auf den Standpunkt stellen kann, dass es sich um keine Schlechtleistung gehandelt hat. Anders zu beurteilen sind dagegen die Fälle, in denen Arbeitnehmer eine pflichtwidrige Minderleistung erbringen (sog. **low performer**). Eine Kündigung wegen einer solchen Minderleistung auszusprechen, ist theoretisch möglich, stellt den Arbeitgeber aber praktisch vor nahezu unlösbare Aufgaben. Das Bundesarbeitsgericht[116] wiederholt gebetsmühlenartig, dass ein Arbeitnehmer mangels anderer Vereinbarungen seiner Vertragspflicht genügt, wenn er unter Berücksichtigung individueller Fähigkeiten und unter angemessener Ausschöpfung seiner persönlichen Leistungsfähigkeit arbeitet. Anhaltspunkte für eine Minderleistung sollen entweder eine völlige Erfolglosigkeit der Leistung[117] oder ein sehr deutliches Zurückbleiben hinter den Leistungen vergleichbarer Arbeitnehmer sein, z. B. bei einer durchschnittlichen Leistung des Minderleisters, die auf Dauer lediglich bei 66 % der Normalleistung liegt.[118] Entscheidend ist, ob die erbrachte Arbeitsleistung die berechtigte Erwartung des Arbeitgebers von der Gleichwertigkeit der beiderseitigen Leistungen in einem Maße unterschreitet, dass dem Arbeitgeber ein Festhalten an dem (unveränderten) Arbeitsvertrag unzumutbar wird.[119] Dazu muss der Arbeitgeber im Prozess **substantiiert darlegen**, welche Leistung zu einem bestimmten Zeitpunkt und in Ausübung einer bestimmten Tätigkeit üblich und zu bewältigen gewesen wäre, und inwieweit der Arbeitnehmer seine konkrete Arbeitsmöglichkeit gezielt zurückgehalten hat. Beim Vorwurf der Minderleistung muss jede einzelne Pflichtverletzung konkret genannt und gegebenenfalls auch bewiesen werden. Hinzu kommt, dass eine quantitative Minderleistung auf Grund mangelnder Ausschöpfung der eigenen Leistungsfähigkeit grundsätzlich vorher abzumahnen ist.[120] Die Grenze zur personenbedingten Kündigung, also dem Fall, dass ein Arbeitnehmer gar nicht in der Lage ist, eine bestimmte Leistung zu erbringen, ist überaus fließend. Häufig ist es ein **Rätsel**, wie der Arbeitgeber feststellen soll, ob ein Arbeitnehmer die Leistung nur zurückhält oder zur Leistung objektiv nicht in der Lage ist.

Was ist die Konsequenz? Der bestehende Kündigungsschutz **bestraft den ehrlichen Arbeitgeber**. Deshalb muss man sich nicht wundern, dass immer wieder nach Auswegen gesucht wird. Hat ein Arbeitgeber mit einem aus seiner Sicht überaus faulen Arbeitnehmer zu tun, kann er versucht sein, ein – wenn auch nur geringfügiges – Vermögensdelikt aufzudecken. Wird der Arbeitgeber „fündig", hat er so u. U. bessere Chancen, das Arbeitsverhältnis kostengünstig durch fristlose Kündigung nach § 626 BGB zu beenden. Allerdings sind dem Grenzen gesetzt: Der Fall *Emmely* (s. o. S. 34) hat gezeigt, dass geringfügige Vermögensdelikte regelmäßig nicht ausreichen, um ohne vorherige Abmahnungen wirksam fristlos kündigen zu können.

d) Ab zum Arzt und dann Kofferpacken

Wer betrügt, sollte sich wenigstens einigermaßen geschickt anstellen. Das gelang *Sabrina K.*, einer Frisörauszubildenden, nicht. Auf ihrer Facebook-Seite „postete" sie: „Ab zum Arzt und dann Koffer-packen." Vom Arzt ließ sie sich eine Arbeitsunfähigkeitsbescheini-gung ausstellen und flog nach Mallorca. Dort besuchte sie eine Diskothek und ließ sich tätowieren. Der Arbeitgeber, der von die-sem „posten" Kenntnis erhielt, war wenig erfreut. Er kündigte frist-los. Im Gütetermin, der am 28. 8. 2011 beim Arbeitsgericht Düs-seldorf[121] stattfand, behauptete die Auszubildende, ihr Urlaub sei schon länger geplant gewesen. Sie habe die Reise nach Absprache mit ihrem Arzt angetreten, da der Aufenthalt wegen **mobbingbe-dingter psychosomatischer Symptome** für den Heilungsverlauf positiv sei. Das hat das Gericht offenbar nur mäßig überzeugt. Aber wie es bei arbeitsrechtlichen Streitigkeiten so oft ist: Selbst dann, wenn der Arbeitgeber wohl im Recht ist, schlägt ein gütiger Richter doch noch einen Vergleich vor. So soll es auch hier gewesen sein.

e) Arbeitsverweigerung aus Glaubensgründen

Immer wieder muss sich die Arbeitsgerichtsbarkeit mit Arbeitneh-mern beschäftigen, die in einem laufenden Arbeitsverhältnis plötz-lich aus angeblichen oder tatsächlichen Glaubensgründen eine Fortsetzung ihrer arbeitsvertraglichen Tätigkeit verweigern. Auf-sehen erregt, hat ein **Muslim-Fall**, mit dem sich das Bundesar-beitsgericht[122] befassen musste. Der Kläger war ab 1994 zunächst in der Waschstraße des Arbeitgebers tätig. Nach deren Schließung wurde er mit seinem Einverständnis als Ladenhilfe in die Geträn-keabteilung übernommen. Dort wurden auch alkoholische Ge-tränke zum Verkauf bereit gestellt, die hin und her geräumt werden mussten. Der Kläger hat sich zu dieser Zeit niemals darauf berufen, dass es ihm aus religiösen Gründen verboten sei, solche Arbeiten zu erledigen; vielmehr hat er über längere Zeit ohne jegliche Beden-ken seine Arbeit verrichtet.

Dann machte der Arbeitgeber von seinem vertraglichen Direk-tionsrecht Gebrauch und versetzte den Kläger im März 2007 in die Frischwarenabteilung (Molkereiprodukte). Einen seiner Urlaube verbrachte der Kläger wohl in Afghanistan. Aus diesem Urlaub kehrte er einem Taliban ähnlich vollbärtig zurück. Während der Tätigkeiten in der Frischwarenabteilung erkrankte der Kläger wie-derholt, was den Arbeitgeber veranlasste, ihn im Februar 2008 wie-

der in die **Getränkeabteilung** zu versetzen. Nun weigerte sich der
Kläger jedoch plötzlich strikt, dort zu arbeiten. Er berief sich darauf, ihm sei als gläubigem Muslim nicht nur der eigene Konsum
von Alkohol, sondern auch jegliche Form von Konsumförderung
und Verbreitung von Alkohol verboten. Daraufhin kündigte der Arbeitgeber fristlos und kurz darauf
auch hilfsweise ordentlich. Das Arbeitgericht hat die fristlose Kün-
digung für wirksam angesehen, das Landesarbeitsgericht[123] immerhin die ordentliche Kündigung. Das sieht das höchste deutsche Arbeitsgericht jedoch anders. Weigere sich ein Arbeitnehmer aus
religiösen Gründen, eine Arbeitsaufgabe zu erfüllen, zu der er sich
vertraglich verpflichtet habe, rechtfertige dies eine Kündigung nur,
wenn keine naheliegenden **anderen Beschäftigungsmöglichkeiten**
bestünden. Deshalb hat das Gericht die Entscheidung des Landesarbeitsgerichts aufgehoben und die Sache an die untere Instanz zu-
rückverwiesen.

Diese Rechtsprechung löst bei mir **Unwohlsein** aus. Richtig ist
natürlich, dass dem Grundrecht der freien Religionsausübung gem.
Art. 4 GG Bedeutung zukommt. Andererseits kann sich aber auch
der Arbeitgeber auf die grundrechtlich geschützte unternehmerische Betätigungsfreiheit nach Art. 2, 12 GG berufen. Bei der Abwägung dieser Grundrechte sollte nicht außer Acht gelassen werden, ob sich ein Arbeitnehmer – wie vorliegend – zunächst auf
vertraglicher Basis auf eine bestimmte Tätigkeit eingelassen hat.
Kommt er dann später zu der „Erleuchtung", dass sich die ge-
wünschte und geschuldete Tätigkeit nicht mit seinen Glaubens-
grundsätzen verträgt, liegt es nahe, ihn auf die Möglichkeit einer
Eigenkündigung hinzuweisen. Ein nicht vertragstreuer Arbeitnehmer kann nicht erwarten, dass der Arbeitgeber mühevoll versuchen
muss, für ihn einen genehmen Arbeitsplatz zu finden. Was die Instanzgerichte dann in solchen Fällen entscheiden, steht in den
Sternen. Verliert der Arbeitgeber den Prozess, muss er für viele
Jahre die Vergütung nachzahlen. Und das bei einem Arbeitnehmer,
bei dem sich der Verdacht aufdrängt, nicht gerade der Fleißigste zu
sein. Es sind solche Fälle, die dazu beitragen, das ohnehin bestehende Unverständnis gegenüber dem deutschen Kündigungsschutz
noch zu verstärken.

Es stellt sich die Frage, ob die Erkenntnisse des Bundesarbeitsgerichts nicht dem **Zeitgeist** geschuldet sind. Hätte das Gericht

auch so entschieden, wenn sich eine katholische Kassiererin, die seit 20 Jahren in einem Drogeriemarkt tätig ist, aus Anlass des Papstbesuchs und einer vertieften Beschäftigung mit der katholischen Kirchenlehre plötzlich geweigert hätte, Kondome aus einem Einkaufskorb zur Abrechnung entgegenzunehmen? Wird die Rechtsprechung fortgesetzt, muss das Motto gelten: „Was einem Muslim Recht ist, ist einem Christen billig." Nicht auszudenken, mit welchen Glaubensgründen der vielen Religionen und ihrer Sekten sich die Rechtsprechung in Zukunft noch wird beschäftigen müssen!

Diese Rechtsprechung soll einen „Freund" des Bundesarbeitsgerichts veranlasst haben, das **Muselmann-Gedicht** von *Heinz Erhardt* nach Erfurt zu schicken:

„Es war einmal ein Muselmann,
der trank sich einen Dusel an,
wann immer er nur kunnt.
Er rief dann stets das Muselweib,
wo es denn mit dem Fusel bleib,
denn Durst ist nicht gesund.
Und brachte sie die Pulle rein,
gefüllt mit süßem Muselwein,
dann trank er
und trank er,
hin sank er
als Kranker
bis gottseidank er
unterm Tische verschund."

Und ein anderer „Kritiker" soll das Bundesarbeitsgericht als „**Bundesschariagericht**" bezeichnet haben.[124] Mit Scherz und feiner Ironie hat das allerdings nichts mehr zu tun.

f) Missachtung von Frauen

Welche skurrilen Auswüchse der Schutz vor religiöser Diskriminierung haben kann, zeigt ein Fall aus der *Gleiss Lutz*-Praxis: Ein neu eingestellter Arbeitnehmer muslimischen Glaubens verdarb es sich direkt am ersten Arbeitstag mit seinen Kolleginnen, indem er sich weigerte, ihnen die Hand zu geben. Sein religiös begründeter „**ho-**

her Respekt" vor dem **weiblichen Geschlecht** verbiete ihm, fremde Frauen zu berühren. Wenig überraschend war sein erster Arbeitstag auch sein letzter. Der Arbeitgeber sprach eine Probezeitkündigung aus, weil eine gedeihliche Zusammenarbeit mit Kolleginnen und Kundinnen bei dieser Art von „Respekt" nicht zu erwarten war. Der Arbeitnehmer erhob Klage und behauptete, er sei wegen seiner Religion diskriminiert worden. Der Arbeitgeber konnte es kaum fassen: Er gehört zu den Arbeitgebern, die sich um „diversity" in der Belegschaft bemühen und hatte dem Arbeitnehmer im Vorstellungsgespräch sogar Gebetspausen zugesichert. Und nun wurde er wegen angeblicher Diskriminierung vor den Kadi gezerrt. Die Sache wurde nicht entschieden, weil die Parteien sich in der Güteverhandlung verglichen.

g) Menschenrecht auf „Whistleblowing"?

Der Umgang mit Whistleblowing (wörtlich: „**Pfeifenblasen**", also „**Alarmschlagen**") ist eine Gradwanderung: Gesellschaftlich kann es durchaus wünschenswert sein, Missstände wie Korruption, Umweltverschmutzung, Lohnwucher usw. öffentlich aufzudecken. Auf der anderen Seite können voreilige Anzeigen den Ruf eines Unternehmens und das Ansehen der beschuldigten Führungskräfte zerstören. Dass solcher Aufklärungswut Grenzen gesetzt sein müssen, weiß man hierzulande spätestens seit dem auf *Hoffmann von Fallersleben* zurückgehenden Spruch: „Der größte Lump im ganzen Land, das ist und bleibt der **Denunziant**."

Der Europäische Gerichtshof für Menschenrechte[125] hat dem Thema mit seinem Urteil vom 21. 7. 2011 neue Nahrung gegeben und Whistleblower teilweise gestärkt.[126] Er beschäftigte sich mit der Beschwerde von Frau *Brigitte Heinisch*, einer Altenpflegerin, der im Januar 2005 von einem staatlichen Unternehmen der Altenpflege fristlos gekündigt worden war. Der Kündigung gingen interne Vorwürfe zu angeblichen Mängeln in der Pflege voraus, insbesondere wegen Personalmangels. Die Geschäftsleitung wies die Vorwürfe zurück, worauf *Frau Heinisch* über ihren Anwalt Strafanzeige **wegen schweren Betrugs** nach § 263 III StGB erstattete. Die Ermittlungen wurden mangels konkreter Tatvorwürfe rasch eingestellt. Nachdem *Frau Heinisch* in erster Instanz ihre Kündigungsschutzklage gewonnen hatte, hielt das Landesarbeitsgericht

Berlin[127] die Kündigung für wirksam. Das Bundesarbeitsgericht[128] hat die Nichtzulassungsbeschwerde zurückgewiesen. Das Bundesverfassungsgericht[129] hat die hiergegen erhobene Verfassungsbeschwerde nicht zur Entscheidung angenommen. Daraufhin hat *Frau Heinisch* den Europäischen Gerichtshof für Menschenrechte in Straßburg angerufen und einen Verstoß gegen Art. 10 EMRK gerügt.

Man sollte es nicht glauben: Die Rüge von *Frau Heinisch* war erfolgreich! Nach Auffassung des EGMR war die Erstattung der Strafanzeige durch Art. 10 EMRK geschützt und das, obwohl das Recht auf freie Meinungsäußerung nicht grenzenlos gilt, sondern die „Rechte anderer" zu wahren sind (Art. 10 II Halbs. 2 EMRK). Die von ihr vorgelegten Informationen seien – so das Gericht – von öffentlichem Interesse gewesen. Selbst wenn das Strafverfahren eingestellt worden sei, könne von der Beschwerdeführerin nicht verlangt werden, vorauszusehen, ob die Ermittlungen zu einer Anklage führten. Sie habe in **gutem Glauben** gehandelt. Auch wenn die von ihr geäußerten Vorwürfe schädigende Wirkung gehabt hätten, überwöge das öffentliche Interesse an der Offenlegung von Mängeln in der institutionellen Altenpflege gegenüber den Interessen der Arbeitgeberin.

Das ist **nicht nachvollziehbar**. Nach den Feststellungen des Landesarbeitsgerichts war der Vorwurf des schweren Betrugs von vornherein leichtfertig. Das muss aber kein Arbeitgeber hinnehmen. Dabei kann es, anders als der Europäische Gerichtshof für Menschenrechte meint, auch nicht darauf ankommen, ob es sich um eine Anzeige gegenüber einem staatlichen Unternehmen handelt, das im Bereich der institutionellen Altenpflege tätig ist. Denn der schwere Betrugsvorwurf richtet sich ja nicht gegen eine abstrakte Rechtsperson, sondern gegen Menschen, die das Altenheim leiten.

Kritikwürdig ist nicht nur das Urteil selbst, sondern auch Art. 36 II EMRK. Danach entscheidet der Präsident des Gerichtshofs, wer außer dem Beschwerdeführer am Verfahren zu beteiligen ist. Während die „hohe Vertragspartei", also Deutschland, und die Gewerkschaft ver.di Stellung nehmen konnten, wurde der Arbeitgeber nicht beteiligt. Und das, obwohl er es ist, der die eigentlichen Lasten des Urteils trägt. Nach § 580 Nr. 8 ZPO kann nämlich **Wiederaufnahme des Kündigungsschutzprozesses** verlangt werden

mit der Folge, dass u. U. wegen Annahmeverzugs erhebliche Ver-
gütungsansprüche auf den Arbeitgeber zukommen.[129a]
Einem Gerichtshof, der die Menschenrechte schützen soll, steht
es nicht gut an, wenn er das **Recht auf rechtliches Gehör** nur sehr
eingeschränkt beachten muss. Vorbild für eine Änderung nach
Art. 36 II EMRK sollte § 94 III BVerfGG sein. Danach ist die von
einem rechtskräftigen Urteil begünstigte Partei im Verfahren der
Verfassungsbeschwerde von Amts wegen zu beteiligen.

Und ein Letztes: Der Europäische Gerichtshof für Menschenrechte ist mit Richtern besetzt, die teilweise aus Ländern stammen,
denen nicht gerade eine ordentliche Kultur im Umgang mit Men-
schenrechten nachgesagt wird. Das sieht in Deutschland doch an-
erkanntermaßen ganz anders aus. Dass Deutschland ein **demokratischer Rechtsstaat** ist, lässt sich kaum bezweifeln. Vor Augen
muss man sich führen, dass sich mit der Kündigung von *Frau Heinisch* vier deutsche Gerichte, nämlich Arbeitsgericht, Landesarbeitsgericht, Bundesarbeitsgericht und Bundesverfassungsgericht
beschäftigt haben. Alle waren der Meinung, dass zumindest eine
ordentliche Kündigung bei so ins Blaue hinein erhobenen Vorwürfen gerechtfertigt sei. Die beteiligten Richter dieser Spruchkörper
stehen jetzt nach Meinung ihrer Straßburger Kollegen als **Men-
schenrechtsverletzer** da.

Der Fall *Heinisch* zeigt einmal mehr, dass die Rechtsprechung in
Europa zu einer überaus **komplizierten Sache** geworden ist.[130] Das
hat seinen Grund darin, dass das „rechtliche Mehrebenensystem
durch drei politisch unterschiedliche Horizonte bestimmt [wird],
die sich wie drei Teilmengen überschneiden, wechselseitig zueinander in Beziehung stehen. Die Rede ist von der staatlichen, der uni-
onalen und der konventionsrechtlichen Perspektive".[131] Dabei sollten die Beziehungen zwischen nationalen Verfassungsgerichten
und den beiden europäischen Gerichten (Europäischer Gerichtshof
in Luxemburg und Europäischer Gerichtshof für Menschenrechte
in Straßburg) auf Kooperation angelegt sein, „wobei an den Schar-
nieren es schon einmal zu Reibungen kommen kann, weil eine
Spannungslage zumindest subkutan besteht, die wegen der Beson-
derheit der grundlegenden Perspektiven der Gerichte auch nicht
beseitigt werden kann."[132] Man kann deshalb auch von einem
„Mehrebenensystem sui generis mit strukturbedingter Interferenz-
neigung" sprechen.[133]

Das ursprünglich auf die Richter des Bundesarbeitsgerichts ge-
münzte geflügelte Wort, wonach sie die **wahren Herren des Arbeitsrechts** sind, gilt also nur noch sehr eingeschränkt. Vielmehr
befindet sich das deutsche Arbeitsrecht im Zangengriff deutscher
und europäischer Grundrechte. Folglich sprechen nicht nur die
Richter des Bundesverfassungsgerichts, sondern auch die Richter
des Europäischen Gerichtshofs und des Europäischen Gerichtshofs für Menschenrechte ein gewichtiges Wort mit.

Menschenrechtsverletzungen werden insbesondere auch von
Prominenten wie *Dieter Bohlen* und *Ernst August Prinz von Han-
nover* beklagt, die selbst nicht gerade zimperlich mit anderen Personen umgehen. Laut einer Meldung der *Bild-Zeitung*[133a] legten im
April 2012 der Pop-Titan und der Prinz jeweils Beschwerde gegen
Entscheidungen des Bundesgerichtshofs[133b] ein, in denen es um
Werbeplakate von *Lucky Strike*-Zigaretten geht. Das Plakat, das
ohne *Bohlens* Wissen gemacht wurde, spielt auf sein Buch „Hinter
den Kulissen" (2003) an und zieht ihn damit durch den Kakao.
Nach Klagen von anderen Promis musste er viele Passagen schwär-
zen lassen. Das zweite Plakat zeigte eine kaputte Schachtel mit
dem Aufdruck „War das *Ernst*? Oder *August*?", also eine offensicht-
liche Anspielung auf zwei körperliche Auseinandersetzungen, die
die Königliche Hoheit mit einem Kameramann in Hannover und
einem Disco-Besitzer in Kenia hatte (vgl. auch S. 253). Mich überzeugt die Argumentation des Bundesgerichtshofs, wonach bekannte
Persönlichkeiten eine mit der unerbetenen Namensnennung verbundene Beeinträchtigung des Persönlichkeitsrechts hinzunehmen
haben, wenn sich die Werbeanzeige einerseits in satirisch-spötti-
scher Form mit einem in der Öffentlichkeit diskutierten Ereignis
auseinandersetzt und andererseits nicht der Eindruck erweckt wird,
als identifizierten sich die Genannten mit dem beworbenen Produkt. Man darf gespannt sein, was dazu der Europäische Gerichtshof für Menschenrechte meint. Für eine Überraschung ist er ja immer gut!

h) Außerdienstliches Verhalten

Nicht jeder versteht die Rechtsprechung zur Kündigung wegen
fragwürdigen außerdienstlichen Verhaltens. Erstaunen hat der **Berliner U-Bahn-Zugfahrer-Fall** hervorgerufen. Der Fahrer hatte

87

durch eine Trunkenheitsfahrt (2,73 Promille!) im Privatbereich einen erheblichen Unfall verursacht. Nachdem der U-Bahn-Betreiber davon Kenntnis erhielt, hat er dem Fahrer – für Normalbürger sehr nachvollziehbar – fristlos, hilfsweise ordentlich mangels erheblicher Zweifel an seiner Zuverlässigkeit gekündigt. Das hat das Bundesarbeitsgericht[134] aber nicht davon abgehalten, die Kündigung für unwirksam zu erklären. Bleibt die Frage, wie groß der Aufschrei gewesen wäre, wären die Richter dieser Entscheidung auf Grund eines U-Bahn-Unfalls verletzt worden und hätte sich herausgestellt, dass der Fahrer alkoholisiert und schon zuvor – wenn auch bei einer Privatfahrt – in gleicher Weise auffällig geworden war.

Auch einem Arbeitnehmer des öffentlichen Dienstes kann nach Auffassung des Bundesarbeitsgerichts[135] nicht allein schon deshalb gekündigt werden, weil er nebenbei als **Zuhälter** arbeite. Das Fass laufe, wie es allerdings in diesem Falle war, erst über, wenn der Arbeitnehmer erkläre, zu der Nebentätigkeit sei er auf Grund der äußerst bescheidenen Vergütung seines Dienstherrn gezwungen. Durch diesen Vorwurf werde das Ansehen des Arbeitgebers beschädigt. Folgt man dem, dürften gut bezahlte Associates von Großkanzleien durchaus nebenbei als Zuhälter tätig sein. Sie hätten beste Chancen, etwaige Kündigungsrechtsstreitigkeiten zu gewinnen!!

Grenzwertig ist die Auffassung des Landesarbeitsgerichts Hamm[136], wonach das **Betreiben eines Swingerclubs** und die „Betätigung" in demselben durch eine Grundschullehrerin nicht das Gewicht eines Kündigungsgrundes besitzen soll, wenn zwischen dem Club und der Grundschule eine Entfernung von mehr als 70 km liegt. Das solche Aktivitäten der Lehrerin über kurz oder lang an der Schule die Runde machen werden und wie die Dame dann ihrer Vorbildfunktion gerecht werden soll, scheint bedauerlicherweise ohne Belang zu sein.

Eine gewisse Strenge hat das Bundesarbeitsgericht[137] dagegen bei einem in einem Krankenhaus beschäftigten Krankenpfleger an den Tag gelegt, indem es diesem nicht gestattete, eine **Nebentätigkeit als Leichenbestatter** auszuüben. Und das, obwohl doch beiden Berufen eine gewisse Sachnähe nicht abgesprochen werden kann, es ökonomisch-ironisch gesehen sogar sinnvoll sein könnte, beide Dienstleistungen, die nicht selten unmittelbar hintereinander in Anspruch genommen werden, „aus einer Hand" anzubieten.[138]

i) Zu dickes Mannequin

Eine etwas **einseitige Sensibilität** im Umgang mit den Prozessparteien hat dagegen das Arbeitsgericht Wilhelmshaven in einer Entscheidung des Jahres 1968[139] bewiesen, und zwar mit folgendem Urteilswortlaut:

> „Zwischen einem Mannequin, das lediglich Bekleidung vorführt, und einer Stripteasetänzerin, die nicht lediglich das tut, besteht ein Unterschied auch hinsichtlich der Maße und des Gewichts. In einer Bar im ländlichen Gebiet mögen auch noch ‚abgerundete Formen' von Striptease- und Schönheitstänzerinnen ankommen. In einer Mittelstadt muß davon ausgegangen werden, daß zumindest mittlere Formen die obere Grenze dessen bilden, was noch ankommt. Demgemäß müssen Arbeitnehmerinnen der hier fraglichen Art Maße und Gewicht unter Kontrolle halten. In diesem Sinne ist das Erscheinungsbild einer solchen Tänzerin wesentlicher Teil der Vertragsgrundlage. Das kann dazu führen, daß der Arbeitgeber ein Recht zur außerordentlichen Kündigung hat, auch für noch nicht erfüllte Engagementverträge. Jedoch sind heutzutage so rasche Gewichtsverringerungen möglich, daß eine im April ausgesprochene Vertragslösung hinsichtlich eines im Juli zu erfüllenden Engagementvertrags einer Stripteasetänzerin nicht deswegen zulässig ist, weil die Arbeitnehmerin im April Übergewicht hatte."

Schon eher kann der Erkenntnis des Arbeitsgerichts Marburg[140] zugestimmt werden, dass vor allem männliche Patienten in Krankenhäusern nicht unbedingt erwarten dürften, nur von Krankenschwestern mit der „**Figur einer Balletteuse**" umsorgt zu werden.

j) Bürokratiemonster Sonderkündigungsschutz

„Freude" kommt regelmäßig auf Arbeitgeberseite auf, wenn aus bestimmten Gründen eine Trennung von einem Arbeitnehmer beabsichtigt ist, der (mehrfachen) Sonderkündigungsschutz genießt. So musste ich einmal einem Amerikaner die **Bocksprünge** erläutern, die nötig sind, um einer schwangeren und schwerbehinderten Frau zu kündigen, die auch noch Mitglied des Betriebsrats ist. Seine Reaktion war: „I think, I chose the wrong lawyer." Daraufhin habe ich entgegnet, er könne sich gerne einen anderen Anwalt suchen. Dieser werde ihm jedoch auch keine andere Auskunft geben, er müsse nur doppelt zahlen. Das steigerte die „Begeisterung" meines amerikanischen Mandanten nur noch zu der Aussage: „I think my understanding of the German reunification was wrong. Is it the case that with reunification the eastern communists took over Western Germany?"

Insbesondere der Sonderkündigungsschutz für schwerbehinderte Personen nach §§ 85 ff. SGB IX ist für Arbeitgeber alles andere als leicht handhabbar.[141] Denkbar ist, dass die **verweigerte Zustimmung des Integrationsamts** erst nach ca. vier Jahren durch das Bundesverwaltungsgericht ersetzt wird. Erst dann kann die Kündigung ausgesprochen werden. Daran kann sich ein mehrjähriges Kündigungsschutzverfahren mit der Möglichkeit anschließen, dass das Bundesarbeitsgericht aus rein arbeitsrechtlichen Gründen die Kündigung für unwirksam erklärt. Keinem Arbeitgeber kann die Notwendigkeit eines solchen Bürokratiemonsters überzeugend erklärt werden!

Dass der **Sonderkündigungsschutz** für Schwerbehinderte massiv **missbraucht** wird, liegt im Übrigen auf der Hand. Unter www.unkuendbar.net finden Interessierte im Internet folgenden Hinweis:

> **„Angst vor Jobverlust?** Mit unserer Hilfe verbessern Sie Ihren Kündigungsschutz erheblich! Dies erreichen wir durch einen GdB, einen eingetragenen Grad der Behinderung! (...) Wir zeigen Ihnen, dass psychische Störungen kein Tabu mehr sind, sondern besonders effiziente Gründe darstellen, mit denen Sie Ihr Ziel ‚Schwerbehindertenausweis' und damit verbesserten Kündigungsschutz sowie weitere Vorteile schnell und sicher erreichen."

Der **Preis** für eine Vollberatung soll übrigens nach der Recherche von *Christoph Schmitz-Scholemann*[142] Euro 3.500,– betragen.

Aber es geht nicht nur um den Schutz von Betriebsräten, (werdenden) Müttern und Schwerbehinderten. Der Gesetzgeber meint vielmehr, auch allen möglichen **Sonderbeauftragten** (Datenschutz-, Immissionsschutz-, Gewässerschutzbeauftragten und Beauftragten für Abfall) einen Sonderkündigungsschutz gewähren zu müssen. Auch dürfen Bundestags- und Landtagsabgeordnete nicht vergessen werden. Auch sie kommen in den Genuss eines Sonderkündigungsschutzes, der ein Jahr nachwirkt. Tröstlich immerhin:

Gemeinderäte genießen keinen solchen Schutz, aber natürlich ist die Mandatsausübung kein Grund für eine Kündigung.

k) Tückische Betriebsratsanhörung

Der Betriebsrat ist nach § 102 BetrVG *vor* jeder Kündigung zu hören. Der Arbeitgeber hat ihm die Gründe für die Kündigung mitzuteilen. Eine **Kündigung ohne vorherige Anhörung** des Betriebsrats ist **unwirksam**. Der Teufel steckt im Detail. Die Rechtsprechung überspannt die Anforderungen an eine wirksame Anhörung des Betriebsrats.[143] Bei der „**Förmelei**", die von manchen Gerichten betrieben wird, kann durchaus der Eindruck entstehen, dass sich der eine oder andere Arbeitsrichter geradezu danach sehnt, Fehler im Anhörungsverfahren zu entdecken, um so ohne großen zusätzlichen intellektuellen Aufwand eine Kündigung für rechtswidrig zu erklären. Das führt dann dazu, dass ausgerechnet der Arbeitnehmer, der an und für sich einen Grund i. S. d. § 1 KSchG oder des § 626 BGB für eine Kündigung geliefert hat, mit einer relativ hohen Abfindung nach Hause gehen darf.

In bleibender Erinnerung ist mir folgender Fall aus den 80er Jahren: Der Personalleiter eines Unternehmens auf der Schwäbischen Alb rief mich an und bat mich, ein Kündigungsschutzverfahren zu übernehmen. Er fügte hinzu, die Sache sei „**sehr einfach**", an und für sich bräuchte er gar keinen Anwalt, weil die Kündigung mit an Sicherheit grenzender Wahrscheinlich wirksam sei. Ich bat ihn dann, den Sachverhalt zu erläutern. Geschehen war Folgendes: Der zuständige Meister einer Betriebsabteilung erschien eines Morgens zur Arbeit und warf einen Blick auf seine Mitarbeiter, bei denen es sich vorwiegend um Türken handelte. Über irgendetwas musste er sich maßlos geärgert haben. Jedenfalls stieg ihm die Zornesröte ins Gesicht. Und dann schrie er: „Ihr Sch...-Türken, der Adolf Hitler hat einen Fehler gemacht: Er hätte Euch und nicht die Juden vergasen müssen!"

Darauf helles **Entsetzen**. Zehn Mann rannten zum Geschäftsführer und berichteten ihm von dem Vorfall. Dieser zitierte den Betriebsratsvorsitzenden herbei. Der Geschäftsführer erklärte, dass ein solches Verhalten unakzeptabel sei und deshalb fristlos gekündigt werden müsse. Dem stimmte der **Betriebsratsvorsitzende** auf

der Stelle zu. Unmittelbar danach wurde die zuvor schon unter-
schriebene fristlose Kündigung dem durchgeknallten Meister aus-
gehändigt. Demnach war die Sache aber alles andere als einfach. Dem Personalleiter sagte ich, ich hätte eine gute, aber auch eine schlechte
Nachricht für ihn. Die gute Nachricht sei, dass das Verhalten des
Meisters sicherlich einen Grund für eine fristlose Kündigung dar-
stelle, die **schlechte Nachricht** jedoch, dass die Kündigung mangels wirksamer Anhörung des Betriebsrats unwirksam sei. Warum?
Der Betriebsratsvorsitzende hatte zugestimmt, ohne vorher mit seinem Gremium Rücksprache gehalten zu haben. Und das war dem
Geschäftsführer auch bekannt.

Schlimm war, dass auch eine **Reparatur** nicht möglich war. Der
Meister war tariflich altersgesichert. Eine ordentliche Kündigung
kam also nicht in Betracht. Außerdem war zum Zeitpunkt meiner
Einschaltung für eine erneute fristlose Kündigung längst die Zwei-
Wochen-Frist des § 626 II BGB abgelaufen.

Wie endete dieser Kündigungsschutzprozess? Notgedrungen mit
einem Vergleich, der natürlich keine Fortsetzung des Arbeitsverhältnisses und auch keine „echte" Abfindung vorsah. Das Arbeitsverhältnis wurde vielmehr bei Freistellung zu einem späteren Zeitpunkt und unter Fortzahlung der Bezüge bis dahin beendet. Auch
ein solches **Ergebnis tut weh!**

l) Kündigungserklärung

Das Arbeitsgericht Wien[144] hat sich 1983 mit folgender **Äußerung
eines Baumeisters** zu Arbeitnehmern, die ihre Arbeit schlecht gemacht hatten, befassen müssen:

> „Schleicht's euch, es Hund, dass ich euch nimmer seh, und ins
> Lohnsackl scheiß ich euch eine."

Das Gericht meinte, diese Worte seien auch objektiv gesehen als
Entlassungserklärung zu werten, was der Baumeister auch gar
nicht anders sah. Ob die deutsche Arbeitsrechtsprechung dieser
klugen österreichischen Entscheidung folgen würde, darf allerdings
für den Fall bezweifelt werden, dass ein Arbeitnehmer das Vorliegen einer wirksamen Kündigung bestreitet. Nach § 623 BGB mangelt es bei einer solchen oder ähnlichen Äußerung auf der Baustelle

an der nötigen Schriftform. Ob die Erklärung ansonsten auch „bestimmt" genug ist, kann dahinstehen.

5. Duzen

Auch über das Duzen am Arbeitsplatz kann gestritten werden. So klagte ein 45-jähriger Mitarbeiter des schwedischen Bekleidungsunternehmens *H&M* gegen seinen Arbeitgeber, weil er nicht mehr geduzt werden wollte. *H&M* hatte das Geschäft, in dem der Kläger als Abteilungsleiter der Herrenoberbekleidung arbeitete und in dem er stets korrekt gesiezt wurde, übernommen. Unter Hinweis auf die jüngere Kundschaft, ein **gelockertes Arbeitsklima** und den Abbau von Hierarchien und Statussymbolen verlangte *H&M* dann aber von seinen Mitarbeitern, sich zu duzen und den Vornamen zu verwenden.

Dies ertrug der Kläger 22 Monate lang – still, aber offenbar leidend. Dann wurde es ihm jedoch zu bunt und er verlangte, fortan wieder gesiezt zu werden, weil er sich durch das Duzen in seinem **Persönlichkeitsrecht** verletzt fühlte. Das Landesarbeitsgericht Hamm[145] erkannte zwar ein Selbstbestimmungsrecht des Klägers, wie er angesprochen werden will, in gewissen Grenzen an, wies die Klage aber dennoch mit der Begründung ab, das Duzen sei Bestandteil seines Arbeitsvertrags geworden, weil er der Änderung der Anrede fast zwei Jahre lang nicht widersprochen habe.[146]

Offensichtlich hat das gelockerte Arbeitsklima aber auch bei *H&M* Grenzen: In einer **Abmahnung**, die der Kläger aus anderem Grund erhalten haben soll, wurde er wohl durchgehend gesiezt.

6. Umgang mit Betriebsratsmitgliedern

Bei Führungskräften in mittleren und kleineren Unternehmen sind Betriebsräte und Betriebsratsmitglieder nicht immer beliebt. Dabei wird immer wieder verkannt, dass sich die Geringschätzung verheerend auswirken kann. Ob man will oder nicht: Schöpft ein Betriebsrat die ihm vom Betriebsverfassungsgesetz eingeräumten Rechte aus, so kann das den Arbeitgeber – nicht nur wegen der entstehenden Kosten – an den **Rand der Verzweiflung** bringen. Nach dem Motto: „Wie man in den Wald hineinruft, so schallt es heraus" kommt der Erkenntnis gewisse Bedeutung zu, dass „jeder den Betriebsrat hat, den er verdient".[147] Also fährt ein Arbeitgeber besser mit der Devise, nach der der Betriebsrat „gehegt und gepflegt" wird. Aber Vorsicht: Zuviel das Guten kann strafrechtliche Konsequenzen haben (vgl. unten S. 215 ff.).

Ein Beispiel ist mir in bleibender Erinnerung: In einem Unternehmen ließ sich ein **Einigungsstellenverfahren** mit je drei Beisitzern und einem Vorsitzenden nicht vermeiden. In der ersten Sitzung begrüßte das zuständige kaufmännische Vorstandsmitglied meiner Mandantin den Vorsitzenden der Einigungsstelle, bot ihm Kaffee an und fragte ihn mit säuerlicher Miene und Blick auf die anwesenden Betriebsräte: „Muss ich denen etwa auch Kaffee anbieten?" Spätestens jetzt war klar, warum es zu dem Verfahren kommen musste.

Und schon gar nicht geht es an, dass ein Personalleiter **Betriebsratsmitglieder anbrüllt**[148] und auf den Vorhalt, dieses bitte zu unterlassen, antwortet: „Ich brülle solange und so laut und mit wem ich will." Will das Betriebsratsmitglied daraufhin das Zimmer verlassen, so darf es selbstverständlich nicht mit körperlicher Gewalt in seiner Bewegungsfreiheit eingeschränkt werden.[148a]

7. Zeugnisse: Eldorado für Wortklaubereien!

Ähnlich fruchtbar wie Kündigungsprozesse sind Zeugnisstreitigkeiten.[149] So hatte das Arbeitsgericht Düsseldorf 1984[150] einen grundsätzlichen, hoch bedeutsamen Zeugnisstreit zu entscheiden. In dem Zeugnis einer Arbeitnehmerin stand nämlich ein „e" zuviel. Es hieß in ihrem Zeugnis: „Aufgrund ihrer Persönlichkeit, ihres gradlinigen verbindlichen Wesens sowie ihres loyalen integeren Verhaltens ..." Die Klägerin wandte sich an das Gericht und machte geltend, die Schreibweise „integeren" sei falsch. Das Fremdwort **„integer"** sei aus der lateinischen Sprache entlehnt und werde im Deutschen den lateinischen Formeln entsprechend dekliniert.

Auch wenn der **Rechts- bzw. Sprachstreit** in den Augen Außenstehender als in gewissem Maße kleinlich oder gar kleinkariert erscheinen möge, so sei das Begehren nicht querulatorisch, entschied das Gericht: „Allenfalls in ganz seltenen Fällen – etwa bei offensichtlich nicht ernstgemeinten Anträgen, mit denen mögli-

cherweise auch das Gericht der Lächerlichkeit preisgegeben werden soll (z. B. Antrag auf Verweisung an das Jüngste Gericht) –
dürfen die Gerichte eine Sachprüfung ablehnen." Zur Sache selbst
äußerte sich das Arbeitsgericht u. a. so:

„1. Die Kammer hat der von den Parteien im einzelnen diskutierten und unterschiedlich beurteilten Frage, welche der beiden hier
in Rede stehenden Schreibweisen richtig ist, keine fallentschei-
dende Bedeutung beigemessen. Sicherlich dürften die Ausführungen, welche die Klägerin durch ihren Prozeßbevollmächtigten
hinsichtlich der Beugung der lateinischen Adjektive auf -er nach
der o-Deklination hat vorbringen lassen, zutreffend sein, soweit
es sich um Adjektive handelt, bei denen das ‚-e' nicht stammhaft
ist (vgl. *Schmeken*, Orbis Romanus, Elementargrammatik, For-
menlehren, 1975, § 5). Allerdings gilt dies bereits im Lateinischen
nicht ausnahmslos, wie z. B. die Beugung des Wortes ‚dexter' (als
Adjektiv bzw. als Substantiv) zeigt. So heißt es etwa einerseits bei
Milnes-Lenard, in: Winni ille Pu, Kapitel V (quo in capite Porcellus
in heffalumpum incidit): ‚... et *dextrae* Christophori se arte impli-
cuit', was übersetzt bedeutet: ‚und er klammerte sich eng an
Christoph's rechte Hand' (Zitat und Übersetzung nach der deutschen Ausgabe der lateinischen Übersetzung des Buches ‚Puh,
der Bär', Goverts-Verlag, 1960/1962). Andererseits ist aber auch
die Form ‚dexteram' gebräuchlich (vgl.: ‚sedet ad dexteram patris'
= ‚sitzet zur Rechten des Vaters', aus dem Glaubensbekenntnis
der katholischen Kirche, zitiert nach: Gebet- und Gesangbuch für
das Erzbistum Köln, Verlag J. P. Bachem, o. J.). (...)
Allerdings erscheint es der Kammer zweifelhaft, ob das von der
Beklagten angeregte demoskopische Gutachten ein geeignetes
Mittel darstellt, um die zutreffende Rechtschreibung herauszu-
finden. Wenn auch sicherlich die Lehre von der Rechtschreibung
gewisse Ergebnisse der Empirie nicht schlechthin außer Betracht
lassen kann, so muß doch die Vorstellung, über sprachliche und
grammatikalische Fragen durch Anwendung des Mehrheitsprin-
zips (Plebiszit) entscheiden lassen zu wollen, nicht unerheblichen Bedenken unterliegen. Selbst wenn man, wie es der Beklagten offenbar vorschwebt, hierbei das ‚Stimmrecht' auf den
Kreis der Journalisten und Rechtsanwälte begrenzen wollte, so
bliebe doch – bei aller Wertschätzung, welche die Kammer für

diesen Personenkreis hegt – nach den Erfahrungen des Gerichts nicht gänzlich außer Zweifel, ob dieser Personenkreis als eine reine ‚Republik der Humanisten' bezeichnet werden könnte. (...) Schließlich hat die Kammer auch nicht nur deshalb gewisse Zweifel an der von der Beklagten vorgeschlagenen Methode zur Ermlttlung der richtigen Orthographie, weil die Beklagte den sogenannten Lehrstand (einschließlich der Lehrpersonen an integrierten Gesamtschulen, deren Außerachtlassung bei Fragen der Orthographie wiederum manchem verständlich erscheinen mag) gänzlich unberücksichtigt läßt, sondern auch deshalb, weil die Kammer aus intensiv gepflogener Lektüre von Journaille und anwaltlich unterzeichneten Schriftsätzen sich der Befürchtung nicht entschlagen kann, es werde sich eine komfortable Majorität für ‚Entgeld' statt ‚Entgelt', für ‚weitgehend*st*' statt ‚weitestgehend' und, horribile dictu, für ‚*All*gemeinplatz' statt ‚Gemeinplatz' finden. Was schließlich das von der Beklagten herangezogene Zitat aus einem Artikel der ‚Rheinischen Post' betrifft, so ist zum einen fragwürdig, ob es sich bei bewußtem Sportjournalisten um eine Kapazität oder gar Autorität in Fragen der Grammatik handelt, zum anderen ist auch – sehr grundsätzlich – der von *Thomas von Aquin* überlieferte Satz zu bedenken, der da lautet: ‚locus ab auctoritate est infirmissimus' (zit. nach *Durant-Durant*, Kulturgeschichte, Bd. VII, S. 137). Darüber hinaus mag sich bei der von der Rheinischen Post bevorzugten Schreibweise ein gewisser später Einfluß des mittelalterlichen Lateins geltend machen (Küchenlatein, Kirchenlatein), was bei der bekannten Grundhaltung dieses Blattes jedenfalls nicht gänzlich ausgeschlossen erscheint.

2. (...) Für die Kammer ist es nicht vorstellbar, daß irgendeine für Personalentscheidungen zuständige Stelle in einem privaten oder öffentlichen Betrieb, gleich welcher Art, es der Klägerin ‚ankreiden' sollte, daß in ihrem Zeugnis möglicherweise ein ‚e' zu viel steht. Im übrigen wird oft genug – und nach Auffassung der Kammer: zu Recht – von Arbeitgebern verlangt, daß sie kleinere, nicht ins Gewicht fallende Unvollkommenheiten ihrer Arbeitnehmer schlicht hinnehmen. Gleiches muss dann aber auch umgekehrt gelten, wobei an dieser Stelle einmal unterstellt wird, daß es sich bei der von der Beklagten gewählten Schreibweise um eine nicht korrekte handelt."

Diese **glänzend** und **humorvoll formulierte Entscheidung** stammt aus der Feder von *Christoph Schmitz-Scholemann*, damals erstinstanzlicher Richter, heute Richter am Bundesarbeitsgericht, dort Mitglied des Zehnten Senats und Pressesprecher des Hauses. Interessant wäre zu wissen, was er, der auf Grund seines „Jugendwerks" durchaus als Zeugnis- und Sprachexperte gelten kann, von der bei Arbeitsgerichten häufig anzutreffenden Auffassung hält, wonach sehr gute Leistungen eines Arbeitnehmers zusammenfassend mit den Worten **„zur vollsten Zufriedenheit"** zu beurteilen sind.[151] Nach § 184 S. 1 GVG, einer Vorschrift, die auch für die Arbeitsgerichtsbarkeit gilt, ist Deutsch die Gerichtssprache. Dabei kann unterstellt werden, dass Verunstaltungen der deutschen Sprache nicht gewollt sind. „Vollere als volle" Zufriedenheit geht nicht, damit an und für sich auch nicht „vollste Zufriedenheit"![152]

Skeptische Arbeitnehmer lesen in Zeugnisformulierungen alles Mögliche hinein. So wandte sich in einem Zeugnisprozess, der schließlich beim Bundesarbeitsgericht[153] landete, ein ausgeschiedener Arbeitnehmer gegen folgende Passage:

> „Wir haben den Kläger als sehr interessierten und hoch motivierten Mitarbeiter kennen gelernt, der stets eine sehr hohe Einsatzbereitschaft zeigte."

Der Kläger störte sich an den Worten **„kennen gelernt"**. Er wurde jedoch mit höchster gerichtlicher Autorität – und durchaus richtig – beschieden, die Formulierung erwecke „aus Sicht des objektiven Empfängerhorizonts nicht den Eindruck, die Beklagte attestiere ihm in Wahrheit Desinteresse und fehlende Motivation".

Mehr Erfolg hatte dagegen eine Arbeitnehmerin beim Arbeitsgericht Köln.[154] Es ging um ein Zwischenzeugnis mit der **Schlussformel**:

> „Wir wünschen Frau ... Glück für die Zukunft und viel Erfolg für den weiteren Berufsweg."

Auf den Gedanken, dass eine solche Formulierung gleich drei Missverständnisse enthält, kann nur kommen, wer wie die überaus misstrauische Klägerin und das Arbeitsgericht Freude an **Wortklauberei** hat. Ein Arbeitgeber, der in einem Zwischenzeugnis der Arbeitnehmerin „Glück für die Zukunft" wünsche, sowie für den „weiteren Berufsweg viel Erfolg", drücke sich – so das Arbeits-

gericht – zumindest widersprüchlich aus. Der „unbefangene" Leser
müsse aus einer solchen Formulierung schließen, dass die beurteilte
Arbeitnehmerin Glück nötig habe und dass nur in der Zukunft ein
Erfolg denkbar sei, jedenfalls im laufenden Arbeitsverhältnis ein
solcher Erfolg nicht eingetreten sei. Um solche Missverständnisse
auszuschließen, sei das Wort „weiterhin" einzufügen. Auch könne
es nicht im Rahmen eines Zwischenzeugnisses um einen „weiteren
Berufsweg" gehen, sondern allenfalls um eine „weitere Zusammenarbeit" im bisherigen Arbeitsverhältnis. Potz Blitz! Wäre mir von
einer Bewerberin ein solches Zwischenzeugnis vorgelegt worden,
wäre ich nie und nimmer auf den Gedanken gekommen, in der
Schlussformulierung irgendwelche Haken zu sehen. Was wäre ich
dann gewesen, ein unbefangener oder ein befangener Leser?

8. Entgeltfortzahlung bei Krankheit

Sehr arbeitnehmer-verständnisvoll hat das Landesarbeitsgericht
Frankfurt[155] den berühmten **„Fingerhakel-Fall"** entschieden. Die
Leitsätze der Entscheidung lauten:

„1. Der Anspruch auf Lohnfortzahlung aufgrund einer Krankheit,
deren Eintritt mit einer Nebenbeschäftigung im Zusammenhang steht, hängt grundsätzlich nicht davon ab, ob die Nebenbeschäftigung von dem Arbeitgeber gebilligt oder missbilligt
worden ist. Rechtliche Konsequenzen ergeben sich nur dann,
wenn entgegen einem vertraglichen Ausschluss dennoch eine
Nebenbeschäftigung ausgeübt wird. Auch wenn die Nebenbeschäftigung oder Nebentätigkeit in der Gastwirtschaft des Ehegatten ausgeübt wird, schließt dies einen Lohnfortzahlungsan-
spruch nicht ohne weiteres aus.
2. In der Ausübung des Fingerhakelns ist auf den ersten Blick
keine gefährliche Betätigung zu sehen. Den Arbeitgeber trifft daher auch in Fällen dieser Art die volle Darlegungs- und Beweislast.
3. Das Fingerhakeln ist – anders als ein Selbstmordversuch –
auch nicht als eine Betätigung zu sehen, die es nach dem Sinn
und Zweck des Lohnfortzahlungsgesetzes ausschließen würde,
den Arbeitgeber von den finanziellen Folgen einer dabei erlitte-
nen Verletzung freizustellen."

Apropos **Krankheit:** Der Soziologieprofessor *Gerhard Schulze*[156] hat festgestellt: „Kein Volk der Welt rennt so oft zum Arzt wie wir Deutschen." Das entspricht einer Untersuchung der Krankenkasse Barmer GEK[157]. Danach suchen jeden Tag 5,2 Mio. Menschen eine Praxis auf. Im Jahr soll sich das auf rund 1,5 Milliarden Behandlungsfälle summieren. Bei ca. 140.000 niedergelassenen Medizinern hat so jeder Arzt 45 Patientenkontakte pro Werktag. Und die Statistik zählt 18 Arztbesuche pro Kopf und Jahr, was international **Spitze** ist. Die Schweden lassen sich nur viermal im Jahr ärztlich behandeln und sind auch nicht kränker als die Deutschen.

9. Arbeitszeit und Urlaub

a) Vorurteile

Geht es um die Kündigung sog. **low performer** (s. o. S. 79), scheint sich die Rechtsprechung durchaus vom frotzelnden Volksmund inspirieren zu lassen, der da sagt: „Wer Arbeit kennt und nach ihr rennt und sich nicht drückt, der ist verrückt". [158] In ähnliche Richtung geht ein Witz[159], der unter deutschen und amerikanischen Automanagern die Runde macht:

> Ein Amerikaner und ein Deutscher streiten, wer die schönste Frau hat. Sagt der Ami: „Meine Frau ist die Schönste. Wenn sie morgens von unserer Ranch reitet, dann streifen ihre Füße auf dem Boden. Aber nicht weil das Pferd so klein ist, sondern weil ihre Beine so wunderbar lang sind." Sagt der Deutsche: „Ach was, meine Frau ist die Schönste. Wenn ich ihr morgens zum Abschied auf den Hintern klopfe, dann wackelt ihr Po noch immer, wenn ich nach Hause komme. Aber nicht, weil ihr Hintern so dick ist, sondern weil die Arbeitszeiten in Deutschland so kurz sind."

Zu den **Märchen aus Tausend und einer Nacht** gehört es auch, wenn immer wieder kolportiert wird, Franzosen würden arbeiten um zu leben, während Deutsche leben um zu arbeiten. Richtig ist vielmehr Folgendes: Die durchschnittliche Lebenszeit in Deutschland liegt in einer Größenordnung von 80 Jahren (was 701.280 Lebensstunden entspricht), die durchschnittliche jährliche Arbeitszeit der Erwerbstätigen bei 1.444 Stunden. Geht man von einer durchschnittlichen Berufstätigkeit von 37,5 Jahren aus, ergibt sich eine

Lebensarbeitszeit von ca. 54.000 Stunden. Fazit: Der Anteil der Arbeitsstunden an der Lebensarbeitszeit beträgt gerade einmal 7,7 %! Allerdings konnte die *Bild-Zeitung*[159a] am 14. 6. 2012 auf Grund einer Mitteilung des Instituts für Arbeitsmarkt- und Berufsforschung mitteilen: „Deutsche arbeiten immer mehr!" Die Zahl der geleisteten Arbeitsstunden sei im Vergleich zum Vorjahr um 2,3 % auf insgesamt 15,024 Mrd. gestiegen. Lediglich kurz nach der Wiedervereinigung habe der Wert durch den damals ausgelösten Boom höher gelegen. Also alles halb so schlimm? Freizeit und Urlaub („work life balance") sind inzwischen in Deutschland extrem beliebt. Deshalb ist es auch gut so, dass es zu einem solchen Thema keine **Volksbefragung** wie in der Schweiz gibt. Dort sind die Bürger durchaus in der Lage, vernünftig zu entscheiden. So wurde am 11. 3. 2012 mit großer Mehrheit eine Verlängerung des gesetzlichen Mindesturlaubs von vier auf sechs Wochen abgelehnt. Wie so etwas wohl in Deutschland ausgegangen wäre?

b) Mögliche Arbeitgeberreaktion bei Urlaubswunsch

Wendet sich ein Arbeitnehmer an seinen Arbeitgeber mit der Bitte um Urlaub, könnte die **Reaktion** so ausfallen[160]:

„Kommen Sie bloß nicht wegen Urlaub! Haben Sie keine Ehre im Leib? Wissen Sie, wie wenig Sie arbeiten? Ich rechne es Ihnen vor: Das Jahr hat 365 Tage. Davon schlafen Sie täglich 8 Stunden, das sind 122 Tage – es bleiben noch 243 Tage.

Täglich haben Sie 8 Stunden frei, das sind ebenfalls 122 Tage, bleiben also noch 121 Tage.

52 Sonntage hat das Jahr, an welchen nicht gearbeitet wird. Was bleibt übrig? 69 Tage!

Aber das ist noch lange nicht alles: Samstags wird auch nicht gearbeitet, das sind nochmals 52 ganze Tage, bleiben noch 17 Tage.

Aber auch das ist noch nicht das Ende der Fahnenstange: Sie haben täglich eine halbe Stunde Pause, macht insgesamt 7 Tage. Was bleibt übrig? 10 Tage!

Und dann gibt es noch 9 Feiertage, bleibt also sage und schreibe 1 Tag übrig! Und das ist der 1. Mai – und an dem wird auch nicht gearbeitet! Und da wollen Sie noch Urlaub?"

c) Kündige, bevor Du stirbst!

Scherz beiseite! Ein paar Worte sind noch zur Urlaubsrechtsprechung des Europäischen Gerichtshofs und den seltsamen Folgen für das deutsche Recht zu verlieren. Vor drei Jahren wirbelte der Europäische Gerichtshof[161] mit seinem Urteil in der Sache *Schultz-Hoff* das deutsche Urlaubsrecht gehörig durcheinander. Entgegen ständiger deutscher Rechtsprechung und im angeblichen Einklang mit Art. 7 der Richtlinie 2003/88/EG[162] entschied der Gerichtshof, dass ein **Verfall des gesetzlichen Mindesturlaubs** auch nach Ablauf des dreimonatigen Übertragungszeitraums nach § 7 III BUrlG im Folgejahr nicht in Betracht komme, wenn der Arbeitnehmer den Urlaub auf Grund von Arbeitsunfähigkeit nicht nehmen konnte. Als Konsequenz drohte die unbegrenzte Ansammlung von Urlaubsansprüchen bei langjährig erkrankten Arbeitnehmern. Mit der *Schulte*-Entscheidung vom 22.11.2011 ruderte der Gerichtshof[163] allerdings etwas zurück, indem er der unbegrenzten Kumulierung von Urlaubsansprüchen einen zeitlichen Riegel von 15 Monaten vorschob. Folge ist, dass ein Arbeitnehmer, der in der Zeit vom 1.1.2009 bis 31.3.2011 ununterbrochen krank war, mit Ablauf des 31.3.2011 seinen Urlaubsanspruch für das Jahr 2009 verloren hat, weil der 15-monatige Übertragungszeitraum an das Ende des Bezugszeitraums (31.12.2009 für den Urlaub des Jahres 2009) anknüpft.

Was passiert aber mit dem Urlaubsanspruch eines Arbeitnehmers, wenn er stirbt, bevor er den Urlaub nehmen kann? Ein Arbeitnehmer war erkrankt und arbeitsunfähig. Das Arbeitsverhältnis endete mit seinem Tod. Die Erben des Mannes wollten nun das Geld für den nicht genommenen Urlaub vor Gericht erstreiten. Das Bundesarbeitsgericht[164] steht in einem solchen Fall aber auf dem Standpunkt, dass kein Urlaubsabgeltungsanspruch entsteht, den die Erben geltend machen könnten. Das leuchtet ein: Das Urlaubsrecht sieht zwar eine Abgeltung nicht genommenen Urlaubs vor. Voraussetzung ist allerdings, dass der Arbeitnehmer bei der Beendigung des Arbeitsverhältnisses noch lebt. Alles andere würde Sinn und Zweck des Urlaubsanspruchs widersprechen, weil einem **Toten kein Erholungsurlaub** mehr gewährt werden kann. Daher erlischt mit seinem Tod der Urlaubsanspruch wegen Unmöglichkeit.

101

Anders ist die Rechtslage, wenn das Arbeitsverhältnis endet, sei es durch Kündigung oder Aufhebungsvertrag, und der Arbeitnehmer erst danach stirbt. Dann entsteht mit dem Ausscheiden des Arbeitnehmers ein **Abgeltungsanspruch** für den nicht genommenen und nicht verfallenen Urlaub, der vererbbar ist. Allerdings knüpfte früher das Bundesarbeitsgericht[165] den Anspruch noch an Bedingungen an. Es kam darauf an, ob der Arbeitnehmer nach Beendigung des Arbeitsverhältnisses für die Dauer des Urlaubs, den er nicht nehmen konnte, noch gelebt hat. Außerdem musste er arbeitsfähig und arbeitsbereit sein und den Urlaubsabgeltungsanspruch erfolglos gegenüber dem Arbeitgeber geltend gemacht haben. Doch davon hat sich das Bundesarbeitsgericht[166] auf Grund der EuGH-Rechtsprechung verabschiedet: Der Abgeltungsanspruch entsteht auch bei andauernder Arbeitsunfähigkeit und wird fällig, sobald das Arbeitsverhältnis endet.

Dies hat wahrlich **makabre Konsequenzen:** Für die potentiellen Erben eines Arbeitnehmers, dessen baldiger Tod sich abzeichnet, kann es vorteilhaft sein, wenn der im Sterben liegende Arbeitnehmer das Arbeitsverhältnis schleunigst beendet. Dazu bieten sich sowohl eine Kündigung als auch ein Aufhebungsvertrag an. Ist in naher Zukunft mit dem Tod des Erblassers zu rechnen, sollte es sich allerdings um einen Aufhebungsvertrag mit möglichst sofortiger Beendigung des Arbeitsverhältnisses handeln. Stirbt der Erblasser dann auch nur eine Sekunde später, können die Erben Abgeltung beanspruchen. Dem Arbeitgeber müsste allerdings geraten werden, in dieser Situation einem Aufhebungsvertrag mit sofortigem Ende des Arbeitsverhältnisses nicht zuzustimmen. Denn wenn der Arbeitnehmer ordentlich kündigt und erst während der Kündigungsfrist stirbt, wird der Geldbeutel des Arbeitgebers geschont und die Erben gehen leer aus. Die Weigerung des Arbeitgebers, in einer solchen Situation einem sofortigen Aufhebungsvertrag zuzustimmen, berechtigt im Übrigen den todkranken Arbeitnehmer nicht, das Arbeitsverhältnis fristlos nach § 626 BGB zu kündigen.

d) Paletta, nach zehn Jahren endlich alles paletti

Im südbadischen Textilbetrieb der Fa. *Brennet AG* nahm der Kasus seinen Ausgang. Der Schlosser *Vittorio Paletta* war dort ebenso wie

Ehefrau, Sohn und Tochter beschäftigt. Regelmäßig verbrachte die Familie ihren **Sommerurlaub** zuhause **in Kalabrien**. Genauso rhythmisch wurde sie dort von einer mysteriösen Krankheit befallen. So auch im Sommer 1989. Alle vier meldeten sich während des Urlaubs krank und schickten an den Arbeitgeber Arbeitsunfähigkeitsnachweise („Attestati di malattia"). Und natürlich verlangten sie Lohnfortzahlung.

Die Weberei erkannte die ihr zugeleiteten italienischen Atteste nicht an und verweigerte die Lohnfortzahlung. Die Klage von Vater *Paletta*, die als Musterprozess geführt wurde, setzte das Arbeitsgericht Lörrach zur Überraschung vieler aus und legte sie nach dem damaligen Art. 177 EGV (jetzt Art. 267 AEUV) dem Europäischen Gerichtshof vor. Dieser entschied mit Urteil vom 3. 6. 1962[167] („*Paletta* I"), auf Grund bestimmter Vorschriften der EWG-Verordnungen Nr. 1408/71 und 574/72 sei der deutsche Arbeitgeber an **Arbeitsunfähigkeitsbescheinigungen** gebunden, die während des Auslandsaufenthalts seiner Arbeitnehmer in einem anderen EG-Staat ausgestellt werden. Anders als nach deutschem Recht erbrächten solche Atteste den vollen Beweis der Arbeitsunfähigkeit, der nicht durch bloße Zweifel an der Richtigkeit der Bescheinigungen (etwa wegen der gleichzeitigen Erkrankung während des Urlaubs) erschüttert werden könne.

In Reaktion auf *Paletta* I gab das Arbeitsgericht ebenso wie nachfolgend das Landesarbeitsgericht Baden-Württemberg der Zahlungsklage statt.[168] Auf die Revision der Firma *Brennet AG*, die von mir vertreten wurde, rief jedoch das Bundesarbeitsgericht[169] erneut den Europäischen Gerichtshof an und bat ihn um „Klarstellung" der vorangegangenen *Paletta* I-Entscheidung. Mit Urteil vom 2. 5. 1996 („*Paletta* II") stellte der Europäische Gerichtshof[170] nunmehr fest, dass dem Arbeitgeber trotz der grundsätzlichen Bindung an das Attest nicht der **Beweis des Rechtsmissbrauchs** abgeschnitten sei. Das Bundesarbeitsgericht[171] verwies daraufhin den Rechtsstreit durch Urteil vom 19. 2. 1997 an das Landesarbeitsgericht Baden-Württemberg zurück, indem es feststellte, auf Grund der Besonderheiten der beiden streitigen EG-Verordnungen trage nach Maßgabe von *Paletta* II bei einer Erkrankung im EG-Ausland der Arbeitgeber die Beweislast dafür, dass der Arbeitnehmer nicht arbeitsunfähig krank war. Es reiche – anders als bei inländischen Arbeitsunfähigkeitsbescheinigungen – nicht aus, dass der Arbeitgeber lediglich Umstände beweise, die nur zu ernsthaften Zweifeln an der krankheitsbedingten Arbeitsunfähigkeit Anlass gäben. Allerdings sei der Arbeitgeber nicht darauf beschränkt, den Beweis dafür, dass der Arbeitnehmer nicht arbeitsunfähig krank war, unmittelbar, d. h. durch Vernehmung des Arztes zu führen. Vielmehr sei auch ein Indizienbeweis zulässig.

Die erneute Verhandlung vor dem Landesarbeitsgericht Baden-Württemberg[172] am 17.2.1998 endete daraufhin zunächst mit einem **Beweisbeschluss.** Das Landesarbeitsgericht sah auf Grund der massiven und sich überschneidenden Arbeitsunfähigkeitszeiten der vier Familienmitglieder den Beweis der Beklagten als geführt an, dass die aus dem Auslandsurlaub stammenden Arbeitsunfähigkeitsbescheinigungen nicht richtig sein konnten. Dem Arbeitnehmer könne jedoch nicht der Gegenbeweis abgeschnitten werden, dass er tatsächlich doch erkrankt war. Aus diesem Grund beschloss das Landesarbeitsgericht, die von Vater *Paletta* als Zeugen für seine Erkrankung benannten italienischen Ärzte im Wege eines Rechtshilfeersuchens gegenbeweislich vernehmen zu lassen.

Es kam, wie es kommen musste: Die über zehnjährige Dauer des Rechtsstreits hatte dazu geführt, dass der eine Arzt inzwischen verstorben war und sich der zweite an nichts mehr erinnern konnte. So konnte *Vittorio Paletta* den Gegenbeweis nicht mit Erfolg führen. Seine Klage wurde durch Urteil vom 9.5.2000 abgewiesen.[173] So endete ein **Rechtsstreit, der in die Rechtsgeschichte eingegangen ist** und in dem es „nur" um eine Lohnfortzahlung von ein paar tausend DM für die gesamte Familie *Paletta* ging.

Ein – wenn auch nur schwacher – Trost ist, dass auch andere Gerichtszweige mit kleinlichen Rechtsstreiten von epischer Dauer zu kämpfen haben. Seit nunmehr einem Jahrzehnt setzt sich die Ziviljustiz einschließlich des Bundesgerichtshofs mit der Frage auseinander, ob sich der sitzende **„Lindt-Schokoladen-Goldhase"** mit Stoffbändchen und Glöckchen und der **„Riegelein-Schokoladen-Goldhase"** mit aufgemaltem Bändchen ohne Glöckchen in rechtserheblicher Weise ähneln.[174]

Ein so lange dauernder Rechtsstreit treibt so seine **Blüten:** So musste der Bundesgerichtshof die Sache am 15.7.2010 zur Neuverhandlung an des Oberlandesgericht Frankfurt a. M. u. a. deshalb zurückverweisen, weil ein Goldhase verloren gegangen war, der den Akten als „Anschauungsmaterial" beigelegen hatte.[175] Möglicherweise hatte eine ahnungslose Naschkatze das Schokotier seiner ursprünglichen Bestimmung zugeführt.[176] Eine eigenständige Flucht das Hasen kann dagegen wohl ausgeschlossen werden.[177]

10. Arbeit und Würde

Dass deutsche Arbeitsrichter durchaus in der Lage sein können, „volksnah" zu entscheiden, hat das Arbeitsgericht Nienburg[178] in dem Fall einer Musiklehrerin bewiesen, die nicht damit einverstanden war, dass ihre Wochenstunden von 20 auf 12,5 zusammengestrichen werden sollten. Dagegen wandte sie sich im Wege einer Änderungsschutzklage nach § 2 KSchG. Zusätzlich beantragte die Lehrerin, auch während des Prozesses ihre bisherige **volle Stundezahl unterrichten** zu dürfen.

Dazu muss man wissen, dass ein Arbeitnehmer während des Laufs der Kündigungsfrist, also im noch bestehenden Arbeitsverhältnis, nicht nur Anspruch auf seine Vergütung hat, sondern auch auf tatsächliche Beschäftigung.[179] Zur Begründung dieses Anspruchs wird auf die grundrechtliche „Wundertüte" zurückgegriffen, also die Würde des Menschen und den allgemeinen Schutz seiner Persönlichkeit (Art. 1, 2 GG). Fraglich soll sogar sein, ob durch einen vorformulierten Arbeitsvertrag ein solcher **Beschäftigungsanspruch** im Voraus ausgeschlossen werden kann.[180]

Anders sah zunächst die **Rechtslage** aus für die Zeit **nach Ablauf der Kündigungsfrist** bzw. nach Zugang einer fristlosen Kündigung bis zum rechtskräftigen Abschluss eines Kündigungsschutzprozesses. Hier nahm die Rechtsprechung[181] einen Weiterbeschäftigungsanspruch nur ausnahmsweise an, so bei einer offensichtlich rechtsunwirksamen oder einer offenbar rechtsmissbräuchlichen oder willkürlichen Kündigung. Dies ging aber maßgeblichen Richtern des Bundesarbeitsgerichts immer noch nicht weit genug. Und so musste sich die „Häuptlingsversammlung" der höchsten Arbeitsrichter, der sog. **Große Senat**, mit diesem weltbewegenden Problem beschäftigen.[182] Er hat das Arbeitsrecht „modernisiert", indem er den Weiterbeschäftigungsanspruch auf das gekündigte Arbeitsverhältnis erweitert hat: In der Regel soll ein solcher Anspruch eingreifen, wenn ein Urteil der 1. Instanz die Kündigung für unwirksam erklärt hat.

Auch dazu wird wieder der allgemeine Persönlichkeitsschutz herangezogen: Die **Würde des Arbeitnehmers** als Mensch beruhe weitgehend auf der Erfüllung der ihm obliegenden Arbeitsleistungen, durch deren Erbringung sein Leben gestaltet und seine Persönlichkeit bestimmt werde. Die freie Entfaltung seiner Persönlichkeit werde beeinträchtigt, wenn er die ihm obliegenden Arbeitsleistungen nicht tatsächlich erbringen dürfe. Unzumutbar sei es im Besonderen, Geld zu bekommen, ohne dafür zu arbeiten. Den Empfang von Lohn, der nicht durch entsprechende Leistungen verdient sei, halte nicht nur die Allgemeinheit, sondern auch der größte Teil der Arbeitnehmer für verächtlich.

Dieser vom Großen Senat kreierte **allgemeine Weiterbeschäftigungsanspruch** gehört zu den von der Arbeitsgerichtsbarkeit zu verantwortenden unschönen „Altersflecken"[183] des deutschen Arbeitsrechts. Er widerspricht nämlich allen Regeln juristischer Kunst. Nach § 102 V BetrVG hat ein Arbeitnehmer nur dann Anspruch auf Weiterbeschäftigung während des Kündigungsschutzprozesses, wenn der Betriebsrat form- und fristgerecht Widerspruch gegen die Kündigung eingelegt hat. Daraus kann nur gefolgert werden, dass es ohne Vorliegen dieser Voraussetzungen einen solchen Anspruch gerade nicht gibt.[184] Aber nicht nur das war es, was dem Arbeitsgericht Nienburg nicht gefiel. Zunächst falle auf, „dass das Bundesarbeitsgericht, während es in den eigentlichen juristischen Teilen seiner Argumentation jedes Für und Wider mit einer Vielzahl von Zitaten und Literaturhinweisen belegt, zum Beleg seiner tatsächlichen Behauptungen, der Prämissen, mit denen die gesamte weitere Argumentation steht und fällt, schlechthin nichts sagt. Es bleibt offen, woher das Bundesarbeitsgericht die Erkenntnis hat, dass die Allgemeinheit und die Arbeitnehmerschaft im Besonderen es als verächtlich ansehen, Geld zu beziehen, ohne dafür gearbeitet zu haben."

Jedenfalls äußert das Arbeitsgericht Nienburg erhebliche **Zweifel** an der philosophischen Grundauffassung des Bundesarbeitsgerichts von der Bestimmung der Menschenwürde durch die Arbeit. Schon die früheste literarische Erwähnung der Arbeit „sieht in dieser nicht etwa etwas Positives, den Wert des Menschen Bestimmendes, sondern eine Strafe". Dazu wird aus der Bibel (1. Mose III, Vers 17–19[185]) zitiert:

> „Verflucht sey der Acker vmb deinen willen
> mit kummer soltu dich drauff neeren dein Leben lang
> Dorn vnd Disteln sol er dir tragen
> vnd solt das Kraut auff dem felde essen
> Jm schweis deines Angesichts soltu dein Brot essen
> Bis das du wider zu Erden werdest
> da von du genommen bist."

Demnach soll das **verlorene Paradies** ein Zustand der Versorgung ohne Arbeit gewesen sein. Und weiter heißt es im Urteil des Arbeitsgerichts Nienburg:

> „Ob sich die allgemeine Auffassung über die Arbeit seit den frühesten biblischen Zeiten so weitgehend gewandelt hat, dass eine gegenteilige Vorstellung als einzig berechtigte allgemeine Zustimmung fände, darf bezweifelt werden. Auch noch für *Goethe* ist ‚des Volkes wahrer Himmel' nicht am Arbeitsplatz angesiedelt, sondern aus der Freizeit wird berichtet: ‚Zufrieden jauchzet Groß und Klein: Hier bin ich Mensch, hier darf ich's sein' (Faust, 1. Teil, Vor dem Tor). Zu dieser Bevorzugung der Freizeit passt es, wenn noch heute Sprüche wie: ‚Wer Arbeit kennt, und nach ihr rennt, und sich nicht drückt, der ist verrückt' ihre Verbreitung haben. Ob Volkes Mund Wahrheit kundtut, mag dahingestellt bleiben, ausgegangen werden kann jedenfalls davon, dass Sprichwörter und Redensarten Auffassungen spiegeln, die zwar nicht allgemein gültig, aber auch nicht ganz vereinzelt sind."[186]

Auch der englische Mathematiker und Philosoph *Bertrand Russell* dient dem Arbeitsgericht Nienburg als Zeuge dafür, dass die Überzeugung von Wert und Würde der Arbeit im **abendländischen Kulturkreis** des 20. Jahrhunderts keineswegs ganz unangefochten verbreitet ist, hatte dieser[187] doch geschrieben:

> „Ich glaube nämlich, dass in der Welt viel zu viel gearbeitet wird, dass die Überzeugung, arbeiten sei an sich schon vortrefflich und eine Tugend, ungeheuren Schaden anrichtet und dass es nottäte, den modernen Industrieländern etwas ganz anderes zu predigen. [... Die Arbeiter] halten die Arbeit, wofür man sie halten soll, nämlich ein unumgängliches Mittel, sich den Lebensunterhalt zu sichern, und alles, was es an Freude für sie gibt, beziehen sie aus ihrer Freizeit."

Danach folgt ein eleganter Schwenk zur **gewerkschaftlichen Position:**

> „Bezeichnenderweise war denn auch der hundertjährige Kampf der Gewerkschaften auf eine Verkürzung der Arbeitszeiten gerichtet, ohne dass diese offenbar Skrupel gehabt hätten, ihren Mitgliedern hierdurch die Gelegenheit zur freien Entfaltung ihrer Persönlichkeit zu beschneiden. Ebenso erscheint das verwirklichte Streben nach bezahltem Urlaub, bezahlten arbeitsfreien Wochenfeiertagen und Lohn- oder Gehaltsfortzahlung im Krankheitsfall nicht recht vereinbar mit der Auffassung, es sei schändlich, Geld zu empfangen, ohne dafür gearbeitet zu haben. Warum also sollte es schändlich sein, während des Annahmeverzugs des Arbeitgebers?"

Last but not least pflichtet das Arbeitsgericht Nienburg auch der Erfahrung des Arbeitsgerichts Düsseldorf[188] bei, wonach es viele Arbeitnehmer durchaus als **vermögenswerten Vorteil** ansehen, wenn sie im Rahmen gerichtlicher Vergleiche von der Arbeitsleistung während der Kündigungsfrist freigestellt werden. So ist es auch noch heute, was ich auf Grund meiner langjährigen arbeitsrechtlichen Erfahrung nur bestätigen kann.

Wer mag dem Arbeitsgericht Nienburg noch widersprechen? Eigentlich niemand, zumal in der betrieblichen Praxis der (Weiter-) Beschäftigungsanspruch fast ausschließlich nur unter **taktischen Gesichtspunkten** geltend gemacht wird.[189] Die „Lästigkeit" für den Arbeitgeber soll in die Höhe getrieben werden, um so eine noch höhere Abfindung zu erzielen. Alles Jammern hilft aber nichts. Das Bundesarbeitsgericht hat seine Rechtsprechung seit dem Beschluss des Großen Senats leider nicht infrage gestellt. Kein Wunder. Schon der große deutsche Philosoph *Arthur Schopenhauer* hat gewusst: „Eine falsche Ansicht zu widerrufen, erfordert mehr Charakter, als sie zu verteidigen." Andererseits wird sich auch das Arbeitsgericht Nienburg darüber im Klaren gewesen sein, dass seine „Revolte" wenig bewirken würde, weiß doch der polnische Satiriker *Jerzy Lec*: „Schwimmer gegen den Strom dürfen nicht erwarten, dass dieser seine Richtung ändert."

11. Baden-Württembergischer Funktionärs-Krieg

Aufsehen, jedenfalls in der baden-württembergischen Arbeitsrechtslandschaft, hat 2006/07 folgender Fall erregt:

Am 22.11.2006 fand bei der Firma *S. E. AG* in Sch., einer Stadt im Schwarzwald, eine **Betriebsversammlung** statt. Die Firma war seit Ende der 90er Jahre nicht mehr tarifgebunden. Der Betriebsratsvorsitzende sprach zunächst die Frage der Zahlung von Zuschlägen an. Auch der **IG Metall-Vertreter** griff dieses Thema auf. Der weitere Hergang der Dinge blieb zwischen den Parteien streitig. Jedenfalls wurde von dem Gewerkschaftsfunktionär sodann in diesem Zusammenhang geäußert, er halte es mit *Tucholsky*, der bereits gesagt habe: „Er war Jurist und auch sonst von mäßigem Verstand."

Getroffen davon fühlte sich der ebenfalls anwesende **Geschäftsführer des zuständigen Arbeitgeberverbands** für nicht tarifgebundene Arbeitgeber, dem die Firma angehörte. Dieser Geschäftsführer war zugleich Rechtsanwalt. Mit Schreiben vom 28.11.2006 forderte er den Gewerkschaftssekretär auf, eine Unterlassungserklärung auszufüllen und bis zum 4.12. unterschrieben an ihn zurückzusenden. Die Unterlassungserklärung sah u.a. die Verpflichtung vor, „es ab sofort zu unterlassen, auf Herrn *Dr. K.* das *Tucholsky*-Wort ‚Er war Jurist und auch sonst von mäßigem Verstand' anzuwenden und öffentlich zu verlautbaren".

Das sah der Gewerkschaftssekretär völlig anders und so kam es wie es kommen musste: Der sich beleidigt fühlende Rechtsanwalt reichte eine **Unterlassungsklage** beim Arbeitsgericht Freiburg[190] ein, das sich für unzuständig erklärte und den Rechtsstreit an das Amtsgericht Oberndorf am Neckar verwies. Der verklagte Gewerkschaftssekretär legte daraufhin beim Landesarbeitsgericht Baden-Württemberg am 12.2.2007 sofortige Beschwerde ein. In dessen Beschluss heißt es:[191]

> „Der Rechtsstreit war an das zuständige Gericht der ordentlichen Gerichtsbarkeit zu verweisen. (...)
> Entgegen der Auffassung des Klägers kommt nur ein Streitwert von 4.000,00 € nach § 23 Abs. 3 S. 2 RVG in Betracht, der ggf. eine Zuständigkeit des Amtsgerichts Oberndorf begründen würde, was den Vorteil hätte, dass die dortigen Richter ortsnäher resi-

dieren und mit lokalen Gepflogenheiten besser vertraut sind als das Landgericht Freiburg.

Der Streitwert von 4.000,00 € ist selbst bei unterstellter Richtigkeit der klägerischen Darstellung des Sachverhaltes ausreichend und angemessen. Der beleidigende Inhalt der behaupteten Ausführungen des Beklagten hält sich in Grenzen. Einen Grund beleidigt zu sein, hätte vor allem *Dr. jur. Kurt Tucholsky*, dem das Zitat von *Ludwig Thoma* in den Mund bzw. den literarischen Nachlass geschoben wurde.[192] Aber auch *Ludwig Thoma* könnte sich ebenso mit Recht gekränkt fühlen, denn seine ironische Sprachschöpfung wurde durch die unvollständige Zitierung durch den Beklagten ihres selbstkritischen Witzes beraubt. Schließlich heißt es bei *Ludwig Thoma*, der selbst Rechtsanwalt war: ‚Der königliche Landgerichtrat *Alois Eschenberger* war ein guter Jurist und auch sonst von mäßigem Verstand.' *Eschenberger* hatte nämlich ‚im Staatsexamen einen Brucheinser bekommen'. (Das Ganze ist nachzulesen in der Erzählung ‚Der Vertrag' auf der Internetseite http://gutenberg.spiegel.de/thoma/muenchnr/mnch205.htm).

Der Kläger selbst mag ebenfalls Anstoß daran nehmen, dass der Beklagte das Wort ‚guter' hat entfallen lassen. Es mag auch eine grobe Ungehörigkeit sein, über den Kläger zu behaupten, ‚er sei von mäßigem Verstand'. Das Ganze entschärft sich allerdings dadurch, dass es sich dabei um eine in Bezug auf Juristen häufiger anzutreffende Redensart handelt. Jedenfalls ist es uns Juristen im Allgemeinen bekannt, dass wir ob unseres gewählten Berufes und einer damit verbundenen geistigen Prägung gelegentlich als Objekt des Spottes herhalten müssen. *Ludwig Thoma* hat dereinst davon noch mehr über unser aller Haupt ergossen (nachzulesen in ‚Der Münchner im Himmel – Von Rechts wegen' auf jener o. g. Internetseite – die Annahme ‚von mäßigem' Verstand zu sein, erscheint da noch harmlos). Das lässt sich jedenfalls aushalten; es ist – auch idealiter betrachtet – nicht mehr als 4.000,00 € wert. Das Ganze wird noch dadurch unterstrichen, dass man sich ob der kampfeserprobten Persönlichkeit des Klägers nicht recht vorstellen kann, dass ihn eine solche hingeschnäuzte Bemerkung gewissermaßen 50.000,00 € tief verletzten kann."

Ob die Sache beim Amtsgericht Oberndorf weitergegangen ist, ist nicht bekannt. Vermutlich ist der Fall – auch im Hinblick auf die Gründe des Landesarbeitsgerichts Baden-Württemberg – stillschweigend „beerdigt" worden. So stellt er „am Ende ein vortreffliches Beispiel für eine **amüsante Kombination aus Recht, Humor** und **Literatur** dar".[193]

12. „Hocker-Masturbation" im Russenpuff

Gelegentlich fühlen sich Gerichte ermuntert, **abstruse Fälle** lyrisch aufzuarbeiten. So hat ein Urteil des Arbeitsgerichts Detmold vom 23. 8. 2007[194] zunächst die Redaktion der NZA veranlasst, dazu folgenden von ihr verfassten **Leitsatz** zu verkünden:

„Gibt der Beklagte vor Gericht
weiter, quasi als Bericht,
dass er von Dritten mehrfach hörte,
wie die Klägerin sehr störte
durch ihr unsittliches Betragen
ohne dies zu hinterfragen,
so ist dies sein gutes Recht.
Um die Klage steht es schlecht:
Schmerzensgeld, das gibt es nicht
und auch keine Schweigepflicht."

Das vom Arbeitsgericht verfasste **Urteil** lautet auszugsweise wie folgt:

„Zum Sachverhalt: Der Streit entstand, weil der Beklagte
im Rechtsstreit vorzutragen wagte,
was nun der Klägerin sehr missfällt.
Sie fordert deshalb Schmerzensgeld.
Dass der Beklagte schweigen soll
verlangt sie ferner voller Groll.
Was ist der Grund für ihre Klage?
Nun, der Beklagte hat mit X.
einst einen Spielbetrieb besessen.
Die Klägerin ihrerseits indessen
erhielt – als Aufsicht eingesetzt –
für diese Tätigkeit zuletzt
als Stundenlohn, wie man das kennt

111

nur 7 Euro und 11 Cent.
Oft kamen dorthin manche Kunden
erst in den späten Abendstunden,
um sich – vielleicht vom Tagesstress
beim Spielen auszuruh'n. Indes
behauptet nunmehr der Beklagte,
dass es die Klägerin dann wagte,
so neben ihren Aufsichtspflichten
noch andere Dinge zu verrichten:
so habe sie sich nicht geniert
und auf dem Hocker masturbiert.
Was dabei auf den Hocker troff
befände sich im Hockerstoff.
Die Spielbar sei aus diesem Grunde
als ‚Russenpuff' in aller Munde.
Er habe zwar nun dies Geschehen
nicht selbst vor Ort mitangesehen.
Doch hätten Zeugen ihm beschrieben,
was dort die Klägerin getrieben.
Er kündigte auf Grund der Kunde
der Klägerin aus anderem Grunde,
um – dies ließ er jedoch betonen –
den Ruf der Klägerin zu schonen.
Die Klägerin klagte dann sogleich.[195]
Man einigte sich im Vergleich,
– hier mag man die Parteien loben –
denn der Vertrag ward aufgehoben
und – um die Sache abzurunden –
die Klägerin noch abgefunden.
Der Klägerin reichte dies nicht hin,
denn ihr steht noch nach Mehr der Sinn.
Sie habe nie vor all den Zockern
sich selbst befriedigt auf den Hockern.
Der Pein, die man ihr zugefügt,
der werde nur durch Geld genügt.
Die Lügen – für sie nicht zu fassen –
muss der Beklagte unterlassen.
Der Beklagte meint, es fehle dieser Klage
der Grund, dies stehe außer Frage. (...)

Aus den Gründen: Die Klage – wie die Kammer findet –
ist vollumfänglich unbegründet.
1. Auch wenn's der Klägerin missfällt:
es gibt für sie kein Schmerzensgeld;
denn der Beklagte durfte hier
sich äußern, wie er's tat. Dafür
gilt dies hier nur in den Verfahren –
sonst darf er auch nichts offenbaren.
Er hat – um auf den Punkt zu kommen –
insoweit etwas wahrgenommen,
was der, der die Gesetze kennt
‚berechtigtes Interesse' nennt. (…)

Kurz: es kommt letztlich darauf an,
ob's der Beklagte selbst ersann,
er also gleichsam phantasierte,
wie sich die Klägerin gerierte.
Und deshalb bleibt auch unergründet,
was sich im Hockerstoff befindet
und ob die Zeugen sah'n und hörten,
was dem Beklagten sie erklärten.
Nein, der Beklagte muss mitnichten
ein hohes Schmerzensgeld entrichten.

2. Auch unbegründet – ohne Frage –
ist hier die Unterlassungsklage.
Die Klägerin hat nicht vorgetragen,
dass der Beklagte sozusagen
nun coram publico beschrieben
was auf dem Hocker sie getrieben.
Nur im Prozess hat er erklärt,
was jetzt die Klägerin empört.
Das durfte er – wie dargestellt,
womit natürlich das entfällt,
was letztlich Grund der Klage war:
die zu befürchtende Gefahr,
dass der Beklagte überall
herumerzählt den ‚Hockerfall',
bestrebt ist, unter allen Leuten
was man ihm zutrug zu verbreiten."

113

Das ging der **Berufungsinstanz**[196] dann doch zu weit. Zwar könne in einer „mündlichen Verhandlung, in deren Verlauf unweigerlich auch die Persönlichkeit der Beteiligten einschließlich des Richters hervortritt, wenn nicht Formalismus und Langeweile Oberhand gewinnen sollen, (...) auch für Witz und Humor Gelegenheit sein". Die nach außen wirkende Gerichtsentscheidung bedürfe dagegen „einer weitestgehend von persönlichen Eigenheiten des Richters freien Ausformung". Ein in Reimform verfasstes Urteil sei jedenfalls dann „grob unangemessen und damit verfahrensfehlerhaft", wenn mit der Form eine „persönliche Herabwürdigung der Klägerin verbunden ist", die nicht durch „legitime Verfahrensziele gerechtfertigt sei. Weder mit der richterlichen Unabhängigkeit noch mit den Regeln der Prozessordnung stehe es im Einklang, die Klägerin „durch gereimte Darbietung von Obszönitäten in ihrer Würde herabzusetzen".

In der Sache nützte das der Klägerin aber wenig. Eine Zurückverweisung an das Arbeitsgericht Detmold wegen eines wesentlichen Verfahrensmangels schied aus formalen Gründen aus (§ 68 ArbGG) und das Landesarbeitsgericht Hamm lehnte einen Schmerzensgeldanspruch der Klägerin im Ergebnis ebenfalls ab. Das bedeutet aber natürlich nicht, dass Richter in der Abfassung ihrer Urteile grenzenlose Freiheit genießen, solange sie nur inhaltlich richtig entscheiden. Die strafrechtlichen **Beleidigungstatbestände** gelten nämlich auch für Richter.

13. Diskriminierungsprobleme

Das Allgemeine Gleichbehandlungsgesetz (AGG)[197] wimmelt nur so von unbestimmten Rechtsbegriffen, die **unzählige Fragen** aufgeworfen haben und noch aufwerfen. Manche hat die Rechtsprechung beantwortet. Täglich tauchen aber neue Fragen auf, die zu neuen Rechtsstreitigkeiten führen. Dabei ist dem Gesetzgeber durchaus klar, dass nicht jede Benachteiligung eine verbotene Diskriminierung darstellt. Vielmehr kann es auch Rechtfertigungsgründe geben (§§ 8, 10 AGG). Dennoch bleibt es dabei, dass das AGG ein Höchstmaß an Rechtsunsicherheit („lernendes Gesetz", s. S. 9) mit sich gebracht hat.

Darauf, dass das bei Inkrafttreten des geplanten Gesetzes so sein wird, habe ich die **CDU/CSU-Bundestagsfraktion** anlässlich einer Veranstaltung im Bundestag am 15.3.2005 hingewiesen. Am Ende meines Referats bedankte sich *Angela Merkel*, damals Fraktionsvorsitzende, heute Bundeskanzlerin, mit den Worten: „Vielen Dank Herr Bauer für Ihr Referat. Jetzt wissen wir, warum das Gesetz so nicht in Kraft treten darf!" Auf Grund der Bundestagswahl vom 18.9.2005 wurde dann die von Bundeskanzler *Gerhard Schröder* geführte Rot-Grüne Bundesregierung von Schwarz-Rot abgelöst. Die Kanzlerin hieß *Angela Merkel*. Am 18.8.2006 trat das AGG in Kraft, und zwar weitgehend so, wie es am 15.3.2005 schon im Entwurf vorlag.

a) Exotische Fälle

2009 hing der Haussegen wegen einer auf Veranlassung der Geschäftsleitung verschlossenen Klotür bei einer Firma im Stuttgarter Raum schief. Denn nur „deutsche" Mitarbeiter/innen durften dort ihr „**Geschäft**" verrichten.[198] Dass solches Verhalten in einer von Diskriminierungsverboten geprägten Zeit ebenso pikant ist wie die Absage gegenüber einer Bewerberin als „(-) OSSI"[199], liegt auf der Hand. Bitter stößt auch auf, wenn ein Arbeitgeber „Jagd auf Alte" macht nach der Devise: „Mitarbeiter über 50 Jahre sind im Laufe der nächsten Monate auf Entwicklung und Optik zu überprüfen. Nicht passende sind nach Abwägung zu kündigen."[200]

Da verwundert es kaum, dass sich Mitarbeiter zuweilen bemüßigt fühlen, ihre Arbeitsalltagserlebnisse literarisch aufzuarbeiten.[201] Dennoch: Deutsche Arbeitgeber diskriminieren – Gott sei Dank – eher selten. Jedenfalls liegen Welten zwischen den Gepflogenheiten hier und Ländern, in denen **Islamisten** die Oberhand haben. So treibt z.B. die Herrschaft der radikalen Islamistengruppe *al-Shabaab* über Teile Somalias nach wie vor seltsame Blüten. Dort stehen bzw. standen auch Büstenhalter im Visier der Sittenwächter: Jede Frau, die mit Körbchen angetroffen wird, werde ausgepeitscht sowie um ihren Oberweitenschutz gebracht, berichteten Einwohner Mogadischus.[202] Anschließend müsse sie ihre Brüste schütteln, um den Vollzug des BH-Banns unter Beweis zu stellen. Als Begründung geben die Gottesmänner an, Büstenhalter erfüllten den vom Koran geächteten Tatbestand der „Irreführung". Klingt logisch, ist aber gleichwohl absurd!

b) „Männlich" formulierte Regelungen

Auch vor Inkrafttreten des AGG gab es nachvollziehbare, aber auch überflüssige Streitigkeiten, in denen es um eine (angebliche) Benachteiligung bestimmter Personen ging, insbesondere von Frauen. Zu solchen überflüssigen Streitigkeiten gehörte der Streit über eine **Betriebsvereinbarung,** in der Gruppen von Mitarbeitern aufgelistet waren, die später eine Betriebsrente erwarten konnten: Prokuristen, Betriebsleiter, Handlungsbevollmächtigte, Abteilungsleiter, Meister und Schichtführer. Dem Betriebsrat gefiel offensichtlich selbst nicht mehr, dass er bzw. das Vorgängergremium vergessen hatte, auf aus seiner Sicht nicht diskriminierende Formulierungen „Schichtführer/Schichtführerinnen" zu bestehen.

Deshalb kam es zu einem **Beschlussverfahren,** in dem sich der Betriebsrat auf eine Verletzung des verfassungsrechtlichen Gleichberechtigungsgrundsatzes (Art. 3 II GG) und des Lohngleichheitsgebotes (damals Art. 119 EGV, heute Art. 157 AEUV) berief. Der Betriebsrat hielt es nämlich für erheblich, dass die Betriebsvereinbarung den begünstigten Mitarbeiterkreis mit Hilfe von Begriffen kennzeichnete, die nicht geschlechtsneutral gefasst seien. Wenn von „Prokuristen, Betriebsleitern, Handlungsbevollmächtigten, Abteilungsleitern, Meistern und Schichtführern" die Rede sei, so komme darin eine diskriminierende Absicht zum Ausdruck. Die Versorgungsordnung begünstige die bezeichneten Mitarbeiter nur, soweit diese männlichen Geschlechts seien.

Das hielt das Bundesarbeitsgericht[203] dann doch für **abwegig.** Das Gericht meinte lapidar:

> „In der betrieblichen Praxis ebenso wie in der Rechtsprechung und im Schrifttum ist ein Sprachgebrauch üblich geworden, der nicht sorgfältig zwischen der männlichen und der weiblichen Bezeichnung unterscheidet. Die Begriffe des Arbeitnehmers, Arbeiters, Angestellten, Betriebsleiters, Meisters usw. werden als umfassende Oberbegriffe verwandt, die Männer und Frauen gleichermaßen kennzeichnen. Man mag diese Ungenauigkeiten bedauern und als sprachliche Diskriminierung missbilligen, kann jedoch den entsprechenden Sprachgebrauch bei der Auslegung einer Betriebsvereinbarung nicht vernachlässigen."

Vor diesem Hintergrund ist allerdings wenig überzeugend, dass seit Inkrafttreten des AGG die Verwendung solcher Oberbegriffe in **Stellenanzeigen** als Indiz i. S. d. § 22 AGG für eine Diskriminierung gesehen wird.

Aber der Zeitgeist ruft nach einer **diskriminierungsfreien Regelungssprache**. Männliche Funktions- und Berufsbezeichnungen werden nicht mehr ohne weiteres als verallgemeinernde Begriffe verstanden. Und so fühlen sich viele Frauen durch eine fehlende weibliche Bezeichnung irritiert. So werde auch ich – zumindest mittelbar – von *Birgit Reinecke*[204] „gerügt". Sie verweist auf das von mir mit zu verantwortende Geleitwort[205] aus Anlass des 30-jährigen Bestehens der Arbeitsgemeinschaft Arbeitsrecht. Darin ist in der Tat zum einen die Rede von den im DAV organisierten „Anwältinnen und Anwälten". Andererseits wird erwähnt, dass aus Anlass des 25-jährigen Jubiläums Anfang 2006 der damalige Geschäftsführende Ausschuss eine 1.444-seitige Festschrift mit vielzitierten Beiträgen von Mitgliedern der Arbeitsgemeinschaft und von renommierten „Richtern und Professoren" herausgegeben hat. Das lässt *Reinecke* ironisch fragen, ob es sich insoweit um ein „**generisches Maskulinum**" handelt oder ob tatsächlich bisher keine Richterin, keine Hochschullehrerin und keine Professorin bei den Veranstaltungen der Arbeitsgemeinschaft referiert oder sich an der Festschrift beteiligt hat.

Mea culpa! Auch ich sehe natürlich, dass inzwischen **Paarformen in der Gesetzessprache** zunehmend als selbstverständliche Einheit verstanden werden. Das geschlechtergerechte Verfassen von deutschen Gesetzestexten ist nach Auffassung von *Reinecke* sicherlich kein einfaches Geschäft, aber der Mühe wert. Und siehe da, ihr Appell fruchtet: Das „Eingliederungschancenverbesserungsgesetz" (auch ein Wortungetüm) vom 20. 12. 2011[206], das zum 1. 4. 2012 in Kraft getreten ist, bringt vor allem die lang ersehnte „Kulturrevolution" mit sich, indem nunmehr in sämtlichen Vorschriften des SGB III von „Arbeitnehmerinnen oder Arbeitnehmer", „Heimarbeiterinnen oder Heimarbeiter", „Beamtinnen oder Beamte", „Ausländerinnen oder Ausländer" und „Insolvenzverwalterin oder Insolvenzverwalter" die Rede ist. Das entspricht dem Prinzip „ladies first", ist aber auch nicht diskriminierungsfrei. Ein Vorschlag für weitere Gesetze: Beim ersten Paragrafen wird gelost, ob es „Arbeitnehmerinnen oder Arbeitnehmer" oder „Arbeitnehmer oder Arbeitnehmerinnen" usw. heißt. In den folgenden Paragrafen wird dann jeweils gewechselt. Wäre das nicht eine generisch perfekte Lösung?

Wer A sagt, sollte auch B sagen. Diese Erkenntnis wird jedoch in der ab 1. 4. 2012 geltenden Fassung des SGB III vernachlässigt. Dort ist nämlich nach wie vor in den jeweiligen Paragrafen nur vom „**Arbeitgeber**" die Rede. Konsequenter ist da der Entwurf eines „Gesetzes zur Durchsetzung des Gleichheitsgebotes für Frauen und Männer (Entgeltgleichheitsgesetz)" der Fraktion der SPD vom 23. 5. 2012.[206a] Dort wird jeweils von „Arbeitgeberin oder Arbeitgeber" gesprochen. „Verfechterinnen oder Verfechter" des geschlechtergerechten Verfassens deutscher Gesetze wird aber auch dieser Entwurf nicht zufriedenstellen, spricht doch z. B. § 3 VI des Entwurfs nur vom „Auftraggeber oder Zwischenmeister" und nicht von „Auftraggeberin oder Auftraggeber und Zwischenmeisterin oder Zwischenmeister". Bevor allerdings krampfhaft versucht wird, sämtliche deutsche Gesetze dem Zeitgeist anzupassen, sollte zuerst das **Grundgesetz** auf „Vordermann/Vorderfrau" gebracht werden. „Der Bundespräsident", „der Bundeskanzler", „der Bundestagspräsident", „der Bundesratspräsident", „der Wehrbeauftragte" – sind durch die politische Wirklichkeit weitgehend überholt. Stellt sich nur die Frage, ob für eine entsprechende „Modernisierung" die erforderliche Zwei-Drittel-Mehrheit des Bundestags erreicht wird. Im Übrigen kenne ich viele Frauen – und ich wage die Behauptung, dass es sich um die Mehrheit handelt – die für eine solche modernisierte Gleichstellung kein Verständnis haben bzw. hätten.

c) Dame oder Frau

Kaum zu glauben, aber wahr: Mit einer arbeitsgerichtlichen Klage begehrte eine Frau, von ihrem Arbeitgeber nicht mit „Frau", sondern mit „Dame" angeredet zu werden. Die nach erfolglosem Verfahren erhobene Verfassungsbeschwerde wurde durch den Ausschuss des Bundesverfassungsgerichts[207] i. S. v. § 93 a BVerfGG nicht zur Entscheidung angenommen. Hier träumten die Hohen Richter nicht, sondern meinten kurzerhand und durchaus überzeugend:

> „Die Bf. wird durch die Anrede ‚Frau' nicht unter Verletzung des Art. 3 II, III GG gegenüber Männern diskriminiert, weil diese mit

,Herr' angeredet werden. Dem Ausdruck ,Herr' entspricht schon im Althochdeutschen für das weibliche Geschlecht ,Frau' (Meyers Enzyklopädisches Lexikon, 9. Aufl., S. 199 und 751; Meyers Lexikon, 7. Aufl., Sp. 1456). Die Bezeichnung ,Dame' kennt der deutsche Sprachgebrauch erst seit 1622. Schon in der zweiten Hälfte des 17. Jahrhundert sank ,Dame' in der Volkssprache als Ausdruck für ,Hofmätresse' und ,Dirne' ab. Als Ehrentitel fand ,Dame' in der bürgerlichen Gesellschaft erst im 18. Jahrhundert Eingang; als Anrede hat sich diese Bezeichnung allgemein für weibliche Personen nicht durchgesetzt. Es kann deshalb keine Rede davon sein, daß der im allgemeinen deutschen Sprachgebrauch dem ,Herrn' entsprechende Ausdruck ,Frau' im Gegensatz zur Bezeichnung ,Dame' als Anrede für eine weibliche Person verfassungswidrig ist."

Dem ist nichts hinzuzufügen!

d) Probleme sexueller Identität

Während die Richtlinie 2000/78/EG von der „sexuellen Ausrichtung" spricht, verwendet § 1 AGG in Anlehnung an § 75 I BetrVG den Begriff **„sexuelle Identität"**. Damit will der deutsche Gesetzgeber neben verschiedenen sexuellen Neigungen (Heterosexualität, Homosexualität und Bisexualität) auch Fälle erfassen, in denen die Zuordnung zum weiblichen oder männlichen Geschlecht nicht eindeutig ist.

Fälle des Wechsels des Geschlechts können in der Praxis besondere Schwierigkeiten bereiten. Da sich ein **Geschlechtswechsel** nicht von heute auf morgen vollzieht, gibt es regelmäßig Zwischenstadien, in denen der „richtige" Umgang mit der betreffenden Person sowohl tatsächlich schwierig als auch mit psychologischen Schwierigkeiten verbunden sein kann. Dementsprechend dürfen vor allem die Schutzpflichten von Arbeitgebern nach § 12 AGG nicht überspannt werden.[208] Will die beschäftigte Person erreichen, dass sie der Arbeitgeber wegen einer Geschlechtsumwandlung anders als bisher behandelt, muss sie den Arbeitgeber hierauf hinweisen. Unterbleibt der Hinweis, hat der Arbeitgeber ein „Recht auf Irrtum", wenn er Personen während einer Geschlechtsumwandlung – z.B. bei der Zuweisung von Umkleideräumen – wie Angehörige des einen oder des anderen Geschlechts behandelt. Dabei kommt es in der Praxis durchaus vor, dass solche Zuweisungen erhebliche Konflikte in der Belegschaft auslösen.

Mit einer solchen Problematik sah sich kurz nach Inkrafttreten des AGG ein Produktionsbetrieb konfrontiert. Der Betriebsleiter rief mich an und wies darauf hin, dass es in seinem Betrieb getrennte Umkleideräume und Toiletten für Männer und Frauen gäbe. Jetzt habe sich aber ein (ehemaliger?) **Mann** geoutet, **auf dem Weg zur Frau** zu sein. Er/Sie wolle deshalb ab sofort die Frauen vorbehaltenen Räume und Einrichtungen nutzen. Auf meine Frage, was denn dann das Problem sei, sagte der Mandant: „Die ‚echten‘ Frauen protestieren heftig: *Der* hat bei uns nichts zu suchen! Und ähnlich argumentieren die ‚echten‘ Männer: *‚Die* hat bei uns nichts zu suchen!‘ “.

Denkbar ist, einer solchen Person eigene Räume und Einrichtungen zuzuweisen. Das kann aber **erhebliche Kosten** auslösen, was genau das Problem meines Mandanten war. Ich habe ihm gesagt, er sei nicht verpflichtet, für diese Person zusätzlichen finanziellen Aufwand zu betreiben. Solange nicht klar sei, dass die Geschlechtsumwandlung vollzogen sei, könne er von seinem Direktionsrecht Gebrauch machen, und entgegen dem Willen der Männer auch dieser Person gestatten, die für Männer gedachten Räume und Einrichtungen zu benutzen.

Bleibt die Frage, wann das Pendel umschlägt. Das ist wohl der Fall, sobald die Person ein **ärztliches Zeugnis** vorlegt, aus dem sich ergibt, dass die Geschlechtsumwandlung vollzogen ist, es sich nunmehr also um eine Frau handelt.

e) Religion oder Weltanschauung

Die Begriffe „Religion" und „Weltanschauung" haben ihre Entsprechung in Art. 4 GG. Sie sind durch die Gewissheit über Aussagen zum „Weltganzen" sowie zur Herkunft und zum Ziel menschlichen Lebens gekennzeichnet. Eine **exakte Unterscheidung** der Begriffe ist weder möglich noch erforderlich.[209] Dabei kann ihre Abgrenzung gegen allgemeine Überzeugungen und Tendenzen im Einzelfall überaus schwierig sein.

Die Grenze für den durch das AGG gewährleisteten Schutz von Religion und Weltanschauung bildet die **freiheitlich-demokratische Grundordnung**. Nicht geschützt sind m. E. daher etwa religiöse Überzeugungen, die anderen Personen- oder Religionsgruppen ein Recht auf Leben absprechen. Vertritt etwa ein streng gläubiger Muslim im Bewerbungsgespräch offen die Ansicht, nach der Scharia sei ein Ehebruch mit dem Tod durch Steinigung zu bestrafen, muss der Arbeitgeber berechtigt sein, aus diesem Grund eine Einstellung abzulehnen.[210] Aber auch nationalsozialistisches oder rechtsradikales Gedankengut, das bei einer Person so übersteigert vorhanden ist, dass die Grenze zur Weltanschauung überschritten wird (z. B. „*Hitler*-Vergötterung"), ist demnach ebenfalls nicht durch die Benachteiligungsverbote geschützt.[211]

Auch das „**Vorschieben**" einer Religion oder Weltanschauung als Rechtfertigung für eine bestimmte Verhaltensweise kann nicht dem Schutzbereich des AGG unterfallen. Kultische Handlungen ohne „Einbettung" in einen übergeordneten Gesamtzusammenhang genießen keinen besonderen Schutz. Beispiele aus der US-amerikanischen Rechtsprechung, in denen Verhaltensweisen zu Recht als nicht durch Religion oder Weltanschauung geschützt angesehen wurden, sind etwa die Einnahme von Betäubungsmitteln („*First Church of Marihuana*"), der Verzehr von Katzenfutter oder massenhafte Gesichtspiercings, auch wenn dafür jeweils „Glaubensgründe" vorgebracht werden.

Ob die jeweilige Überzeugung, an der ein Mensch sein Handeln ausrichtet, plausibel ist, soll nach verbreiteter Meinung für den Schutzbereich des § 1 AGG unerheblich sein. Fraglich ist z. B., ob sich **Kreationisten** auf das Merkmal Religion oder Weltanschauung berufen können. Sie glauben u. a., die Erde sei von Gott in sieben Tagen im Jahr 4004 vor Christus geschaffen worden, der Mensch sei mit dem Affen nicht verwandt und der Grand Canyon sei durch eine Sintflut entstanden. Sollte sich ein Bewerber mir gegenüber so „outen", würde ich ihm gerne sagen: „**Spinner** haben bei uns nichts verloren". An und für sich bin ich mutig, aber vielleicht würde ich eine solche Bemerkung doch unterdrücken, um mich nicht der Gefahr eines Schadensersatz- und/oder Entschädigungsanspruchs nach § 15 I, II AGG auszusetzen.

Erhebliches Konfliktpotential birgt insbesondere die letztlich vom Europäischen Gerichtshof zu entscheidende Frage nach der Anerkennung von **Scientology** als Religion oder Weltanschauung. Das Bundesarbeitsgericht[212] hat nach ausführlicher Analyse von Selbstverständnis, Lehre und Praktiken der Organisation und unter Heranziehung umfangreicher Primärliteratur festgestellt, dass

121

Scientology keine Religions- oder Weltanschauungsgemeinschaft i. S. d. Art. 4, 140 GG, Art. 137 WRV ist. Zur Begründung hat es darauf verwiesen, der Scientology-Organisation dienten die religiösen und weltanschaulichen Lehren nur als Vorwand für die Verfolgung wirtschaftlicher Ziele. In beachtenswerter Deutlichkeit hat das Gericht außerdem festgestellt, „menschenverachtende Anschauungen" stünden in engem Zusammenhang mit dem kommerziellen Charakter der Organisation; in wichtigen Schriftstücken und Praktiken zeigten sich „totalitäre Tendenzen".

Vor diesem Hintergrund habe ich zusammen mit meinen Partnern *Ulrich Baeck* und *Frank Merten* 1997 die These vertreten, bei der Entscheidung über die Besetzung einer Vertrauensstellung sei die Frage des Arbeitgebers nach der Zugehörigkeit des Kandidaten zur Scientology-Organisation zulässig.[213] Dies gelte sowohl für Neueinstellungen als auch für den beabsichtigten Arbeitsplatzwechsel im bestehenden Arbeitsverhältnis. Beantworte der Mitarbeiter die **Frage nach seiner Scientology-Zugehörigkeit** bewusst falsch, so sei grundsätzlich die Anfechtung oder fristlose Kündigung des Arbeitsverhältnisses gerechtfertigt. Kaum war der Artikel erschienen, bekam ich von Scientology schriftlich die Aufforderung, die von uns vertretenen Thesen zu widerrufen. Das Schreiben habe ich beiseite gelegt und nicht reagiert. Wenige Wochen später folgte ein Erinnerungsschreiben. Auch dieses ließ ich unbeantwortet. Circa sechs Monate nach Erscheinen des Beitrags folgte ein drittes Schreiben, mit dem ich nochmals sehr aggressiv unter Fristsetzung aufgefordert wurde, unsere Thesen zu widerrufen. Käme ich dem nicht nach, hätte ich es mir selbst zuzuschreiben, wenn die Sache der „**Weltkirche**" von Scientology vorgelegt werden müsse. Geantwortet habe ich auch auf diesen Brief nicht. Allerdings habe ich ihn an den Verfassungsschutz in Baden-Württemberg weitergeleitet.

f) Junge Frauen, alte Männer

Ziel des AGG ist es u. a. auch, **Diskriminierungen wegen Alters** zu verhindern. Dabei wird davon ausgegangen, dass es sowohl Diskriminierungen wegen hohen als auch jungen Alters geben kann. Die Zeiten, in denen – wenn auch nur wenige – Arbeitgeber „Jagd" auf alte Arbeitnehmer gemacht haben, sind Gott sei Dank längst vorbei. Als Arbeitsrechtler erlebt man so einiges: In der ersten

Hälfte des letzten Jahrzehnts kam ein junger Personalmanager eines amerikanischen Konzerns – kaum älter als 30 – zu mir mit dem Anliegen, ich möge ihm ein Konzept aufzeigen, wie das deutsche Tochterunternehmen sich von allen älteren Arbeitnehmern trennen könne. Auf meine Frage, was er unter „älteren Arbeitnehmern" verstehe, meinte er: „Alle, über 45! Grauhaarige Männer und müde Frauen brauchen wir nicht mehr!" Damals war ich auch schon Ende 50. Ich fragte den Jungdynamiker deshalb, wie er denn auf den Gedanken komme, dass ich mit meinem Alter der richtige Berater sein könne. Seine Antwort lautete: „Bei Anwälten ist das etwas anders." Das Beratungsgespräch endete relativ schnell. Ich habe das Mandat schlichtweg abgelehnt. Heute sind die Umstände anders: Das eine oder andere Unternehmen hat zu viele wertvolle ältere Mitarbeiter abgebaut. Deshalb hat sich die Erkenntnis durchgesetzt, dass die **„Silberlocken"** Gold wert sein können.

Dass Arbeitnehmern bei Erreichen eines bestimmten Alters nicht wirksam gekündigt werden kann, ergibt sich schon aus § 1 KSchG. Insoweit hätte es also keiner europäischen oder nationalen Antidiskriminierungsbestimmungen bedurft. Die Einführung des Benachteiligungsgrundes „Alter" hat darüber hinaus weitreichende und überraschende Auswirkungen auf das nationale Recht.[214] So führt z. B. das Verbot der Altersdiskriminierung nach Auffassung des Europäischen Gerichtshofs[215] dazu, dass § 622 II 2 BGB nicht mehr anzuwenden ist. Dem hat sich auch das Bundesarbeitsgericht[216] angeschlossen. Liest der Rechtsanwender die Vorschrift, kann er klipp und klar feststellen, dass bei Berechnung der für die Kündigungsfristen maßgeblichen Beschäftigungsdauer die vor Vollendung des 25. Lebensjahres liegenden Zeiten nicht zu berücksichtigen sind. **Seltsame Welt:** Diese gesetzliche Vorschrift ist nach wie vor in Kraft, darf aber nicht angewandt werden! Warum der Gesetzgeber nicht längst tätig wird und die Vorschrift nicht einfach streicht, ist rätselhaft oder zumindest dem teilweise seltsamen politischen Ränkespiel geschuldet (s. auch S. 12).

Altersdiskriminierungprobleme entstehen vor allem Dingen deshalb, weil es auf Grund des europäischen Hintergrundes nicht ausschließlich um den Schutz älterer Menschen vor Benachteiligungen geht. Verboten ist vielmehr auch eine Benachteiligung wegen **„jungen Alters"**. Das ergibt sich unmissverständlich aus § 10 II Nr. 2 und 6 AGG. Selbstverständlich ist das nicht. So schützt etwa der US-amerikanische *Age Discrimination Act* ausschließlich Personen, die älter als 40 Jahre sind.[217] Alles Jammern hilft aber nichts: *Christoph Schmitz-Scholemann* und *Ulrike Bruhne* konstatieren nämlich, dass „so ein rechter gemeineuropäischer Rechtsgrundsatz", auf dem das Verbot der Altersdiskriminierung beruht, „mindestens von Ewigkeit zu Ewigkeit gelten" müsse.[218] Daran könne auch die Tatsache nichts ändern, „dass alle abend- und morgenländischen Rechtsordnungen seit Menschengedenken an das Alter anknüpfende Differenzierungen kennen". So sahen schon die Schriftrollen von Qumran vor, dass man nur bis zum 60. Lebensjahr das Richteramt ausüben durfte.[219]

Der Rechtsprechung des Europäischen Gerichtshofs ist auch die Auffassung des Bundesarbeitsgerichts[220] geschuldet, wonach die Differenzierung der Urlaubsdauer nach dem Lebensalter in § 26 I 2 TVöD-AT Beschäftigte benachteiligen soll, die das 30. bzw. 40. Lebensjahr noch nicht vollendet haben. Das widerspricht der bisherigen, m. E. durchaus zutreffenden Ansicht, dass eine altersabhängige **Urlaubsstaffelung** mit dem gesteigerten Erholungsbedürfnis älterer Menschen zu rechtfertigen ist. Hinzu kommt, dass diese Rechtsprechung **zusätzliche Rechtsunsicherheit** auslöst: Offen bleibt nämlich, ob ein gesteigertes Erholungsbedürfnis und damit ein legitimes Ziel anzuerkennen ist, wenn beim zusätzlichen Urlaub etwa auf das 45., 50. oder 55. Lebensjahr abgestellt würde. Zu was führt die unterstellte Diskriminierung? Es wird nicht etwa eine Anpassung „von oben nach unten", sondern „von unten nach oben" vorgenommen. Jüngere Arbeitnehmer werden wie ältere behandelt. **Finanziell katastrophal** kann sich das insbesondere bei tariflichen Regelungen auswirken, die die Vergütung auch in Abhängigkeit vom Lebensalter bestimmen. Beschäftigt der Arbeitgeber z.B. 10 Arbeitnehmer, die älter als 50 sind, aber 1.000 jüngere Arbeitnehmer und sieht die Vergütungsregelung vor, dass die über 50-jährigen einen monatlichen Zuschlag von Euro 200,– erhalten, so wird der Arbeitgeber jährlich mit 1.000 × Euro 200,– × 12 = Euro 2.400.000,– zur Kasse gebeten.[221] Ein m. E. absurdes Ergebnis, zumal die Rechtsprechung den armen Arbeitgeber im Regen stehen lässt: Wie soll er einen solchen mit der IG Metall oder ver.di vereinbarten Tarifvertrag ändern? Das setzt die Mitwirkung der Gewerkschaft voraus. Und wenn sie sich weigert und der Tarifvertrag gekündigt wird, so wirkt er nach § 3 III TVG ohne zeitliche

Limitierung nach! Andererseits soll das mit dem altersabhängigen Vergütungssystem verfolgte Ziel einer Honorierung der vom Arbeitnehmer erworbenen **Berufserfahrung** „legitim" sein.[222] Dann sollte es doch auch möglich sein, pauschal die mit zunehmendem Alter erworbene **Lebenserfahrung** in angemessenem Umfang honorieren zu dürfen. Mich überzeugt insoweit das Konstrukt der Altersdiskriminierung nicht. Die Rechtsprechung in diesem Bereich gehört für mich eher zu den „traurigen" Kapiteln!

Pikante Fragestellungen ergeben sich bei der betrieblichen Altersversorgung. Zulässig sind m. E. **Spätehenklauseln**, die Ansprüche ausschließen, wenn die Ehe erst nach Beendigung des Arbeitsverhältnisses nach einem bestimmten Höchst-Lebensalter des Arbeitnehmers oder nach Eintritt des Versorgungsfalls geschlossen wird.[223] Die hierin liegende mittelbare Benachteiligung älterer Arbeitnehmer ist gerechtfertigt durch das Ziel, „Versorgungsehen" auszuschließen. Soweit durch solche Klauseln Ehen ausgenommen werden, die nach Beendigung des Arbeitsverhältnisses oder sogar nach Eintritt des Versorgungsfalls geschlossen wurden, ist das beinahe schon eine Selbstverständlichkeit. Weshalb sollte der Ehegatte eines verstorbenen Arbeitnehmers Leistungen des Arbeitgebers erhalten, ohne seinerseits an der Leistung des Arbeitnehmers beteiligt gewesen zu sein?

Auch die Frage, ob Altersabstandsklauseln in einer vom Arbeitgeber geschaffenen Versorgungsordnung gegen das Verbot der Diskriminierung wegen Alters verstoßen, hat das Bundesarbeitsgericht[224] dem **Europäischen Gerichtshof** zur Entscheidung vorgelegt. Im konkreten Fall ging es um einen Ausschluss der Hinterbliebenenversorgung, wenn der hinterbliebene Ehegatte mehr als 15 Jahre jünger ist als der verstorbene ehemalige Arbeitnehmer. Der Gerichtshof[225] hielt die Antidiskriminierungsrichtlinien aber zeitlich für nicht anwendbar, und nahm daher zur Vereinbarkeit von Altersabstandsklauseln mit dem Verbot der Altersdiskriminierung inhaltlich keine Stellung.

Der **überlebende Ehegatte** kann m. E. durch eine Altersabstandsklausel nicht unzulässig benachteiligt sein, weil das Benachteiligungsverbot nur im Verhältnis zwischen Arbeitgeber und (ehemaligem) Arbeitnehmer gilt, aber nicht auch im Verhältnis zu dessen Hinterbliebenen. Junge Frauen älterer Männer können deshalb zulässigerweise benachteiligt werden.

Altersabstandsklauseln können – wenn überhaupt – allenfalls eine mittelbare Benachteiligung älterer Arbeitnehmer darstellen. Warum? Die Antwort ist einfach: Der **Kreis potentieller Ehefrauen** wird eingeschränkt. Nicht selten spielt in Ehen zwischen Alt und Jung neben Ausstrahlung und Lebenserfahrung älterer Männer auch die finanzielle Absicherung der jungen Partnerin eine gewisse Rolle. Die „Chancen", wesentlich jüngere Frauen dauerhaft für sich zu gewinnen, verringert sich bei leerem Geldbeutel entsprechend.

Soweit danach eine **mittelbare Benachteiligung** wegen des Alters angenommen werden kann, sind Altersabstandsklauseln aber gerechtfertigt nach § 3 II AGG. Sachlicher Grund für die Herausnahme sehr viel jüngerer Hinterbliebener von Leistungen der betrieblichen Altersversorgung ist die sich aus einer Einbeziehung ergebende enorme wirtschaftliche Belastung des Arbeitgebers. Entsprechendes gilt aber auch, wenn man auf die Sicht junger Frauen abstellt: Für sie wird häufig eine Ehe mit einem wesentlich älteren Mann nur dann „vernünftig" sein, wenn sie auf eine Witwenpension zugreifen können. Wird eine solche Pension durch eine Altersabstandsklausel verhindert, werden die jungen Frauen mittelbar benachteiligt. Und auch das ist m. E. nach § 3 II AGG gerechtfertigt.

Ein **Fazit** zum Verbot der Altersdiskriminierung und der Rechtsprechung des Europäischen Gerichtshofs, lässt sich mit den Worten von *Christoph Schmitz-Scholemann* und *Ulrike Bruhne* wie folgt ziehen:[226]

> „Die Rechtsprechung des Unionsgerichtshofs ist juristisch oft schwerer greifbar und undurchsichtiger als Nebel. Leider besteht wenig Hoffnung, dass sich daran etwas ändert. Denn die Unschärfe seiner Aussagen gibt dem Unionsgerichtshof etwas Sphinxhaftes und damit eine Aura unberechenbarer Macht."

Der Gerichtshof jedenfalls scheint nach dem alten **Grundsatz der Logik** zu verfahren: „ex nebula quod libet!", vielleicht aber auch „nach der Devise des spaßigen Katers *Garfield* in dem gleichnamigen Film: Wenn ich schon nicht weiß, was ich sage, will ich wenigstens für Verwirrung sorgen."[227]

g) Einstellung nach Schönheit

Bei der **6. NZA-Jahrestagung 2006** referierte am 7.10.2006 der sehr renommierte und jedenfalls damals noch sehr junge Arbeitsrechtler *Gregor Thüsing* zum Thema „Das allgemeine Gleichbehandlungsgesetz in der betrieblichen Praxis." Dabei stellte er die (scherzhafte?) These auf, junge Menschen seien durchweg schöner als ältere. Einstellungen nach Schönheit könnten sich deshalb als ungerechtfertigte mittelbare Benachteiligungen älterer Menschen i. S. d. § 3 II AGG darstellen.

Auf dem **Podium** saßen *Reinhard Richardi*, emeritierter Professor der Universität Regensburg, der zu den renommiertesten Arbeitsrechtswissenschaftlern Deutschlands gehört, *Achim Schunder*, Honorarprofessor an der Universität Mannheim und Niederlassungsleiter der Zeitschriftenredaktion des Verlags C.H.Beck in Frankfurt, und ich, alle durchweg älter als *Gregor Thüsing*. Wir inspizierten diesen, dann betrachteten wir uns und stellten unter großem Beifall des Plenums fest, dass die von ihm vertretene These offensichtlich nicht stimmen könne.

Scherz beiseite: Selbstverständlich kann von einer Diskriminierung nicht die Rede sein, wenn ein Arbeitgeber einem/einer Bewerber(in) eine Absage wegen eines **ungepflegten äußeren Erscheinungsbildes** erteilt.

Ein Arbeitgeber kann auch seine Abneigung gegenüber **Bartträgern** kommunizieren. Wird ein Mann wegen seines Bartes nicht eingestellt, so hat dies nichts mit einer Diskriminierung i. S. d. AGG zu tun. Auch sonst sehe ich keine Rechtsgrundlage für etwaige Entschädigungsansprüche. Eine andere Frage ist natürlich, ob eine solche Arbeitgeberhaltung opportun ist.

Allerdings hat eine Einstellung nach „Schönheit" auch ihre **Grenzen**. Das rührt daher, dass nach den europäischen Antidiskriminierungsrichtlinien und § 1 AGG u. a. eine Benachteiligung wegen „Behinderung" verpönt ist. Um eine solche Behinderung handelt es sich, wenn ein Fall **extremer** Körpergröße oder extremen Kleinwuchses („Nanosomie") vorliegt. Dagegen stellt eine bloße Übergewichtigkeit noch keine Behinderung dar.[228] Das hat jedoch **absurde Konsequenzen:** Der im Grunde verwerflicher handelnde Arbeitgeber, der bereits eine einfache Übergewichtigkeit zum Anlass für eine negative Bewerbungsentscheidung nimmt, kommt ungeschoren davon, während der weniger verwerflich handelnde Arbeitgeber, der es ablehnt, einen extrem fettleibigen oder extrem großen oder extrem kleinen Bewerber einzustellen, Schadensersatz und/oder Entschädigung nach § 15 AGG zu leisten hat. Das mag auf den ersten Blick verwundern, hat aber damit zu tun, dass die Richtlinien und das AGG keinen umfassenden Schutz vor Diskriminierungen bieten, sondern nur Benachteiligungen aus abschließend beschriebenen Gründen für unzulässig erklären.

Auf der Zunge zergehen lassen muss man sich übrigens die deutsche Definition für **Behinderung**. § 2 I 1 SGB IX definiert das nämlich so:

> „Menschen sind behindert, wenn ihre körperliche Funktion, geistige Fähigkeit oder seelische Gesundheit mit hoher Wahrscheinlichkeit länger als sechs Monate von dem für das Lebensalter typischen Zustand abweichen und daher ihre Teilhabe am Leben in der Gesellschaft beeinträchtigt ist."

Legt man diesen Maßstab zu Grunde, sind m. E. mindestens **25 %** aller Deutschen „behindert".

Nach dem Wortlaut der Antidiskriminierungsrichtlinie und von § 1 AGG kann die Benachteiligung einer behinderten Person nur vorliegen, wenn sie *wegen* der Behinderung erfolgt. Das ruft geradezu nach **Kausalität**. Anders aber das Bundesarbeitsgericht.[229] Ein Indiz gem. § 22 AGG für eine nicht gerechtfertigte Benachteiligung soll nämlich auch dann vorliegen, wenn der Arbeitgeber zwar entgegen § 81 I 1, 2 SGB IX nicht geprüft hat, ob ein freier Arbeitsplatz mit einem Schwerbehinderten besetzt werden kann, der Bewerber aber andererseits seine Schwerbehinderung gar nicht offengelegt hat. Wie kann dann die Ablehnung einer solchen Bewerbung kausal auf die Behinderung zurückgeführt werden? Das gehört zu den **Geheimnissen** des 8. Senats.

h) Plattdeutsch versus schwäbisch/alemannisch

Am 1. 1. 1999 ist die „Europäische Charta der Regional- oder Minderheitssprachen" in Kraft getreten.[230] Danach gilt **Plattdeutsch** als schützenswerte Regionalsprache, nicht dagegen andere in Deutschland weit verbreitete Dialekte wie bayerisch, sächsisch, alemannisch oder schwäbisch. Das hat zur Folge, dass an Hamburger

Grundschulen Plattdeutsch als Wahlpflichtfach unterrichtet wird. Plattdeutsch habe seit der Zeit der Hanse eine lange Tradition und müsse gefördert werden.

Werner Birkenmaier[231] hat die erboste Frage aufgeworfen, wo z. B. die Schwaben und Alemannen waren, als diese „**schändliche Charta**" ausgehandelt wurde. Genau genommen bedeute die Charta, dass Schwäbisch und Alemannisch ruhig aussterben könnten, denn die Hamburger verstünden es ohnehin nicht. Dass sei eine Bevormundung für Leute, die angeblich alles könnten, außer Hochdeutsch. Er schließt damit:

> „Die ‚Fischköpfe' im Norden haben, dieser Eindruck drängt sich auf, ihren Platt-Snack heimlich still und leise durchgesetzt. Das verstößt gegen die Antidiskriminierungs-Richtlinie der EU. Wir müssen klagen."

In der Tat: Die EU, die ihre Antidiskriminierungsrichtlinien hochhält, macht sich selber einer **ethnischen Diskriminierung** schuldig!

14. Kostenwirrwarr

Kostenbeschlüsse erschließen sich juristischen Laien meist nur **schwer**, z. B. wenn es in einem Landesarbeitsgerichts-Beschluss[232] heißt:

> „An sich nicht erstattbare Kosten des arbeitsgerichtlichen Verfahrens erster Instanz sind insoweit erstattbar, als durch sie erstattbare Kosten erspart bleiben."

15. Toilettenfälle

Dass die Satire von der Wirklichkeit gelegentlich überholt wird, belegen Fälle aus Köln, der **Hochburg deutschen Arbeitsrechts**.[233]

So hat ein Kölner Rechtsanwalt einem in seiner Kanzlei angestellten jungen Kollegen Euro 682,40 wegen ungebührlich lang verbrachter Zeiten auf der Toilette abgezogen. Auf Grund minutiöser Aufzeichnung ergab sich für den Zeitraum von 14 Tagen eine Verweildauer von 384 Minuten. Diese Zeit rechnete der beklagte Anwalt auf die Dauer des wenig später beendeten Arbeitsverhältnisses hoch und kam so auf insgesamt 90 Stunden, was einem Stundenlohn von Euro 7,58[234] entspräche[235]! Das Arbeitsgericht Köln[236] entschied zu Gunsten des Klägers, vielleicht auch deshalb, weil auf dem **ungestörten Ort** die geistige Tätigkeit eines Anwalts durchaus förderliche Gedanken entwickeln kann.

Der Kölner Fall könnte im Übrigen ein Indiz sein für die Richtigkeit der Antwort von *Harald Schmidt*[237] auf die Frage, ob es den sprichwörtlichen **schwäbischen Wohlstand** immer noch gebe:

> „Relativ gesehen ja. Wenn ich mir in Stuttgart die sozialen Brennpunkte anschaue – das ist in Köln oberer Mittelstand."

Auch ein weiteres Kölner Urteil hat Aufsehen erregt, bedurfte es doch erst der Klarstellung, dass der Arbeitgeber seinem Direktionsrecht nicht gerecht wird, wenn er einem als Kundendienstmitarbeiter im Innen- und Außendienst beschäftigten Arbeitnehmer aufgibt, Adressen aus dem Telefonbuch abzuschreiben und ihn hierzu mit der Auflage, die **Toilette** nur in **Begleitung des Betriebsleiters** aufzusuchen, in einen Büroraum einschließt.[238]

Toilettenfälle kennt aber nicht nur die Kölner Arbeitsgerichtsbarkeit. Auch das Landesarbeitsgericht Hamm[239] musste sich mit einer Aufsehen erregenden Konstellation beschäftigen: Es ging um ein **mittelständisches Familienunternehmen**, in dem am 11.6. 2003 der über 80-jährige (!) Geschäftsführer einen Kontrollgang u. a. durch die sanitären Anlagen des Betriebs machte. Dabei stellte er gegen 13.45 Uhr fest, dass in einer verschlossenen Kabine eine Person auf der Toilette saß, die Hosen dabei jedoch anbehalten hatte. Bei der Person handelte es sich um den späteren Kläger. Diese Feststellungen hatte der Geschäftsführer dadurch getroffen, dass er unter der verschlossenen Toilettentür in die Kabine hineingesehen hatte. Er schlug gegen die Tür und fotografierte den Kläger über die verschlossene Toilettentür hinweg. Gleichzeitig rief er sinngemäß: „Mach Dich raus!" Wenige Tage später wurde dem Kläger fristlos, hilfsweise fristgerecht gekündigt. Die Kündigungsschutzklage war erfolgreich. Die Behauptung des Unternehmers, der Kläger habe am 11.6.2003 während der Arbeitszeit auf der Toilette geschlafen, ließ das Gericht nicht gelten, weil der Kläger diesen Vorwurf bestritten und seinerseits vorgetragen hatte, er habe sich lediglich fünf Minuten wegen seiner damals bestehenden Magenbeschwerden sitzend in der Toilettenkabine befunden.

Ob die „Hammer-Entscheidung" bei dem Familienpatriarchen seinerseits zu nur vorübergehenden oder dauernden Magenbeschwerden oder sogar einem **Herzinfarkt** mit letalem Ausgang geführt hat, lässt sich der Entscheidung leider nicht entnehmen.[240]

16. Bildungsurlaub

Dagegen erscheint es kühn, wenn das Arbeitsgericht Marburg[241] – so 1995 geschehen – den Arbeitgeber verurteilt, einem **städtischen Wohngeldsachbearbeiter** Bildungsurlaub zu gewähren, und zwar für das vom Hessischen Ministerium für Frauen, Arbeit und Sozialordnung mit Bescheid vom 14. 3. 1994 als Bildungsveranstaltung i. S. d. Hessischen Bildungsurlaubsgesetzes anerkannte Seminar:

> „Die Liebe, die Liebe eine Himmelsmacht? – Sexualität und Beziehung im Spannungsfeld gesellschaftlicher Veränderungen und individuellem Glücksversprechen."

Ein solches Seminar diene – so das Gericht – nicht der privaten Fortbildung in Bezug auf Sexualität, Liebe und Partnerschaft. Die vermittelten Erkenntnisse in den Konfliktfeldern Familie und Gesellschaft sowie Geschlechterbeziehungen in Vergangenheit, Gegenwart und Zukunft beträfen vielmehr **Bereiche von großer gesellschaftspolitischer Bedeutung.** Ob diese gerichtliche Einschätzung angebracht war, dürfte zweifelhaft sein. Möglicherweise handelte es sich beim Kläger eher um ein sexuell verklemmtes Wesen, das nach individuellen Wegen aus seiner Krise und um Erleuchtung für sein Behördendasein suchte.

Das Hessische Ministerium für Frauen, Arbeit und Sozialordnung soll auch **folgende Veranstaltungen** als geeignet i. S. d. Hessischen Bildungsurlaubsgesetzes anerkannt haben:[242]
– beam me up, Scotty-Workshop über Science-Fiction-Filme
– Prostitution in Hamburg
– Der Witz – ein Seminar über den Witz, das Lachen und über all jene, über die gelacht wird.

Ja, sind wir denn im „**Tollhaus**"?[243] Ein Witz ist es in der Tat, dass solche „Bildungsurlaube" auf Kosten der Arbeitgeber von Institutionen nach dem Motto anerkannt werden: „Uns kostet es nichts, also ist es den Arbeitgebern zumutbar."

17. Love contracts für love contacts?

Im Jahr 2005 sorgte der weltweit geltende und über 28-seitige **Verhaltenskodex des** *Wal-Mart*-**Konzerns** für Schlagzeilen. Dieser „Code of Business Conduct and Ethics" enthält Regelungen über das Verhalten der Mitarbeiter untereinander, Verantwortung gegenüber Unternehmen und Aktionären, Verantwortung gegenüber Lieferanten, Wettbewerbern, Kunden, Gemeinden und Behörden sowie Verantwortung hinsichtlich internationaler Geschäftspraktiken. Er wurde von der deutschen Tochtergesellschaft in die „*W*-Pipeline" und damit ins Internet eingestellt. Unter private Beziehungen/Liebesbeziehungen heißt es:

> „Von *W*-Mitarbeitern wird ein Verhalten verlangt, das Respekt, Vertrauen, Sicherheit und Effizienz am Arbeitsplatz fördert. Sie dürfen nicht mit jemandem ausgehen oder in eine Liebesbeziehung mit jemandem treten, wenn sie die Arbeitsbedingungen dieser Person beeinflussen können, oder der Mitarbeiter ihre Arbeitsbedingungen beeinflussen kann."

Ethikrichtlinien sind in den vergangenen Jahren von zahlreichen Unternehmen eingeführt worden, deren US-Obergesellschaft vom Anwendungsbereich des **Sarbanes-Oxley-Act** erfasst wird. Zwei Gründe werden dafür geltend gemacht: Die Unternehmen befürchten zum einen, dass Vorgesetzte ihre Position ausnutzen, indem sie die Liebste oder den Liebsten gegenüber anderen Mitarbeitern bevorzugen, was schnell für Tumulte in der betroffenen Abteilung sorgen und das Arbeitsklima vergiften kann.[244] Zum anderen – und noch viel mehr – wollen amerikanische Unternehmen vermeiden, bei Scheitern der Beziehung wegen sexueller Belästigung am Arbeitsplatz haftbar gemacht zu werden.[245]

Solche **Liebesverbote** machen die Rechnung aber ohne den Wirt. Mit anderen Worten: Vor den Augen strenger deutscher Arbeitsrichter halten sie nicht stand. So hat das Landesarbeitsgericht Düsseldorf[246] die genannte Ethikrichtlinie wegen Verstoßes gegen das Grundgesetz (Art. 1, 2 GG) für unwirksam erklärt. Diese Entscheidung dürfte in Richterkreisen aller Gerichtsbarkeiten durchweg Zustimmung finden. Soll doch der eine oder andere (Vorsitzende) Richter ebenfalls „Love Contacts" mit anderen Personen seines Gerichts pflegen.[247] Motto: Gelegenheit macht Liebe!

18. Schadensersatzprobleme

Niemand ist perfekt. Fehler unterlaufen immer wieder auch Arbeitnehmern. Nur wenige Fälle erregen allerdings ein solches Aufsehen wie der Fall der Putzfrau, die im Dortmunder Museum Ostwall Teile des *Kippenberger*-Kunstwerks „Wenn's anfängt, durch die Decke zu tropfen" weggeschrubbt hatte. Den weißlichen Kalkfleck im Gummitrog unter einem Holzpalettenturm hatte sie entfernt, weil sie ihn für Schmutz hielt. Zurück blieb nicht nur ein zerstörtes und mit einem Wert von Euro 800.000,– (!) versichertes **Kunstwerk**. So wird die Putzfrau kaum zur Kasse gebeten werden können und auch eine Kündigung dürfte kaum gerechtfertigt sein.

Im Übrigen stellt sich wie schon 1986 bei der berühmten „Fettecke" von *Joseph Beuys,* die ebenfalls von einer beflissenen Reinigungskraft beseitigt wurde, die Frage: **Was ist Kunst?**[248]

19. Besamung und Arbeitnehmerzusatzversorgung

Das Bundesarbeitsgericht[249] war auch aufgerufen, festzustellen, dass die Gewinnung von Samen aus selbst gehaltenen Bullen zum Zwecke der Fortpflanzung des Viehs durch eine **Rinderbesamungsgenossenschaft** zur Viehzucht gehört und damit zur Landwirtschaft und unter den Geltungsbereich des Tarifvertrags über eine Zusatzversorgung der Arbeitnehmer der Land- und Forstwirtschaft fällt.

20. Befristungsrecht auf Abwegen

a) Lebensfremdes Richterrecht

Auch wenn die arbeitsrechtliche Rechtsprechung arbeitgeberfeindlich, unberechenbar und sogar standortschädigend erscheint, können dafür die Gerichte nicht generell verantwortlich gemacht werden. Arbeitsrecht ist im Wesentlichen **Arbeitnehmerschutzrecht** und hält daher schon wegen der Natur der Sache böse Überraschungen für Arbeitgeber bereit.

So weit, so gut. Realität ist aber auch, dass es ab und zu arbeitnehmerfreundliche Entscheidungen gibt, die kaum noch mit dem gesunden Menschenverstand zu begründen sind. So war es bei einer Entscheidung des Bundesarbeitsgerichts[250] aus dem Jahre 2006 zum Befristungsrecht. § 14 II TzBfG erlaubt den Abschluss und die höchstens dreimalige Verlängerung eines **sachgrundlos befristeten Arbeitsvertrags** bis zu einer Gesamtdauer von zwei Jahren. Unzulässig ist eine solche Befristung aber dann, wenn „bereits zuvor" zwischen Arbeitgeber und Arbeitnehmer ein Arbeitsverhältnis bestanden hat – unabhängig davon, ob befristet oder unbefristet.

In dem entschiedenen Fall hatte der Arbeitnehmer einen befristeten Arbeitsvertrag für ein Jahr abgeschlossen und einvernehmlich mit dem Arbeitgeber verlängert, wobei alles beim Alten blieb, allerdings mit einer **verhängnisvollen Ausnahme:** Der Stundenlohn wurde um Euro 0,50 erhöht! Die Instanzgerichte hatten keinen Zweifel, dass der befristete Arbeitsvertrag dadurch zulässigerweise verlängert wurde. Anders aber unser höchstes Arbeitsgericht: Eine wirksame Verlängerung liege nur vor, wenn alle Arbeitsbedingungen bis auf die Vertragsdauer unverändert blieben. Auf Grund der Erhöhung des Stundenlohns handle es sich nicht um eine Verlängerung, sondern um den Neuabschluss eines Arbeitsvertrags. Die Befristung sei unwirksam, da zwischen den Vertragsparteien bereits zuvor ein Arbeitsvertrag bestanden habe – nämlich der Vertrag, den sie eigentlich verlängern wollten.

Die Folge: Der Arbeitnehmer befindet sich in einem unbefristeten Arbeitsverhältnis und kann sich auf den allgemeinen Kündigungsschutz berufen. Das wird für den Arbeitgeber teuer! Eine geradezu **unbegreifliche Entscheidung!** Es wird völlig über das Ziel hinausgeschossen. Der Gesetzgeber will – wohl für jeden erkennbar, nur für die Richter des damaligen 7. Senats nicht – Arbeitnehmer vor nachteiligen Änderungen aus Anlass der Verlängerung einer Befristung schützen. Aber doch nicht vor **Verbesserungen!**

Das Ergebnis lässt sich keinem Arbeitgeber erklären und auch Gewerkschaftsvertreter, mit denen man unter vier Augen spricht, räumen ein, dass es sich um nichts anderes als **skurrilen, formalistischen richterrechtlichen Wildwuchs** handelt.

b) Gesetzgeberisches Trauerspiel

Nach dem Wortlaut von § 14 II TzBfG ist die Befristung eines Arbeitsverhältnisses ohne Vorliegen eines sachlichen Grundes nicht zulässig, wenn mit demselben Arbeitgeber „**bereits zuvor**" ein Ar-

beitsverhältnis bestanden hat. Das Bundesarbeitsgericht[251] hat am
6.4.2011 entschieden, dass dieses sog. Vorbeschäftigungsverbot
zeitlich eingeschränkt auszulegen sei und einer sachgrundlosen Befristung nicht entgegenstehe, wenn das Ende des vorangegangenen
Arbeitsverhältnisses mehr als drei Jahre zurückliege. Das Gericht
begründet seine Entscheidung mit der Notwendigkeit einer „ver-
fassungsorientierten Auslegung". Ein uneingeschränktes Vorbeschäftigungsverbot berge strukturell die Gefahr, als arbeitsrechtliches Einstellungshindernis die durch Art. 12 I GG geschützte
Berufsfreiheit des Arbeitnehmers unverhältnismäßig zu begrenzen.

Die In der Sache ist dem zuzustimmen. Der weite Wortlaut von § 14
II TzBfG ist durch den Zweck der Vorschrift, Befristungsketten
zur Umgehung des Kündigungsschutzes zu verhindern, nicht gerechtfertigt. Umstritten ist jedoch, ob das Bundesarbeitsgericht mit
seiner einschränkenden Auslegung seine **verfassungsrechtlichen
Kompetenzen** im Verhältnis zum parlamentarischen Gesetzgeber
überschritten hat.[252]

Die aus dieser Kontroverse entstehende **Rechtsunsicherheit** ist
für die Arbeitsvertragsparteien, also sowohl für Arbeitnehmer als
auch für Arbeitgeber, und ihre Rechtsberater nicht hinnehmbar,
weil möglicherweise die Instanzgerichte – zumindest teilweise –
dem Bundesarbeitsgericht nicht folgen werden. Deshalb ist es an
sich dringend geboten, dass der Gesetzgeber für Klarheit sorgt. Dabei bietet es sich an, die vom Bundesarbeitsgericht gewählte zeitliche Sperre von drei Jahren in Anlehnung an die regelmäßige drei-
jährige Verjährungsfrist (§ 195 BGB) zu übernehmen. Dass
Handlungsbedarf besteht, hat im Übrigen schon der Koalitionsvertrag vom 26.10.2009 zwischen CDU/CSU und FDP gesehen.[253]
Aber was tut die **Politik**? Nichts! Sie lässt die Ministerialbürokratie
im Regen stehen. Ein Trauerspiel erster Güte!

Zu § 14 II TzBfG ist aber noch eine Geschichte hinzuzufügen,
bei der ich mir selber auf die Schulter klopfen muss, was man nach-
sehen möge: Der **Koalitionsvertrag der Großen Koalition** vom
18.11.2005 sah vor, im Kündigungsschutz „mehr Transparenz und
mehr Rechtssicherheit für Beschäftigte und Arbeitgeber" zu schaffen. Dazu sollte die Möglichkeit der sachgrundlosen Befristung
von Arbeitsverhältnissen bis zur Dauer von zwei Jahren (§ 14 II
TzBfG) abgeschafft werden. Im Gegenzug sollten Arbeitgeber und
Arbeitnehmer die Option erhalten, die Wartezeit des § 1 I KSchG

von sechs Monaten durch vertragliche Vereinbarung auf 24 Monate zu verlängern. Das wäre jedoch für die Arbeitgeber eine **Mogelpackung** gewesen.[254] Sie hätte viele Vorteile der sachgrundlosen Befristung beseitigt und mehr Rechtsunsicherheit erzeugt. Im Gegensatz zum befristeten Arbeitsvertrag, der mit Ablauf der Befristung einfach endet, greift bei einem unbefristeten nämlich grundsätzlich ein bestehender Sonderkündigungsschutz ein. Bei schwerbehinderten Arbeitnehmern verlangt das SGB IX vor einer Kündiguhg die Zustimmung des Integrationsamts bereits nach sechs Monaten. Für Auszubildende geht das Bundesarbeitsgericht[255] davon aus, dass die Zeiten der Ausbildung auf die Wartezeit nach § 1 I KSchG anzurechnen sind. Die Übernahme in ein unbefristetes Arbeitsverhältnis nach Ende der Ausbildung hätte daher auch bei einer Wartezeit von 24 Monaten zum sofortigen Kündigungsschutz geführt. Unklar wäre ferner gewesen, ob bei einer solchen Novellierung eine Befristung mit Sachgrund, z. B. zur Erprobung des Arbeitnehmers, bis zur Dauer von 24 Monaten zulässig gewesen wäre. Aus all diesen Gründen gab es bei den Praktikern des Arbeitgeberlagers kaum jemanden, der einen solchen Kuhhandel guthieß.

Eines Tages saß ich dann im Flugzeug nach Berlin. Neben mir saß der Fraktionsvorsitzende der CDU/CSU, *Volker Kauder*. Dabei kamen wir sehr rasch auf den Koalitionsvertrag zu sprechen, insbesondere auf die Absicht, § 14 II TzBfG zu streichen und dafür die Wartezeit des § 1 KSchG auf zwei Jahre auszudehnen. Er wies mich darauf hin, der **Wunsch** nach dieser Regelung stamme doch aus dem **Arbeitgeberlager**. Dem hielt ich standhaft entgegen, dass nach nochmaligem Nachdenken auf Arbeitgeberseite kaum jemand mehr das Vorhaben begrüße. Die Nachteile erläuterte ich intensiv.

Einige Monate später vernahm ich zu meiner Freude, dass die Große Koalition das Vorhaben fallen lassen wolle. Am 23.5.2007 begegnete ich *Volker Kauder* erneut in Berlin, diesmal aus Anlass der Festschriftübergabe zum 70. Geburtstag von *Rupert Scholz*, dem namhaften Verfassungsrechtler, früheren Verteidigungsminister und *Gleiss Lutz*-Of Counsel. Nach der Übergabe der **Festschrift** kam es zu geselligen Gesprächen beim üblichen Wein. *Volker Kauder* stand in einer Runde zusammen mit anderen Politikern sowie dem damaligen weiteren *Gleiss Lutz*-Of Counsel *Manfred Löwisch* und mir. Ich fragte, was denn nun aus dem besagten Vorhaben

werde. Daraufhin berichtete *Volker Kauder* der Runde von einem
Flug von Stuttgart nach Berlin, bei dem „**ein Anwalt**" neben ihm
gesessen und ihn intensiv bearbeitet habe, die Finger von der Strei-
chung der sachgrundlosen Befristung zu lassen. Das habe ihn überzeugt und deshalb habe er wenig später zur Bundeskanzlerin gesagt: „*Angela*, wir lassen die Befristung und den Kündigungsschutz
unverändert!" Da musste ich dann doch die Runde aufklären, indem ich zu *Volker Kauder* gewandt sagte: „Herr *Kauder*, der Anwalt,
der sie beim Flug von Stuttgart nach Berlin bearbeitet hat, war
ich." Das löste heiteres Gelächter aus.

Für mich ist diese Geschichte ein Beleg dafür, dass **Hinter-
grundgespräche** u. U. mehr bewirken können, als fachliche Publikationen, die von Politikern kaum zur Kenntnis genommen werden.
Und so kann ich mich rühmen, zwar nicht ein Gesetz zu Stande,
aber ein beabsichtigtes unsinniges Gesetz zu Fall gebracht zu haben.

c) „Mangold"-Entscheidung – ein Stück aus dem Tollhaus!

§ 14 III TzBfG a. F. sah vor, dass die Befristung eines Arbeitsvertrages keines sachlichen Grundes bedarf, wenn der Arbeitnehmer
bei Beginn des befristeten Arbeitsverhältnisses das 52. Lebensjahr
vollendet hatte. Die Befristung war allerdings nicht zulässig, wenn
zu einem vorhergehenden unbefristeten Arbeitsvertrag mit demselben Arbeitgeber ein enger sachlicher Zusammenhang bestand, insbesondere, wenn zwischen den Arbeitsverträgen ein Zeitraum von
weniger als sechs Monaten lag. Diese Regelung, die der Gesetzgeber einführte, um **älteren Arbeitnehmern bessere Arbeitsmarkt-
chancen** zu bieten, wurde von Anfang an heftig bekämpft. So kam
es zu einem Verfahren, das seinen Ausgang beim Arbeitsgericht
München nahm.

Geklagt hatte *Werner Mangold* gegen *Rüdiger Helm*, einen bekannten Münchener Arbeitnehmeranwalt. *Mangold* hatte mit Wirkung zum 1.7.2003 einen bis 28.2.2004 befristeten Arbeitsvertrag
mit Rechtsanwalt *Helm* geschlossen. Schon am 25.7.2003 ging die
Klage bei Gericht ein, sie war wohl die **erste „Arbeitsleistung"**
nach Abschluss des Arbeitsvertrags. Im Arbeitsvertrag hieß es u. a.:

> „Die Parteien sind sich einig, dass der unter der vorgenannten
> Ziffer bezeichnete Befristungsgrund der einzige Befristungs-
> grund ist, auf den die Befristungsabrede gestützt wird. Vom Ge-

setzgeber und der Rechtsprechung grundsätzlich für zulässig angesehene andere Befristungsgründe werden ausdrücklich ausgeschlossen und sind nicht Gegenstand hiesiger Befristungsabrede."

Da eine wirksame Befristung nach dem TzBfG nicht die Angabe des Sachgrundes oder den Hinweis auf die Rechtsgrundlage einer sachgrundlosen Befristung voraussetzt und auch das Nachschieben eines Sachgrunds zulässig ist, kann diese **ausdrückliche Vertragsregelung** nur verwundern: Welcher Arbeitgeber schließt um alles in der Welt einen solchen Vertrag?

Die Antwort war einfach: Ein Anwalt. Und dazu noch einer, der ganz sicher gehen will, dass es schiefgeht. **Was steckte** also **wirklich hinter dem Verfahren?** Schon im Jahr 2000 kämpfte Rechtsanwalt *Helm* aus München im Gesetzgebungsverfahren gegen die Schaffung der Möglichkeit zur Altersbefristung. Selbstverständlich drängte sich sofort die Frage auf, warum *Mangold* ausgerechnet an Rechtsanwalt *Helm*, einen ausgewiesenen Experten des Altersbefristungsrechts, als Arbeitgeber geraten musste. Aber keine Sorge: *Mangold* wurde anwaltlich gut beraten. Seine Vertretung in dem Verfahren hatte Rechtsanwalt *Dieter Hummel* aus Berlin übernommen. Für das Verfahren konnte nur von Vorteil sein, dass sich die Rechtsanwälte *Helm* und *Hummel* aus ihrer gemeinsamen Zeit im Vorstand der dem politisch linken Lager zuzurechnenden Vereinigung Demokratischer Juristinnen und Juristen e.V. seit jeher gut kannten. Hinzu kam, dass auf der Homepage von Rechtsanwalt *Helm* der Kollege *Hummel* ausdrücklich als einer der Kooperationspartner angegeben worden war.

Im Verfahren vor dem Arbeitsgericht München bestand diese „**Kooperation**" ganz offensichtlich darin, dass Rechtsanwalt *Hummel* absprachegemäß gegen seinen Kollegen persönlich ins Feld zog. Das Arbeitsgericht München[256] nahm die Klage zum Anlass, ein Vorabentscheidungsverfahren vor dem Europäischen Gerichtshof nach Art. 234 EGV a. F. (jetzt Art. 267 AEUV) anzustrengen. Und der Europäische Gerichtshof[257] erklärte tatsächlich die Befristung für europarechtswidrig.

Das Verfahren war ein Stück aus dem Tollhaus. Dass sowohl das Arbeitsgericht München als auch der Europäische Gerichtshof auf einen **Schwindel** hereinfallen, ist betrüblich. Bei genauer Prüfung des Sachverhalts hätte schon das Arbeitsgericht feststellen müssen, dass es sich bei dem angeblich abgeschlossenen Arbeitsvertrag nur um ein Scheingeschäft gehandelt hat. Ein solches ist nach § 117 BGB unwirksam. Leider hatte es auch nicht das Format, seine Vorlage zurückzunehmen und die Klage abzuweisen.[258] Traurig ist die Naivität der Gerichte bzw. die Tatsache, dass sie sich möglicherweise bewusst haben instrumentalisieren lassen; bewundernswert allerdings die „Kreativität" der beteiligten Anwälte, mit der sie Rechtsgeschichte geschrieben haben.[259]

21. Jugendarbeitsschutz – „Auf Schalke"

Nach § 14 I JArbSchG dürfen **Jugendliche** grundsätzlich nur in der Zeit von 6.00 Uhr bis 20.00 Uhr beschäftigt werden.

Daran hat beim DFB-Pokal-Viertelfinalspiel zwischen Schalke 04 und dem 1. FC Nürnberg in Gelsenkirchen am 25. 1. 2011 wohl **niemand gedacht**. Vielleicht ist die Vorschrift aber auch **bewusst übertreten** worden. In der 119. Spielminute, kurz vor 23.00 Uhr, kam nämlich der 17-jährige *Julian Draxler* beim Stand von 2 : 2 an den Ball und schoss für Schalke 04 das Siegtor zum 3 : 2.

Gottlob wurde das Tor nicht für ungültig erklärt. Denn so etwas sehen weder das Gesetz noch die Spielordnung des DFB vor. Ein Verstoß kann grundsätzlich als **Ordnungswidrigkeit** mit einer Geldbuße von bis zu Euro 15.000,– pro Einsatz geahndet werden. Bei regelmäßigen Einsätzen nach 20.00 Uhr kommt sogar eine Ahndung als Straftat in Betracht.[260]

Der Gesetzgeber täte gut daran, den Jugendarbeitsschutz zeitgemäßer zu gestalten. Wahrscheinlich wird man darauf aber – wie in anderen Bereichen auch – noch eine Ewigkeit warten müssen. Ein **Trost** bleibt jedoch für Schalke 04: Dass die Ordnungswidrigkeit von der **zuständigen Behörde** verfolgt wird, kann bezweifelt werden. Wer will sich im Ruhrpott schon den Zorn der Fußball-Fans aussetzen?

22. Kühlschrank als Waschmaschine

Da Richter auch nur Menschen sind, unterlaufen ihnen gelegentlich **Flüchtigkeitsfehler**. In einem Urteil des Bundesarbeitsgerichts[261] stritten die Beteiligten über die verweigerte Zustimmung zu einer vom Arbeitgeber beabsichtigten außerordentlichen Kündigung eines Betriebsratsmitglieds wegen (angeblich) verübter Pfandkehr. Corpus Delicti war u. a. eine Waschmaschine (AEG-Öko-Lavamat, Rdnr. 3 des Urteils). Später ist dann von einem Kühlschrank die Rede (Rdnr. 23). Dabei will ich dem männlich besetzten Senat zu Gute halten, dass er bei den Begriffen Kühlschrank und Waschmaschine nicht von Synonymen ausgegangen ist, sondern das Urteil nur etwas „schlampig" abgesetzt wurde. Gott sei Dank blieb der Fehler allerdings ohne jegliche rechtliche Relevanz.

23. Schnarchender Chorsänger

Hat der Chorsänger eines bayerischen Chors Anspruch auf ein Einzelzimmer während einer Gastspielreise? Auch diese weltbewegende Frage musste das Bundesarbeitsgericht[262] beantworten. Im Prinzip nein. Er muss im Regelfall die unentgeltlich bereitgestellte Unterbringung in einem **Doppelzimmer** akzeptieren, es sei denn, es läge ein triftiger Grund i. S. d. Art. 12 III BayRKG für die Ablehnung vor. Starkes Schnarchen des Sängers kann für ihn allerdings ein triftiger Grund sein, wenn sich Kollegen darüber beschweren.

24. Reiz des Arbeitsrechts für Anwälte

Schon die kleine Auswahl der hier besprochenen arbeitsrechtlichen Entscheidungen belegt, dass Arbeitsrecht **alles andere** ist **als eine trockene** Materie.[263] Wer sich damit beschäftigt, hat nicht nur immer mit Menschen zu tun, sondern es geht auch grundsätzlich um Menschen. Dadurch entstehen persönliche Bindungen. Es handelt sich überwiegend gerade nicht nur um bloße Schreibtischtätigkeit, vielmehr ist Abwechslung durch zahlreiche Besprechungen und Verhandlungen an unterschiedlichen Orten geboten. Interessant ist die Tätigkeit auch, weil sie häufig in Zusammenarbeit mit Rechtsabteilungen, Personalleitern, Betriebsräten, Verbandsvertretern, Professoren, Unternehmensberatern und last but not least betroffenen Arbeitnehmern erfolgt.

Faszinierend, gelegentlich aber auch frustrierend, ist die **Dyna-**

140

mik des Arbeitsrechts. Dieses unterliegt einem stetigen Wandel. Arbeits- und sozialrechtliche Fragen stoßen gerade in heutiger Zeit nicht nur auf erhebliches Interesse, sondern sind auch von enormer Brisanz. Die Arbeitswelt befindet sich in tiefgreifendem Umbruch, weil traditionelle Arbeitsplätze entfallen und neue, mit ganz anderen Anforderungen, geschaffen werden. Dadurch ist die Materie unübersichtlich, oft widersprüchlich und somit äußerst kompliziert.

Das gilt z. B. auch für Fragen des **Betriebsübergangs**, was *Heinz Josef Willemsen*[264] mit Blick auf die Rechtsprechung des 8. Senats des Bundesarbeitsgerichts so resümiert hat:

„Hab Acht, Senat!

Der Umgang mit 613a
Ist eine Kunst, das ist wohl wahr.
Und wer sich an die Vorschrift traut,
Stets bangen Blicks nach Erfurt schaut.
Weil er von dort Antwort erhält
Auf Fragen, die er nie gestellt.
Was einem vorher Sorgen machte,
Wird noch viel schlimmer als man dachte.
Wie einst in Delphi das Orakel
Schert niemand sich um das Debakel,
Wenn aus beruf'nem Richtermund
Unklare Sprüche werden kund.
Und was in Deutschland nicht gelingt,
Europa in Bewegung bringt,
Auf dass sich niemand, dem man's gönnte
Auf irgendwas verlassen könnte.
Die Richter aber fragen nun:
,Was haben wir damit zu tun,
Wenn Brüsseler Erfindergeist
Des Schwachsinns ew'ge Quellen speist?'
Die Antwort hab' ich schnell parat:
,Ihr seid ein Teil von jenem Staat,
Der seine Bürger schützen muss
Vor Willkür, Unfug und Verdruss.'"

Für mich liegt der Reiz arbeitsrechtlicher Mandate auch im **Mix** aus Prozessen, gutachterlichen Tätigkeiten, Verhandlungen und schriftlicher, telefonischer und mündlicher Beratung. Hinzu kommt eine einerseits anstrengende, andererseits jedoch abwechslungsreiche Reisetätigkeit. Für Vielfalt sorgen Aufträge aus allen Branchen und von Arbeitgebern aller Größenordnungen. Man begegnet völlig unterschiedlichen „Mandanten-Typen": Vom „hemdsärmeligen" Bauunternehmer bis zum „vornehmen" Banker. Ein weiterer Gesichtspunkt ist der Umfang der Akten. Der typische Arbeitsrechtsanwalt bearbeitet, anders als z. B. der Anwalt im öffentlichen Recht oder Steuerstrafrecht, nicht nur meterdicke Akten, sondern er hat auch mit vielen Fällen zu tun, bei denen die Aktenlage eher „dünn" ist.

Ein Profi-Arbeitsrechtler verliert nicht die Wechselwirkungen bzw. Überschneidungen des Arbeitsrechts mit anderen Rechtsgebieten aus den Augen. Geht es z. B. um Probleme nach dem Umwandlungsgesetz, so ist eine **Zusammenarbeit mit Gesellschafts- und Steuerrechtlern** regelmäßig unerlässlich. Dies gilt natürlich auch aus deren Sicht, weil es dramatische Folgen haben kann, wenn ein Unternehmenskauf nur aus gesellschafts- und/oder steuerrechtlichem Blickwinkel begleitet wird. So habe ich es erlebt, dass aus gesellschafts- und steuerrechtlichen Gründen eine große mit einer kleinen Gesellschaft durch Aufnahme verschmolzen werden sollte. Dabei hatten die beratenden Anwälte ins Auge gefasst, die kleine Gesellschaft als aufnehmende Gesellschaft zu nutzen.

Folge wäre gewesen, dass ein wesentlich teurerer Tarifvertrag für tausende von Arbeitnehmern zusätzliche Personalkosten verursacht hätte. Das wurde den Mandanten allerdings erst nach einem **Anwaltswechsel** klar. Zu diesem kam es aus einem viel simpleren Grund: Die Anwälte waren gegenüber den beteiligten Betriebsräten zu forsch und auch arrogant aufgetreten. Deshalb machte der Gesamtbetriebsratsvorsitzende der großen Gesellschaft, der zugleich stellvertretender Aufsichtsratsvorsitzender war, seinen Einfluss geltend. Die Lehre daraus ist, dass man als Anwalt nie die Bedeutung der unternehmerischen, aber auch der betrieblichen Mitbestimmung und ihre Matadore unterschätzen sollte.

Andererseits kann es in kollektivrechtlichen Angelegenheiten durchaus zur Sache gehen. So erinnere ich mich an **Betriebsschließungen**, von denen viele Arbeitnehmer betroffen waren. Unangenehme Gespräche sind dann nicht nur mit Betriebsräten und Gewerkschaftsvertretern, sondern auch mit Behördenvertretern,

Politikern sowie evangelischen und katholischen Pfarrern zu führen. Besonders unangenehm sind aber die persönlichen Beleidigungen, Sachbeschädigungen und sogar Tätlichkeiten, mit denen man gelegentlich konfrontiert wird. Das liegt daran, dass betroffene Arbeitnehmer in solchen Situationen ihre Emotionen u. U. nicht mehr unter Kontrolle haben.

Gewerkschaften sind allerdings durchaus in der Lage, mäßigend Einfluss zu nehmen und sich für das Verhalten ihrer Mitglieder zu entschuldigen. Dazu ein Beispiel: Bei den im Jahre 2005 geführten Tarifverhandlungen zwischen den Uronlinika Freiburg, Heidelberg, Tübingen und Ulm auf der einen und ver.di auf der anderen Seite, habe ich die Arbeitgeberseite beraten und vertreten. Der fünfte Verhandlungstermin fand am 13. 9. 2005 im Waldhotel Degerloch statt. Angekündigt waren **Protestaktionen**. Mein Fehler war es, damals mit einem Porsche 911 *Carrera 4 S* (ein Jugendtraum, den ich mir ein Jahr zuvor erfüllt hatte) vorzufahren, was etliche der aufgebrachten ver.di-Mitglieder mitbekamen. Als die Verhandlungen an diesem Tag wieder einmal ergebnislos endeten, musste ich feststellen, dass mein „heilig's Blechle" auf der Fahrerseite einen intensiven, ca. einen Meter langen Kratzer aufwies. Erbost wandte ich mich an die ver.di-Verhandlungsführerin. Ohne große Diskussion erklärte sie, ver.di übernehme selbstverständlich die Reparaturkosten. Und so geschah es auch, immerhin ca. Euro 3.000,–.

Eine **Lehre** ist aus diesem Vorfall zu ziehen. Zu solchen Verhandlungen sollte man mit einem bescheideneren Fahrzeug vorfahren. Ein (vermeintliches) „Protzauto" des Arbeitgeberanwalts, dessen Aufgabe es ist, die Arbeitsbedingungen zu Lasten der Arbeitnehmer in Maßen zu halten, kann als **Provokation** empfunden werden. Und das auch in Stuttgart, wo Autos der Marke Porsche alles andere als außergewöhnlich sind!

Last but not least sei in diesem Zusammenhang darauf hingewiesen, dass mit dem Arbeitsrecht auch Anwälte durchaus **gutes Geld** verdienen können. Als ich 1975 zu *Gleiss Lutz Hootz Hirsch und Partner* nach Stuttgart kam, wurde mein späteres Rechtsgebiet noch als „Armer-Leute-Recht" belächelt. Das änderte sich, als ich mehrfach Fälle in kürzester Zeit mit akzeptablen Streitwerten und Honoraren abrechnete, die sich bei einer Umrechnung auf Stundenbasis durchaus sehen lassen konnten.

III. Alltagsprobleme sozialgerichtlicher Rechtsfindung

1. „Dritte" Alternative

Wie anderen Gerichtsbarkeiten auch mangelt es der Sozialgerichtsbarkeit hin und wieder an der nötigen **sprachlichen Präzi-
sion**. So hat der 11. Senat des Bundessozialgerichts in seiner Entscheidung vom 15.11.1973[265] die dritte Alternative erfunden,
indem er folgenden Leitsatz formuliert hat:

> „Die Änderung des AVG § 42 durch das RVÄndG hat nicht nur zur
> Folge, dass die drei Alternativen des 1. Satzes dieser Vorschrift
> erneut überprüfbar sind; die Prüfung ist auf die Alternative des
> neu angefügten 2. Satzes beschränkt. Für die Prüfung dieser Al-
> ternative sind jedoch die für eine Verneinung der 3 Alternativen
> des 1. Satzes maßgebend gewesenen Gründe einer früheren ab-
> lehnenden Entscheidung nicht bindend."

2. Klemmender Reißverschluss

Mit welch „unwürdigen" **Problemen** sich Hartz IV-Empfänger herumschlagen müssen, hat ein Fall des Sozialgerichts Koblenz[266] gezeigt. Der Mann hatte gegen die 10%ige Kürzung der Sozialleistung geklagt, nachdem er wiederholt Amtstermine mit der Begründung abgesagt hatte, der Reißverschluss seiner einzigen Hose habe
geklemmt. Mit „offenem Hosenstall" sei es ihm aber nicht zumutbar, einen Behördengang zu absolvieren. Das ging dem Gericht
dann doch zu weit.

3. Zu faul, um zum Sozialamt zu gehen

Ähnlich wie bei dem spannenden Problem der Hol- oder Schickschuld bei Zeugnissen (s. Fußn. D. 149), kann sich auch bei **sozialen Geldleistungen** die Frage stellen, ob dem Antragsteller das
Geld nach § 47 SGB I nach Hause überbracht werden muss, wenn
er über kein Konto verfügt. Das hat das Hessische Landessozialgericht[267] in einem Verfahren des einstweiligen Rechtsschutzes abge-

lehnt. Der Antragsteller war offensichtlich zu faul, sich auf das Sozialamt zu begeben, um dort das Geld in Empfang zu nehmen. Warum gibt es eigentlich für solche Verfahren keine Missbrauchsgebühr, und zwar derart, dass ein nicht gerade schmerzfreier Betrag von der Sozialleistung in Abzug gebracht wird? Jedenfalls der Gesetzgeber, der die Bürger zu Anspruchsberechtigten erzieht, darf sich über die sintflutartigen Klagen, vor allem im sozialversicherungsrechtlichen Bereich, nicht wundern!

4. Kuriose Arbeitsunfälle

Zu den **Standardproblemen** sozialgerichtlicher Entscheidungen gehören Arbeitsunfälle. So hat das Sozialgericht Dortmund[268] festgestellt, dass eine Gastwirtin, die während der Arbeit einschläft, dadurch von einer Sitzgelegenheit fällt und sich dabei verletzt, nur dann einen Arbeitsunfall erleidet, wenn sie infolge betrieblicher Überarbeitung vom Schlaf übermannt worden ist oder der **Schlaf am Arbeitsplatz** sich auf andere betriebliche Gründe zurückführen lässt.

Kleinlich ist die Sozialgerichtsbarkeit, wenn Arbeitsunfälle im Zusammenhang mit dem Aufsuchen von **Toiletten** reklamiert werden. So musste das Bayerische Landessozialgericht[269] feststellen, dass die Verrichtung der Notdurft nur dann unter dem Schutz der gesetzlichen Unfallversicherung steht, wenn die örtlichen Gegebenheiten eine besondere Gefahrenquelle darstellen.

Schließlich soll es sich bei einer organischen Herzerkrankung auf Grund eines lang andauernden, im Übermaß erfolgten Alkoholkonsums bei **„Geschäftsessen"** um keine Berufskrankheit i. S. d. Berufskrankheitenverordnung handeln.[270] Ein Arbeitnehmer, der von seinem Arbeitgeber z. B. veranlasst wird, mit Kunden regelmäßig „auszugehen", könne nicht einplanen, dass eine eventuell auftretende „Säuferleber" als Berufskrankheit anerkannt werde. **Saufen** sei keine berufliche Tätigkeit.[271] Ähnliches dürfte für **Sex** auf einer Dienstreise gelten.[272]

„Mord ist kein Arbeitsunfall" – auf diese Kurzformel lässt sich eine Entscheidung des Landessozialgerichts Baden-Württemberg[273] aus dem Jahre 2011 zusammenfassen. Es ist schon eher makaber, dass ein solcher Fall überhaupt die Sozialgerichtsbarkeit beschäftigen musste. Was war geschehen? Der 59-jährige Ermordete und seine Frau betrieben zwei Pizzerien, die beide auf den Namen der Frau geführt wurden. Der Mann war offiziell nur als Koch angestellt. Zu dem **tragischen Geschehen** kam es anlässlich einer Fahrt zum Steuerberater, auf der der 38-jährige arbeitslose Sohn des Paares den Vater begleitete. Unter der Vortäuschung einer Panne hatte der Sohn seinen Vater aus dem Auto gelockt, ihm mit einem Hammer mehrfach auf den Kopf geschlagen und dann mit Benzin übergossen und angezündet. Die Witwe des Ermordeten verlangte in der Folge vom Unfallversicherungsträger Witwenrente. Schließlich habe sich das Geschehen auf der Rückfahrt vom Steuerberater, also im Rahmen einer Tätigkeit zugetragen, die unter Unfallversicherungsschutz stehe.

Ein sicherlich überaus tragisches und **trauriges Ereignis, aber** eben **kein Arbeitsunfall.** Dass der Sohn gerade die Fahrt zum Steuerberater dazu genutzt habe, seinen Vater umzubringen, sei – so das Landessozialgericht – reiner Zufall. Mit der Berufstätigkeit des Ermordeten stehe dies in keinem Zusammenhang. Vielmehr sei die Tat seit langem geplant gewesen. Ursächlich für den Tod sei deshalb allein ein dem privaten Bereich zuzurechnender Vater-Sohn-Konflikt. An einem betrieblichen Zusammenhang fehle es.

5. Ungehörige Papst-Witze

Satirische Äußerungen über den Papst können gefährlich sein. Das musste ein Krankenpfleger zur Kenntnis nehmen, der in einem dem Deutschen Caritasverband angehörenden Krankenhaus beschäftigt war. § 6 des Dienstvertrags bestimmte: *„Die Parteien stimmen darin überein, dass ein Verstoß gegen Grundsätze der katholischen Glauben- und Sittenlehre Grund für eine Kündigung sein kann.“* Die so geforderte **Loyalität gegenüber der katholischen Kirche** nahm der Kläger allerdings nicht allzu ernst. Vielmehr veröffentlichte er zwei Artikel in der Internet-Zeitschrift „Z“, in denen *Papst Benedikt XVI* in extremer Weise herabgewürdigt wurde (z. B. durch Versteigerung eines Bildes von Maria mit Jesus-Kind, das *Josef Ratzinger* als tägliche Onaniervorlage gedient habe, Versteigerung einer Audio-Tape-Sammlung mit diversen Tonbandaufnahmen aus dem Beichtstuhl sowie einiger von *Josef Ratzinger* angeblich verfasster

Erpresserbriefe). Nachdem bekannt wurde, dass es sich bei dem Krankenpfleger um den Autor dieser herabwürdigenden „Internet-Witze" handelte, drohte das Krankenhaus mit einer verhaltensbedingten fristlosen Kündigung. Damit war das Tischtuch endgültig zerschnitten. Folge war ein Aufhebungsvertrag. Die bloße Beendigung des Arbeitsverhältnisses war aber nicht die alleinige bittere Konsequenz. Vielmehr bewilligte die Agentur für Arbeit dem Krankenpfleger erst nach Ablauf der zwölfwöchigen Sperrzeit (§ 144 SGB III) Arbeitslosengeld. Zu Recht.[273a] Mit seinen „polemischen und auf niedrigem Niveau angesiedelten Äußerungen" hat der aufmüpfige Krankenpfleger in der Tat seine gegenüber der Katholischen Kirche geschuldete Loyalität erheblich verletzt. Bei dieser Feststellung müssen berechtigte oder unberechtigte Vorbehalte gegenüber der Katholischen Kirchen außen vor bleiben. Auch die Gerichte für Arbeitssachen – wäre es wegen einer fristlosen Kündigung zur Kündigungsschutzklage gekommen – hätten m. E. einen wichtigen Grund i.S.d. § 626 BGB annehmen müssen. **Harmlose Witze**, auch von Mitarbeitern der Katholischen Kirche, sind dagegen erlaubt. Etwa der:

„Papst Benedikt XVI. will seinen Bruder in Regensburg besuchen. Er fliegt dazu nach München und steigt in eine gepanzerte 12-Zylinder-Limousine. Auf der Autobahn bittet er den Fahrer, mit ihm den Platz zu wechseln. Der Papst möchte es auch einmal so richtig krachen lassen. Statt zulässiger 100 km/h zeigt die Nadel 200 km/h an. Prompt gerät das Fahrzeug in eine Geschwindigkeitskontrolle und wird von einer Polizeistreife rechts raus gewunken. Der federführende Polizist stutzt, als er die Wageninsassen sieht, und weiß nicht so recht, was er machen soll. Er ruft den Polizeipräsidenten an und teilt mit, ein Auto sei doppelt so schnell wie zulässig gefahren; er wisse aber nicht, ob er ein Strafmandat verhängen dürfe. Der Polizeipräsident wundert sich, weshalb er wegen einer solchen Lappalie angerufen wird und fragt: ‚Wer ist denn eigentlich in der Karosse unterwegs?' Antwort: ‚Ich weiß es nicht. Aber es muss sich um eine außergewöhnliche Persönlichkeit handeln, denn der Papst ist sein Chauffeur!'"

Dieser Witz enthält eine richtige Erkenntnis: **Unsicherheiten** lauern überall. Nicht zuletzt bei der Anwendung des Rechts!

IV. Skurrile Fälle des Verwaltungsrechts

Auch Verwaltungsgerichte haben regelmäßig mit hochsensiblen Themen zu tun, was zu **bewundernswerten Feststellungen** führen kann. So hat das Bundesverwaltungsgericht[274] bereits 1965 festgestellt:

> „Im Straßenverkehr kann man täglich beobachten, dass Fußgänger, die nicht geisteskrank sind, bei rotem Licht die Straße überqueren, wenn kein Fahrzeug sich nähert."

1. Prüfungstheater mit verteiltem Rollenspiel

Das Verwaltungsgericht Berlin hatte 2004 zu klären, ob ein Kriminalkommissar-Anwärter im Beamtenverhältnis auf Widerruf Anspruch darauf hat, bei der Laufbahnprüfung für den gehobenen Polizeivollzugsdienst die Klausuren **auf unliniertem, statt** vorgegebenem **linierten Papier** zu schreiben.[275] Gott sei Dank hat es Vernunft walten lassen und einen solchen Anspruch abgelehnt.

Noch verwunderlicher ging es in einem anderen **Prüfungsfall** während der *Baader-Meinhof*-Zeit zu.[276] Die Antragstellerin *Monika* wurde im August 1976 zur Diplom-Hauptprüfung an der Pädagogischen Hochschule (PH) Berlin zugelassen. Ihre **Diplomarbeit** begann auf dem Vorblatt mit einer von der Klägerin ergänzten Zeichnung: Der Comic-Held *Asterix* versetzt der PH-Berlin einen so gewaltigen Schlag mit der Faust, dass diese ihre Schuhe verliert und sich über den Bildrand hinaus in die Luft erhebt. Noch erstaunlicher waren jedoch die **Schlussworte:**

> „Und nun hab ich die Schnauze voll! Erkennt meine Wissenschaftlichkeit an oder leckt mich am Arsch! Gruß und Kuß!
> *Monika*"

Dennoch bewerteten beide Gutachter das „Werk" mit der Note „gut". Am 2.5.1977 fand dann in der PH eine **außergewöhnliche Prüfung** statt, die die Kandidatin nach Ansicht ihrer „Prüfer" ebenfalls mit Bravour bestand.[277] Nur der Rektor der PH und der Senator für Wissenschaft und Forschung spielten nicht mit. Die positive Entscheidung über das Bestehen der Diplom-Prüfung wurde vielmehr aufgehoben, was wiederum *Monika* nicht gefiel. Dem Oberverwaltungsgericht Berlin gefiel jedoch auch einiges nicht. In seiner Entscheidung vom 17. 8. 1978 heißt es u. a.:

> „Das Vorblatt mit der Asterix-Zeichnung und die Schlussbemerkung schließen es aus, diese Arbeit zur Grundlage einer mindestens ,ausreichenden' Bewertung in dem Diplomprüfungsverfahren zu machen. Beide Aussagen sind eindeutige und zumindest teilweise auch beleidigende Angriffe auf die Ag. und die Prüfer, sie stehen in keiner Beziehung zu dem Thema der Arbeit, die ihre Aufnahme rechtfertigen oder nur verständlich machen könnte. Vielmehr geben sie der Arbeit eine Form, die deren Anerkennung als — wenn auch mit Mängeln behaftete — wissenschaftliche Leistung nicht mehr gestattet. (...)
> Auch die Bewertung der mündlichen ,Prüfung' am 2. 5. 1977 durch die Professoren (...) jeweils mit der Note ,gut' ist offensichtlich fehlerhaft, weil die ,Leistungen' der ASt. in keiner Weise der einer wissenschaftlichen Prüfungsleistung angemessenen Form entsprechen. Mummenschanz und Prüfungstheater mit verteiltem Rollenspiel, in dem die Prüfer zu Geprüften werden sollen (...) sind keine im Rahmen einer Diplomprüfung (...) bewertbaren Leistungen (...).
> Als eine unzulässige Einflußnahme auf die mündliche Prüfung ist es anzusehen, wenn — wie im vorliegenden Fall — dem Prüfling die Gestaltung des Prüfungsablaufs überlassen bleibt. (...)"

2. Gekaufte Hausarbeit

Dass es bei so manchem Examen von Seiten der Prüflinge nicht mit rechten Dingen zugeht, ist eine **Binsenweisheit**. Dies gilt vor allem für juristische Examen. Symptomatisch ist der vom Verwaltungsgericht Köln am 15. 12. 2005[278] entschiedene Fall: Die im Jahr 1974 geborene Klägerin absolvierte nach dem Abitur zunächst eine Ausbildung zur Bankkauffrau. Nach deren Abschluss wurde sie im Januar 1997 in ein unbefristetes Anstellungsverhältnis übernommen. Zum Sommersemester 1998 nahm sie das Studium der Rechtswissenschaft an der Universität zu Köln auf. Im Mai 2003 meldete sich die Klägerin im 11. Fachsemester zur Ersten Juristischen Staatsprüfung an. Nachdem sie im Juli 2003 die Aufsichtsar-

beiten angefertigt hatte, erhielt sie am 19.7.2003 die Aufgabe für
die Hausarbeit, die sie fristgerecht am 18.8.2003 abgab. Mit Bescheid vom 27.10.2003 erklärte das beklagte Amt die Prüfung der
Klägerin für nicht bestanden, nachdem ihre schriftlichen Arbeiten
wie folgt bewertet worden waren: Hausarbeit mangelhaft
(3 Punkte), Klausur Zivilrecht I ungenügend (0 Punkte), Klausur
Zivilrecht II mangelhaft (3 Punkte), Klausur Strafrecht mangelhaft
(2 Punkte), Klausur Öffentliches Recht I mangelhaft (3 Punkte)
und Klausur Öffentliches Recht II mangelhaft (2 Punkte).

Mit Schreiben vom 27.11.2003 wandte sich die Staatsanwaltschaft Aachen an das beklagte Amt und teilte mit, dass im Rahmen
eines Ermittlungsverfahrens gegen die Klägerin und ihren Ehemann wegen Verstoßes gegen das Arzneimittelgesetz der Computer des Ehemanns der Klägerin beschlagnahmt worden sei. Obwohl
die Festplatte kurz vor der Durchsuchung gelöscht worden sei, hätten die Daten und der abgespeicherte E-Mail-Verkehr durch das
Landeskriminalamt rekonstruiert werden können. Bei der Auswer-
tung habe man festgestellt, dass der Ehemann der Klägerin offensichtlich für die Klägerin bei der Firma *G.* in M. die Anfertigung
einer **Examenshausarbeit in Auftrag gegeben** und bezahlt habe.
Dem Schreiben der Staatsanwaltschaft waren Ausdrucke der entsprechenden E-Mails beigefügt. Aus diesen ergab sich die „Bestel-
lung" einer ersten Lösungsskizze (nach ca. einer Woche) und eines
ca. 20-seitigen Gutachtens (einige Tage vor dem Abgabetermin)
für eine am 19.7.2003 abzugebende Hausarbeit im öffentlichen
Recht gegen Zahlung von Euro 2.000,– durch den Ehemann der
Klägerin. Ziemlich unverfroren behauptete dieser dann gegenüber
dem Prüfungsamt, er habe das Gutachten ohne Wissen seiner Ehefrau in der Annahme in Auftrag gegeben, sie könne es wegen ihrer
Versagensängste gebrauchen. Er habe jedoch seiner Frau das Gutachten nicht gezeigt, weil diese schon vorsichtige Versuche seinerseits, das Thema zu besprechen, von sich gewiesen habe.

Mit Bescheid vom 17.5.2004 erklärte das beklagte Amt die
Erste Juristische Staatsprüfung der Klägerin unter Aufhebung seines Bescheids vom 27.10.2003 wegen Täuschungsversuchs für
nicht bestanden und **schloss** die **Klägerin von** einer **Wiederholungsprüfung aus.** Nach Ansicht des Prüfungsamts stand fest, dass
die Klägerin den in Rede stehenden Täuschungsversuch unternom-
men hatte. Dies ergab sich nicht zuletzt aus einem Vergleich der

Hausarbeit mit dem „gekauften" Gutachten, der eine Vielzahl von Übereinstimmungen ergeben hatte.

Auch die Richter des Verwaltungsgerichts Köln haben völlig zu Recht das Verhalten der Klägerin als besonders **schweren Täuschungsversuch** bewertet und die Klage auf Zulassung zur Wiederholungsprüfung folglich abgewiesen. Nicht nur klammheimliche Schadenfreude löst der Umstand aus, dass das gekaufte „akademische Ghostwriting" offensichtlich noch nicht einmal etwas wert war. Jedenfalls sollten solche „Ghostwriter" wenigstens wegen Beihilfe zum Missbrauch von Titeln strafrechtlich zur Verantwortung gezogen werden. Ob sie auch strafrechtlich wegen Beihilfe zum Betrug verfolgt werden können, übersteigt meine Strafrechtskenntnisse.

3. Schweigender Prüfling

Ein **Prüfling** im Ersten Juristischen Staatsexamen muss nicht unbedingt „durchfallen", wenn er **konsequent schweigt**. Mit einem solchen Fall hatten sich die Verwaltungsgerichte[279] zu befassen.

Irgendetwas war nicht mit rechten Dingen zugegangen, jedenfalls nach Meinung des Prüfungsamtes. Der Prüfling, ein 34 Jahre alter Mann, der zunächst eine Seemannausbildung durchlaufen und das **Kapitänspatent** erworben hatte, studierte ab dem Wintermester 1970/71 Rechtswissenschaften in Hamburg. 1975 scheiterte er in der Ersten Juristischen Staatsprüfung. In der Wiederholungsprüfung erzielte er für seine Hausarbeit 7 Punkte und für die Klausuren 11, 10 und 7 Punkte. Nach diesem Ergebnis der schriftlichen Prüfungsarbeiten hätte er die Staatsprüfung auch dann bestanden, wenn seine Leistungen in der mündlichen Prüfung lediglich als „ungenügend (0 Punkte)" beurteilt worden wären.

Dann kam es zur mündlichen Prüfung, in der der Kandidat nahezu **alle** an ihn gerichteten **Fragen nicht beantwortete**. Eine am Nachmittag des Prüfungstermins durchgeführte ärztliche Untersuchung ergab keinen Befund. Der Prüfungsausschuss sah sich daher außer Stande, die Prüfung für bestanden zu erklären. In seiner Niederschrift führte er aus, es bestehe nach dem ersten Anschein der Verdacht, dass der Beschwerdeführer bei der Anfertigung der schriftlichen Arbeiten getäuscht habe. Bei allen drei Klausuren habe er etwa zur gleichen Zeit für fünf Minuten die Toilette aufgesucht. Unabhängig davon sei zu erwägen, dass der Beschwerdeführer angesichts seines Schweigens auf selbst einfachste Fragen an der mündlichen Prüfung trotz körperlicher Anwesenheit nicht teilgenommen und damit die **Prüfung** ohne wichtigen Grund i. S. d. § 24 IV JAO **unterbrochen** habe.

Nach Anhörung des Prüflings erklärte schließlich das Justizprüfungsamt durch Bescheid vom 24. 9. 1976, bestätigt durch Widerspruchsbescheid vom 1. 11. 1976, die **Wiederholungsprüfung** gem. § 24 IV JAO für **nicht bestanden**. Der Begriff der „Unterbrechung" werde in der Ausbildungsordnung für alle Erscheinungsformen der Nichtteilnahme an den vorgeschriebenen Prüfungsabschnitten verwendet. Aus dem Wesen der Prüfung folge, dass eine Teilnahme an der mündlichen Prüfung nur dann vorliege, wenn sich der Prüfling über eine bloße Anwesenheit hinaus aktiv beteilige. Nur dann könne eine Leistungsbewertung erfolgen. Der Prüfling habe nicht etwa völlig unbrauchbare, sondern überhaupt keine bewertbaren Leistungen erbracht.

Das erschüttert einen **Seemann** doch nicht! Deshalb klagte er gegen die Bescheide. Während ihm das Verwaltungsgericht Recht gab, sahen das Oberverwaltungsgericht und das Bundesverwaltungsgericht die Sache sehr viel realistischer: Sie hoben das erstinstanzliche Urteil auf und wiesen die Klage ab.

Aber in unserem **perfekten Rechtsstaat** gibt es natürlich noch ein Bundesverfassungsgericht[280], das die Sache „zurechtrücken" kann, wenn auch gelegentlich mit überraschendem Ergebnis und falscher Richtung. Die höchsten deutschen Richter sahen die Dinge jedenfalls in einem für den Kandidaten sehr viel günstigeren Licht. Aus ihrer Sicht hatten die Prüfer den Fehler gemacht, den wackeren Seemann nicht darauf hinzuweisen, dass sie ihn wegen seines Schweigens durchfallen lassen wollten. Und so heißt es im Beschluss vom 13. 1. 1979:

„Hätte sie [*die Prüfungskommission*] den Beschwerdeführer bereits während des Termins darauf hingewiesen, dass die Prüfung wegen seines schwer verständlichen Verhaltens als unterbrochen angesehen und für nicht bestanden erklärt werden könne, hätte sich der Beschwerdeführer auf dieses Risiko einstellen können, statt weiterhin darauf zu vertrauen, dass er selbst bei völlig unbrauchbaren mündlichen Leistungen auf Grund der Ergebnisse seiner schriftlichen Arbeiten die Prüfung bestehen werde. Da ein solcher rechtzeitiger Hinweis unterbleiben ist und die Sanktionsvorschrift des § 24 IV JAO erst nachträglich herangezogen wurde, ist der Beschwerdeführer durch die Erklärung seiner Wiederholungsprüfung als nicht bestanden in seinem Grundrecht aus Art. 12 I GG verletzt worden."

Das klingt juristisch irgendwie logisch, hat aber **wenig** mit **gesundem Menschenverstand** zu tun. Die Entscheidung ist ergangen unter dem Vorsitz des damaligen Präsidenten des Bundesverfassungsgerichts, *Ernst Benda*. Er soll einmal gesagt haben: „Ein Richter ist erst, wer nachts verfassungsrechtlich träumt."[281] Vielleicht haben er und sein Senat auch bei dieser Rechtsfindung geträumt. So gibt es einen Akademiker mehr, der sich Jurist nennen darf, obwohl ihm das eigentlich nicht zustehen sollte!

4. Ochsen und Verfassungsrichter

Die erwähnte Entscheidung des Bundesverfassungsgerichts vom 13. 1. 1979 war einstimmig ergangen. Das ist nicht selbstverständlich, da § 30 II BVerfGG **Sondervoten** derjenigen Verfassungsrichter erlaubt, die mit der Entscheidung oder ihrer Begründung durch die Mehrheitsmeinung des Senats nicht einverstanden sind. Gegenstand solcher Voten können nur Rechtsfragen grundsätzlicher Art sein.[282] Da das deutsche Verfahrensrecht Sondervoten ansonsten nicht kennt, sind sie nicht unumstritten, weil sie gewissermaßen schleichend die Autorität des höchsten deutschen Gerichts untergraben.[283] Sinn des Sondervotums kann es also – wie *Isensee*[284] bei seinem Festvortrag auf dem 61. Juristentag formuliert hat – nur sein, „die abweichende Meinung kundzutun, nicht aber einen Verriss der Entscheidung, vollends nicht deren einseitige Umdeutung". So etwas ist natürlich möglich.[285] Allerdings zeichnen sich manche Sondervoten auch durch kräftige Urteilsschelte aus.[286] Deshalb meint *Isensee* weiter:

„Der wohlfeile Beifall, den der Dissenter erntet, die *Drewermann*-Prämie, geht auf Kosten der Institution. Der schneidige Verriss, der in der Literatur legitim und erfrischend wäre, bedeutet im

offiziell publizierten Votum des Richters Aufkündigung von
Amtsloyalität, forensische Selbstzerstörung. Quod licet bovi, was
niederen Lebewesen, wie den Rezensenten in der juristischen
Fachzeitschrift wohl ansteht, non licet jovi, ist den Göttern des
Karlsruher Olymps versagt."

Das ist eine sehr gelungene **Umkehrung** der Sentenz: „Quod licet
jovi, non licet bovi" (was Jupiter darf, dürfen Ochsen noch lange
nicht). Also sind normale Rezensenten Götter, Verfassungsrichter
aber nur Ochsen!

Dass allerdings auch Verfassungsrichter über ein gerüttelt Maß
an Selbstironie verfügen, hat der Präsident des Bundesverfassungsgerichts, *Andreas Voßkuhle*, bei der Feierstunde vom 2.3.2012 anlässlich der Richterwechsel (ausgeschieden *Udo Di Fabio* und
Rudolf Mellinghoff, dazugekommen *Sibille Kessal-Wulf* und *Peter
Müller*) bewiesen. So berichtete der Spiegel[287], *Voßkuhle* habe zur
Begrüßung von *Kessal-Wulf*, zuvor Vorsitzende Richterin am Bundesgerichtshof, darauf hingewiesen, das Bundesverfassungsgericht
sei von den Kollegen des Bundesgerichtshofs früher „gern als die
,**Laienspielschar vom Schlossplatz**' tituliert" worden, und dass an
dieser Bezeichnung „ja auch etwas dran" sei. Kaum einer der zum
Bundesverfassungsgericht gewechselten Berufsrichter habe sich zuvor intensiv mit Verfassungsrecht befasst, die Professoren verfügten
– wenn überhaupt – nur über begrenzte richterliche Erfahrungen
und den Verfassungsrichtern, die aus der Politik gekommen seien,
„war meistens beides fern". Und so schloss der Präsident an *Kessal-
Wulf* gewandt: „Willkommen in der Laienspielschar!"

Dennoch hat das Bundesverfassungsgericht für seine 60-jährige
Tätigkeit überwiegend **Lob** verdient und so hat *Sebastian Knott*[287a],
Rechtsanwalt in Ingolstadt, im Rahmen des Redewettstreits beim
63. Deutschen Anwaltstag in München am 15. 6. 2012 für seine
„Ode ans Verfassungsgericht" den ersten Preis erlangt. Darin heißt
es u.a.:

„Es dankt daher die Anwaltschaft
für Euer Urteil – Geist und Kraft.
Ihr seid das Licht an Tunnelenden,
die Rote-Roben-Recht-Legenden,
Radbruchs Erben oh'n Kritik,
der Kompass dieser Republik.

Unbestechlich Fels in Brandung
der Grundgesetzes rot Umrandung.

Ein leuchtend Stern am Firmament.
Niemals grell, meist sehr dezent.
Ein Leuchtturm, niemand möchte missen,
des Staates rechtliches Gewissen.

Ihr seid der deutschen Juristen Krone,
im Anwaltscolt die Schlusspatrone."

Vor allem die letzte Zeile dieses Gedichts gibt treffend die **Hoffnung** vieler Anwälte wieder. Man könnte inzwischen aber auch von der vor- bzw. drittletzten Patrone sprechen. Warum? Auch der Europäische Gerichtshof in Luxemburg und der Europäische Gerichtshof für Menschenrechte in Straßburg könnten ja noch angerufen werden (vgl. S. 86 f.).

5. Notleidende Professoren

Mit Urteil vom 14.2.2012 hat das Bundesverfassungsgericht[288] entschieden, dass die sog. W2-Besoldung von Professoren in Hessen gegen das Prinzip der amtsangemessenen **Alimentation** nach Art. 33 V GG verstößt. Das dienstaltersunabhängige Grundgehalt von Euro 4.000,– sei evident unzureichend und werde durch mögliche Leistungsbezüge nicht kompensiert, da diesen in ihrer jetzigen Ausgestaltung der alimentative Charakter fehle. Der Gesetzgeber muss die Besoldung nun spätestens zum 1.1.2013 neu regeln.

Die Entscheidung erstaunt, auch wenn nachvollziehbar ist, dass etliche Professoren, auch Rechtswissenschaftler, gemessen an ihrer Leistung, relativ schlecht bezahlt werden. Aber das geht auch anderen Beamten und Arbeitnehmern so. Ein Menschenrecht, das ein Grundgehalt von Euro 4.000,– pro Monat garantiert, war mir bis zum 14.2.2012 unbekannt. Zur Erinnerung: In Art. 33 V GG heißt es nur: „Das Recht des öffentlichen Dienstes ist unter Berücksichtigung der hergebrachten Grundsätze des Berufsbeamtentums zu regeln und fortzuentwickeln." „Berücksichtigung" heißt aber nicht Zementierung. Auffällig ist, wie extensiv dieser Grundgesetzartikel ausgelegt wird. Er erweist sich als wahre „**Wundertüte**".

155

6. Musliminnen auf Betriebsausflug

Mit Problemen von Musliminnen musste sich das Oberverwaltungsgericht Nordrhein-Westfalen[289] beschäftigen. Die Antragstellerin, eine muslimische Schülerin der 10. Klasse, begehrte, den Schulleiter durch einstweilige Anordnung zu verpflichtet, sie von der **Teilnahme an einer Klassenfahrt** zu befreien, weil sie unter Vorlage eines Gutachtens eines islamischen Zentrums vortrug, ihr Glaube verbiete ihr, ohne Begleitung eines „Mahram" (also eines nahen männlichen Verwandten) an einer Klassenfahrt mit Übernachtung außerhalb des Elternhauses teilzunehmen. Das Oberverwaltungsgericht sah jedoch keine Notwendigkeit zum Erlass der beantragten einstweiligen Anordnung, weil die Antragstellerin bereits wegen Erkrankung i. S. d. § 9 I ASchO NRW an der Klassenfahrtteilnahme gehindert sei. Die Begründung erstaunt:

> „Auch wenn die Antragstellerin ausdrücklich betont, sie fühle sich ‚durch die Religion gar nicht unterdrückt', so sind doch ihre Ängste, die sie artikuliert, religiös bedingt. Sie hat insgesamt Angst, in die angeführten Situationen zu kommen und ohne einen ‚Mahram' – wie Vater, Großvater, Bruder oder Onkel – über Nacht zu verreisen, also auch an der Klassenfahrt teilnehmen zu müssen. Nach der eidesstattlichen Versicherung ist überwiegend wahrscheinlich, dass die Antragstellerin von den gesehenen Zwängen und den Ängsten so geprägt ist, dass sie ohne eine nach ihren maßgeblichen religiösen Vorstellungen geeignete Begleitperson nicht an der Klassenfahrt teilnehmen kann. Diese durch Zwänge und Ängste gekennzeichnete Situation bei der Klassenfahrt ist der bereits Krankheitswert besitzenden Situation einer partiell psychisch Behinderten vergleichbar, die behinderungsbedingt nur mit einer Begleitperson reisen kann. Es spricht Überwiegendes dafür, dass die geschilderten Zwänge und Ängste auch bei der Antragstellerin bereits Krankheitswert erreichen, so dass sie i. S. v. § 9 I ASchO NRW begründet verhindert ist, an der Klassenfahrt teilzunehmen."

Die **Quintessenz** dieser Entscheidung ist also, dass Musliminnen „partiell psychisch Behinderten" gleichgestellt werden. Die Gefahr ist nicht von der Hand zu weisen, dass diese Gleichstellung in einschlägigen Kreisen als Diffamierung angesehen wird. Allerdings ist nicht bekannt, ob die Richter des Oberverwaltungsgerichts nach Verkündung ihres Beschlusses vorsorglich polizeiliche Sicherheitsmaßnahmen beantragt haben.

7. Koedukativer Sportunterricht

Auch das Bundesverwaltungsgericht[290] musste sich – wen wundert's – schon mit schulischen Problemen von Musliminnen beschäftigen: Eine 12-jährige Türkin, die ein städtisches Gymnasium für Jungen und Mädchen in B. besuchte, begehrte, aus Gründen ihres islamischen Glaubens, vom koedukativ erteilten **Sportunterricht** befreit zu werden. Dabei berief sie sich – besser gesagt ihr Vater – auf den Koran (Sure 24, Vers 31). Dazu führt das Bundesverwaltungsgericht aus:

„Nach dem Text der bezeichneten Sure sollen gläubige Frauen ihren Blick niederschlagen, ihre Scham hüten und ihre Reize nicht zur Schau tragen, es sei denn, was außen ist, und sie sollen ihren Schleier über ihren Busen schlagen und ihre Reize nur ihren Ehegatten, Vätern, Brüdern, Söhnen und anderen nahen männlichen Verwandten sowie Frauen und Kindern, welche die Blöße der Frauen nicht beachten, zeigen. Insoweit hat die Kl. nachvollziehbar dargelegt, dass sie dieses Glaubensgebot in dem Sinne verstehe, dass es Mädchen ihres Alters eine entsprechende Verhüllung ihres Körpers auch im Sportunterricht vorschreibe, wenn dieser in Gegenwart von Jungen stattfinde. Dabei müsse sie immer befürchten, auch bei weit geschnittener Kleidung die Konturen ihres Körpers zu zeigen oder ihr Kopftuch zu verlieren und derart die Gebote ihres Glaubens zu verletzen; das mache ihr die Teilnahme am Sportunterricht zusammen mit Jungen unzumutbar. Auch dürfe sie Jungen mit zweckentsprechend knapp geschnittener oder eng anliegender Sportkleidung bei ihren Übungen nicht zusehen und müsse körperliche Berührungen mit Jungen vermeiden, was ihr jedoch in einem gemeinsamen Sportunterricht mit Jungen nicht möglich sei. Da die Kl. diese für sie verbindlichen Vorschriften aus ihrem Glauben herleitet, genießt sie insoweit den Schutz des Art. 4 I und II GG."

Ob diese – heute noch verstärkten – **Tendenzen** der Rechtsprechung einer vernünftigen Integration von Migranten förderlich sind? Die Frage stellen heißt, sie m. E. zu verneinen!

8. Gestank pupsender Schweine

Wer in der Nachbarschaft von Schweinen lebt, muss hart gesotten sein. Er sollte sich jedenfalls nicht vor „pupsenden" Schweinen ekeln. Den Gestank, den diese nach dem Genuss von wöchentlich mehreren Kubikmetern **Zwiebeln** verbreiten, müssen Anwohner akzeptieren, entschied das Verwaltungsgericht Osnabrück[291] im einstweiligen Rechtsschutzverfahren. Die im Verfahren eingeholte Stellungnahme eines Sachverständigen für Immissionsschutzfragen spreche eher dafür, dass Zwiebeln nicht zu den geruchsintensiven Futtermitteln zählten, weil es sich um unbehandelte, nicht in Verwesung befindliche pflanzliche Rohstoffe handele.[292] Der übermäßige Genuss von Zwiebeln dürfte m. E. allerdings bei Schweinen zu denselben Folgen wie bei Menschen führen: Wenig appetitliche Pupse und wenn es sich dann auch noch um Dutzende von Schweinen handelt ... nicht auszumalen!

9. Richterbeschimpfung in ehelicher Privatsphäre

Dass es für Beteiligte selten opportun ist, Richter in einem laufenden Gerichtsverfahren zu beschimpfen, liegt auf der Hand. Jedenfalls gilt dies für Zivilverfahren. In Strafverfahren mag es anders sein. Hier scheint es verschiedene „Weltanschauungen" zu geben. Manche Strafverteidiger setzen auf **„Kuschelkurs"**, andere auf **„Konfrontation"**. Dagegen müssen Richterbeschimpfungen im privaten Bereich zulässig sein – eine pure Selbstverständlichkeit!

Dennoch musste sich sogar das Bundesverfassungsgericht[293] mit diesem Problem beschäftigen: Ein nicht rechtskräftig verurteilter Strafgefangener saß im Gefängnis. Er war zusammen mit seinem Bruder und seiner Ehefrau wegen gemeinschaftlichen räuberischen Angriffs auf Kraftfahrer in Tateinheit mit gemeinschaftlichem Raub und gemeinschaftlicher Körperverletzung zu einer Freiheitsstrafe verurteilt worden. In einem **Brief an seine** nicht inhaftierte

Ehefrau vom 26. 10. 1975 ging der Häftling auf seine Verurteilung ein und äußerte u. a.:

> „Es ist mir einfach unbegreiflich, dass solche Leute, die hier die Urteile aussprechen, ruhig schlafen können, denn die sind in meinen Augen die größten Strolche. Es wäre mal angebracht, verschiedene Herren dort drüben den ‚Orden wider den tierischen Ernstes' zu verleihen, da diese in meinem Augen das Talent dazu haben, Karnevalssitzungen abzuhalten. Aber diesbezüglich ist noch nicht das letzte Wort gesprochen und ich bin schon sehr gespannt darauf, wie die ‚Herren' das schriftliche Urteil verdrehen, um sich zu rechtfertigen."

Die **Kontrollen** des Gefängnisses waren scharf. Der Anstaltsleitung gefiel der Ton des Briefes offensichtlich nicht. Mit gerichtlicher Billigung[294] wurde der Brief „zur Habe des Gefangenen genommen"[295] – man beachte das vortreffliche Beamtendeutsch –, wegen der groben **Beleidigung** und der **Gefahren für die Ordnung** in der Strafanstalt. Das gefiel dem Häftling gar nicht und so nutzte er erfolgreich das Recht der Verfassungsbeschwerde. Im Beschluss des Bundesverfassungsgerichts heißt es:

> „Das Recht auf freie Meinungsäußerung umfasst daher auch das Recht eines Untersuchungsgefangenen, sich gegenüber seinem Ehegatten frei und offen über das Strafverfahren auszusprechen, die Dinge aus seiner Sicht schildern und bewerten zu können, wobei diese Bewertungen naturgemäß oft subjektiv gefärbt oder unsachlich sein mögen. Es ist somit mit der besonderen Bedeutung der Meinungsfreiheit im Bereich der ehelichen Privatsphäre nicht vereinbar, Briefe eines Untersuchungsgefangenen an seinen Ehegatten wegen unsachlicher Äußerungen über das anhängige Strafverfahren oder über die in diesem Verfahren tätigen Richter anzuhalten."

Fazit: Im privaten Bereich kann man jederzeit – natürlich auch in laufenden Verfahren – **„Dampf ablassen"**.

10. Sensibler Polizeikommissar

Am 20. 6. 2006 meldete der Kläger, ein Polizeikommissar, bei seiner Dienststelle einen Unfall. Dazu gab er im Wesentlichen an: Der

Unfall habe zu einer **psychatrischen Erkrankung**, Zwangsstörung und Zwangsvorstellungen geführt und sei von seinem unmittelbaren Vorgesetzten, Polizeihauptkommissar (PHK) O., verursacht worden, und zwar wie folgt:

Er, der Kläger, sei am 28. 9. 2005 nach urlaubsbedingter Abwesenheit zur Dienststelle zurückgekehrt und habe beim Öffnen seines E-Mail-Postfachs bemerkt, dass dieses überfüllt gewesen sei. Um den Umfang zu verringern, habe er zunächst Nachrichten angesehen und gelöscht, die vermutlich nicht-dienstlichen Charakter hatten. Dabei seien ihm auch E-Mails von PHK O. aufgefallen. Eine dieser Nachrichten habe als Anlage eine PowerPoint-Präsentation „mit der Darstellung einer unbekleideten Frau an einem Sportwagen enthalten, welche in der Abbildung des Unterleibes einer weiblichen Person mit eitrigen, blutigen Wunden etc. gegipfelt habe". Er habe sich die Präsentation angesehen und sei erschrocken, als er das stark **ekelerregende Bild** am Ende der Präsentation gesehen habe.

Der Kläger hat dann weiter vorgetragen, dass ihm dieses Bild nicht mehr aus dem Kopf gegangen sei und ihn sehr belastet habe. Das habe sich auch sehr negativ auf sein Privatleben ausgewirkt. Hierdurch sei ihm der genannte **Körperschaden** entstanden. Vor dem Unfall habe er nie an einer psychatrischen Erkrankung gelitten und sei deswegen auch noch nie in ärztlicher Behandlung gewesen. Er sei dann jedoch wegen dieses Unfalls seit dem 26. 10. 2005 in der ärztlichen Behandlungen des Dr. med. ... gewesen. Eine erstmalige Meldung über den Unfall erfolgte am 28. 11. 2005 an den polizeiärztlichen Dienst des zuständigen Polizeipräsidiums.

Die Polizeiärztin T. kam unter dem 29. 8. 2006 zu dem Ergebnis, nach der Unfallschilderung und der Art der Verletzungen sei **kein ursächlicher Zusammenhang** in ärztlich-wissenschaftlicher Hinsicht gegeben. Deshalb lehnte der Landrat als Kreispolizeibehörde die Anerkennung des Vorfalls als Dienstunfall ab. Auch der Widerspruch blieb erfolglos. Dagegen hat das Verwaltungsgericht Düsseldorf[296] das beklagte Land verurteilt, „den Dienstunfall mit der Folge einer Zwangsstörung mit vorwiegenden Zwangsgedanken (…) anzuerkennen".

11. Arbeit oder Vergnügen für Freier?

Ein **Bordell** in einem Gewerbegebiet ist **keine Vergnügungsstätte** und deshalb dort „allgemein zulässig". Das hat jedenfalls der Verwaltungsgerichtshof Mannheim[297] entschieden. Ein Nachbar, der mit seiner Familie in dem Gewerbegebiet wohnt, hatte sich gegen die Baugenehmigung für ein neues Bordell mit elf sog. Arbeitsräumen, „VIP-Bereich" und einer Sauna gewehrt. Er hatte argumentiert, das Unternehmen sei als Vergnügungsstätte allenfalls mit einer Ausnahmeregelung zulässig, es beeinträchtige Gewerbegebiet und Wohnnutzung gleichermaßen. Dem folgte das Gericht nicht. Ein Bordell sei keine Vergnügungsstätte i. S. d. Städtebaurechts.

Das überrascht den unbefangenen Leser doch einigermaßen. Es mag ja sein, dass Bordelle in Gewerbegebieten besser aufgehoben sind als in reinen Wohngebieten. Und auch die Tätigkeit von **Prostituierten** mag für die meisten von ihnen eher **Arbeit** als Vergnügen sein. Aber es liegt auf der Hand, dass bei der Definition des „Vergnügens" nicht auf die Dienstleister, sondern auf die Kunden, hier also die **Freier**, abzustellen ist. Deren Betätigung ist sicher keine Arbeit, sondern **Vergnügen**!

V. Zivilgerichtliche Erleuchtungen

1. „Poppende" Richter

Dass gerichtliche Entscheidungen gesundem Menschenverstand entsprechen können, zeigt vortrefflich ein Urteil des vornehmen Hanseatischen Oberlandesgerichts Hamburg aus dem Jahr 2002.[298] Es ging um die **mittelbare Verwechslungsgefahr** zwischen den Zeichen „Corn Pops" und „Rice Pops". Bemerkenswert sind Rdnrn. 49 und 50:

> „Richtig ist allerdings, dass es sich um ein sogenanntes sprechendes Zeichen handelt. Der Verkehr wird bei ‚Corn Pops' schon wegen des Wortes ‚Corn' Getreideprodukte assoziieren. Bei dem Wort ‚Pops' wird er eine gedankliche Verbindung zu dem bekannten Popcorn herstellen. Die reine Umkehrung der Bestandteile ‚Corn' und ‚Pop' führt allerdings nicht dazu, dass der Ver-

kehr hierunter ein Popcorn entsprechendes Produkt vermutet. In der deutschen Sprache wird bei zusammengesetzten Begriffen der Gegenstand stets durch das zweite Wort bestimmt. Bei einer Bohnenstange handelt es sich um eine Stange, während die Stangenbohne eine Bohne ist. Popcorn ist demgemäß ein Corn, das – möglicherweise wegen des bei der Herstellung entstehenden Geräusches – pop ist. Andererseits sind Cornpops aus Corn hergestellte Pops, was auch immer das sein mag.

Entgegen der Annahme der Beklagten ist den angesprochenen Verkehrskreisen, zu denen auch die Mitglieder des Senats gehören, keineswegs seit frühester Kindheit die Herstellung von Popcorn als ‚poppen‘ bekannt. Den Begriff ‚poppen‘ kennen die Senatsmitglieder zwar, allerdings nicht von Kindesbeinen an, sondern erst etwa seit der Pubertät und in einem völlig anderen Zusammenhang, was hier aber nicht vertieft zu werden braucht. Die Verbindung zu Popcorn hilft also nicht weiter. Demgemäß kommt es auf die vorgelegten Produkte B2 und B5 nicht an, weil es sich bei ihnen um Popcorn handelt, das auch als solches bezeichnet wird, und nicht um ‚Pops‘.“

2. Gestörter Intimverkehr

Nicht nur höhere Richter sind alles andere als verknöcherte Sexmuffel. **Sexpraktiken** sind auch Richtern in unterster Instanz bekannt, was ein Urteil des Amtsgerichts Mönchengladbach[299] aus dem Jahr 1991 beweist. Der Kläger hatte bei einem Reiseunternehmen für sich und seine Lebensgefährtin eine Urlaubsreise nach Menorca gebucht. Geschuldet war die Unterbringung in einem Doppelzimmer mit Doppelbett. Nach der Ankunft hatte der Kläger feststellen müssen, dass es in dem ihm zugewiesenen Zimmer kein Doppelbett gab, sondern zwei separate, nicht miteinander verbundene Einzelbetten. Bereits in der ersten Nacht habe er, so der Kläger, feststellen müssen, dass er hierdurch in seinen Beischlafgewohnheiten empfindlich beeinträchtigt worden sei: Ein „friedliches und harmonisches Einschlaf- und Beischlaferlebnis“ sei während der gesamten 14-tägigen Urlaubszeit nicht zu Stande gekommen, weil die Einzelbetten bei jeder kleinsten Bewegung mittig auseinandergegangen seien. Der Kläger verlangte Schadensersatz wegen nutzlos aufgewendeter Urlaubszeit in Höhe von 20 % des Reisepreises. Dazu heißt es in der Urteilsbegründung:

> „Die Klage ist aber jedenfalls in der Sache nicht begründet. Der Kläger hat nicht näher dargelegt, welche besonderen Beischlafgewohnheiten er hat, die fest verbundene Doppelbetten voraussetzen. Dieser Punkt brauchte allerdings nicht aufgeklärt werden, denn es kommt hier nicht auf spezielle Gewohnheiten des Klägers an, sondern darauf, ob die Betten für einen durchschnittlichen Reisenden ungeeignet sind. Dies ist nicht der Fall. Dem Gericht sind mehrere allgemein bekannte und übliche Variationen der Ausführung des Beischlafs bekannt, die auf einem einzelnen Bett ausgeübt werden können, und zwar durchaus zur Zufriedenheit aller Beteiligten. Aber selbst wenn man dem Kläger bestimmte Beischlafpraktiken zugesteht, die ein fest verbundenes Doppelbett voraussetzen, liegt kein Reisemangel vor, denn der Mangel wäre mit wenigen Handgriffen selbst zu beseitigen gewesen. Der Kläger hat ein Foto der Betten vorgelegt. Auf diesem Foto ist zu erkennen, daß die Matratzen auf einem stabilen Rahmen liegen, der offensichtlich aus Metall ist. Es hätte nur weniger Handgriffe bedurft und wäre in wenigen Minuten zu erledigen gewesen, die beiden Metallrahmen durch eine feste Schnur miteinander zu verbinden. Es mag nun sein, daß der Kläger etwas Derartiges nicht dabei hatte. Eine Schnur ist aber für wenig Geld schnell zu besorgen. Bis zur Beschaffung dieser Schnur hätte sich der Kläger beispielsweise seines Hosengürtels bedienen können, denn dieser wurde in seiner ursprünglichen Funktion in dem Augenblick des Beischlafs sicher nicht benötigt.“

3. Nicht aufgedeckte Betten

Welche **Reisemängel** i. S. d. § 651 c BGB deutsche Touristen „umtreiben“, hat der **Richter-Dichter** *K. Helmut Zimmermann*[300] so ausgedrückt:

„Reisemangel (§ 651 c BGB)

Eingeölte Menschenleiber,
Kinder, Greise, Männer, Weiber

formten an des Meeres Strande
eine hässliche Girlande.

Eingezwängt in knappste Hülle,
die fast barst ob so viel Fülle
oder, dass der Hautkrebs lohne,
rücksichtslos auch gänzlich ohne
präsentierten Strandnomaden
jede Art von Körperschaden.

Schenkelweise Zellulitis
oft gepaart mit Dermatitis,
Eiterpickel, Hautekzeme,
Sonnenbrand kaschiert mit Creme,
Krampfgeäder, Hängebäuche,
Brüste schlaff wie leere Schläuche,
Ärsche wabbelig wie Quallen,
Schrumpelschwänze halb zerfallen,
Blinddarmnarben, Warzen, Schrunden,
Kaiserschnitte, off'ne Wunden
und Visagen voller Falten,
nur durch Schminke straff gehalten.

Diese Dekadenz vor Augen
tat der Strandurlaub nichts taugen.
Weil die TUI dies nicht verhindert,
wird der Reisepreis gemindert."

Dass das Amtsgericht Mönchengladbach (s. S. 162 f.) der Betroffenheitslyrik des Klägers eine Absage erteilt hat, ist verständlich.
Dass es andererseits immer wieder auch **echte Reisemängel** gibt,
liegt auf der Hand. Dennoch ist erstaunlich, mit welchen unsubstantiierten und/oder unerheblichen (angeblichen) Mängeln die
Haftung von Reiseveranstaltern immer wieder reklamiert wird. So
beklagte sich z. B. der Teilnehmer einer Reise nach Tunesien u. a.
darüber, dass sein Bett abends nicht aufgedeckt worden sei; außerdem habe eine zweite zugesagte Bar im Hotel gefehlt. Darauf beschied das Amtsgericht Frankfurt a. M.[301] den Kläger wie folgt:

„3. Der Umstand, daß die Betten nicht aufgedeckt worden sind,
rechtfertigt nicht die Annahme eines Mangels. Dies bedarf kei-

nes weiteren Nachweises. Auch für den Fall eines Luxushotels ist es durchaus nicht angängig anzunehmen, daß eine solche Maßnahme in jedem Land der Erde üblicherweise erwartet werden kann. Daneben ist dem Gericht auch nicht ersichtlich, wie in der betreffenden Maßnahme ein Mangel gesehen werden kann. (...) 6. Das Fehlen der zweiten Bar würde sich nur auswirken, wenn der Kläger hieraus einen Nachteil hätte. Der Kläger konnte nach eigenem Vortrag eine Bar benutzen. Es ist nicht ersichtlich, inwiefern er also durch die alleinige Benutzung von einer Bar beeinträchtigt gewesen sein will. Er konnte sich ja auch nur gleichzeitig in einer Bar aufhalten. (...)"

4. Der Widerspenstigen Zähmung

Im März 2007 erregte ein Verfahren auf Bewilligung von Prozesskostenhilfe für einen Antrag auf Ehescheidung vor Ablauf des sog. Trennungsjahres nach § 1565 II BGB beim Amtsgericht Frankfurt a. M./Familiengericht Aufsehen.[302] Was war geschehen? Eine deutsche Staatsangehörige marokkanischer Herkunft hatte im Jahr 2001 in Marokko einen marokkanischen Staatsangehörigen „gemäß den Vorschriften des Korans" geheiratet. Die Eheleute lebten seit Mitte 2006 voneinander getrennt. In einem **Verfahren nach dem Gewaltschutzgesetz** hatte das Amtsgericht Frankfurt a. M./Familiengericht im Juni 2006 die Ehewohnung der Frau zur alleinigen Nutzung zugewiesen. Es hat ferner dem Ehemann untersagt, diese Wohnung zu betreten und sich der Wohnung auf eine Entfernung von weniger als 50 Metern zu nähern. Diese zunächst bis zum 20. 12. 2006 befristete Anordnung hatte das Gericht mit Beschluss vom 12. 1. 2007 bis zum 20. 6. 2007 verlängert. Die Frau beantragte dann die sofortige Scheidung der Ehe. Sie hielt es für unzumutbar, weiter mit dem Antragsgegner verheiratet zu sein, weil sie während ihres Zusammenlebens von ihm schwer misshandelt und auch noch nach der Trennung von ihm bedroht worden sei.

Für das Verfahren auf Bewilligung von Prozesskostenhilfe für den Antrag auf Ehescheidung kommt es darauf an, ob die Voraussetzungen nach § 1565 BGB für eine Ehescheidung gegeben sind. Danach kann eine Ehe geschieden werden, wenn sie gescheitert ist. Eine **Ehe** ist **gescheitert**, wenn die Lebensgemeinschaft der Ehegatten nicht mehr besteht und nicht erwartet werden kann, dass die Ehegatten sie wiederherstellen. Ein Scheitern der Ehe wird nach dem Gesetz vermutet, wenn die Eheleute ein Jahr lang getrennt gelebt haben.

Für den Fall, dass die Ehegatten noch nicht ein Jahr getrennt leben, kann die Ehe nur geschieden werden, wenn die „Fortsetzung der Ehe für den Antragsteller aus Gründen, die in der Person des anderen Ehegatten liegen, eine unzumutbare Härte darstellt". An die **unzumutbare Härte**, die eine Ehescheidung schon **vor Ablauf eines Trennungsjahres** ermöglicht, sind dabei nach allgemeiner Auffassung relativ strenge Anforderungen zu stellen. Einem Antragsteller bzw. einer Antragstellerin darf nicht zuzumuten sein, mit der Scheidung, also der Aufhebung des formalen Ehebandes, bis zum Ablauf des Trennungsjahres zu warten. Es muss sich um eine Ausnahmesituation gegenüber einem bloßen Scheitern einer Ehe handeln.

Mit Schreiben vom 12.1.2007 hat die zuständige Richterin des Amtsgerichts Frankfurt a.M./Familiengericht zu dem Prozesskostenhilfeantrag für den Scheidungsantrag vor Ablauf des Trennungsjahres darauf hingewiesen, dass nach ihrer Bewertung die Voraussetzungen für eine Härtefallentscheidung nicht vorliegen. Sie hat dabei darauf Bezug genommen, dass die Parteien aus dem **marokkanischen Kulturkreis** stammen, für den es nicht unüblich sei, dass der Mann gegenüber der Frau ein Züchtigungsrecht ausübe. Sie hat vorgeschlagen, das Verfahren bis zum Ablauf des Trennungsjahres ruhen zu lassen, da sie andernfalls den Antrag auf Prozesskostenhilfe zurückweisen müsse.

Auf diesen Verfahrensvorschlag hin hat die Antragstellerin die Richterin mit Antrag vom 24.1.2007 wegen **Besorgnis der Befangenheit** abgelehnt. Und nun kommt es: In ihrer dienstlichen Erklärung zu dem Ablehnungsgesuch hat die abgelehnte Richterin ihre rechtliche Einschätzung, dass keine unzumutbare Härte i.S.v. § 1565 II BGB vorliege, unter Bezugnahme auf eine konkrete Koranstelle, nämlich Koran, Sure 4, Vers 34, verdeutlicht. Die Stelle lautet:[303]

„Die Männer stehen in Verantwortung für die Frauen wegen dessen, womit Gott die einen von ihnen vor den anderen ausgezeichnet hat und weil sie von ihrem Besitz [*für sie*] ausgeben.

Darum sind die rechtschaffenen Frauen [*Gott*] demütig ergeben und hüten das Zuverbergende, weil Gott [*es*] hütet. Und diejenigen, deren Widersetzlichkeit ihr befürchtet, ermahnt sie, meidet sie im Ehebett und schlagt sie. Wenn sie euch aber gehorchen, dann sucht kein Mittel gegen sie. Gott ist erhaben und groß."

Damit hat die Richterin letztlich sinngemäß entschieden, die **Ausübung des Züchtigungsrechts** begründe **keine unzumutbare Härte** gem. § 1565 BGB in Deutschland. Dass eine deutsche Richterin (!) einen solchen Standpunkt beziehen kann, ist kaum zu glauben, aber – wie der Fall zeigt – wahr! Dabei liegt es doch auf der Hand, dass Religionsfreiheit in Deutschland nicht schrankenlos gilt, sie vielmehr ihre Grenze dort findet, wo Menschenrechte verletzt werden. Und eine solche Verletzung der Menschenrechte kann nicht mit kulturellen Differenzen gerechtfertigt werden.

Vor diesem Hintergrund kann tatsächlich nur von einem „**irren Vorstoß**" des rheinland-pfälzischen Justizministers *Jochen Hartloff* gesprochen werden, der gegenüber der Bild-Zeitung außergerichtliche Schlichtungen auf Basis der **Scharia** für sinnvoll erklärt hat.[304] Zu Recht hat deshalb Bundesjustizministerin *Sabine Leutheusser-Schnarrenberger* davor gewarnt, „von einer möglichen Paralleljustiz" in Deutschland zu sprechen.[305] Auch Schiedsgerichte müssen den verfassungs- und rechtsstaatlichen Vorgaben genügen. [305a]

5. Ehelicher Beischlaf

§ 1353 I BGB bestimmt, dass die **Ehe auf Lebenszeit** geschlossen wird. Die Ehegatten sind einander zur ehelichen Lebensgemeinschaft verpflichtet; sie tragen füreinander Verantwortung. Dazu ergänzt II.:

„Ein Ehegatte ist nicht verpflichtet, dem Verlangen des anderen Ehegatten nach Herstellung der Gemeinschaft Folge zu leisten, wenn sich das Verlangen als Missbrauch seines Rechts darstellt oder wenn die Ehe gescheitert ist."

Das hat den Bundesgerichtshof[306] veranlasst, den **engagierten** ehelichen **Beischlaf** als Voraussetzung zum Erhalt der Ehe anzusehen. Was war geschehen? Eine Ehemann verlangte die Scheidung. Seine Klage blieb in den unteren Instanzen erfolglos. Der vermutlich rein männlich besetzte Senat, der die Sache schlussendlich zu entscheiden hatte, hatte jedoch mit dem von seiner Ehefrau auf **Sex-Abstinenz** gesetzten Mann ein Einsehen. Der Ehemann hatte im Verfahren vorgetragen, die Zerrüttung der Ehe sei aus der Einstellung seiner Frau zum ehelichen Verkehr entstanden. „Sie habe ihm erklärt, sie empfinde nichts beim Geschlechtsverkehr und sei im Stande, dabei Zeitung zu lesen; er möge sich selber befriedigen. Der eheliche Verkehr sei eine reine Schweinerei. Sie gebe ihm lieber Geld fürs Bordell. Sie wolle auch nicht mit einem dicken Bauch herumlaufen; mit Kindern wüsste sie gar nichts anzufangen."

Dazu ist dann in den Entscheidungsgründen u. a. zu lesen:

„Die Frau genügt ihren ehelichen Pflichten nicht schon damit, dass sie die Beiwohnung teilnahmslos geschehen lässt. Wenn es ihr infolge ihrer Veranlagung oder aus anderen Gründen, zu denen die Unwissenheit der Eheleute gehören kann, versagt bleibt, im ehelichen Verkehr Befriedigung zu finden, so fordert die Ehe von ihr doch eine Gewährung in ehelicher Zuneigung und Opferbereitschaft und verbietet es, Gleichgültigkeit oder Widerwillen zur Schau zu tragen. Denn erfahrungsgemäß vermag sich der Partner, der im ehelichen Verkehr seine natürliche und legitime Befriedigung sucht, auf die Dauer kaum jemals mit der bloßen Triebstillung zu begnügen, ohne davon berührt zu werden, was der andere dabei empfindet.

Ob eine solche allein auf die eigene Befriedigung ausgehende Haltung überhaupt eine tragfähige Grundlage für eine dauerhafte menschliche Verbindung der Ehegatten abgeben kann, ist hier nicht zu erörtern. Denn in der normalen Ehe sucht und findet der Ehegatte die eigene Befriedigung in der Hingabe und in der Befriedigung des anderen. Wird dies nicht erreicht, so ist das eheliche Verhältnis häufig bereits dadurch schwer gefährdet. Seine Grundlage wird aber in aller Regel vollends zerstört, wenn der innerlich nicht beteiligte Ehegatte den anderen durch eine zynische Behandlung des Geschlechtsverkehrs vor sich selbst erniedrigt, indem er ihm unverhüllt zumutet, seinen Partner als bloßes Objekt seiner Triebe zu gebrauchen.

Deshalb muß der Partner, dem es nicht gelingt, die Gewährung des Beischlafs als ein Opfer zu bejahen, das er den legitimen Wünschen des anderen um der Erhaltung der seelischen Gemeinschaft willen bringt, jedenfalls darauf verzichten, seine persönlichen Gefühle in verletzender Form auszusprechen. Eine Behandlung, die die eigene Beteiligung mit der Teilnahme der Dirne gleichsetzt, ist geeignet, den Ehepartner zu demütigen und die eheliche Gemeinschaft, zu deren Vollzug in der Regel die ständige Wiederholung der geschlechtlichen Vereinigung gehört, an ihrer Wurzel zu untergraben."

Interessant wäre zu wissen, **ob** der Bundesgerichtshof diese Ausführungen auch **heute noch** für **zeitgemäß** hält.

6. Arbeitsminimierung

Wie geschickt ein Gericht **Arbeit wegdrücken** kann, hat das Landgericht München[307] in einem Teilurteil vom 24.8.1981 gezeigt. Heißt es in diesem doch:

„Hinsichtlich eines Betrages von 3.118.882,16 DM hält das Gericht den Rechtsstreit zur Entscheidung reif. Es erscheint zweckmäßig, hierüber durch Teilurteil zu entscheiden (§ 301 ZPO). Der vorliegende Rechtsstreit lässt sich nach Inhalt, Umfang, Schwierigkeit, Dauer und Ablauf nicht mit normalen Maßstäben messen. Es müssen daher ganz zwangsläufig Zugeständnisse in mehrfacher Hinsicht gemacht werden. Das Gericht hat das beiderseitige Parteivorbringen auf seinen Gehalt geprüft und das Sachverständigengutachten gewürdigt. Wenn es im Nachfolgenden die Begründung auf ein Minimum beschränkt, so hat das allein darin seinen Grund, dass dem Gericht aus zeitlichen Gründen eine weitergehende Begründung nicht möglich ist. Wenn das Gericht sich im Detail mit dem Parteivorbringen den vorgelegten Unterlagen und dem Gutachten des Sachverständigen in der Begründung beschäftigen wollte, müsste die Kammer für mindestens sechs Monate von jeglicher anderweitiger Arbeit freigestellt werden. Ein solches Ansinnen würde aber beim Präsidium des Landgerichts München I auf taube Ohren stoßen. Es bleibt daher nur die Möglichkeit, aus der gegebenen Situation heraus noch das Bestmögliche zu machen."

7. Holz/Kunststoff-Vorteile

Schön klingt auch die **messerscharfe Logik** des Landgerichts München[308], die sich in der Begründung eines anderen Urteils findet:

> „Kunststoff-Fenster mögen zahlreiche Vorteile haben, insbesondere in Bezug auf Wartung und Pflege. Holz hat den Vorteil, nicht aus Kunststoff zu sein."

8. Nichts wird so heiß gegessen ...

Das Amtsgericht Hagen[309] hatte 1996 einen Fall zu entscheiden, in dem sich ein – offensichtlich von amerikanischen Verbraucherschutzgedanken inspirierter – Restaurantgast an einer zu **heißen Suppe** die Zunge verbrannt hatte und Schmerzensgeld verlangte. Das Gericht wies die Klage mit überzeugender Begründung ab:

> „Für den gastronomischen Bereich ergibt sich ..., dass der Gastronom eine Speise essfertig anbieten muss, d. h. in der Gestalt, dass eine weitere Bearbeitung der Speise nicht mehr erforderlich ist (...). Weiterhin hat er dafür Sorge zu tragen, dass die Speise hygienemäßig einwandfrei ist (...). Diesen Anforderungen entsprach die Suppe hier, da sie keiner weiteren Bearbeitung mehr bedurfte, um ,essfertig' serviert zu werden. Es ist auch unstreitig, dass die Suppe qualitativ einwandfrei war. Der Gastronom ist auch nicht zu einer vorherigen Geschmacksprobe verpflichtet (...).
> Da die Suppe sehr heiß serviert worden ist und insoweit die Gefahr barg, zu Verletzungen im Mundbereich zu führen, stellt sie eine Gefahrenquelle dar. Verkehrssicherungspflichten bestehen aber lediglich insoweit, als diese Gefahrenquelle für den Gast nicht zu erkennen war. Jeder, der eine Suppe bestellt, weiß aber, dass er ein sog. Heißgericht serviert bekommt, welches nur mit äußerster Vorsicht zu genießen ist. Dies wurde hier zudem dadurch erkennbar, dass die Suppe noch dampfte; insoweit trug die Suppe das Gefahrensignal in sich, so dass von dem Gastwirt keine weiteren Maßnahmen zu treffen waren. Er ist nicht etwa verpflichtet, die Suppe nach dem Erhitzen zunächst einige Zeit

abkühlen zu lassen und sodann erst zu servieren. Das ergibt sich bereits daraus, dass es keine objektiven Maßstäbe dafür gibt, wie heiß eine servierfähige Suppe zu sein hat. Dies richtet sich nach den individuellen, geschmacklich und psychologisch bedingten Eigenheiten eines jeden Gastes. So hat jeder einen anderen Maßstab dafür, wann er eine Suppe als essbar erachtet. Insoweit ist auch jeder gehalten, nach seinem individuellen Zuschnitt die erkennbar dampfende Suppe zunächst abkühlen zu lassen. Der Gastwirt ist auch nicht verpflichtet, den Gast ausdrücklich auf die sehr heiße Suppe hinzuweisen. Angesichts der dampfenden Suppe wäre ein derartiger Hinweis überflüssig, da er die durch die dampfende Suppe bereits zum Ausdruck kommende Information nicht erweitern würde."

9. „Magere Brasse" statt „loup de mer"

Nicht jeder **Gast eines Restaurants** ist mit dem zufrieden, was ihm der Wirt bietet. Wird dann nicht bezahlt, kann es zu einem Gerichtsstreit kommen; im Fall des Amtsgerichtes Gießen[310] aus 1987 immerhin über DM 48,–.

Zum Sachverhalt: Der Kläger betreibt ein italienisches Speiselokal gehobener Klasse. Zu den Gästen gehörten am Abend des 18. 3. 1987 der Beklagte und ein mit ihm befreundetes Ehepaar – zwei Doktoren und eine Dipl.-Biologin, was für den weiteren Verlauf des Abends nicht ohne Bedeutung war. Um den Hunger langsam in ein Sättigungsgefühl zu verwandeln, wurden verschiedenste Speisen und Getränke bestellt. Sie alle fanden – trotz eines interessanten Fußball-Länderspiels der italienischen Nationalmannschaft – das Wohlgefallen des Gaumens der Gäste, mit Ausnahme eines Fisches. Der Fisch sollte nach der Speisekarte den Namen „loup de mer" (gemeint: Seewolf) tragen, 650 g wiegen und DM 48,– kosten. Er war von dem Beklagten bestellt worden, als Portion aber – auch nach der Karte – für zwei Personen gedacht. Dementsprechend sollte der Seewolf unter Aufteilung des Anschaffungspreises dem Eiweißhaushalt des Beklagten und eines seiner Begleiter dienen.

Zubereitet, dekoriert und serviert fand der Fisch zunächst das **Wohlwollen** seiner Verzehrer. Es wurde probiert und geschmeckt, wie viel aber, ob nur ein wenig oder bis zu den Gräten, ist streitig. Währenddessen wandelte sich das einstige Gefallen der Genießer in **Missfallen**. Die DM 48,– wurden nicht bezahlt. Der Kläger behauptete, der servierte und völlig verzehrte Fisch habe zu den 650 g schweren Seewölfen gehört und fein geschmeckt. Der Beklagte behauptete dagegen, man habe mit Hilfe des Sachverstandes der anwesenden Diplom-Biologin den Fisch als „magere und zudem tranig schmeckende Brasse" von allenfalls 300 g enttarnt. Bei allen Mitgenießern habe der tranige Geschmack zu einer lästigen Diarrhö (gemeint: Durchfall) geführt. Letztlich habe er allenfalls die Hälfte des Preises zu zahlen, da für ihn nur die Hälfte der Portion bestimmt gewesen sei und er zum Verzehr der anderen Hälfte seinen Begleiter nicht eingeladen habe.

Dann **begründet** das Amtsgericht, warum es dem Kläger antragsgemäß DM 48,– zugesprochen hat:

„Da die Größe und das Gewicht eines Fisches sowie seine Artzugehörigkeit gerade sachkundigen Tischgenossen bereits bei dessen Anblick auffällt, nicht selten sogar nur vor dem Verzehr und nicht mehr im Nachhinein festgestellt werden kann, erhält der Genuss auch nur eines Teils der Mahlzeit nicht nur für die Ernährung, sondern auch in rechtlicher Hinsicht Bedeutung. Erkennt der Genießer nämlich in dem servierten, vermeintlichen Seewolf eine kleine magere Brasse und lässt er sich diese statt des Seewolfes schmecken, wenn auch nur ein wenig, so ist ihm die magere Brasse so viel wert wie ein schwerer Seewolf und hat hierfür zu bezahlen. Hat der Genießer jedoch die magere Brasse in Unkenntnis ihres geringen Gewichts und der Tatsache, dass es sich um keinen Seewolf gehandelt hat, verzehrt oder damit begonnen, so verlangt die Kunst der Führung eines Zivilprozesses eine genaue Erklärung dafür, wieso diese ins Auge fallenden Umstände erst erfasst wurden, als sich herausstellte, dass der Fisch für den Gaumen seiner Besteller kein Genuss war. Der tranige Geschmack, welcher Beanstandung fand, ist ebenfalls nicht geeignet, die Bezahlung in berechtigter Weise zu verweigern. Dieser ist in gewisser Weise nämlich jedem Fisch eigen, weshalb ihn manche mögen, andere aber nicht. Auch gibt es Richtungen in der Kochkunst, für die es wichtig ist, den Eigengeschmack eines Fisches (tranig) bei der Zubereitung zu erhalten, nicht aber zu beseitigen oder aber zu verdecken. Ganz unverständlich ist jedoch, weshalb der tranige Geschmack nur deshalb vorhanden gewesen sein soll, weil das Küchenpersonal ein Fußball-Länderspiel ihrer Nationalmannschaft mitverfolgt hat. Dies hätte näher erklärt werden müssen. Besser zu verstehen ist es, warum der tranige Geschmack eines Fisches umgehend zum Auftreten einer Diarrhoe führen kann oder musste. Auch hier hätte es einer genauen Erforschung von Ursache und Wirkung und eine Mitteilung des Ergebnisses bedurft. Letztlich hat der Beklagte als Besteller auch den gesamten Preis der für zwei Personen gedachten Fischportion zu zahlen. Dass er sich diese mit einem seiner Tischgenossen teilen und sich jener hieran finanziell beteiligen wollte, ist für den Kläger und seine Ansprüche ohne Bedeutung. Selbst wenn der Fisch von beiden gemeinsam bestellt worden wäre, könnte der Kläger die gesamte Summe von dem Beklagten verlangen und brauchte sich nicht auf eine dem verzehrten Anteil entsprechende Kostenteilung verweisen zu lassen (§§ 420, 426 BGB)."

10. Braunschweiger Robenkrieg

Auch **Rechtsanwälte** können (über)empfindlich reagieren, wenn sie sich in ihren **Persönlichkeitsrechten** verletzt fühlen. So kam es Mitte der 90er Jahre zum sog „Braunschweiger Robenstreit", einer „mit großem Engagement und allen Mitteln der juristischen Kunst geführten Auseinandersetzung"[311] zwischen Richtern und Rechtsanwälten um die Frage, ob letztere verpflichtet seien, vor dem Amtsgericht Braunschweig mit Robe aufzutreten.

Vorausgegangen war der Umzug des Amtsgerichts Braunschweig in ein neues Dienstgebäude, das zu betreten mir bisher und wohl auch zukünftig verwehrt war bzw. sein wird. Es muss aber wohl ein so schönes Gebäude (gewesen) sein, dass sich alle Zivilrichter dafür entschieden, den **„Glanz ihrer Hütte"** noch durch zusätzlichen anwaltlichen Glanz zu verstärken. Deshalb entschlossen sie sich, die Rechtsanwältinnen und Rechtsanwälte um das Tragen der Amtstracht zu „bitten", gegebenenfalls dies auch durchzusetzen. So verfuhr auch Richter *X.* Er hatte in der mündlichen Verhandlung vom 9. 2. 1995 zunächst Rechtsanwalt *R.* und dann Rechtsanwalt *S.* von der Prozessführung ausgeschlossen, weil sie ohne Robe auftraten.

Ein darauf gestütztes Befangenheitsgesuch wies Richter *X.* als unzulässig zurück. Auch die anschließenden Verfahren beim Landgericht und Oberlandesgericht Braunschweig brachten die Braunschweiger Anwaltschaft nicht weiter. Leitsatz 2 des Beschlusses des Oberlandesgerichts Braunschweig[312] lautet:

> „Nach bundeseinheitlich geltendem Gewohnheitsrecht sind Rechtsanwälte verpflichtet, in öffentlichen Verhandlungen der Gerichte die Robe als Amtstracht zu tragen, und zwar auch bei den Amtsgerichten. Dieses in Niedersachsen durch Landesrecht konkretisierte Gewohnheitsrecht ist weder durch eine langjährige andersartige Übung bei einem einzelnen Amtsgerichts noch durch die Neufassung des Bundesrechtsanwaltsordnung aufgehoben worden."

Das ist allerdings **inzwischen überholt**. Nach § 20 S. 2 BORA besteht beim Amtsgericht in Zivilsachen keine Robenpflicht. Diese sich im Rahmen der gesetzlichen Ermächtigung (§ 59 b II Nr. 6 c BRAO) bewegende Satzungsregelung bindet auch die staatlichen Gerichte.[313]

11. Unter beleidigt Ober

Zu den wenigen Urteilen eines Einzelrichters, bei denen man sich wirklich fragen kann, ob sie tatsächlich „im Namen des Volkes" ergangen sind, gehört die Entscheidung des Landgerichts Stuttgart[314] vom 12. 7. 1996. In diesem Fall ging es um die Sittenwidrigkeit eines Kreditvertrages. Der Einzelrichter – wohl ein echter 68er – beschränkte sich jedoch nicht darauf, die Sittenwidrigkeit mit nachvollziehbaren Argumenten festzustellen. Er nutzte vielmehr die Gelegenheit zu einer völlig undiskutablen, ja sogar beleidigenden **Abrechnung** mit den oberen Instanzen. In den Entscheidungsgründen heißt es u. a.:

> „Die entsprechende Rechtsprechung des BGH ist für das Gericht obsolet. Beim BGH handelt es sich um ein von Parteibuch-Richtern der gegenwärtigen Bonner Koalition dominierten Tendenzbetrieb, der als verlängerter Arm der Reichen und Mächtigen allzu oft deren Interessen zielfördernd in seine Erwägungen einstellt und dabei nicht davor zurückschreckt, Grundrechte zu

missachten, wie kassierende Rechtsprechung des BVerfG belegt. Die Rechtsprechung des 9. Senats des OLG Stuttgart ist der des BGH konform, ja noch ‚bankenfreundlicher‘, sie ist von der (wohl CDU-)Vorsitzenden des Senats bestimmt, der der gesellschaftlichen Schicht der Optimaten angehört (Ehemann Arzt) und deren Rechtsansichten evident dem Muster ‚das gesellschaftliche Sein bestimmt das Rechtsbewußtsein‘ folgen. Solche Richterinnen haben für ‚kleine Leute‘ und deren, auch psychologische, Lebenswirklichkeiten kein Verständnis, sie sind abgehoben, akademisch sozialblind, in ihrem rechtlichen Denken tendieren sie von vornherein darwinistisch. ‚Banken‘ gehören für sie zur Nomenklatura, ehrenwerte Institutionen, denen man nicht sittenwidriges Handeln zuordnen kann, ohne das bestehende Ordnungsgefüge zu tangieren. Und immer noch spukt in den Köpfen der Oberrichter das ursprüngliche BGH-Schema herum, dass nämlich die sog. Privatautonomie als Rechtsinstitut von Verfassungsrang die Anwendung des § 138 BGB auf Fälle vorliegender Art verbiete, obwohl doch § 138 BGB die Vertragsfreiheit verfassungskonform limitiert.“

12. Kein Wunder in München

Am 10. 5. 1986 kam es in München zu einem Zusammenstoß zwischen zwei Fahrzeugen. Der Kläger, der sich offensichtlich im Recht fühlte, verlangte Schadensersatz in Höhe von DM 2.965,–. Das mit dieser Sache befasste Amtsgericht München[315] sah sich zu tiefschürfenden Ausführungen zum Wert der **Aussage eines unfallbeteiligten Fahrers** veranlasst. Aus den Gründen:

„(...) Das Gericht war in seiner bisherigen Praxis schon mit ca. 2000 Straßenverkehrsunfällen beschäftigt und hat es noch niemals erlebt, dass jemals einer der beteiligten Fahrer schuld gewesen wäre. Es war vielmehr immer so, dass jeweils natürlich der andere schuld gewesen ist. Bekanntlich sind Autofahrer ein Menschenschlag, dem Fehler grundsätzlich nie passieren, und wenn tatsächlich einmal ein Fehler passiert, dann war man es natürlich nicht selbst, sondern es war grundsätzlich der andere. Das Gericht hatte auch noch nie erlebt, dass jemals ein Fahrer, der als Zeuge oder Partei vernommen wurde, eigenes Fehlverhalten eingeräumt oder zugestanden hätte. Wenn dies einmal tatsächlich passieren sollte, dann müsste man schlicht und einfach von einem Wunder sprechen. Wunder kommen aber in der Regel nur in Lourdes vor, wenn beispielsweise ein Blinder wieder sehen kann oder ein Lahmer wieder gehen kann, oder aber in Fatima, wenn sich während der Papstmesse eine weiße Taube auf den Kopf des Papstes setzt, und sogar in den dortigen Gegenden sind Wunder ziemlich selten, in deutschen Gerichtssälen passieren sie so gut wie nie, am allerwenigsten in den Sitzungssälen des AG München. Jedenfalls ist in Justiz- und Anwaltskreisen nichts davon bekannt, dass in der Pacellistr. 2 in München schon jemals ein Wunder geschehen wäre. Möglicherweise liegt das daran, dass der liebe Gott, wenn er sich zum Wirken eines Wunders entschließt, gleich Nägel mit Köpfen macht und sich nicht mit einem banalen Verkehrsunfall beschäftigt. Vielleicht liegt aber die Tatsache, dass trotz der Unfehlbarkeit aller Autofahrer gleichwohl so viele Verkehrsunfälle passieren, schlicht und einfach dran, dass unsere Gesetze so schlecht sind. Dies hinwiederum wäre allerdings kein Wunder.

Aus dem vorstehend Gesagten vermag nun der unbefangene Leser des Urteils schon unschwer zu erkennen, was die Zeugenaussage eines Fahrers eines unfallbeteiligten Fahrzeuges vor Gericht wert ist: nämlich gar nichts."

13. „Kölsch"-Bierkutscher

Fälle aus Köln machen stets Furore. So auch der berühmte Bierkutscher-Fall. Der PKW der Klägerin wurde am 31.1.1984, einem Dienstag, in Köln auf der B-Straße vor der Postschänke von einem Pferd getreten und dabei hinten beschädigt. Die beklagte Privatbrauerei Sester besaß ein **Pferdegespann** mit zwei Pferden, das zu Werbezwecken sommers wie winters auf bestimmten Routen durch Köln fuhr. Die Klägerin behauptete, es sei ein Pferd der Beklagten gewesen, das ihren PKW beschädigt hatte. Die Beklagte behauptete dagegen, ihr Pferdewagen sei am 31.1.1984 in E. auf Tour gewesen, nicht aber in der Kölner Südstadt. Das Amtsgericht Köln[316] verurteilte die Beklagte antragsgemäß zur Zahlung von DM 1.950,–. Warum, ist in den Gründen zu lesen:

176

„Nach dem Ergebnis der Beweisaufnahme hat auch eines der beiden Pferde mit einem der 8 Hufe das Auto der Kl getreten. Damit hat sich die von dem Gesetz verlangte typische Tiergefahr verwirklicht. Dass sich auch Menschen ab und zu so verhalten (...), ist unerheblich, weil es hier auf die Unberechenbarkeit tierischen Verhaltens ankommt. Unberechenbar ist aber alles, auf das man sich leider nicht verlassen kann.

Deshalb bedurfte es auch keiner Aufklärung, ob das Pferd gegen das Auto getreten hat, weil es als Angehöriger einer Minderheit im Straßenverkehr eine Aversion gegen Blech entwickelt hat oder weil es in seiner Einsamkeit sein Herz mit schönem Klang erfreuen wollte oder ob es seinen Huf als Warnblinklicht betätigt hat, damit es mit dem liegengebliebenen Fahrzeug rechtzeitig als stehendes Hindernis anerkannt werden konnte (§ 15 Abs. 1 StVO).

Die Pferde sind auch am 31.1.1984 pünktlich um 12.00 Uhr (‚high noon‘) vor der Postschänke zur Attacke angeritten, um das dort befindliche Auto der Klägerin einzutreten."

Die Brauerei Sester hatte allerdings behauptet, das Pferdegespann sei zur fraglichen Zeit gar nicht in der Südstadt, sondern außerhalb Kölns in E. unterwegs gewesen. Das glaubte das Amtsgericht allerdings nicht. Es stützte sich vielmehr auf den Zeugen S., dem es eine **„besondere Kölsche Sachkunde"** zusprach:

„Er [der Zeuge] erkannte nämlich nicht nur den Kutscher, sondern sogar auch die Pferde wieder, wobei allerdings die Möglichkeit nicht von der Hand zu weisen ist, dass ihm die Firmenaufschrift auf dem Fuhrwerk der Bekl. bei der einwandfreien Identifizierung geholfen hat. Der Zeuge konnte sich auch an den 31.1.1984 als einen besonderen Tag noch sehr gut erinnern. Es regnete nämlich, und er hatte sogar den Schirm auf. Er konnte auch nach vollbrachten Arztbesuch den Rest des Tages unbeschwert von jeder Arbeit genießen, so dass seine Aufmerksamkeit durch nichts getrübt war. Das beweist schon die Tatsache, dass er in aller Ruhe ‚ein paar Minuten lang‘ zuschaute, wie das eine Pferd der Beklagten ‚immer wieder gegen die Stoßstange des Fahrzeugs der Klägerin trat‘, bis der Kutscher der Beklagten seinerseits zwar nicht gegen den Wagen, wohl aber vorzeitig in Erscheinung trat. Offenbar hatte der Kutscher den alten Rat be-

177

folgt: ‚Wer weiter will als sein Pferd, der sitze ab und gehe zu Fuß'.‟

Diese Feststellung veranlasst das kluge Gericht, sich mit der **Fürsorgepflicht** gegenüber den Kutschpferden und den **Kölner Verhältnissen** im Allgemeinen auseinanderzusetzen:

„Auch wenn man nicht der heute weit verbreiteten Rechtsansicht huldigt, Tiere seien bessere Menschen (...) wäre es von dem Kutscher natürlich zu verlangen gewesen, die Pferde, anstatt sie ‚herrenlos' allein im Regen stehen zu lassen, wenn schon nicht aus Gründen des ‚ethischen Tierschutzes' (...), so doch wenigstens zur Beaufsichtigung [§ 833 S. 2 BGB] und um ausreichend auf sie einwirken zu können (§ 28 I 2 StVO), mit in die Postschänke hineinzunehmen. Das wäre angesichts der Kölner Verhältnisse im Allgemeinen wie auch für Pferde, die den Namen einer Kölner Brauerei tragen, durchaus nichts Ungewöhnliches oder Unzumutbares gewesen. (...). Es hätte genügt, wenn er die Pferde mit an die Theke genommen hätte, wo sie sich als echte Kölsche Brauereipferde sicherlich wohler gefühlt hätten als draußen im Regen. Auch die Wirtin hätte sicher nichts dagegen gehabt. Denn die Rechtsregel ‚der Gast geht so lange zur Theke, bis er bricht', hat bis jetzt, soweit ersichtlich, in der Rechtsprechung auf Pferde noch keine Anwendung gefunden."

Es folgt ein Diskurs zum **Werbespruch** der Brauerei. Dieser zielt schon vom Wortlaut her imperativ darauf ab, dass ein Mensch namens „Bester" das Gebräu von Sester trinken soll. Dazu heißt es:

„In diesem Zusammenhang hat das Gericht es allerdings noch nie recht verstanden, warum die Beklagte ihre Werbung auf den Familiennamen ‚Bester' beschränkt, von dem in 1104 Seiten umfassenden Telefonbuch für Köln nur vier Männer, aber keine einzige Frau verzeichnet sind."

Danach folgen mehr oder weniger gelungene **poetische Erwägungen** zur rechtlichen Behandlung von Bierkutschern, Brauereigäulen und sonstigen Tieren:

„Rechtlich bestehen also letztlich keine durchgreifenden Bedenken dagegen, dass die Pferde der Beklagten, wenn auch offenbar weniger von Ben Hur oder gar vom Teufel gelenkt als von ihrer

eigenen Erfahrung, weiterhin ihre Touren durch die Kölner Stadt-
teile ziehen. Wenn sie dabei ab und zu ein Auto eintreten, so erfreuen sie sich vielleicht gerade dadurch der Sympathie bestimmter Wählerschichten (...). Für die übrige Bevölkerung wird
solches Verhalten neben einer alsbaldigen Zahlung des Schadens durch die Beklagte insbesondere dadurch aufgewogen,
dass die Pferde sehr umweltfreundlich sind. (...)
Die Beklagte möge also die Blötsche (= Eindellungen) am Fahrzeug der Klägerin baldmöglichst bezahlen. Weil die Post heute ja
bekanntlich nicht mehr so schnell ist wie früher, hätte es durchaus seine Vorzüge, wenn das Geld mit Hilfe der Bierkutsche der
Beklagten zur Klägerin transportiert würde. Rein vorsorglich
wäre jedoch dabei zu empfehlen, dass diesmal der zweite Kutscher mitfährt, weil das rechte Pferd das Auto der Klägerin möglicherweise wiedererkennt."

Last but not least wird das **juristische Gesamtkunstwerk** so beendet:

„Es war ein Mond nach Silvester,
da stapften die Pferde vom Sester,
verwirrt durch des Kutschers Menkenke
im Süden von Schänke zu Schänke:
Der trank nämlich Kaffee statt Sester.
Der Regen ward zwischendurch fester,
die Pferdehaut folglich durchnässter,
weshalb dann ein Pferd mit der der Pfoten
ein Auto, das dastand getroten.
Wer ruft da: Tritt fester mein Bester!?

Um das Urteil auch formaljuristisch abzurunden, sei darauf hingewiesen, dass die Nebenentscheidungen auf den § 291 BGB, §§ 91
und 709 ZPO beruhen (falls dies noch jemand ernsthaft interessiert)."

14. Wieverfastelovend

Am Weiberfastnachtstage, dem 1.3.1984, kollidierte der von Mitgliedern der Karnevalsgesellschaft „**Treue Husaren**" gefahrene Bus mit
einem „Schwarzen Japaner" in Köln. In dem danach geführten Rechts-

streit musste sich das Landgericht Köln[317] insbesondere mit der Glaubwürdigkeit der Zeugenaussagen beschäftigen. Die Redaktion der NJW hat zu dieser Entscheidung folgende **Leitsätze** formuliert:

„1. Zur Würdigung der Aussage von Mitgliedern der Karnevalsgesellschaft ‚Treue Husaren', deren Bus am Wieverfastelovend mit einem ‚Schwarzen Japaner' kollidierte.
2. Auch in Anbetracht der alten Volksweisheit ‚Durch zweier Zeugen Mund wird allerwärts die Wahrheit kund' (vgl. Faust I, Verse 3013, 3014) kommt den Aussagen von mehr als zwei Zeugen nicht notwendigerweise ein größerer Wahrheitsgehalt zu. Denn häufig liegt die Annahme nahe, ‚Viele gaben falsch Zeugnis, aber ihr Zeugnis stimmte nicht überein' (Markus 14, 56).
3. Eine Partei ist gehalten, im erstinstanzlichen Beweistermin die Zeugen zu Widersprüchen und Ungereimtheiten zu befragen. Da das Erinnerungsvermögen der ‚Treue Husaren' im Karneval 1986 an das Unfallgeschehen zu Karneval 1984 nicht besser sein wird als zur Zeit ihrer erstinstanzlichen Vernehmung nach Karneval 1985, kommt deren neuerliche Zeugenvernehmung im Berufungsverfahren nicht in Betracht."

„Interessant" ist auch noch die folgende Passage in den **Entscheidungsgründen:**

„Die Kammer hütet sich indes vor der Annahme, daß allein die Tatsache der Unglaubwürdigkeit der Zeugen indiziert, daß sie als Mitglieder der Karnevalsgesellschaft ‚Treue Husaren' an Wieverfastelovend im Bus waren. Es ist nämlich gerichtsbekannt, daß – abweichend von den Überzeugungen mancher Nicht-Rheinländer – Karneval in Köln eine todernste Sache ist, die keineswegs leicht genommen werden darf (es sei in diesem Zusammenhang daran erinnert, daß, unter beträchtlicher sittlicher Entrüstung, das Tanzmariechen *L.* – der Name ist dem Gericht bekannt – nicht mehr beim Tanzcorps ihre Beine schwingen durfte, nachdem ruchbar geworden war, daß sie diese und andere Körperteile in unbekleidetem Zustand hatte ablichten und die Bilder in einem, horribile dictu, Kalender verbreiten lassen)."

Da lässt sich im Kölner **Karnevalsjargon** nur noch hinzufügen:

„Dat ist prima, viva Colonia! Kölle Alaaf!"

15. Höchstrichterliches Gegacker

In einem Prozess, der bis zum Bundesgerichtshof[318] gelangte, waren die Parteien Hersteller von **Teigwaren**, und zwar sowohl von gewöhnlichen Eierteigwaren, die unter Verwendung von Trockenei hergestellt wurden, als auch von Eierteigwaren, für die ausschließlich Frischei verwendet wurde. Der Preisunterschied war beträchtlich. Für ihre gewöhnlichen Eierteigwaren warb die Klägerin seit 1956 im Rundfunk regelmäßig in der Weise, dass sie ihren Werbetext mit einem „**Hühnergegacker**" beginnen oder nach den ersten Textworten ein solches anklingen ließ. Die Beklagte beanstandete diese Werbung, weil dadurch der unzutreffende Eindruck erweckt würde, die angepriesenen gewöhnlichen Eierteigwaren seien aus Frischei hergestellt. Dies erfülle den Tatbestand der Irreführung gem. § 3 UWG. Die geforderte Unterlassung lehnte die Klägerin ab. Sie erhob ihrerseits Klage mit dem Antrag festzustellen, dass die Beklagte nicht berechtigt sei, die Gegacker-Rundfunkwerbung zu beanstanden.

Ausweislich des Urteils des Bundesgerichtshofs gefiel die Werbung schon der Vorinstanz (Oberlandesgericht Stuttgart) nicht. Sie meinte, das Hühnergegacker löse bei den Verbrauchern die Vorstellung aus, es seien bei der Herstellung der Teigwaren **Frischeier** verwendet worden. Diese Auffassung wird im Wesentlichen wie folgt begründet:

> „Da erfahrungsgemäß die Hühner, insbesondere nach dem Legen eines Eies, gackerten und das Eierlegen der den Menschen am Huhn am meisten interessierende Vorgang sei, denke der Hörer beim Gackern in der Werbesendung sogleich ans Eierlegen."

Der Bundesgerichtshof beschäftigte sich dann auch nicht mit der Frage, ob zwischen „**Konversationsgegacker**" und „**Legegegacker**" differenziert werden müsse. Hierauf brauche nicht eingegangen zu werden, „weil es jedenfalls nicht rechtsfehlerhaft ist, wenn das Berufungsgericht im Rahmen seiner Hilfsbegründung angenommen hat, der Tierstimmenimitator habe in den beanstandeten Werbesendungen ein Hühnergegacker mit einem Tonfall wiedergegeben, der an unmittelbar vorausgegangenes Eierlegen denken lasse".

Schließlich setzt sich der Bundesgerichtshof mit der Frage auseinander, ob im vorliegenden Fall die Feststellung einer Verkehrsansicht ohne Beweiserhebung auf Grund angenommener eigener **Sachkunde des Gerichts** vorgenommen werden konnte. Dazu ist zu lesen:

> „Soweit jedoch – wie hier – die Beurteilung der Verkehrsauffassung i. S. d. § 3 UWG bei der Werbung für Gegenstände des täglichen Bedarfs und bei Beurteilung von Vorgängen des täglichen Lebens in Rede steht, kann der Richter häufig in der Lage sein, die einschlägigen Fragen auf Grund eigener Lebenserfahrung ohne Inanspruchnahme fremder Hilfe zu beantworten. (...). Der Revision kann insbesondere nicht zugegeben werden, dass das BerG zur Einholung sachkundigen Rates verpflichtet gewesen wäre, weil in erster Linie Hausfrauen als Abnehmer in Frage kommen. Da es sich bei Eierteigwaren um einen Gegenstand des täglichen Bedarfs der Allgemeinheit und nicht etwa um einen auf die besonderen Bedürfnisse und Wünsche von Frauen ausgerichteten Spezialartikel und bei der Beurteilung von Hühnergegacker um einen Vorgang des täglichen Lebens handelt, kann dem BerG nicht allein deshalb die Fähigkeit, sich aus eigener Sachkunde und Lebenserfahrung ein selbständiges Urteil über die Vorstellung der Abnehmer zu bilden, abgesprochen werden, weil Eierteigwaren (...) meist von der Hausfrau gekauft werden."

16. Versäumte „*Nabucco*-Oper"

Am Abend des 29. 5. 1996 beabsichtigten der Kläger und seine Frau, eine für 20.00 Uhr angesetzte Aufführung der Oper „*Nabucco*" im Stadttheater Aachen zu besuchen. Kurz nach 20.00 Uhr – die Aufführung hatte bereits begonnen – wurden sie bei den Ordnungskräften der Beklagten mit der Bitte um Einlass vorstellig. Für die Eintrittskarten hatten sie jeweils DM 46,– gezahlt. Dennoch wurden sie vorläufig **abgewiesen** mit dem Hinweis, Nachzügler mit Plätzen im Parkett oder ersten Rang dürften erst in der Pause eingelassen werden. Das gefiel dem Kläger gar nicht. Nach dem **Austausch von Unfreundlichkeiten** verließen er und seine Frau das Theater und verlangten Ersatz des Eintrittspreises nebst unnütz aufgewandter Fahrtkosten.

Das Amtsgericht Aachen[319] wies die Klage u. a. mit folgender Begründung ab:

„Zu Recht verweist die Beklagte insoweit auf eine jahrhundertealte und internationale Gepflogenheit, die dem Vertragsverhältnis zwischen Opernveranstalter und Besucher immanent ist und die auf die Kurzformel gebracht werden kann: Vorhang auf – Türen zu. Durch verspätet eintreffende Zuschauer kommt es potentiell immer zu Störungen der (der Enthusiast möge den profanen Ausdruck verzeihen) Live-Darbietung durch Geräusche, Licht oder sonstige Immissionen, die von den übrigen Vertragspartnern des Veranstalters, nämlich den Bühnenakteuren und dem Publikum unmittelbar oder mittelbar (durch die aus dem Konzept geratene Aufführung) als Beeinträchtigung empfunden werden können. Diese Vertragspartner des Veranstalters werden nicht – wie beispielsweise im Kino, klaglos hinnehmen, dass Nachzügler geräuschvoll hinter dem Lichtkegel der Taschenlampe eines Platzanweisers herstolpern, um sich dann unter vielen ‚Entschuldigung‘ und ‚darf ich mal‘ auf ihren Platz zu drängeln, wobei sie unter den bereits sitzenden Zuschauern den aus Fußballstadien bekannten ‚La-Ola-Effekt‘ auslösen. (...)
Weitere Differenzierungen durch das Ordnungspersonal sind nicht handhabbar. Weder kann diesen die Auswahl dramaturgisch günstiger Momente zum schubweisen Einlass von zu spät Gekommenen überlassen werden, noch kann es darauf ankommen, ob es sich um eine Aufführung mit geräuschvoll tumultartigen Szenen auf der Bühne oder um eine andachtsvollere Darbietung handelt, so dass bei *Wagner* einzulassen wäre, bei *Bach* aber nicht. (...)
Kein Inhaber einer Opernkarte muss sich der Aufführung tatsächlich aussetzen, was sich schon an der guten alten Tradition des ‚Opernschläfchens‘ erweist, einer sanktionslos möglicher Verweigerung des Kunstgenusses von schätzungsweise im Durchschnitt 10 % des Publikums. Richtigerweise ist das pünktliche Erscheinen des Opernbesuchers, ähnlich wie das Antreten zu einer Operation, der Anprobe für einen Maßanzug oder einer Portraitsitzung auch keine Pflicht, sondern eine nicht klagbare reine Gläubigerobliegenheit, für die das Gesetz in § 642 BGB des Werkvertragsrechts eine besondere Regelung vorsieht. Unterlässt der Besteller einer Werkleistung eine Mitwirkungshandlung und kommt er dadurch in Gläubigerverzug, kann der Unter-

nehmer eine angemessene Entschädigung ‚als summarische Abgeltung für das Bereithalten wirtschaftlicher Kraft' verlangen.“

17. Katzenjammer wegen Fax zur Unzeit

Vor allem bei den Amtsgerichten gibt es die seltsamsten Fälle. So machte ein Kläger beim Amtsgericht Regensburg[320] geltend, dass durch ein zur Nachtzeit eingegangenes Faxschreiben der Beklagten sein Telefon geläutet habe, er deshalb aus dem Schlaf geschreckt und zum Telefon geeilt sei, wodurch die Katze vor Schreck vom **„Kratzbaum“** gesprungen sei und sich hierbei verletzt habe.

Die Klage hatte keinen Erfolg. Es fehlt an der für einen Schadensersatzanspruch erforderlichen schuldhaften Verursachung der Verletzung. Erforderlich ist fahrlässiges Handeln der Beklagten, d. h. sie hätte bei Versendung des Faxschreibens die mögliche Verletzung der Katze erkennen können und müssen. **Aber:**

> „Bei dem vom Kl. geschilderten Geschehensablauf handelt es sich jedoch um eine derart unglückliche Verknüpfung von mehreren Umständen, dass hiermit die Beklagte keinesfalls rechnen musste.“

In der Tat: Wie man bei einem solchen Sachverhalt auf den Gedanken kommen kann, **Schadensersatz** zu verlangen, ist **kaum nachvollziehbar.**

18. Frühdeutsches Le(h)rer-Gezänk: „Eyn kurtzweyling spil von zwo fraw'n ...“

Dichtende Juristen sind nicht selten.[321] Einmalig ist allerdings, worauf die Redaktion der NJW hinweist[322], dass ein Richter sein Urteil nicht nur gereimt und in Versen, sondern auch in einer Sprache abfasst, die sich ans **Frühhochdeutsche** anlehnt. Ein solches Urteil hat das Amtsgericht Berlin-Schöneberg[323] 1989 mit folgendem Wortlaut verfasst:

„Ambtsgericht Schoeneberg 16 D 370/89

IM NAMEN DES VOLCKES

ich verkuendt, in dem rechtsstreyt, wo die parteyen sind, A M, 1000 Berlin, als verfuegungsclagerin, als procuratores sie sich die advocati *B.*, 1000 Berlin, gewinn, gegen *C.* ... 1000 Berlin, der verfuegungsbeclagten, streytent mit den advocati *D.* ... 1000 Berlin, den unverzagten: als inhaber der abtheylung 16 am Schoeneberger Ambtsgericht, krafft meines ambtes und meiner pflicht, auff die muendlich verhandlung vom 14ten Juley des 1989ten A.D., fuer recht ich folgendes erseh:

1. Unter Aufhebung der einstweiligen Verfügung vom 26.6. 1989 wird der Antrag auf Erlaß einer einstweiligen Verfügung zurückgewiesen.
2. Die Klägerin trägt die Kosten des Rechtsstreits.
3. Das Urteil ist vorläufig vollstreckbar. Die Klägerin darf die Vollstreckung der Beklagten durch Sicherheitsleistung von 400 DM abwenden, sofern nicht die Beklagte vorher Sicherheit in gleicher Höhe leistet.

Eyn kurtzweylig spil von zwo fraw'n
die sich vor gericht thun haun
und dorch merer hauffen coth
kament in die hoechste noth.

Wer auff dem lande oder in der stadt
eynen hund zu halten hat,
der sey wol darauff bedacht,
daß das thier keyn unru macht,
wer aber hierzu nit bereyt,
der hat nur groz schad und leyt.

Erzelen will ich Iu drumb von zwo frawen,
die dorch eynen ungezognen hund,
zerstritten warn zestund,
daß Ir dran kunnet wol erschawen,
wie obgemelte ler wuerckt um,
in eynem feyn exempulum.

Die parteyen wonent als mieter in eym hauß,
die clagerin under der beclagten,

mit zween nachbaurten gaerten,
zu den furet eyn terassen naus;
die gaerten geschiedent dorch eyn kleyn zaun,
die terassen gemeysam genuczet von den frawn.

Die clag'rin eynen hund sich haelt,
der bar der czwenge dieser weld,
nit wissend, was ist meyn und deyn,
kert in den garten der beclagten eyn,
uber den zaun und die terassen,
wie es im grad wol thett passen.

Das thier duencket zu haben eyn kunstsinn,
gleychsam als sey es Joseph Beuys,
jedtags schaffend etwan neus,
pfercht es seyne merdrums hin,
braun, groz und voller dufft gar schoen,
hat die nachbaurin eyn denckmal ste'n.

Doch uber kunst seyt alter zeytt,
die weld, die stet im widerstreyt,
die beclagte hier nun voll verdruß,
empfuendet dis als aergernuß;
und eynen hoehern zaun – anstat des alten – sie setzen laeßt,
der theylet garten und terassenpodest.

Die parteyen lerer sind,
und lerer habent immer recht,
wenn aber zween irer andrer meynung sind,
so geht das leyder schlecht,
drumb suchent sie die weysheyt bey gericht,
auff daß es eyn gut urtheyl ticht.

Denn wer uber alles entscheyden thett,
von den er keyn ahnung hett,
der ist grad der richtig man,
der diese sach entscheyden kann.
Und wer im staate hat ein ambt,
der hat dazu auch den verstandt.

Die clagerin eyligst undersaget haben will,
– von ihres hundes unthat sie schweygt fein still –,

daß die beclagte ein' zaun zyhen lasst,
der nit irem willen paßt,
und das gericht dorch beschluß zustund,
das begehrt' verbot thett kund.

Die beclagte hett dem widerseyt,
die clagerin will,
daß der beschluß so bleybt,
die beclagte antraegt,
disen wieder zu cassirn
und die clage abzuschmiern.

In behuf des weytern parteygeczaenck
man den blick in die acten lenk.

Und das gericht alhier spricht,
die clagerin enhat den anspruch nicht.

Die beclagte zwar mit fuersatz stoeret.
den besitz, der auch der clagerin gehoeret,
an der terassen und dem zaun,
so daß die beclagte nach acht sechs eyns BGB muß in abbaun,
ganz gleych ob's zerecht oder unrecht geschicht,
auch mit erlaubnuß des vermieters darf man enstoeren nicht.

Jedoch in acht funf neun BGB es heyßt,
wenn ein hund in nachbaurs garten scheyßt,
so darff sich dieser des erwern,
denn dis thett in im besitze stoer'n,
und darff der mittel wuerckung nuczen,
die im in dem besitz thun schutzen.

Die beclagte also eynen zaun darff zyhen lan,
uber den der hund nit springen kann,
und dabey den alten abbaun,
damit der neu erstellte zaun,
nit alleyn auf irem grundstueck steh,
und ir eyn stueck besitz abgeh.

Die clag'rin sprach nun zur beclagten keck:
,Kümmere Dich um Deinen eigenen Dreck!'
Jedoch sind des boesen hunds merdrums,
die fruechte ihres eigentums,

und g'hoern nach neun funf drei des BGB,
dem, dem das eygen an dem hund zusteh.

Auch wenn die clagerin diese nit will haben,
zudem sich deroselben derelinquiret,
indes die beclagte die unthat fotographiret,
diese weret sich solcher gaben,
so daß weder eigen noch besitz,
die beclagt' sich hier ersitz.

Und die moral des spils nun wird kund,
wer sich haltet eynen hund,
der muß in gar wol erziehn,
und ach reychlich gassi gehen,
dann wird das thier verrichten seyn geschefft,
wo es nit den andren nachbaurn trefft.

Der costenausspruch folgt, ich meyn's
aus der ZPO neun eyns,
und damit die beclagt' in kann auch executiern,
thu ich aus der ZPO 708 nummero 6 und 711 satz 1 citieren,
dieses urtheyl ward geticht,
von Richter *Rittner* bei Schoenebergens Ambtsgericht.

Berolina, 14 um Julii A:D: MCMLXXXIX

Rittner
Manu propria
Uidex apud praeturam Schoenebergensis"

19. Mitgeflogen, mitgehangen

Salomonisch entschieden hat das Amtsgericht Köln[324] eine **Verkehrsunfallsache**. Die Klägerin hatte den Beklagten nach Überzeugung des Gerichts an das Steuer ihres Wagens gelassen. Im Verlaufe der Fahrt verursachte der Beklagte einen Blechschaden am Auto, über dessen Begleichung die Parteien streiten. Aus den Entscheidungsgründen:

„Nach der Überzeugung des Gerichts hat die Klägerin sich vom Beklagten überreden lassen, ihn einmal ans Steuer zu lassen, und der Beklagte hat die Gunst der Stunde dazu genutzt, einen desorientiert in der Gegend herumstehenden Pfosten zu rammen. Der Beklagte hat zwar mit messerscharfer Logik erklärt, er sei nicht so blöd, zu fahren, wenn er keine Fahrerlaubnis habe. Das ist aber kein Beweis für das Gegenteil. Denn diese Verteidigung ist dem erkennenden Gericht schon zu oft vorgekommen (vgl. dazu *Heinz Erhardt*, ‚wenn Sie mich für blöd halten, dann sind Sie bei mir an den Richtigen gekommen‘).

Deshalb gibt es auch keinen menschlich wie rechtlich einleuchtenden Grund, warum der Beklagte aus ‚Kulanz‘-Gründen versprochen hat, ‚die Hälfte des Schadens‘ zu zahlen, wie der Zeuge D. glaubhaft bekundet hat, wenn er sich nicht einer gewissen Schuld am Zustandekommen des Unfalles bewußt war.

Andererseits hat die Klägerin die Hälfte ihres Schadens selbst zu tragen. Einmals haben sich die Parteien nach der Bekundung des Zeugen darauf geeinigt und zum anderen hat die Klägerin den Beklagten als Amateur ans Steuer gelassen. Ob sie dabei nach dem Grundsatz gehandelt hat: ‚Wem ich meinen Leib gönne, dem gönn' ich auch mein Gut‘ (vgl. dazu *Karl Simrock*, Die deutschen Sprichwörter, Frankfurt 1846, Nr. 6295) oder nach dem Prinzip: ‚Laß fahren, was nicht bleiben will‘ (*Simrock*, Nr. 2244), kann hier offen bleiben. Wer nämlich einen fahren läßt, der nicht fahren kann, muß körperlich wie rechtlich einem ungewissen Ausgang der Fahrt entgegensehen und gewisse Unbilden, wie einen im Wege stehenden Pfahl, in Kauf nehmen. Insoweit gilt: ‚Wer sich selbst schadet, mag sich selbst verklagen‘. Zur Schonung ihrer Güter wird die Klägerin daher künftig am besten fahren, wenn sie den Ratschlag beherzigt: ‚Bei dem Freunde halte still, der dich nur, nicht das Deine will‘ (*Simrock*, Nr. 2720). Das erscheint dem erkennenden Gericht sicherer, als das Prinzip: ‚Mitgeflogen, mitgehangen‘.“

20. Des Pudels Lösung

Des Pudels Lösung fand das Amtsgericht Bad Mergentheim[325], indem es im Rahmen der **Hausratsteilungsentscheidung** dem Ehegatten, der einen Pudel nicht erhalten hatte, das Recht einräumte, wenigstens mit diesem zu bestimmten Zeiten zusammen zu sein.

Das Gericht rechnet den Pudel zunächst dem Hausrat zu. Dem steht auch § 90 a BGB nicht entgegen, wonach **Tiere keine Sachen** sind. Gleichzeitig ist aber festgelegt, dass für Tiere die für Sachen geltenden Vorschriften entsprechend anzuwenden sind, soweit nicht etwas anderes bestimmt ist. Dazu heißt es dann:

> „Jedoch kann die für den Hund W. zu treffende Lösung nicht ohne Berücksichtigung des Rechtsgedankens des § 90 a BGB gefunden werden, wonach Tiere von der Rechtsordnung als Mitgeschöpfe anerkannt worden sind. Das bedeutet, dass über sie, anders als es bei leb- und gefühllosen Gegenständen möglich wäre, nicht ohne Rücksicht auf ihr Wesen und ihre Gefühle verfügt werden kann. Das Gericht hat also die tierpsychologischen Ausführungen des Sachverständigen S. zu beachten, wonach dem an seine jetzige örtliche und ,familiäre' Umgebung gewöhnten Hund ein ständiger Ortswechsel nicht zuzumuten ist, wonach aber ein stundenweises Zusammensein dieses Hundes mit dem Ast bedenkenfrei möglich ist, weil er auch den ASt. als Bezugsperson anerkennt."

21. Dumme Kuh

Fängt jemand eine frei umherlaufende Kuh ein und wird hierbei sein PKW von der Kuh beschädigt, steht ihm aus der **Geschäftsführung ohne Auftrag** gegen den Eigentümer der Kuh kein Anspruch auf Erstattung seines PKW-Schadens zu. So hat jedenfalls das Amtsgericht Nordheim[326] entschieden. Den außergewöhnlichen Sachverhalt zu lesen, macht Spaß. Deshalb soll er ungekürzt wiedergegeben werden:

> „Der Kl. beruft sich auf einen Schadensersatzanspruch und trägt dazu folgendes vor: Am Sonntag, den 11.9.1994 sei es geschehen, daß sich eine Kuh des Bekl. verselbständigt hatte und in der Gemarkung sichtlich doch mehr oder minder verstört herumgeirrt sei. Es habe sich um eine schwarzbunte Kuh gehandelt. An diesem bewußten Tage sei der Kl. zusammen mit seiner Ehefrau in seinem Pkw den Rübenschnellweg gefahren. Sie hätten irgendwo anhalten und ihren im Pkw mitgeführten Schäferhund in der Gemarkung ausführen wollen. Unterwegs seien sie

auf die oben schon erwähnte Kuh gestoßen. Diese hätte es sich am Wegesrand bequem gemacht, d.h. sie habe sich hingelegt. Für den Kl. und seine Ehefrau sei sofort klar gewesen, daß diese Kuh nun zwar nicht herrenlos, wohl aber ihrem Herrn offenkundig davongeeilt gewesen sei. Sie habe sich nämlich nicht auf einer Weide befunden. Der Kl. sei sich im klaren darüber gewesen, daß er zusammen mit seiner Ehefrau, noch dazu gewissermaßen belastet durch seinen im Inneren des Pkw sitzenden Schäferhund, zunächst nichts würde ausrichten können. Der Kl. sei daher mit dem Pkw zurück nach E. gefahren. Dort sei er zunächst auf den Bauern *K.* getroffen. Diesem habe er von seinem ‚Fund‘ berichtet. Bauer *K.* habe beizusteuern gewußt, daß eine Kuh in der Gemarkung schon am Samstag gesehen worden sei. Ihm, *K.*, würde die Kuh nicht gehören. Weitere Erkundigungen des Kl. nach dem Eigner der Kuh in E. seien ergebnislos verlaufen. Der Kl. habe daraufhin die Polizei angerufen und dieser gegenüber sein sonntägliches beunruhigendes Ereignis von der am Wegesrand sich selbst überlassenen Kuh berichtet. Die Polizei habe ihm telefonisch empfohlen, daß er doch so freundlich sein möge, nach Möglichkeit das Tier dingfest zu machen, weil dieses Tier einen Gefahrenherd bilde. Es sei nicht auszudenken gewesen, so trägt der Kl. weiter vor, wenn die Kuh etwa auf die nahegelegene Bundesstraße sich verirrt hätte. Der Kl. jedenfalls habe sich gegenüber dem Ansinnen der Polizei nicht verschlossen gezeigt. Die Polizei, mit der er einen Treffpunkt in der Gemarkung vereinbart hatte, habe versprochen, alsbald zu erscheinen.

In E. habe der Kl. bei dem ihm bekannten *Ka* eine Kuhkette organisiert. Mit dieser Kuhkette sei er zurück in die Feldmark gegangen, um die streunende Kuh gewissermaßen dingfest zu machen. Nach ca. einer halben Stunde hätten sie das Tier unweit der Stelle gefunden, wo es zuvor der Kl. mit seiner Ehefrau gesehen hatte. Es sei nun nicht so einfach gewesen, die Kuh zu bändigen. Schließlich sei es ihnen doch gelungen. Die Kuh sei mit vereinten Kräften an die Kette gelegt und die Kette am Pkw des Kl. befestigt worden. Alsdann habe man mit dem Pkw samt der hinten angeketteten Kuh, wie auch unter Zuhilfenahme menschlicher Schubkraft – das Anschieben einer sich weigernden Kuh müsse auch gelernt sein – den Feldweg in Richtung E. zurückgelegt, wo man erfreulicherweise ohne wesentliche Zwischenfälle den Hof des Bauern *K.* erreicht habe. Der Kl. habe nun gehofft, die inzwischen ihm schon lästig gewordene Kuh loszuwerden. Leider habe der Landwirt *K.* in seinen Stallungen keinen Platz mehr frei gehabt. Auch andere in E. angesprochene Landwirte hätte sich leider unkonziliant gezeigt. Er habe zunächst nicht gewußt, was nun mit der Kuh geschehen sollte. Niemand habe ihm sagen können, wer denn nun der Besitzer des Tieres gewesen sei. Er, der Kl., und seine Helfer hätte sich in einer nahezu recht ausweglosen Lage befunden. Die Kuh sei zu diesem Zeitpunkt immer noch an seinem Fahrzeug befestigt gewesen. Man habe sich schließlich dahingehend geeinigt, daß die Kuh vorübergehend erst einmal auf einer nahe der Scheune des Landwirts *K.* gelegenen Rasenfläche angepflockt werden könne. Sie hätten allerdings vergessen, die Kuh rechtzeitig in die Planung mit einzubeziehen. Die Kuh habe etwas dagegen einzuwenden gehabt. Es habe den Anschein erweckt, als ob sich der Kuh natürliche Ängste bemächtigten. Als jedenfalls der Zeuge *Ka* die Kuh vom Fahrzeug des Kl. in der besten Absicht zu dem aufgezeigten Zwecke habe abbinden wollen, habe diese sich plötzlich wie toll gebärdet. Sie habe ihren Kopf und Oberkörper wild bewegt und mit ihren Hufen in Richtung des Zeugen *Ka* geschlagen, der sich man gerade noch habe in Sicherheit begeben können. Der Pkw des Kl. indessen sei den überraschenden Angriffen der Kuh ausgesetzt worden und habe einiges ertragen müssen. Der Pkw des Kl. sei dabei an einigen Stellen eingebeult worden. Damit sei für den Kl. dieser Sonntag „gelaufen" gewesen. Zwar sei es dann noch mit vereinten Kräften gelungen, die Kuh, wie ursprünglich beabsichtigt, auf eine nahegelegene Wiesenfläche zu verbringen und dort auch festzumachen. Kurz danach sei die Polizei auf der Bildfläche erschienen, die ja ihre Hilfe zugesagt hatte. Aufgrund einer im Ohr der Kuh befindlichen Ohrenmarke habe man den Bekl. als Halter der Kuh ermitteln können. Er, der Kl., habe dem Bekl. gegenüber seinen Schaden angemeldet. Die Haftpflichtversicherung des Bekl. weigere sich doch, seinen Schaden auszugleichen. Lediglich habe die Versicherung den Pkw des Bekl. nach diesem Vorfall begutachten lassen. Aufgrund der Schadensschätzung betrage der Schaden am Pkw des Kl. 1187,98 DM. Mehr wolle der Kl. auch nicht geltend machen, obschon er, wie er meint, dazu berechtigt sei. Man müsse auch einmal daran denken, daß ihm die sonntägliche Freude jedenfalls für den Rest des Tages gänzlich vergrellt gewesen sei; schließlich habe er, wie er vorträgt, am Sonntag sicherlich etwas Besseres zu tun gewußt, als unnützen Zeitaufwand für eine fremde Kuh zu investieren."

Das hat das Gericht veranlasst, die Sache **poetisch** so zu bescheiden:

„Wie man es auch dreht und windet,
die Klage, sie ist nicht begründet.

Zwar hat der Kl., wie man sieht,
sich redlich um die Kuh bemüht.
Nun ist jedoch in dem Geschehen
nicht zu erkennen und zu sehen,
was der Jurist Geschäfte nennt,
die ohne Auftrag man auch kennt,
wenn sie geführt von fremder Hand,
Gefahr zu bannen, die bekannt
(§§ 677, 680 BGB).

Der Tatbestand läßt deutlich werden,
man macht sich selber oft Beschwerden.

Eine Kuh am Wegesrand,
wiederkäuend sich vergnügend,
sonntäglichen Frieden liebend,
wird vom Kl. hier verkannt.

Wo ist die Gefahr ersichtlich,
die der Kl. hier gerichtlich
festzustellen sich bemüht?
Ach, es ist ein altes Lied!

Die Polizei war informiert,
nur kurzfristig nicht orientiert,
sie hätte aber unumwunden
die Kuh am Wegesrand gefunden,
und Rat gewußt, wie man das Tier
befrieden kann im Felde hier.

193

Warum nun Pkw und Kette,
warum des Schiebens große Müh?
Dabei gibt es doch ganz nette
Transportgeräte für das Vieh.

Die Kuh, vielleicht mit Namen Liese,
träumte noch von jener Wiese,
wo sie der Kl. aufgespürt,
nun fremdem Hofe zugeführt.

‚So geht mein Herr nicht mit mir um‘
macht deutlich sie dem Publikum,
das nun auf Landwirts *K's* Hofe
versammelt ist mit Knecht und Zofe.

Sie ist verschreckt, geschockt, verstört
und reagiert, sie ist empört.
Nur deshalb regt sich Kopf und Klaue,
die Kuh hat Angst, daß man sie haue.
Denn alles, was bisher geschehen,
es war nicht gut, es war nicht schön.

Wer kennt die Psyche einer Kuh,
wenn sie aus sonntäglicher Ruh'
auf einen fremden Hof gebracht,
ja, wer kennt da des Rindviehs Macht.
Sie spürte, wie die fremden Stimmen
in ihr Kuhgemüt eindringen,
sie fürchtete nur um ihr Leben,
dies muß man doch der Kuh vergeben!

Deshalb die Tritte und das Weh
am frischpolierten PeKaWe.
Der Kl. hätte nichts verbockt,
hätt' er die Kuh dort angepflockt,
am Wegesrand, am Wiesenrain,
des Nachmittags im Sonnenschein.

Sein Pkw in altem Glanz,
wär nicht verbeult, er wäre ganz.

Der Kl. hat, wie's oft passiert,
ein wenig überreagiert.

194

Er hat es sicher gut bedacht,
als er die Kuh ins Dorf gebracht.
Doch tat ihm dieses gar nichts nützen,
er bleibt jetzt auf dem Schaden sitzen
und muß, das bleibt auch ohne Fragen,
für diesen Fall die Kosten tragen
(§ 91 ZPO).
Der Kosten wegen, wie sich's frommt,
vorläufig die Vollstreckung kommt,
wenn der Bekl. seine Kosten
zusammenstellt als offne Posten.
Auch wenn's den Kl. nicht ergötzt,
geschrieben steht dies im Gesetz
(§ 708 Nr. 11 ZPO)."

22. Rinderwahnsinn

Das Amtsgericht Düren[327] hatte sich im Jahr 1999 mit der Angst-
psychose einer Klägerin zu beschäftigen. Diese war bei dem Beklagten, einem Facharzt u. a. für Hauterkrankungen, in ärztlicher Behandlung und ließ 1996 einen Allergietest durchführen. Im Vorfeld
dieses Tests teilte sie dem Beklagten mit, dass sie **Vegetarierin** sei.
Daraufhin strich der Beklagte die Fleischsubstanzen aus dem durch-
zuführenden Testprogramm. Dennoch wurden der Klägerin durch
die Zeugin *W.*, einer Arzthelferin des Beklagten, mehrfach Fleischlö-
sungen, die u. a. Rind-, Schaf-, und Schweinefleisch enthielten, von
insgesamt 0,05 ml etwa $^{1}/_{4}$ mm unter die Haut gespritzt. Der Beklagte entschuldigte sich bei der Klägerin hierfür. Die Klägerin behauptet, sie sei seit 1989 Vegetarierin. Zudem lebe sie seit diesem
Test in großer Sorge, mit BSE-Erregern infiziert zu sein, die bei ihr
zu einer Erkrankung mit der *Creutzfeldt-Jakob*-Krankheit führen
könnten. BSE sei nämlich auf den Menschen übertragbar. Infolge
dieser Sorge und der Infektionsgefahr leide sie an ständigen Angst-
zustände, die zu Schlafstörungen, Bluthochdruck, Magenschmerzen
und Sodbrennen geführt hätten. Die Klägerin hielt ein Schmerzensgeld in Höhe von DM 10.000,– für angemessen.
    Das Gericht folgt dem nicht. Selbst wenn man davon ausginge,
dass BSE-Erreger überhaupt auf den Menschen übertragbar seien,

trete „eine Erkrankung der Klägerin im ungünstigsten Fall mit einer **Wahrscheinlichkeit** auf, die effektiv **mit 0** gleichzusetzen ist." Und weiter:

> „Insofern kann die Erkrankung der Klägerin praktisch nicht eintreten, selbst wenn ein besonders eigenartiger und unwahrscheinlicher Verlauf eintreten sollte. Kann aber schon eine Erkrankung auf Grund des Allergietests nicht eintreten, sind die als wahr unterstellten Angstzustände der Klägerin, die auf Grund der Infektionsgefahr entstanden sein sollen, aus Sicht eines optimalen Beobachters schlechterdings nicht verständlich und nachvollziehbar. Da nämlich keine Erkrankung auf Grund des Tests geschehen kann, dürfen bei der Klägerin auch keine Ängste vor einer solchen bestehen. Außerdem tritt noch hinzu, dass nach den außerordentlich klaren und nachvollziehbaren Ausführungen des Sachverständigen die Wahrscheinlichkeit um den Faktor 1000 höher ist, dass die Klägerin sich vor ihrer Zeit als Vegetarierin – auch diese Behauptung wird zu Gunsten der Klägerin als wahr unterstellt – infiziert hat als durch den Test beim Beklagten."

Und dann beschäftigt sich das Gericht auch noch mit dem überflüssigen **Einspritzen der Testlösung** und bemerkt dazu:

> „Insofern liegt sowohl eine Körperverletzung als auch eine Verletzung des Persönlichkeitsrechts der Klägerin vor. Trotzdem führt dieser Umstand nicht dazu, der Klägerin ein Schmerzensgeld zuzusprechen. Denn die Piekser an sich und die daneben bestehende Persönlichkeitsverletzung stellen Bagatellverletzungen dar, die nicht ersatzfähig sind ( ). Die Durchführung des Tests selbst hat die Klägerin nicht in ihrem Wohlbefinden beeinträchtigt. Das behauptet sie auch selbst nicht, da es ihr nur um die Folgen geht. Auch der dem § 847 I BGB zu Grunde liegende Gedanke der Genugtuung ist vorliegend insofern nicht schmerzensgeldbegründend, da der Beklagte sich bei der Klägerin entschuldigt hat. Diese Entschuldigung reicht aus, um die Schwere der Persönlichkeitsrechtsverletzung bei dem gegen den Willen der Klägerin durchgeführten Test mit Fleischlösungen aufzuwiegen."

23. Furchtbar teures Ferkelchen

Zu den richterlichen „**Glanzleistungen**" zählt auch eine Entscheidung des Amtsgerichtes Oldenburg von 1987.[328]
Zum **Tatbestand** wird ausgeführt:

> „Die Klägerin liebt Schweinebraten –
> besonders, wenn er billig ist –,
> drum hat der Onkel ihr geraten:
> ,Kauf dieses süße Ferkelchen
> von mir für hundert Märkelchen –
> wenn das nicht superbillig ist! –
> ich mäste es im Koben hier
> und du ersetzt das Schrotgeld mir!'
> Der Freund, befragt, hält's auch für billig
> und einen guten Tip fürwahr,
> und ohne Murren zahlt er willig
> zweihundert Mark gleich schon in bar.
>
> Das Ferkelchen bleibt lange klein,
> will gar nicht gerne schlachtreif sein,
> statt nur vier Monat, wie gedacht,
> benötigt es beinahe acht.
> Ums Schrotgeld nun für diesen Braten
> ist man sich in die Haar' geraten.
> Fürs Angebot, das sie gemacht,
> hat sie der Onkel ausgelacht:
> ,Noch zwanzig Mark, das reicht nicht aus,
> dann bleibt das Schwein bei mir im Haus.
> Ich wer' es für mich selber schlachten
> und in die Tiefkühltruh' verfrachten!'
> so spricht der Onkel, der besagte,
> im Rechtsstreit nunmehr der Beklagte.
> Gesagt getan, das fette Schwein,
> passt grad noch in die Truhe rein!
>
> Die Klägerin, nun voller Groll,
> beantragt: Der Beklagte soll
> ihr gutes Geld ihr wieder geben,
> nachdem das Schwein nicht mehr am Leben!

Doch der Beklagte wendet ein:
‚Die Klag' wird abzuweisen sein.
Den Preis hat mir der Freund entrichtet
Und ihm allein bin ich verpflichtet,
und außerdem rechne ich auf
mit meinem Schaden aus dem Kauf!
Viel Arbeit und der Schlachterlohn,
das kost' zweihundert Märker schon.'

Von all den Zeugen, die gekommen,
hat das Gericht nur drei vernommen.
Sie wussten alle gut Bescheid
und dienten der Gerechtigkeit."

Sodann folgen die **Entscheidungsgründe:**

„Lang dacht' ich nach und angespannt
und hab' alsdann für Recht erkannt:

Zur Hälfte ist wohl grade eben
dem Klagantrag hier stattzugeben.

Die Klägerin war mit dabei
bei Schweinekauf und -mästerei,
die Geldhingabe nur allein
kann doch wohl nicht entscheidend sein.
Es muß ihr unbenommen bleiben
das Geld nun wieder einzutreiben (§ 428 BGB).

Sie hat ja auch ein Recht darauf,
weil er erfolglos blieb, der Kauf (§ 812 BGB).
Doch dem Beklagten umgekehrt
ist es mit Recht dann nicht verwehrt,
zu rechnen auf mit dem Verluste,
den er dabei hinnehmen mußte:
denn Fleischbeschau und Schlachterkosten
das sind ja wohl die beiden Posten,
die eigentlich und immerhin
bezahlen müßt die Klägerin.
Hätt' die Vertragspflicht sie gewahrt
dann hätte er das Geld gespart.

Weil keine hat gewonn' von beiden
drum haben – das ist einzusehn –
sie beide auch gleich stark zu leiden
und für die Kosten einzustehn.
An das Gericht zahlt jeder zwar
die Hälfte nur von den Gebühren,
doch seinem Anwalt – das ist zu spüren –
zahlt jeder selbst das volle Honorar (§ 92 ZPO).

So wurde aus dem Ferkelchen
für ach nur hundert Märkelchen
– so billig sollt es sein –
ein furchtbar teures Schwein!

Und die Moral von der Geschicht:
Um Kleinigkeiten streit' man nicht,
zieh' jedenfalls nicht vors Gericht!
Das gilt nicht nur in diesem Fall,
das gilt beinahe überall.
Sonst kann Gerechtigkeit auf Erden
ganz unerfreulich teuer werden!"

Das hat allerdings *Sympher*[329] veranlasst, diese Entscheidung gereimt und kritisch zu **kommentieren:**

„Schade, daß der Schweine-Zwist
Nicht berufungsfähig ist.
Wenn man die Sache recht betrachtet,
hat B. der KLÄG'RIN Schwein geschlachtet (§ 930 BGB)
und hat aus diesem Grunde eben
das Schweinefleisch herauszugeben.
950 greift nicht ein;
es gilt der Grundsatz: Schwein bleibt Schwein.

Geld gibt's auch sonst nicht, B. steht's zu
für Kauf nebst Dienstvertrag dazu;
er hätt's mit Recht selbst dann kassiert,
wär's Ferkelchen am Schlag krepiert.
Drum wird der Einwand nicht geduldet,
B. habe 'nen Erfolg geschuldet;
im alten Rom schon galt der Schluß,

dass „Casum sentit dominus".
Auch hat B. nicht das Schwein beschädigt (§ 249 BGB),
es ward programmgemäß erledigt;
auch deshalb schuldet B. nur Fleisch.

Doch falls Beklagter auf dem Posten,
macht er für Schlacht- und Zusatzkosten
– falls's Ferkel schuldlos (?) wuchs so schlecht
hier geltend ein Rückhalte-Recht
Neumünster hätte das gerochen
Und Zug um Zug FLEISCH zugesprochen."

Wie dem auch sei: Die Dichtkunst des Amtsgerichts Oldenburg
hat durchaus Bewunderer gefunden, so hat *Werner Beaumont*[330] angemerkt:

> „Nicht jeder, der sich im Reimen versucht, ist auch ein Dichter.
> Nicht aus jedem Amtsschimmel wird abends ein Pegasus. Um so
> erfreulicher ist es, wenn man auf Formulierungen [*Anm.: In der
> Entscheidung des Amtsgerichtes Oldenburg*] stößt, die an *Wil
> helm Busch, Eugen Roth* oder *Christian Morgenstern* erinnern."

24. Terroristische „Dackel"-Vereinigung

Beißende Hunde beschäftigen ständig die Rechtsprechung. So war
es in einem Fall des Amtsgerichtes Offenbach a. M.[331] im Jahr
2002. Der Kläger begehrte von der Beklagten Schadensersatz und
Schmerzensgeld. Hierzu trug er vor, von den drei Rauhaardackeln
der Beklagten gebissen worden zu sein. Dem hielt die Beklagte entgegen, eine **Tierhalterhaftung** scheide aus, weil der Kläger einen
der Dackel zuvor getreten habe, so dass sich die anderen Tiere
(Tochter und Enkelin der getretenen Tiermutter) im Wege der
„Nothilfe" veranlasst gesehen hätten, ihrer Mutter zu helfen. Das
veranlasste das Gericht mit Beschluss vom 22. 4. 2002 die Parteien
darauf hinzuweisen,

> „dass dieses absolut ätzende ‚Horrorverfahren' bereits seit mehr
> als eineinhalb Jahren das AG beschäftigt und sämtliche Dimen
> sionen eines amtsgerichtlichen Verfahrens sprengt; der Umfang
> von bisher 240 Seiten übersteigt schon ein normales OLG-Ver-

fahren; die Parteien reichen ständig neue Schriftsätze ein, insoweit steht es inzwischen 16 : 11 für den Kläger. Dadurch wird dem Gericht jede Möglichkeit einer endgültigen, zeitaufwendigen Durcharbeit dieser entsetzlichen Akte und für die Absetzung einer Entscheidung genommen. Da die Sache nun wahrlich exzessiv ausgeschrieben ist, wird höflich darum gebeten, von weiteren Schriftsätzen Abstand zu nehmen, mit Ausnahme von konstruktiven Vergleichsvorschlägen, die allein noch sinnvoll wären. (...)"

Dieser **nachvollziehbare Hinweis** war aber offensichtlich vergebens. Jedenfalls musste die Sache entschieden werden. Und so lesen wir in der Begründung:

„Die Beklagte haftet als Tierhalterin gem. § 833 BGB auf Schmerzensgeld in der zuerkannten Höhe, weil zwischen den Parteien nicht ernsthaft im Streit ist, dass einer der Rauhhaardackel der Beklagten den Kläger gebissen hat. Das Gericht lässt es hier ausdrücklich offen, ob die drei Rauhhaardackel möglicherweise als Mittäter entsprechend § 830 BGB, § 25 II StGB gemäß vorgefasstem Beißentschluss gemeinschaftlich gehandelt haben, dies ist jedenfalls nicht streitentscheidend. So scheidet jeweils eine terroristische ‚Dackel'-Vereinigung gem. § 129 a StGB aus, weil keine der genannten Katalogstraftaten verwirklicht ist. Andererseits ist nicht zu verkennen, dass die Dackel insgesamt eine Großfamilie bilden, immerhin handelt es sich um Mutter, Tochter und Enkelin, es besteht also durchaus eine enge verwandtschaftliche Beziehung, der Solidarisierungseffekt ist groß. Das Gericht vermochte aber nicht mit hinreichender Sicherheit festzustellen, dass Dackeltochter und Dackelenkelin im Wege der Dackel-‚Nothilfe' ihrer angeblich angegriffenen Dackelmutter bzw. –oma zu Hilfe kommen wollten, um diese vor den von der Beklagten behaupteten Tritten des Klägers mit beschuhtem Fuß zu schützen. Insoweit konnte auch kein – zwingend erforderlicher – Verteidigungswille bei den beiden jüngeren Dackeln festgestellt werden. Auch für Sippenhaftgedanken bzw. Blutrache haben sich keine genügenden Anhaltspunkte ergeben. Insgesamt hat die Beweisaufnahme nicht zur Überzeugung des Gerichts ergeben, dass hier eine Provokation seitens des Klägers vorlag. Die vernommenen Zeugen haben teilweise den eigenen Vortrag

mitbekommen, sind also analog bei Verkehrsunfällen als so genannte ‚Knallzeugen‘ zu qualifizieren, wobei ein gewisses Entgegenkommen der ‚Hausgemeinschaft‘ nicht zu verkennen war,
der Beklagten ‚zu helfen‘.“

Für die oberflächlichen drei Schürfbisswunden erhielt der Kläger
ein **Schmerzensgeld** in Höhe von DM 500,– und **Ersatz materi-
eller Schäden** in Höhe von DM 76,80.

25. Verschollene Pommes

Einen **„Kunst-Fall"** **besonderer Art** hat das Oberlandesgericht
München[332] am 9.2.2012 entschieden.

Der Künstler *Stefan Bohnenberger* verlangte von einer Galerie
Schadensersatz für ein nicht mehr auffindbares Ausstellungsstück.
Von 1989 bis 2005 betreute die Galerie die Werke des Künstlers
und organisierte u.a. Ausstellungen. Anfang 1990 beschäftigte sich
Bohnenberger mit dem Thema „Kreuz" und hatte sich schließlich
auf ein Kreuz aus Pommes Frites konzentriert. Im Rahmen der Zusammenarbeit mit der Galerie entwickelte *Bohnenberger* die Idee
einer Skulptur **„Pommes d'Or"**, deren Erstellung von der Galerie
finanziert wurde. Hierfür erwarb *Bohnenberger* acht Pommes Frites,
legte sie paarweise übereinander und ließ sie eintrocknen. Aus den
vier „Pommes-Kreuzen" wurde eines ausgewählt. Dieses diente als
Schablone für die Herstellung einer Silikonform, die wiederum als
Negativvorlage für eine Gips-Abgussform verwendet wurde. Damit ließ die Galerie einen Abguss in Feingold, das Goldkreuz
„Pommes d'Or" erstellen.

Vom 14.9.1990 bis 10.11.1990 veranstaltete die Galerie eine
Ausstellung „Pommes d'Or", in deren Zentrum das Gold-Pommes-Kreuz stand. Ausgestellt in einer Vitrine wurden als Objekt
Nr. 46 auch das „Original-Kreuz des in Gold Abgegossenen München 1990" sowie als Objekt Nr. 47 die „Reserve-Pommes-Kreuze
2, 3, 4, 5 München 1990". Diese Kreuze aus eingetrockneten Pommes Frites wurden gemeinsam mit den Objekten Nr. 40 bis 45 derselben Vitrine zu einem Gesamtkaufpreis von DM 4.200,– ange-
boten. Im Vorwort des von der Beklagten herausgegebenen
Ausstellungskatalogs war ausgeführt:

„Im September 1990 wird in München ein Kreuz aus Gold hergestellt, Abgüsse zweier Münchner Pommes. Dazwischen liegt die Metamorphose eines profanen Alltagsgegenstands in ein sakrales Kunstwerk, der alchimistische Schritt zu 999.9 Feingold ist vollbracht."

Nachdem sich *Bohnenberger* und seine Galerie 2005 trennten, wollte der Künstler seine Goldskulptur zurück und zog dafür vor Gericht. Im Verlauf dieses Rechtsstreits wollte er dann auch die **Original-Pommes** zurück, die jedoch die Galerie nicht mehr auffand. Vor Gericht vertrat *Bohnenberger* die Ansicht, nicht nur das Gold-Pommes-Kreuz, sondern die Original-Pommes, also die profanen Alltagsgegenstände, seien Kunst.

Das Gericht sprach dem Künstler dann auch Schadensersatz zu, weil eine Zeugin vor Gericht versichert hatte, sie wäre bereit gewesen, für die vertrockneten Original-Pommes Euro 2.500,– zu zahlen, also sogar mehr als *Bohnenberger* an Schadensersatz verlangte. Die Galerie hielt die Pommes jedoch nicht für Kunst, sondern für **„verhutzelte alte Dinger"**. Das Gericht ließ sich jedoch nicht auf die Frage ein. Dazu gäbe es keinen Konsens. Es liege jedoch eine Pflichtverletzung der Galerie vor. Die Pommes seien von der Gießerei feinsäuberlich zurückgegeben worden und hätte auch in der Ausstellung einen Platz gehabt. In der Marktwirtschaft gelte schließlich: „Einen Wert hat nur das, für das ein anderer bereit ist, einen entsprechenden Preis zu zahlen." Fazit für das Oberlandesgericht ist deshalb:

„Nach dem Ergebnis der Beweisaufnahme ist irrelevant, ob der Preis, den die Zeugin M. zu zahlen bereit wäre, ein Liebhaberpreis und von Affektionsinteresse bestimmt ist. Fest steht, dass der Kläger, wenn die Beklagte pflichtgemäß das Original Pommes-Kreuz verwahrt und an ihn herausgegeben hätte, dieses für Euro 2.500,– an die Zeugin M. hätte verkaufen können."

Kann das wirklich richtig sein? Beim Lesen der Entscheidung beschleichen einen Zweifel hinsichtlich der **Glaubwürdigkeit** der Zeugin. Dazu heißt es u. a.:

„Allein die Tatsache, dass die Zeugin mit dem Kläger seit 1990 befreundet ist und ihr Mann mit dem Kläger an Musikprojekten gearbeitet hat, macht die Zeugin nicht unglaubwürdig. Zu berücksichtigen ist zudem, dass nach ihren Angaben sich die Freundschaft zum Kläger seit dessen Aufenthalt in Brüssel auf ca. zwei Treffen pro Jahr beschränkt, somit auch von keiner besonders engen Freundschaft auszugehen ist."

Das klingt **naiv.** Dass man von keiner besonders engen Freundschaft sprechen kann, wenn sich die Freunde nur zweimal pro Jahr treffen, ist mir jedenfalls neu. Auch stellt sich die Frage, ob es nicht auch auf dem Kunstmarkt – jedenfalls in begrenztem Umfang – objektive Kriterien für die Ermittlung von Werten gibt. Möglicherweise wird sich *Bohnenberger* **ärgern:** Hätte seine Freundin behauptet, ihr seien die verrotteten Fritten sogar noch eine 0 mehr wert gewesen, also Euro 20.000,–, hätte er nach der Logik des Gerichts vielleicht sogar ein **echtes „Schnäppchen"** machen können.

Dass es mit der Kunst so eine Sache ist, belegt eine Entscheidung des Bundesverfassungsgerichts vom 27. 11. 1990[332a] zu Kunstfreiheit und Jugendschutz. Danach schließen sich Kunst und **Pornografie** nicht aus. In dem Verfahren wandte sich der *Rowohlt*-Verlag gegen die Aufnahme des von ihm verlegten Romans „*Josefine Mutzenbacher* – Die Lebensgeschichte einer wienerischen Dirne, von ihr selbst erzählt" in die Liste jugendgefährdender Schriften. Auf den früheren Richter am Obersten Gerichtshof der Vereinigten Staaten *Potter Stewart* geht übrigens die berühmte Aussage im Verfahren *Jacobellis v. Ohio*[332b] zurück, wonach er Pornografie zwar nicht definieren könne, er sie aber erkenne, wenn er sie sehe.

26. Küssen verboten

Baut der Fahrer einen Unfall, weil er durch Küssen abgelenkt ist, verhält er sich **grob verkehrswidrig.** Nach Ansicht des Landgerichts Saarbrücken[332c] trägt er dann sogar die komplette Verantwortung für den Crash, selbst wenn den Unfallgegner eine Mitschuld trifft. In dem entschiedenen Fall hatte sich ein Pkw-Fahrer während der Fahrt zu seiner Beifahrerin gebeugt und diese geküsst. Dabei kam es zu einem Frontalunfall mit einem entgegenkommenden Wagen, dessen Fahrerin starb. Im anschließenden Zivilrechtsstreit ging es um die Haftungsquote. Der Unfallverursacher ging von einem Mitverschulden der getöteten Frau aus, da diese nicht angeschnallt war. Das Gericht war jedoch der Meinung, dass der

Fahrer durch sein Fehlverhalten das mögliche Mitverschulden der Frau verdrängt habe und er zu 100 % hafte. Sein Vergehen wiege so schwer wie das eines alkoholisierten Unfallfahrers. Oder anders ausgedrückt: „Küssen verboten, Küssen so schlimm wie betrunken am Steuer!"

27. Richterliche Selbstjustiz

Gelegentlich lassen sich gerichtliche Streitigkeiten ganz einfach lösen. Man braucht nur einen **pragmatischen Richter**. Ein solcher ist *Marco Rüdebusch*, seines Zeichens Richter am Amtsgericht Delmenhorst. Auf seinem Tisch landete die Klage eines Mercedes-Fahrers, weil eine Frau mit ihrem Toyota seinen Wagen mit ihrer Fahrzeugtür angeblich beschädigt hatte. Richter *Rüdebusch* bestellte beide samt Auto vor das Gericht, um sich den vermeintlichen Schaden anzuschauen. Er kannte die Fotos aus der Akte und „wusste, dass es nur eine Kerbe und etwas roten Lack ,Killefitz' gab".[332d] Richter *Rüdebusch* zückte einen Polierlappen, rieb über die Autotür – und weg war der Schaden. Dies sei nicht das erste Mal, dass der kreative Richter zu unkonventionellen Mitteln greife, hat daraufhin eine Sprecherin der Oberlandesgerichts in Oldenburg erklärt. Im Jahr 2011 habe er einen Nachbarschaftsstreit um Äste, die über eine Gartengrenze ragten, mit geduldiger Vermittlung und einer Säge lösen lassen. Kein Wunder, dass ihn dafür die Leser der Oldenburger „Nord-West-Zeitung" zum Mann des Jahres, neben *Angela Merkel* als Frau des Jahres und dem Paar des Jahres, *Kathe* und *William*, gewählt haben.[332e]

28. Poetische Mahnung

Ein Fall des Landgerichts Frankfurt[333] aus dem Jahre 1982 zeigt, dass **Dichtkunst** nicht nur Richtern vorbehalten ist. Die Sache begann nämlich mit einer in Versform abgefassten Mahnung:

> „Das Mahnen, Herr, ist eine schwere Kunst!
> Sie werden's oft am eigenen Leib verspüren.
> Man will das Geld, doch will man auch die Gunst
> des werten Kunden nicht verlieren.

Allein der Stand der Kasse zwingt uns doch,
ein kurz' Gesuch bei Ihnen einzureichen:
Sie möchten uns, wenn möglich heute noch,
die unten aufgeführte Schuld begleichen."

Das mündete in ein ebenfalls in Versform abgefasstes **Urteil**:

Leitsatz

„Auch eine Mahnung in Versen begründet Verzug;
der Gläubiger muß nur deutlich genug
darin dem Schuldner sagen,
das Ausbleiben der Leistung werde Folgen haben."

Tatbestand und Entscheidungsgründe

„Maklerlohn begehrt der Kläger
mit der Begründung, dass nach reger
Tätigkeit er dem Beklagten
Räume nachgewiesen, die behagten.

Nach Abschluß eines Mietvertrages
habe er seine Rechnung eines Tages
dem Beklagten übersandt;
der habe darauf nichts eingewandt.

Bezahlt jedoch habe der Beklagte nicht.
Deshalb habe er an ihn ein Schreiben gerricht'.
Darin heißt es unter anderem wörtlich
(und das ist für die Entscheidung erheblich):

[*Hier wird das oben wiedergegebene Mahnschreiben angeführt.*]

Da der Beklagte nicht zur Sitzung erschien,
wurde auf Antrag des Klägers gegen ihn
dieses Versäumnisurteil erlassen.
Fraglich war nur, wie der Tenor zu fassen.

Der Zinsen wegen! Ist zum Eintritt des Verzug'
der Wortlaut obigen Schreibens deutlich genug?
Oder kommt eine Mahnung nicht in Betracht,
wenn ein Gläubiger den Anspruch in Versen geltend macht?

Die *Kammer* jedenfalls stört sich nicht dran
und meint, nicht auf die Form, den Inhalt kommt's an.
Eine Mahnung bedarf nach ständiger Rechtsprechung
weder bestimmter Androhung noch Fristsetzung.

Doch muß der Gläubiger dem Schuldner sagen,
das Ausbleiben der Leistung werde Folgen haben.
Das geschah hier! Trotz vordergründiger Heiterkeit
fehlt dem Schreiben nicht die nötige Ernstlichkeit.

Denn der Beklagte konnte dem Schreiben entnehmen,
er müsse sich endlich zur Zahlung bequemen,
der Kläger sei – nach so langer Zeit –
zu weiterem Waren nicht mehr bereit.

Folglich kann der Kläger Zinsen verlangen,
die mit dem Zugang des Briefs zu laufen anfangen.
Der Zinsausspruch im Tenor ist also richtig.
Dies darzulegen erschien der *Kammer* wichtig.

Wegen der Entscheidung über die Zinsen
wird auf §§ 284, 286, 288 BGB verwiesen.
Vollstreckbarkeit, Kosten beruhen auf ZPO –
Paragraphen 91, 708 Nummer Zwo."

VI. Dichtende Finanzrichter

Das Finanzgericht Köln[334] hat 1987 eine Klage für unzulässig erklärt, weil für die Vorlage der Prozessvollmacht die Ausschlussfrist
versäumt worden war. Das hielt das Gericht für so lustig, dass es
sich entschied, nicht nur die Unzulässigkeit der Klage in **Versform**
zu begründen, sondern auch die Zulässigkeit eines solcherart poeti-
schen Urteils:

„Es klagt vor dem Finanzgericht
– Prozessvollmacht, die hat er nicht –
Herr ABCD als Vertreter.
Die Vollmacht kommt nicht gleich, aber später.

Es wird ihm eine Frist gesetzt,
doch die verstreicht zu guter Letzt.

Da setzt ihm der Berichterstatter
die Ausschlußfrist, insoweit hat er
genügend Zeit: 3 Wochen voll (...)
In dieser Frist die Vollmacht soll
gerichtlich nachgewiesen sein,
weil sonst ihr Fehlen ganz allein
die Klage unzulässig mache.
Ansonsten sei es seine Sache,
bei Unverschulden vorzubringen
– Rechtzeitigkeit vor allen Dingen –,
weshalb die Frist verstrichen sei;
dann stehe Wiedereinsatz frei.

Doch es geschieht so wie bisher:
Von ABCD kommt nichts mehr.
So fügt sich's, dass die Ausschlußfrist
vergeblich jetzt verstrichen ist.

Die Klage ist nun unzulässig.
Das kommt, weil Vollmacht regelmäßig
Prozeßvoraussetzung bedeutet.
Dies wurde mehrfach angedeutet,
vor allem, als – verfügt zuletzt –
die Ausschlußfrist wurd' ausgesetzt.
Die FGO sagt klipp und klar,
dass Vollmacht vorzulegen war;
sie war auch schriftlich zu erteilen (...).
Den Mangel kann nun nichts mehr heilen.
Für Einsetzung gibt's keine Fakten (...),
aus Vortrag nicht und nicht aus Akten.

Im Vorbescheid ist ‚Vers' als Form
gestattet nach Gesetzesnorm,
denn deutsch ist Sprache des Gerichts (...)
und deutsch auch Sprache des Gedichts.
So sprechen in der streit'gen Sache
Gedicht und Spruch die gleiche Sprache.

Die Kostenlast trägt der Vertreter,
denn Vollmacht gab er auch nicht später.
Zwar wird er dadurch nicht Partei,

doch weil die Klage ist ‚Vorbei'
durch sein Betreiben, sein Versagen,
da muß er selbst die Kosten tragen."

VII. Strafrechtliche Leckerbissen

Auch die eine oder andere Begründung in Strafurteilen ist entweder unter der Rubrik „**verquere**" oder aber „**bestechende**" **Logik** zu verbuchen.

1. Bitterer (Nach-)Geschmack

Zu den „Königsdisziplinen"[335] des Strafgesetzbuchs gehören zweifelsohne §§ 211, 212, also **Mord** und **Totschlag**. „Mörder ist, wer aus Mordlust, zur Befriedigung des Geschlechtstriebs, aus Habgier oder sonst aus niedrigen Beweggründen, heimtückisch oder grausam oder mit gemeingefährlichen Mitteln oder um eine Straftat zu ermöglichen oder zu verdecken, einen Menschen tötet" (§ 211 II StGB). Dieses Delikt wird (theoretisch) mit lebenslanger Freiheitsstrafe bestraft (§ 211 I StGB). Dagegen bestimmt § 212 I StGB relativ schlicht, dass als Totschläger mit Freiheitsstrafe nicht unter fünf Jahren – also deutlich weniger als im Falle von Mord – bestraft wird, „wer einen Menschen tötet, ohne Mörder zu sein".

Für Kleinst- und Kleinkinder wirkt sich die Rechtsprechung zu diesen Vorschriften eher unvorteilhaft aus. Der Bundesgerichtshof[336] lehnt es nämlich ab, die **Tötung eines sehr kleinen Kindes**, das infolge seiner „natürlichen Arg- und Wehrlosigkeit" gegen einen Angriff auf sein Leben nichts unternehmen könne, als heimtückisch anzusehen, weil seine Wahrnehmungsfähigkeit noch nicht ausgebildet sei. Als Grenze gilt insoweit ein Alter von etwa drei Jahren.[337] Von diesem Grundsatz soll es allerdings Ausnahmen geben. So wird die Tötung eines drei Wochen alten Babys durch Beibringung eines bitter schmeckenden Schlafmittels als Heimtückemord beurteilt, weil die Täterin die Tabletten in den süßen Brei des Kindes gemischt und dadurch dessen natürliche Abwehrinstinkte in Form des Ausspeiens bitterer Nahrung ausgeschaltet hatte.[338] Was folgt daraus? Wird dem Baby oder Kleinkind ein süßes Gift verabreicht, so kommt nur der wesentlich billigere Totschlag in Betracht. Das ist absurd, weil die Verabreichung süßen Giftes mindestens (!) ebenso verwerflich ist, wie das Einflößen bitterer Schlaftabletten, so dass allein der Geschmack des Tatmittels die Unterscheidung zwischen Mord und Totschlag kaum rechtfertigen kann. Eine solche Rechtsprechung hinterlässt in der Tat einen bitteren Nachgeschmack.

2. Vorderpfälzische Eigenheiten

Andererseits beweisen vor allem Strafrichter unterer Instanzen, dass sie mitten im Leben stehen und ihre „Kundschaft" bestens kennen. So heißt es in einem Urteil des Landgerichts Mannheim[339] zur verneinten **Glaubwürdigkeit eines Zeugen:**

> „Das sind jedoch nicht die einzigen Bedenken, die man gegen den Zeugen V haben muß. Er gab sich zwar betont zurückhaltend, schien bei jeder Frage sorgfältig seine Antwort zu überlegen und vermied es geradezu betont, Belastungstendenzen gegen den Angekl. hervortreten zu lassen, indem er in nebensächlichen Einzelheiten Konzilianz ja geradezu Elastizität demonstrierte, im entscheidenden Punkt, der – für ihn vorteilhaften – angeblichen mündlichen Genehmigung des beantragten Urlaubs aber stur blieb wie ein Panzer. Man darf sich hier aber nicht täuschen lassen. Es handelt sich hier um eine Erscheinung, die speziell für den vorderpfälzischen Raum typisch und häufig ist, allerdings bedarf es spezieller landes- und volkskundlicher Erfahrung, um das zu erkennen – Stammesfremde vermögen das zumeist nur, wenn sie seit längerem in unserer Region heimisch sind. Es sind Menschen von, wie man meinen könnte, heiterer Gemütsart und jovialen Umgangsformen, dabei jedoch mit einer geradezu extremen Antriebsarmut, deren chronischer Unfleiß sich naturgemäß erschwerend auf ihr berufliches Fortkommen auswirkt. Da sie jedoch auf ein gewisses träges Wohlleben nicht verzichten können – sie müssten ja dann hart arbeiten –, versuchen sie sich durchzuwursteln und bei jeder Gelegenheit durch irgendwelche Tricks Pekuniäres für sich herauszuschlagen. Wehe jedoch, wenn man ihnen dann etwas streitig machen will! Dann tun sie alles, um das einmal Erlangte nicht wieder herausgeben

zu müssen, und scheuen auch nicht davor zurück, notfalls jemanden ‚in die Pfanne zu hauen', und dies mit dem freundlichsten Gesicht. Es spricht einiges dafür, daß auch der Zeuge V mit dieser Lebenseinstellung bisher ‚über die Runden gekommen ist'."

3. Führerschein

Humorvoll, geschichtlich versiert, gepaart mit ernstem Hintergrund und durchaus zeitgemäß liest sich ein weiteres Urteil des Landgerichts Mannheim[340], in dem es um eine Sperrfrist nach § 69 a StGB ging. So heißt es u. a.:

„Statt sich durch den Hinweis trösten zu lassen, er möge doch die führerscheinlose Zeit zum gesundheitsfördernden Radfahren oder Fußmarsch nutzen, zeigte der Angeklagte nur durch sehr entsetzte und verständnislose Blicke, daß er sich ein Leben ohne Auto offenbar gar nicht mehr vorzustellen vermag – eine in vielen ähnlichen Verfahren zu machende bedauerliche Feststellung. Wie diese jungen Menschen einmal die doch schon am Horizont sich abzeichnenden weltweiten wirtschaftlichen Katastrophen und Notzeiten überstehen wollen, bleibt unerfindlich. Viele junge Leute sind augenscheinlich nicht einmal mehr gewillt, auch nur die kleinsten Besorgungen zu Fuß zu erledigen. Arme deutsche Jugend! Nicht nur durch Platt-, Spreiz- und Senkfüße dazu genötigt, den Sonntagsspaziergang allenfalls auf wenige Meter Entfernung vom fahrenden Untersatz zu beschränken, wird sie schließlich auch noch durch freiwilligen Verzicht auf die Betätigung ihrer Beinmuskeln unfähig, von einem etwaigen Feind auch nur davonzulaufen. Die Geschichte enthält genügsam warnende Beispiele dafür, wie so der Trägheit verfallende Völker einmal enden. Man denke nur an die Sybariter, die, von Völlerei und Wohlleben erschlafft, von den hart gestählten und laufgeübten Söldnern Krotons in kürzester Zeit überrumpelt und bis auf den letzten Mann abgeschlachtet wurden. Sicher konnten auch sie sich auf dem Höhepunkt ihres genußsüchtigen Lebens nicht vorstellen, daß alles so schnell enden würde. Es wäre gut, wenn auch der Angeklagte einmal in sich ginge und daran dächte, wie schnell doch diese Zeit des Überflußes und all der schönen Maschinen zu Ende gehen kann – einige

schwachsinnige Fanatiker, und der gesamte Ölzufluß wird ver-
siegen. Schon morgen kann dies der Fall sein. Wo bleiben dann
die ach so unentbehrlichen schnellen Automobile?"

Recht so![341]

4. Rasender Wellensittich-Retter

Ein Mann wurde erwischt, als er auf der Autobahn die zulässige
Geschwindigkeit um 54 km/h überschritt. Er räumte dies ein. Zu
seiner Rechtfertigung berief er sich aber darauf, er habe eine Frau
mit ihrem „im Koma liegenden Wellensittich" möglichst schnell
zu einem Tierarzt fahren wollen. Das beeindruckte das Amtsgericht nicht. Es setzte vielmehr eine Geldbuße in Höhe von Euro
450,– fest. Auch die beim Oberlandesgericht Düsseldorf[342] eingelegte Rechtsbeschwerde hatte keinen Erfolg. Es betonte zunächst,
der Mann habe zwar nach seiner „unwiderlegten Einlassung" einen
im Koma liegenden Wellensittich retten wollen. Das spricht dafür,
dass das Gericht nicht ganz blauäugig war, sondern innerlich wohl
eher von einer Ausrede – ob kreativ oder plump, sei dahingestellt
– ausging. Jedenfalls sei die Geschwindigkeitsüberschreitung nicht
wegen Notstands gem. § 16 OWiG gerechtfertigt gewesen. Weiter
heißt es:

> „Steht (...) die Beeinträchtigung der Sicherheit des Straßenver-
> kehrs und damit die Gefahr für Leib und Leben von Menschen
> auf dem Spiel, so tritt demgegenüber die Rettung eines Tieres
> grundsätzlich zurück. Der Beweggrund, ein erkranktes Tier mög-
> lichst rasch behandeln zu lassen, rechtfertigt daher die Verlet-
> zung von Sicherheitsvorschriften im Straßenverkehr, zu denen
> auch Geschwindigkeitsbeschränkungen gehören, regelmäßig
> nicht."

Gott sei Dank, wird mancher sagen. Jedenfalls kann bei einer Geschwindigkeitsüberschreitung um 54 km/h (!) auch nicht von einem Ausnahmefall ausgegangen werden. Wäre das anders, käme
der eine oder andere **Stuttgarter S21-Gegner**, der auf Stuttgarts
Halbhöhen wohnt und Porsche fährt, auf den Gedanken, bei seinen
rasanten Fahrten die Rettung von Juchtenkäfern und/oder Fleder-
mäusen zu reklamieren.

5. Störung der Totenruhe

Als sehr klagefreudig erweisen sich immer wieder Juristen. So war es im Falle eines Verwaltungsjuristen, dessen Vater am 30. 8. 1980 verstorben war. Dieser hatte seit 1969 im Verwaltungsrechtsweg mit Hilfe seines Sohnes als Prozessbevollmächtigtem die Erlaubnis erstrebt, dass seine **Asche** − wenn es denn soweit sei − von seinen Erben in seinem **Garten** in Hamburg-Harburg urnenlos beigesetzt werden dürfe. Dem hatte lediglich das Verwaltungsgericht entsprochen. In den höheren Instanzen war die Klage dagegen abgewiesen worden[343], ebenso wie eine anschließende Verfassungsbeschwerde[344]. Nicht genug damit: Auch der Europäische Gerichtshof für Menschenrechte musste noch angerufen werden, allerdings ebenfalls erfolglos. Tröstlich für den Vater mag gewesen sein, dass er diese letzte enttäuschende Niederlage nicht mehr erleben musste. Unter dem 1. 7. 1979 hatte er ein als „Jubiläums-Ode 1969/1979, 10 Jahre Kampf gegen den Friedhofszwang" bezeichnetes, aus vielen Versen bestehendes **Gedicht** verfasst, das so begann:

„Wenn ihr meine Urne sucht,
ruft ihr sicher, Ei, verflucht!,
Urne längst schon ist verschwunden,
denn das Grab wurd' leer gefunden."

Später heißt es dann noch:

„Asche stets zu Erde werde!
Sucht sie doch in meiner Erde,
keine Spur Ihr werdet finden
unter Rosen oder Linden."

In weiteren Versen wurde besungen, dass die Ode „den(en) da oben" zeigen kann, was es heißt: **Selbst ist der Mann!** Der Bürger habe hier gekonnt und gezielt die Behörde überspielt. Diejenigen, die Aschenurnen verwalten, seien traurige Gestalten.

Der dichtende Vater hatte seinen **Sohn**, bei dem es sich offensichtlich um einen **ebenso ausgeprägten Individualisten** handelt[345] (der Apfel fällt nicht weit vom Stamm!), wiederholt − zuletzt kurz vor seinem Tod − inständig gebeten, die Urne mit seiner Asche aus dem Friedhofsgrab zu entfernen und die Asche auf dem genannten Grundstück urnenlos beizusetzen. Er hatte auch den

Wunsch geäußert, sein Sohn möge dabei am Friedhofsgrab die Jubiläums-Ode zurücklassen. Die Urne mit der Asche des Verstorbenen wurde am 16. 10. 1980
in der **Familiengrabstelle** in Hamburg-Harburg beigesetzt. Bereits
eine halbe Stunde später – noch am Vormittag – grub der Sohn mit
einem mitgebrachten Klappspaten die Urne aus, legte die ihm inhaltlich bekannte Jubiläums-Ode in die leere Überurne, vergrub
diese in dem Friedhofsgrab so, dass ihr Deckel sichtbar blieb – damit das Gedicht zur Kenntnis staatlicher Stellen gelangen möge –
und vergrub die Asche des Verstorbenen urnenlos auf dem Wohn-
grundstück.

Der Sohn musste zumal als Verwaltungsjurist wissen, dass er
nach geltendem Verwaltungsrecht die Asche seines Vaters nicht aus
dem Friedhofsgrab fortnehmen dürfe. Er fühlte sich jedoch als
Sohn dem Wunsch seines Vaters nach urnenloser Beisetzung auf
dem Familiengrundstück in starkem Maße verpflichtet. Möglicherweise hatte er deshalb nicht das Bewusstsein, sich durch sein
Tun strafbar zu machen. Das Amtsgericht Hamburg-Harburg
fühlte sich dadurch veranlasst, den vaterhörigen Sohn vom Vorwurf
der Störung der Totenruhe wegen eines unvermeidbaren Verbots-
irrtums freizusprechen. Auf die Berufung der Staatsanwaltschaft
wurde der Verwaltungsjurist jedoch wegen **Störung der Totenruhe**
vom Landgericht Hamburg[346] mit einer Geldstrafe von zehn Tagessätzen zu DM 180,– verurteilt. Dazu heißt es in der Begründung:

„Das durch § 168 StGB geschützte Rechtsgut ist nicht der die Totenruhe betreffende wirkliche oder mutmaßliche Wille des Verstorbenen, sondern – neben dem Pietätsgefühl der Angehörigen
– auch das Pietätsgefühl der Allgemeinheit (...) bzw. eines erheblichen Teils der Allgemeinheit. Diesem Pietätsgefühl läuft es zu-
wider, wenn die Asche eines Verstorbenen – insbesondere wenn
die Urne gerade erst beigesetzt worden ist – ohne einen vom
Gesetz anerkannten Grund wieder aus dem Grab entfernt und
an einen anderen Ort verbracht wird. Zur Strafbarkeit nach § 168
StGB ist jedoch nicht erforderlich, daß der Täter sich des Verstoßes gegen das Pietätsgefühl der Allgemeinheit bewußt ist.“

Das hat den **kämpferischen Verwaltungsjuristen** jedoch nicht ruhen lassen. Er hat vielmehr Verfassungsbeschwerde[347] eingelegt.

Wie die Sache ausgegangen ist, konnte leider nicht eruiert werden; vermutlich ist sie nicht zur Entscheidung angenommen worden.

6. Beleidigungen

Nur gebürtige Bayern dürfen nach Ansicht der Landshuter Gerichtsbarkeit[348] straffrei auf das *Götz*-Zitat „**Leck mich am Arsch**"[349] zurückgreifen. Ein Bosnier, der mit seinem Drahtesel in den Fußgängerbereich gefahren war und deshalb von einem Sicherheitsdienst ermahnt wurde, entfuhren die Worte „mich leckst am Arsch". Dies zog eine Anzeige wegen Beleidigung nach sich. Er habe die Worte als Ausdruck des Erstaunens benutzt, so der Angeklagte in der mündlichen Verhandlung. Das Gericht verhängte eine Strafe von Euro 1.000,–. Nur Bayern, „die die Worte schon mit der Muttermilch eingesogen" hätten, könnten Erstaunen und Fluch unterscheiden. Dem Bosnier fehle dagegen das sprachliche Feingefühl eines gebürtigen Bayern. Nur diese dürften das *Götz*-Zitat als „Ausdruck des Erstaunens" verwenden, so dass es sich um keine Beleidigung handele.

Noch teurer kann es allerdings werden, wenn ein Polizist beleidigt wird. So musste ein Kölner Euro 1.350,– Strafe bezahlen, weil er einen Polizisten als „**Schmierwurst**" bezeichnet hatte. Der 22-jährige Bürger hatte sich darüber geärgert, dass eine Polizeistreife ihren Dienstwagen vor einem Supermarkt auf einem Behindertenparkplatz abgestellt hatte.[350]

7. Bordelle, Nutten und andere Annehmlichkeiten

Kein Anlass zum Lachen hat die ab Juni 2005 aufgeflogene sog. VW-Affäre geliefert, sondern Entsetzen. Es offenbarte sich ein millionenschweres Bestechungsgeflecht, das zunächst den allmächtigen Betriebsratsvorsitzenden *Dr. h.c. Klaus Volkert* (Ehrenpromotion durch die TU Braunschweig wegen „innovativer Amtsführung"!![351]) und den Personalleiter *Klaus-Joachim Gebauer*, dann aber auch den Personalvorstand der VW AG, *Peter Hartz*, der sich zudem einen bundesweit bekannten Namen als **Arbeitsmarktreformer** gemacht hatte, den Job kostete.

Was war geschehen?[352] *Volkert* hatte gegenüber dem Vorstand der VW AG das „Anliegen" vorgebracht, besser bezahlt zu werden. *Hartz* bewilligte eine Gehaltserhöhung, da er die Arbeit des Betriebsratsvorsitzenden schätzte und er sich so das Wohlwollen von *Volkert* erhalten wollte, weil er (*Hartz*) davon ausging, dies käme der VW AG zugute. Um jedoch keine weiteren Begehrlichkeiten zu wecken, kam *Hartz* auf die Idee, die Gehaltserhöhung über einen jährlich auszuzahlenden, am Betriebsergebnis orientierten und nur bei Markenvorständen üblichen **Sonderbonus** zu gewähren. Damit war *Volkert* einverstanden. Bemerkenswert ist, dass die Kommission zur Festlegung der Gehälter freigestellter Betriebsräte übergangen und die weiteren Vorstandsmitglieder nicht unterrichtet wurden. Die Auszahlung erfolgte nicht über die für die Gehälter der Betriebsräte zuständige Abteilung, sondern durch die Abteilung „Gehaltsabrechnung Führungskräfte". Im Gegensatz zu den allen Betriebsratsmitgliedern gewährten üblichen Bonuszahlungen erhielt *Volkert* von 1994 bis 2004 elf Sonderbonuszahlungen in Höhe von insgesamt Euro 1,95 Mio. brutto. Das Jahreseinkommen des Betriebsratsvorsitzenden erreichte hierdurch in der Spitze 2002 fast Euro 700.000,–.

Das war aber bei weitem nicht alles: *Volkert* hatte *Hartz* Ende 1993/Anfang 1994 darauf angesprochen, dass er bei Reisekosten selbst disponieren wolle. Die Abrechnungspraxis wurde daraufhin auf Veranlassung von *Hartz* dahingehend geändert, dass keine Kontrolle mehr bezüglich der geltend gemachten Reisekosten stattzufinden habe. Über diesen Weg wurde *Volkert* zehn Jahre lang zusätzlich bei Laune gehalten, indem ihm **Lustreisen** und **Bordellbesuche** finanziert wurde. Sogar *Volkerts* brasilianische Geliebte wurde durch Scheinaufträge von VW finanziert. Ab Ende 1995 bestimmte *Volkert* aus dem Kreis der auf Dienstreisen befindlichen Mitglieder des Gesamtbetriebsausschusses (GBA) bei abendlichen Barbesuchen diejenigen, die die Dienste von Prostituierten auf Kosten von VW in Anspruch nehmen durften. Der Personalmanager *Gebauer* „bediente" sich selbst und auch *Hartz* und rechnete zur Verschleierung derartige dienstfremde Kosten über Eigenbelege „Ausgaben im Geschäftsinteresse des GBA" ab.

Volkert lernte Anfang 1999 die brasilianische Staatsangehörige *Ba.* kennen, die ihn bei den monatlichen dienstlichen Auslandsreisen fortan begleitete. Er wies *Gebauer* an, die jeweils erforderlichen Flüge und Hotelzimmer zu buchen, Mobiltelefone für beide zu besorgen und für ihn und seine „Gespielin" entstandene und weitere Kosten zu übernehmen. Zudem wurden die Kosten für **Schmuck, Ferienreisen,** Bordellbesuche, Flüge und Dienstleistungen von Prostituierten, Miete und Renovierung einer Wohnung in Braunschweig, in der sich *Volkert* und *Gebauer* je zweimal und *Hartz* einmal mit Prostituierten trafen, und die Kosten für Maßanzüge übernommen. Am 21. 1. 2004 rechnete *Gebauer* die Kosten einer Privatreise des Trios *Volkert/Gebauer/Schuster* (bei letzterem handelte es sich um einen weiteren Personalmanager des VW-Konzerns) und jeweiliger Damenbegleitung, nämlich der Brasilianerin *Ba.* und zweier tschechischer Begleiterinnen, nach Indien in Höhe von insgesamt Euro 105.753,– ab.

Zunächst hat das Landgericht Braunschweig[353] *Hartz* der **Untreue** und der **Begünstigung** des Betriebsratsvorsitzenden für schuldig befunden. Auf eine Anklage wegen diverser Bordellbesuche und wegen der Anmietung einer Wohnung für „ungestörte Stunden" hatte die Staatsanwaltschaft im Wege eines „deals" mit der Begründung verzichtet, der dadurch entstandene Finanzschaden sei relativ gering gewesen. *Hartz* blieben damit Zeugenauftritte von Prostituierten erspart. Er kam mit zwei Jahren auf Bewährung und einer Geldstrafe von 360 Tagessätzen (bei je Euro 1.600,– = Euro 576.000,–) relativ „billig" weg.

Ca. ein Jahr später verurteilte das Landgericht Braunschweig[354] *Volkert* wegen Beihilfe und Anstiftung zur Untreue sowie *Gebauer* wegen Untreue und Anstiftung zur Untreue.[355] *Volkert* bekam eine **Freiheitsstrafe** von zwei Jahren und neun Monaten, *Gebauer* eine Freiheitsstrafe von einem Jahr auf Bewährung.

Lässt man das Revue passieren, kann man auch heute nur noch mit dem Kopf schütteln. Wäre ich vor dem Auffliegen dieser Affäre gefragt worden, ob ich **solche Zustände** in einem deutschen Großkonzern für denkbar halte, hätte ich glatt geantwortet: Niemals! Die ausgeurteilten Strafen sind sehr milde. Das gilt insbesondere für *Hartz*, dem nicht so sehr die übermäßige Vergütung von *Volkert* vorzuwerfen ist. Es sind die unappetitlichen Sexgeschichten zu Lasten von VW, die m. E. auch eine vollzogene Freiheitsstrafe hätten nach sich ziehen müssen. Dass sich ein so renommierter Top-Manager dazu hergeben kann, zusammen mit Betriebsratsmitgliedern Prostituierte[356] auf Kosten der Firma zu „genießen", ist einfach unglaublich!

8. Lehrer/Schülerin-Liebe

Nicht nur katholische Priester, sondern auch **Lehrer**, vergreifen sich immer wieder an Schülerinnen. Mit einem solchen Fall hatte sich das Oberlandesgericht Koblenz[357] zu befassen. Ein „lüsterner verheirateter Lehrer verführte eine unbedarfte Schülerin. Das Mädchen machte zwar mit, doch offenbar vor allem, weil der Pädagoge es mit dem ganzen Repertoire manipulierte, das einen Teenager beeindrucken kann: Schmeicheln, Betteln, Liebesschwüre – und ein offenes Ohr für alle Probleme."[358]

Der 32-jährige Angeklagte war im Schuljahr 2003/2004 an der Regionalen Schule in *A.* eingestellt und übernahm dort eine 6. Klasse im Hauptschulzweig als Klassenlehrer. Der Unterricht an der insgesamt 5-zügigen Schule war so organisiert, dass zur Vermeidung von Unterrichtsausfall die Schüler einer Klasse auf die übrigen Klassen der Klassenstufe aufgeteilt wurden. So kam es etwa zu Beginn des Jahres 2007 wiederholt dazu, dass der Angeklagte Schüler der Parallelklassen in **katholischer Religion** (!) unterrichtete, weil ein Kollege erkrankt war. Dies war mindestens zweimal der Fall.

Die vom Angeklagten geführte Klasse strebte im Schuljahr 2006/2007 den Hauptschulabschluss an. Zur festlichen Gestaltung der Abschlussfeier begann die Klasse auf Initiative des Angeklagten schon früh, ein Musical einzustudieren. Ebenfalls auf seine Initiative nahmen die Schüler/innen der Klassenstufe 9 an einem von dem Angeklagten und einer Kollegin einmal wöchentlich in den Nachmittagsstunden veranstalteten **Tanzkurs** teil, um diese in die Lage zu versetzen, auf der Abschlussfeier zu tanzen.

Wiederum auf Initiative des Angeklagten besuchte die Klasse zu Beginn des Jahres 2006 eine Musicalaufführung in Hamburg. An dieser Veranstaltung, die mit zwei mehrstündigen Busfahrten verbunden war, nahm auch die im April 1992 geborene **Schülerin *C.*** teil. *C.* war ebenfalls Schülerin dieser Jahrgangsstufe, jedoch in einer Parallelklasse des Realschulzweiges, der die Schule ein Jahr später mit dem Realschulabschluss abschließen sollte. Auf Bitten einer Freundin aus der Klasse des Angeklagten war es *C.* ermöglicht worden, als Schülerin einer Parallelklasse ebenfalls an der Fahrt teilzunehmen.

Während der zwei mehrstündigen Busfahrten saß *C.* neben dem Angeklagten auf einem Zweiersitz, da alle anderen Plätze vergeben waren. Beide führten während der Busfahrten angeregte Gespräche „über Gott und die Welt", was dadurch erleichtert wurde, dass der Angeklagte aus dem Schulunterricht die Schwester von *C.* kannte, die die Schule ein Jahr zuvor verlassen hatte. Und so kam es zu einem **sexuellen Verhältnis**, das rund ein halbes Jahr dauerte. „Wir sind füreinander bestimmt und werden immer zusammen sein", versprach „Honigbär" per E-Mail seiner „Prinzessin". Ein anderes Mal schrieb er: „Sag mal, brauchst Du es nicht?"[359]

Das Landgericht sah den Angeklagten des **Missbrauchs von Schutzbefohlenen** gem. § 174 I Nr. 1 StGB in 22 Fällen für schuldig an. Dass der sexgesteuerte Lehrer nicht Klassenlehrer und auch in keinem Fall Fachlehrer war und *C.* keine Noten gegeben habe, sei ohne Bedeutung. „Entscheidend ist vielmehr, dass es sich bei der Regionalen Schule um eine Regelschule handelt, die von Schülern im Rahmen der Schulpflicht besucht wird. Lehrer arbeiten im Team und sind sämtlich für alle Schüler der Schule verantwortlich, insbesondere auch für ihr Verhalten diesen gegenüber."

Das klingt überzeugend. Nicht so aber das Oberlandesgericht, das sich u. a. auf eine Entscheidung des Bundesgerichtshofs[360] aus dem Jahre 1963 beruft.[361] § 174 StGB sei entgegen der Vorinstanz nicht ohne weiteres zwischen allen Lehrern und Schülern einer Schule zu bejahen. Im vorliegenden Falle könne nicht von einem „Obhutsverhältnis" i. S. d. strafrechtlichen Vorschrift ausgegangen werden. Was den Tanzkurs anbelange, so sei es Zweck dieser Veranstaltung gewesen, die Teilnehmer „in die Lage zu versetzen, auf der Abschlussfeier zu tanzen". Weitergehende **Erziehungs- oder Betreuungsziele** seien damit jedoch nicht verbunden gewesen. Sicherlich war es aber auch nicht Zweck des Tanzkurses, es dem 32-jährigen Lehrer zu ermöglichen, mit der 14-jährigen Schülerin *C.* in ein sexuelles Verhältnis einzutreten und diese **sexuell zu unterrichten**. Die sexuelle Revolution hat zwar zu heute sehr viel liberaleren Verhältnissen geführt als noch in den 60er Jahren. Andererseits hätte das Oberlandesgericht aber berücksichtigen müssen, dass nach den Erfahrungen der letzten Jahre im Hinblick auf Beziehungen zwischen Priestern, Lehrern usw. und ihnen anvertrauten Zöglingen strengere Maßstäbe gelten.

Der strafrechtliche **Freispruch** stößt so auf wenig Gegenliebe. Tröstlich ist allerdings, dass auch das Oberlandesgericht dem angeklagten Lehrer keinen Freispruch erster Klasse erteilt hat. Immer-

hin heißt es in der Entscheidung:[362] „Über die (wohl nicht gegebene) Eignung des Angeklagten für den Lehrerberuf ist an anderer
Stelle zu entscheiden." Ob allerdings die Schulbehörde die Kraft
hat oder schon gehabt hat, diesen Lehrer dauerhaft aus dem Schul-
dienst zu entfernen, entzieht sich meiner Kenntnis.

9. Durch die Welt des Rausches

In epischer Breite und wohl mit „Frust" und „Groll" hat sich das
Amtsgericht Rheine[363] 1994 an der obergerichtlichen Rechtsprechung zu Trunkenheitsfahrten gerieben.[364] Der Angeklagte, ein
Berufssoldat, hatte alkoholbedingt einen Verkehrsunfall verursacht
und nach Meinung des Gerichts auch Verkehrsunfallflucht begangen. Aus dem vorliegenden Blutentnahmebericht entnahm das
Gericht, dass der Angeklagte bei klarem Bewusstsein „vollorien-
tiert" war, er also auch nicht vergessen haben konnte, zuvor getrunken zu haben. Daran schließen sich tiefgreifende Ausführungen
an:

„Die obergerichtliche Rechtsprechung nimmt in vergleichbaren
Fällen an, nur wegen Fahrlässigkeit verurteilen zu können, weil
die subjektive Seite nicht weiter aufzuklären sei, was jedoch
einen erheblichen rechtsdogmatischen Fehler darstellt, weil die
Frage der trunkenheitsbedingten Kritiklosigkeit in einem Bereich der möglicherweise eingeschränkten Schuldfähigkeit gehört; noch dazu später. Diese Rechtsprechung verblüfft den
praktischen Zeitgenossen, weil sie in offenbarem Widerspruch
zur täglichen Erfahrung steht. Fahrlässig zu handeln ist in all
diesen Fällen nämlich so gut wie ausgeschlossen, denn Fahrlässigkeit kann nur vorliegen, wenn die im Verkehr mögliche und
erforderliche Sorgfalt außer acht gelassen wird. Weniger jutis-
tisch-formelhaft formuliert ließe sich dies auch so ausdrücken:
je vorhersehbarer ein Ergebnis ist, desto stärkere Argumente
müssen gefunden werden, das mit völliger Sicherheit sich Ereig-
nende nicht erkannt zu haben. Je sicherer ein Ursache-Wirkung-
Nexus ist, desto höhere Anforderungen müssen gestellt werden,
wenn in concreto zugunsten dessen, der einen bestimmten Erfolg verwirklicht hat, angenommen werden soll, er habe die sichere Folge seines Tuns nur irrig nicht erkannt. Weniger intelli-

genten Menschen versucht man komplexe Theorien dadurch zu vermitteln, daß sie in Einzelschritte aufgelöst werden, damit sie von ihnen in ihrer konkreten Lebenserfahrung wiedergefunden werden können, indem man diese Theorien auf ‚Wenn-Dann-Beziehungen' reduziert: ‚Wenn Alkohol – dann Rausch' bzw. ‚Wenn viel Alkohol – dann starker Rausch'.

Daß der Mensch auf diese Weise die Wirklichkeit erfassen kann, ist gesichert und darf und muß deshalb auch auf die Erfahrungen mit dem Alkohol übertragen werden. Niemand kann behaupten, diese Zusammenhänge seien ihm fremd, denn dies belegt der alltägliche Augenschein: es wird allenthalben getrunken, viel getrunken, ja ‚gesoffen', so daß ausgeschlossen werden kann, daß es – zumindest unter Erwachsenen – jemanden geben könnte, der, an sich selbst oder anderen, diese Erfahrungen nicht gesammelt und die Richtigkeit der o. a. Ursache-Wirkung-Verknüpfung nicht belegt gefunden hätte."

Es folgt ein Blick in die Literatur und eine **Tour d'Horizon** mit „Siebenmeilenstiefeln" durch die Welt des Rausches:

„So verwundert es nicht, dass *Noah* (Erstes Buch Mose 9, 20 f.) kaum dass er die Molesten der Sintflut hinter sich gebracht hatte, ‚Ackermann wurde und Weinberge pflanzte', sein Produkt genoss und sich sinnlos betrank, mit wenig schicklichen Folgen, die hier der Erörterung nicht bedürfen."

„Auch die klassische griechische Literatur lässt und teilhaben an den wohltuenden Wirkungen leiblicher Genüsse. So wurde am Hofe des *Odysseus* (wenn auch hauptsächlich in seiner Abwesenheit) – man muss es schon sagen – so derbe ‚gesoffen', dass man sich wundern muss, dass Generationen von Pennälern solche Texte überhaupt übersetzen durften. Man hätte vielleicht besser daran getan, zarte pubertäre Schülerseelen, die doch gerade in dieser Zeit des Maßes und der Orientierung bedürfen, vor so viel prallem Leben zu bewahren."

„Wenn es zugeht ‚wie im alten Rom', ist damit beispielhaft das Leben am Hofe *Neros* gemeint. Dort hatte nämlich der erhebliche Genuss des in Mengen hergestellten Weins eine nicht unbedeutende und den Niedergang Roms deutlich beschleunigende Wirkung gezeigt. In dieser Zeit – etwa – lagen dem Vernehmen nach die Germanen am Rhein und tranken Met, weshalb sie hinterher nur noch lagen."

„Fahrende Scholaren (und später Studenten) waren ihrer Umgebung schon früh lästig gefallen, weil die Folgen übermäßigen Alkoholgenusses nicht von allen Mitbürgern goutiert wurden, wie denn auch überhaupt das Mittelalter eine Vielzahl von Polizeiverordnungen hervorgebracht hat, die den Missbrauch des Alkohols zu steuern suchten, im Ergebnis erfolglos, denn in einem der Lieder der *Carmina Burana* aus dem 13. Jahrhundert wird schon aufgezählt:

Es säuft die Herrin, säuft der Herr,
es säuft der Ritter, säuft der Pfaffe,
...
Es säuft die Ahne, säuft die Mutter,
saufet diese, saufet dieser,
saufen hundert, saufen tausend."

„In besonders reiner Form hatte (oder hat?) sich diese schöne Übung in deutschen Studentenverbindungen gehalten, wie uns sehr anschaulich *Heinrich Mann* in ‚Der Untertan' zu berichten weiß. Das Gericht, eher behütet aufgewachsen, erinnert sich noch der etwas verstörten Verblüffung, als es, noch als Schüler, das erste mal ‚das Haus' einer Verbindung besuchte und dort als wichtigen Teil der sanitären Einrichtung ein ‚Spuckbecken' entdeckte, das offenbar für notwendig erachtet wurde, womit die These dieses Gerichts augenfällig belegt wird: Wer ordentlich trinkt, wird ordentlich betrunken und trifft Vorkehrungen für den Fall, dass der Magen gewisse Abstoßungserscheinungen zeigt: Ergo bibamus!"[365]

Und so geht es weiter mit Auslassungen vieler Kulturgrößen (*Boccaccio, Shakespeare, Goethe, Mark Twain, Marcel Proust, Hermann Hesse* bis zu *Martin Walser*) zu den **Auswirkungen des Alkoholgenusses.**

Dann stellt das **belesene und musische Gericht** fest, dass sich schon alle Religionen der Welt mit übermäßigen leiblichen Genüssen, zu denen der Mensch neige, schwer getan und Askese gepredigt hätten. Allein, es liege in der Natur des Menschen, der sündhaft von Jugend auf sei, dass er schwach werde und die ihm auferlegten Gebote breche. Und so folgen Ausflüge in die Welt der Musik (u. a. zu Mozarts „Die Entführung aus dem Serail"). Das führt dann zu der Erkenntnis, dass es Konstanten in der menschlichen Erfahrung gebe, die allgemein und allgemein bekannt seien,

> „weshalb die obergerichtliche Rechtsprechung sich diesem Gericht nicht erschließt, denn es gibt tatsächlich von jedem erkannte Erfahrungssätze über den Zusammenhang von Alkoholaufnahme und seiner Wirkung."

Auch die nötige **rechtliche Einordnung** wird nicht vergessen:

> „Ist nunmehr die Frage geklärt, dass der Mensch (mit hier nicht interessierenden, zu vernachlässigenden Ausnahmen) also die Wirkungen des Alkoholgenusses kennt, und ist auch geklärt, warum der Mensch trinkt und welchen Zustand er dadurch erreichen *will*, so ergibt sich für die rechtliche Einordnung:
>
> 1. Wer trinkt, um einen bestimmten Zustand zu erreichen, der irrt sich nicht, wenn er sein Ziel erreicht hat.
> 2. Wer nicht trinkt, *um* einen bestimmten Zustand zu erreichen, weiß doch gleichwohl, dass er diesen Zustand – notwenig – erreichen *muss*, wenn er bestimmte Mengen Alkohol konsumiert hat, ohne dass es darauf ankäme, dass er die Trinkmenge exakt erinnert. Er kann daher – prinzipiell – nicht fahrlässig handeln, weil den Menschen der Zusammenhang, die „Wenn-Dann-Beziehung" nicht nur von Anfang der Menschheit, sondern auch von seinen frühesten Kindertagen zumindest durch die Beobachtung trinkender Erwachsener, später durch eigenes Tun bekannt ist, denn

> ,Doch siehe da, im trauten Kreis
> sitzt Jüngling, Mann und Jubelgreis,
> und jeder hebt an seinen Mund
> ein Hohlgefäß, was meistens rund,
> um draus in ziemlich kurzer Zeit
> die drin enthaltene Flüssigkeit
> mit Lust und freudigem Bemüh'n
> zu saugen und herauszuziehen.
> Weil jeder dies mit Eifer tut,
> so sieht man wohl, es tut ihm gut.

Man setzt sich auch zu diesen Herrn,
man tut es häufig, tut es gern,
und möglichst lange tut man's auch ...
(*Wilhelm Busch, ‚Die Haarbeutel', Einleitung)"*

10. Duftende Destille

Milder ging ein Richter des Amtsgerichts Höxter[366] mit einem alkoholisierten Autofahrer um. Möglicherweise hat auch er sein Urteil abends bei einem **Glas Wein** verfasst. Es lautet:

„Am 3. 3. 95 fuhr mit lockerem Sinn
der Angeklagte in Beverungen dahin.
Daheim hat er getrunken, vor allem das Bier
und meinte, er könne noch fahren hier.
Doch dann wurde er zur Seite gewunken.
Man stellte fest, er hatte getrunken.
Im Auto tat's duften wie in der Destille.
Die Blutprobe ergab 1,11 Promille.
Das ist eine fahrlässige Trunkenheitsfahrt,
eine Straftat, und mag das auch klingen hart.
Es steht im Gesetz, da hilft kein Dreh,
§ 316 I und II StGB.

So ist es zum Strafbefehl gekommen.
Auf diesen wird Bezug genommen.
Der Angeklagte sagt, den Richter zu rühren:
‚Das wird mir in Zukunft nicht wieder passieren!'
Jedoch es muß eine Geldstrafe her,
weil der Angeklagte gesündigt, nicht schwer.
30 Tagessätze müssen es sein
zu 30,- DM. Und wer Bier trinkt und Wein,
dem wird genommen der Führerschein.
Die Fahrerlaubnis wird ihm entzogen,
auch wenn man menschlich ihm ist gewogen.
Darf er bald fahren? Nein, mitnichten.
Darauf darf er längere Zeit verzichten.
5 Monate Sperre, ohne Ach und Weh,
§§ 69, 69a StGB."

11. Schnelles Mundwerk

Werner Beaumont[367] hat von einem Strafverfahren berichtet, das die Gerichte in Bühl, Baden-Baden und dann auch noch den Zweiten Strafsenat des Oberlandesgerichts Karlsruhe[368] beschäftigt hat. Das Amtsgericht Bühl hatte, weil sich zwei Beleidigungen gegenüber standen, eine **Straffreierklärung** nach § 199 StGB ausgesprochen, also eine sog. Kompensation zweier Beleidigungen vorgenommen. Das Landgericht Baden-Baden kam zum gleichen Ergebnis und verwarf deswegen die Berufung mit folgendem Wortlaut:

„Wenn eine Beleidigung gleich auf der Stelle
erwidert wird mit des Mundwerks Schnelle,
dann kann es der Richter den Beiden gewähren,
kann beide Beleidiger für straffrei erklären.
So tat's mit Recht das Amtsgericht,
und so die Strafkammer auch spricht:

Das Wort des *Götz von Berlichingen*
ist keines von den feinen Dingen,
wenn man dies wechselseitig sagt,
am besten niemand sich beklagt!

Wer stets vom Recht das Rechte dächte
und sich nicht drächte,
dächte rechte.

Die Kostenlast dabei ergibt:
StPO-vierdreiundsiebzig.“

Daraufhin soll die Dienstaufsicht eine Verletzung der Würde des Gerichts beanstandet haben. Auch die eingelegte Revision rügte einen Verstoß gegen § 267 StPO, weil der Gesetzgeber angeblich **Prosa** für eine ordnungsgemäße Urteilsbegründung verlange. Das sah das Oberlandesgericht Karlsruhe jedoch anders:

„Die Gründe des angefochtenen Urteils sind jedoch, obwohl sie in Knittelversen abgefasst sind, welche die Klarheit und Genauigkeit der Darstellung sichtlich beeinträchtigen und ihre Auslegung erfordern, im Ganzen doch verständlich.“

Beaumont[369] zitiert das Oberlandesgericht noch mit folgender **Aussage:**

„Es gereiche dem angerufenen Gericht zur Ehre, sich zur Poesie
bekannt zu haben. Es sei grundsätzlich nichts dagegen einzuwenden, wenn eine gerichtliche Entscheidung in Versen abgefasst sei, denn
... es ist keinem Gesetz verleimt,
dass immer ein Urteil sei ungereimt."

12. Armer Ehemann

Ist Gewalt im Spiel, muss es sich bei dem Täter nicht unbedingt
um einen Mann handeln. So wird im Spiegel vom 16.4.2012[370]
von einem traurigen Fall aus Hildesheim berichtet, in dem ein
Ehemann um seine Anerkennung als **Opfer häuslicher Gewalt** gekämpft hat. Beschrieben wird, wie sich *Manuela* von einer sympa-
thischen, unterhaltsamen Frau schon nach einem Jahr der Ehe zu
einer Tyrannin verwandelte. Sie schimpfte und wurde zunehmend
aggressiver, was es ja in ursprünglich besten Ehen tatsächlich geben
soll. Dann aber wurde es noch ungemütlicher: Als der eher kleine
und schmale Mann beim Frühstück den falschen Fensterflügel öff-
nete, benutzt *Manuela* ihre Kaffeetasse als Wurfgeschoss und ver-
letzte ihren Gatten am Kopf. Zu einem Therapeuten wollte sie
dennoch nicht gehen. Dann wurde es zuviel: „Eines morgens stand
er vor der Kaffeemaschine, als sie ein Messer von hinten in seine
Schulter rammte und erklärte: ‚Biste selber dran schuld.'" Wie ging
der Fall aus? *Manuela* wurde wohl für unzurechnungsfähig erklärt,
muss aber mindestens fünf Jahre lang in die **Psychiatrie**.

13. Zu mutiger Proberichter

Richter, die in Strafverhandlungen **extrem forsch** vorgehen, können ihre richterliche Karriere ruinieren. Dies war die Konsequenz
des Vorgehens eines jungen Proberichters am Amtsgericht Esch-
wege. Was war geschehen? Der Proberichter, später selbst Angeklagter, leitete als Strafrichter eine Hauptverhandlung, in der ein
Exhibitionist angeklagt war. Schon vor der Hauptverhandlung war
der Proberichter entschlossen, als Rechtsfolge einen Schuldspruch
mit Strafvorbehalt auszusprechen und eine Therapieauflage anzu-
ordnen. In der Hauptverhandlung bestritt der Beschuldigte jedoch

den Tatvorwurf, was dem zackigen Richter partout nicht gefiel. Er verlangte, zunehmend erregter, endlich ein Geständnis abzulegen. Schließlich unterbrach der Richter unvermittelt die Sitzung und sagte zum Beschuldigten: „*Sie kommen jetzt mit! Ich zeige Ihnen mal, wie Ihre Zukunft aussehen kann!*" Daraufhin begab er sich – mit angelegter Robe – mit dem Beschuldigten und einem Wachtmeister in den Keller des Amtsgerichts, wo sich mehrere Gewahrsamszellen befanden. Damit nicht genug: Der vollständig verunsicherten Beschuldigte wurde auch noch veranlasst, sich in eine Zelle zu begeben, die für ca. 20 Sekunden verschlossen wurde. Dann wurde die Hauptverhandlung fortgesetzt. Der Exhibitionist war endlich geständig. Der Richter verurteilte ihn zu einer Geldstrafe unter Strafvorbehalt, verbunden mit einer Therapieauflage. Der eingeschüchterte Verurteilte und auch der Staatsanwalt erklärten zugleich Rechtsmittelverzicht.

Dieser Fall führte dazu, dass der Richter nunmehr zum Angeklagten mutierte. Das Landgericht Kassel sprach ihn frei. Das überzeugte jedoch den Bundesgerichtshof[370a] nicht. Der nach gut einjähriger Probezeit entlassene Richter muss nun auch noch mit strafrechtlicher Verurteilung wegen Rechtsbeugung und Aussageerpressung rechnen. Tröstlich mag dabei allenfalls sein, dass die zu verhängende Freiheitsstrafe sicherlich zur **Bewährung** ausgesetzt werden wird.

VIII. Gebrauchsmuster für „Schlitzohren"

Zeitgemäß (?) lautet auch ein Beschluss der **Gebrauchsmusterstelle** beim Deutschen Patentamt mit folgendem Wortlaut:[371]

> „Das von der Firma Julius und August Erbslöh angemeldete Gebrauchsmuster wird unter der Bezeichnung ‚Werkzeug zur Herstellung von Schlitz*ohren* mit einstellbarer Schlitzbreite' in die Gebrauchsmusterrolle eingetragen."

Dem **antwortete** die Firma:

> „Wir erhielten den Beschluss der Gebrauchsmusterstelle, wonach unsere Gebrauchsmusteranmeldung eingetragen wird. Mit der Formulierung des Titels haben Sie unsere erfinderischen Qualitäten weit überschätzt, denn wir haben nicht ein Werkzeug

zur Herstellung von Schlitz*ohren* mit einstellbarer Schlitzbreite, sondern ein solches zur Herstellung von Schlitz*rohren* entwickelt. Die Aufgabe, Schlitz*ohren* herzustellen, ist nach unserer Kenntnis und Erfahrung – auch in unserem Haus – als seit längerem gelöst anzusehen, so dass einem Werkzeug zur Herstellung dieser kaum noch erfinderische Bedeutung zukommen kann." [*Kursivdruck von mir*]

IX. Fa. *Thomas Putzo* in Baumbach-Lauterbach

Sicher nicht schlitzohrig ist auch ein Briefwechsel, auf den *Heinze*[372] hingewiesen hat: In einem Verfahren nach § 903 ZPO hatte das **Vollstreckungsgericht München** unter Bezugnahme entsprechender Bemerkungen in einschlägigen Kommentaren zur ZPO die Gläubigerin aufgefordert, den Nachweis zu führen, dass der Schuldner seinen Arbeitsplatz gewechselt habe. Die Kreissparkasse K. antwortete hierauf wie folgt:

„Wir möchten jedoch bereits jetzt erwähnen, dass der Schuldner bei der Firma Helmut X. seit 29.11.1973 nicht mehr beschäftigt ist. Eine Firma Thomas Putzo in Baumbach-Lauterbach ist unter der Postleitzahl 806/1 und 541/2 unbekannt. Wir bitten um weitere Anweisungen, damit wir eine Fortsetzung des Verfahrens erreichen."

X. Erzengel *Gabriel*

Im Stern vom 12.3.1987 wurde die folgende Mitteilung des Amtsgerichts Göttingen wiedergegeben.[373] Ein Anwalt hatte einen Mahnbescheid beantragt. Per Vordruck wurde daraufhin vom Gericht mitgeteilt, der in Betracht kommende **Schuldner** sei inzwischen **verstorben**. Versehentlich kreuzte die Justizangestellte in dem Formular noch die Frage nach dem neuen allgemeinen Gerichtsstand des Antragsgegners an. Der Anwalt verstand Spaß und beantragte „Verweisung an das Jüngste Gericht". Von Seiten der Justiz meldete sich daraufhin ein **unbekannter Dichter**. In seiner Antwort an den Anwalt wird bedauert, es sei

„doch ein typisches Laster
das ewige Streben nach Mammon und Zaster.
Klappt die Mahnungsakten zu.
Gönn' dem Schuldner seine Ruh'!

Hochachtungsvoll
Petrus, Himmelswachtmeister"

Neben der Unterschrift befand sich ein etwas **verfremdeter Dienst-stempel** des Amtsgerichts, wobei als Urkundsbeamter der Geschäftsstelle ein gewisser „*Erzengel Gabriel*" zeichnete.

XI. Ohne Schuss kein Jus

Selbst das Bundeskartellamt[374] ist schon zu dichterischer Form aufgelaufen. So hat es 1988 dem Beitritt zu einem bestehenden Konditionenkartell nicht widersprochen. Die für die Anmeldung zu zahlenden **Gebühren** wurden dann so begründet:

„Es ist Gesetz und deshalb richtig,
wer kartelliert, ist meldepflichtig.
Und weil das hier auch Arbeit macht,
hat man in Bonn sich ausgedacht
– zur Minderung von Amtsverdruß –
daß der, der meldet, zahlen muß.
Was festgesetzt, ist angemessen.
Sie blechen, und schon ist's vergessen.
Ist Ihnen solches nicht geheuer
und die Gebühr vielleicht zu teuer,
so bleibt, damit es billiger werde,
als einz'ge Hoffnung die Beschwerde.
– Auch dies nur binnen einer Frist,
die kurz wie just ein Monat ist.
Ob Sie im Recht sind oder nicht,
würd' dann entschieden vom Gericht.
Doch besser lassen Sie das bleiben,
das raten die, die unterschreiben."

Diese Begründung hat der Vorsitzende der 2. Beschlussabteilung, Direktor *Bethge*, in Würdigung seines Eintritts in den Ruhestand in Versform abgefasst, um damit wohl „seine poetische Begabung zu demonstrieren".[375] Nachdem die Beschlussabteilung Kenntnis von dem Beitrag *Beaumonts* „Gesetz und Recht – in Vers und Reim" erlangt hatte, hat im Auftrag der 2. Beschlussabteilung des Bundeskartellamts *Gerhard Harms* an *Beaumont* Folgendes geschrieben:[376]

> „Wir hatten die Rechtsmittelbelehrung einer Kostenentscheidung in Verse gekleidet und sind erst durch Ihren Aufsatz endgültig beruhigt worden, damit auch ‚richtig' gesprochen zu haben."

XII. Kritik an „humoristischen" Entscheidungen

Ein Großteil der hier wiedergegebenen, mehr oder weniger humorvollen, sarkastischen oder satirischen Entscheidungen stößt nicht überall auf Wohlgefallen.[377] So hat *Hans Putzo*[378] den „Sester-Kölsch"-Bierkutscherfall (s. S. 176 ff.) des Amtsgerichts Köln vom 12.10.1984, die Entscheidung des Amtsgerichts München vom 11.11.1986 (s. S. 175 f. „Kein Wunder in München") und den „Wieverfastelovend"-Fall des Landgerichts Köln (s. S. 179 f.) zum Anlass genommen, deutliche Kritik zu üben. Er stellt die Frage, „ob solche im Namen des Volkes ergehenden Urteile (§ 311 I ZPO) dem entsprechen, was die Parteien eines Zivilprozesses erwarten dürfen und die mitwirkenden Richter verantworten können". Dazu verweist er auf den Wortlaut von § 313 III ZPO, wonach die Entscheidungsgründe „eine kurze Zusammenfassung der Erwägungen enthalten, auf denen die Entscheidung in tatsächlicher und rechtlicher Hinsicht beruht". Wer dabei die **Sachlichkeit** bewusst **verdränge**, sich als Richter in erster Linie darin gefalle, sein echtes oder vermeintliches **Talent zur Satire** vorzuführen, und dabei Parteien, Zeugen oder Prozessbevollmächtigte lächerlich mache, erfülle – so *Putzo* – die vom Gesetz gestellte Aufgabe sicherlich nicht. Auch *Horst Sendler*[379] artikuliert „deutliche Zurückhaltung gegenüber solchen Produkten". Ihn beschäftigt allerdings noch mehr, dass „das Niveau so manchen humoristischen Urteils bekümmernd niedrig angesiedelt ist und von Niveau kaum mehr gesprochen werden kann, eher von einem Jux-Urteil; das von *Putzo* (NJW 1987, 1426)

besprochene Urteil des *AG München* (NJW 1987, 1425) dürfte diesem Tiefstand ziemlich nahe gekommen sein."
Wie ich an anderer Stelle (s. S. 56 und 58) ausgeführt habe, steht die wiederum von Richtern zu beurteilende **richterliche Unabhängigkeit** hoch im Kurs. Auch *Putzo* sieht deshalb wohl keine Möglichkeit, solche Entscheidungen zu unterbinden. Er gibt nur den **kollegialen Rat**, „das Recht in den Entscheidungsgründen nicht anhand der Bibel oder des ‚Faust' und ebenso wenig mit Hilfe von Sprichwörterbüchern darzustellen, die Beweise weder an Wundern zu messen noch mit Hilfe solcher zu würdigen." Und er fügt hinzu: „Es ist oft schon schwer genug, auch bei einfachen Fällen das BGB und die ZPO fehlerfrei anzuwenden. Das soll nicht heißen, Humor, Witz oder ein mit Maßen geübter Sarkasmus hätten in der Rechtsprechung keinen Platz. Hierfür wäre übrigens die mündliche Verhandlung mit dem gesprochenen und daher flüchtigen Wort noch am besten geeignet. Bei Urteilen hört jedenfalls der Spaß auf, auch wenn der Ernst nicht tierisch sein muss oder soll.[380] Die Satire ist sowieso ein schwieriges Kunstmittel. Vor kritischen Lesern blamiert sich oft gerade derjenige, der sich über andere lustig macht." Ähnlich liest sich das bei *Sendler*:

> „Nur die Umstände des Einzelfalles zusammen mit dem Talent des Richters können maßgeblich dafür sein, ob man das Wagnis eines humoristischen Urteils eingeht. Ein Wagnis bleibt es nämlich. Im Zweifel sollte man es deswegen bleiben lassen, ebenso wie das Schreiben in eigener Sache (...). Humor in Urteilen, oder was man dafür hält, ist eine in jeder Hinsicht ‚eigene' Sache, auch deswegen, weil sich meist ein wenig Eitelkeit oder sogar Hochmut und Arroganz dahinter versteckt."

Dem kann ich mich natürlich anschließen. Aber mehr als **Maßhalteappelle** sind nicht möglich. § 184 GVG sagt nur, dass die Gerichtssprache Deutsch ist und auch § 313 III ZPO und § 267 StPO legen sich hinsichtlich der Abfassung von Urteilen nicht auf Prosa fest.[381] Also wird sich ein reimender Richter massiv in seiner richterlichen Unabhängigkeit beeinträchtigt fühlen, wenn man ihm solche Kunstwerke verbieten wollte.

E. Anwaltschaft

Zu guter Letzt noch ein paar Anmerkungen zum Anwalt.[1] Mit einiger Berechtigung hat *Ulrike Barth*[2] gesagt, dass „die Schöpfung einzig im Anwalt ihre schönste Ausprägung findet". Bei in Deutschland zugelassenen ca. 160.000 Rechtsanwälten ist es heute allerdings durchaus eine **Kunst**, Anwalt zu sein.[3] Und eine noch größere Kunst ist es, als Anwältin zu bestehen (vgl. S. 239 f.).

I. Artenvielfalt

Bei keiner anderen juristischen Berufsgruppe lässt sich ein solche Artenvielfalt feststellen, wie bei den Anwälten. Das betrifft zunächst einmal die Größe der Kanzleien. Das **Spektrum** reicht vom „Einzelkämpfer", der sich ein Schild an die Tür gemacht hat und in seiner Wohnzimmerkanzlei Mandate bearbeitet, bis zum Partner einer internationalen Wirtschaftskanzlei mit mehreren tausend Anwälten. Solche riesigen Sozietäten gab es in Deutschland lange Zeit überhaupt nicht. Die größten deutschen Kanzleien hatten zu Beginn meines Anwaltsdaseins maximal 20 Partner und waren nicht mit dem vergleichbar, was man heute als „Großkanzlei" bezeichnet. *Gleiss Lutz*, die Sozietät, der ich selbst angehöre, bestand 1975 aus 14 Partnern und drei Anwälten auf freier Mitarbeiterbasis (!). Heute sind wir 89 Partner und insgesamt ca. 220 weitere angestellte (!) Anwälte. Der große Boom im Anwaltsmarkt begann in den 1980er Jahren mit der Aufgabe des Lokalisationsprinzips. In dieser Zeit und danach kam es zu vielen Fusionen erfolgreicher deutscher Wirtschaftskanzleien untereinander und/oder mit großen amerikanischen oder britischen „law firms". In aller Regel waren die deutschen Kanzleien allerdings die Juniorpartner – ein Grund dafür, warum *Gleiss Lutz* bis heute von einer solchen Fusion abgesehen hat.

Der klassische Typus des Großkanzleianwalts ist der **M&A-Anwalt**, den *Barth* satirisch so sieht:

„Da gibt es den dealgierigen **M&A-Anwalt**, eine Mutation des landläufigen Gesellschaftsrechtlers, ausgestattet mit großen Beißwerkzeugen, die er auch aushaken kann, aber vergleichsweise kleinem Langzeit-Gedächtnis. Bei ihm ist die Nebennierenrinde durch jahrhundertelange genetische Auslese besonders ausgeprägt, so dass sein Körper bei entsprechenden Anreizen Adrenalin im Überfluss produziert. Tatsächlich braucht der oftmals nur mit Millionen-Deals aus seinem Frankfurter Speckgürtel-Bau zu lockende kleine Geselle den täglichen Adrenalin-Kick – entsprechend hart umkämpft sind die Futterstellen. Denn der M&A'ler speist sein Ego aus einer nie enden wollenden Vielzahl von M&A-Deals, die fast täglich frisch akquiriert werden müssen."

Mit dem klassischen Bild des Rechtsanwalts vor Gericht haben M&A-Anwälte jedenfalls wenig zu tun. Das ist nicht unbedingt ein Fehler – als besondere Qualifikation würde ich das Fehlen jeglicher forensicher Tätigkeit, das viele Großkanzleianwälte auszeichnet, aber nun nicht gerade bezeichnen. Und so hat es mich als Arbeitsrechtler, der sich durchaus häufig in die **Niederungen der Gerichtssäle** begibt, ein wenig geärgert, als ich auf einer schicken, aber inhaltlich ungeschickten Anzeige unserer Kanzlei im Handelsblatt im Jahre 2000 den werbend gemeinten Spruch fand:

„Die meisten unserer Anwälte sehen selten einen Gerichtssaal von innen – und darauf sind sie auch noch stolz."

Mich hat das zu der **Ergänzung** veranlasst:

„Ich sehe häufig einen Gerichtssaal von innen und gehöre deshalb zu den Deppen des Büros."

Die entsprechende Collage ziert noch heute den Weg zu meinem Büro. Unbestreitbar ist allerdings: Wer als anwaltlicher Berater in der Lage ist, einen Rechtsstreit zu vermeiden und eine erfolgreiche außergerichtliche Lösung erzielen kann, tut seinem Mandanten in aller Regel einen großen Gefallen. Zum **Diener von Prozesshanseln,** bloßem „Mietmaul" oder „Wadenbeißer" der Mandanten will man sich als seriöser Anwalt sicherlich nicht machen. Andererseits trägt fast jede anwaltliche Beratung die Gefahr in sich, dass es über kurz oder lang doch zu einer prozessualen Auseinandersetzung kommen kann. Schon deshalb ist äußerst nützlich, über prozessuale Erfahrungen zu verfügen. Nur so kann bei der Beratung abgeschätzt werden, wohin sich die Sache im Fall der Fälle entwickeln kann. Im Übrigen verfügen heute nahezu alle Großkanzleien über „**Litigation-Teams**", also Anwälten, die ausschließlich Prozesse führen oder begleiten. Die Zeiten haben sich gewandelt: Große gerichtliche Auseinandersetzungen zwischen Unternehmen oder Unternehmen mit Top-Führungskräften sind durchaus an der Tagesordnung.

So unterschiedlich wie die Größe der Kanzleien sind auch die **Motive**, Anwalt zu werden. Nicht wenige ergreifen den Beruf, weil sie nichts anderes finden. Die Einstellungsanforderungen des Staates an Richter und Beamte sind hoch. Wer die starren Notengrenzen, die generell bei Juristen eine m. E. überzogene Rolle spielen, nicht erreicht, hat keine Chance. Auch die Rechtsabteilungen von Unternehmen übernehmen nicht jeden. Nur die **Anwaltszulassung** kriegt auch derjenige, der beide Examina knapp mit „ausreichend" bestanden hat. Das ist natürlich richtig – denn bestanden ist bestanden, führt aber dazu, dass die Qualität der anwaltlichen Beratung enorm schwankt.

Dann gibt es diejenigen, die Anwalt werden, um bei Vater oder Mutter in die Kanzlei einzusteigen: Kein per se schlechtes Motiv – aber Vorsicht ist geboten. Entgegen den eigenen Neigungen sollte man sich nicht aus **Familientradition** für einen bestimmten Beruf entscheiden. Die Zeiten, in denen die Kinder den Eltern unbedingt beruflich nachfolgen mussten, sind zum Glück vorbei. Trotzdem ist die Anzahl der Kanzleien mit Namen wie „Müller & Müller" nicht gerade klein.

Wie viele „**Anwalt aus Leidenschaft**" geworden sind, vermag ich nicht zu beurteilen. Klare Positionen zu vertreten, für eine Sache zu kämpfen, Interessenvertreter und auch Vertrauensperson zu sein, ist ein schöner Beruf. Ein bisschen Leidenschaft sollte im Laufe des Berufslebens schon aufkommen, ansonsten ist es um die viele Zeit zu schade, die man damit verbringt. Den reinen Menschenrechts- oder Bürgerrechtsanwalt, den Kämpfer für die Unterdrückten, die politisch Gefangenen etc. gibt es eher selten. Der Bedarf dafür ist heutzutage in Deutschland zum Glück eher gering.

Im **Arbeitsrecht** findet sich zuweilen noch der ideologisierte, klassenkämpferische Arbeitnehmeranwalt – in Zeiten gelebter und funktionierender Sozialpartnerschaft ein unzeitgemäßer Typus, der im Schwinden begriffen ist. Ansonsten wird von außen – so z. B. von *Barth*[4] angemerkt, er sei „dank seiner breiten Sitzfläche in der Lage (…), tagelange Gerichts- und Tarifvertragsverhandlungen ohne mit der Wimper zu zucken, durchzustehen".Von Nachteil sei, dass er durch sein unaufgeregtes Vorgehen nur schwerfällig auf äußere Reize reagiere. Das deckt sich mit meiner Erfahrung nur mäßig.

Allerdings sei er – so *Barth* – ein „Meister der Mimikry" und passe sich seiner Umgebung optimal an: „Mit Sportjacket und karierten Hemden tarnt er sich als Kumpeltyp, scheut dann aber im Gerichtssaal keine Konfrontation." Auf unbekanntem Terrain soll er jedoch sozialere Züge zeigen, vor allem wenn er um Schlichtung bemüht sei. „Auch in Gefangenschaft einer Großkanzlei behält er diese Neigung bei, während beispielsweise **IP-Exoten** sich auf diesem eingeschränkten Raum oft nicht voll entwickeln können und zu Hospitalismus neigen." Im Übrigen könne der IP'ler von einem Mandanten erstaunlich lange leben: „Ein ganzes Portfolio wird von ihm in einem Happs verschlungen und dann oft jahrelang wieder- und wiedergekäut."

Die „Artenvielfalt" erstreckt sich auf die Fachrichtungen. Das Spektrum reicht vom **Generalisten** – weniger freundlich „Feld-, Wald und Wiesenanwalt" genannt – bis zum hochspezialisierten **Experten** eines Fachgebiets. Angesichts der in den letzten Jahrzehnten enorm gestiegenen Komplexität des Rechts, man denke nur an die Normenflut, die uns aus Brüssel erreicht, ist der Weg in die Spezialisierung sicherlich unumkehrbar und richtig. Doch wie alles ist auch dies eine Frage des Maßes: Der Grat zwischen Expertentum und Fachidiotentum kann schmal sein. Gewissermaßen offiziell wird die Artenvielfalt durch die Fachanwaltstitel geprägt. § 1 der Fachanwaltsordnung sieht mittlerweile 20 verschiedene Fachanwaltsbezeichnungen vor. Hier ist m. E. die Grenze längst erreicht – ob es den „Fachanwalt für Informationstechnologierecht" wirklich gebraucht hätte?

Eine Top-Wirtschaftskanzlei sollte alle Gebiete des Wirtschaftsrechts abdecken. Dazu gehören neben **M&A, Gesellschaftsrecht** und **Arbeitsrecht** selbstverständlich **Kartellrecht** und **gewerblicher Rechtsschutz**. Anwälte, die sich damit beschäftigen, haben – im Unterschied zum Arbeitsrechtler – mit vergleichsweise wenig Paragrafen zu tun, zugegebenermaßen mit relativ komplexen Sachverhalten. Auch auf **Öffentlichrechtler** kann nicht verzichtet werden. Sie sind zu bedauern, weil sie sich immer wieder durch meterdicke Akten wühlen müssen. Dementsprechend lang sind ihre Schriftsätze und Gutachten, häufig mehrere 100 Seiten, in denen die Argumente „abgewogen" werden. Schließlich sind die **Steuerrechtler** nicht zu vergessen. In einem ähneln sie Arbeitsrechtlern sehr: Verlässliche Auskünfte gibt es kaum! Das hat nichts mit ihrem Sachverstand zu tun, sondern ist der Natur der Sache geschuldet. **Strafverteidiger** sind dagegen in größeren Wirtschaftskanzleien eher selten vertreten. Die namhaftesten Vertreter dieser Zunft sind in kleineren, spezialisierten Kanzleien vorzufinden. Das gilt auch für Verteidiger, die ausschließlich in Wirtschaftsstrafsachen unterwegs sind. Ob mir ihre Tätigkeit gefallen hätte, wenn meine Karriere anders verlaufen wäre? Eine gewisse Abneigung habe ich gegen Verfahren, die sich über lange Zeit hinziehen und vor allem gespickt sind mit unzähligen Gerichtsterminen. Wie man dann noch Herr über seinen Kalender sein kann, ist mir ein Rätsel. Natürlich muss es auch Verteidiger in „klassischen Strafsachen" geben, also für Mörder, Vergewaltiger, Betrüger usw. In solchen Fällen hätte ich ein Problem mit meinem Gewissen: Ich weiß nicht, ob ich auf Freispruch plädieren könnte, wenn ich von der Schuld des kriminellen Mandanten überzeugt wäre.

So wie Strafrechtler sind auch **Familienrechtler** in Wirtschaftskanzleien selten vorzufinden. Selbst wenn sich Vorstandsmitglieder oder Gesellschafter einer Mandantin in bitteren Rosenkriegen befinden und es sich um durchaus finanziell attraktive Mandate handelt, werden diese von ausschließlichen Wirtschaftskanzleien kaum übernommen. Jedenfalls nicht von *Gleiss Lutz*-Anwälten. Das ist keine Geringschätzung, sondern beruht ausschließlich auf einer unternehmerischen Entscheidung.

In allen Rechtsgebieten, in denen größere Wirtschaftskanzleien zuhause sind, sind regelmäßig mehrere Anwälte gemeinsam in Teams unterwegs. Nach Meinung von *Barth*[5] sollte aber eher – wohl im Hinblick auf die M&A-Truppen gemeint – von **„Rudelbildung"** als von Teambildung die Rede sein. Von solchen Euphemismen solle man sich nicht blenden lassen. Letztlich greife auch hier die „brutale Hackordnung der Alphamännchen".

Zu den Anwälten gehören aber auch die **Syndizi** der Wirtschaft. Wenn man in den 50er Jahren von einer Schule in eine andere wechselte, war es üblich, am ersten Tag vor versammelter Mannschaft vom Klassenlehrer gefragt zu werden: „Wie heißt Du? Was macht Dein Vater?" So ist es auch mir passiert, als ich ein kleiner Knirps war. Schon die Antwort – *Jobst-Hubertus* – auf die erste Frage löste Gelächter und Spott aus (Hallo, *Obst*! Bist Du Jäger?). Noch mehr Spott musste ich allerdings ertragen, als ich auf die zweite Frage das antwortete, was mir mein Vater mit auf den Weg gegeben hatte, ich also sagte: „Mein Vater ist Syndikus." Da tönte es von den hinteren Rängen: „Sein Vater sündigt!" Selbst der Klassenlehrer wusste mit „Syndikus" nichts anzufangen. Als ich das meinem Vater berichtete, riet er mir, im Falle weiterer nötiger Schulwechsel den Begriff „Justitiar" statt Syndikus zu verwenden. Das klang schon wesentlich besser, obwohl ich die Bedeutung dieses Begriffs (zunächst) auch nur rudimentär verstand.

Syndikus-Anwälten wird nachgesagt, sie seien „die eilfertigen Erfüllungsgehilfen ihres Dienstherren, die ihm am besten nach dem Munde reden" oder „sie [seien] die Bremser vom Dienst, die ewigen **Bedenkenträger**, die die schönsten unternehmerischen Aktionen mit Mehltau versehen".[6] Ihnen wird auch vorgehalten, nur Kosten zu verursachen, aber keine Umsätze zu erwirtschaften.[7] Andererseits wird ihnen viel abverlangt. So gibt es Vorstandsvorsitzende großer Aktiengesellschaften, die von ihren Unternehmenssyndizi erwarten, „sieben Tage pro Woche 24 Stunden lang erreichbar zu sein – egal, ob sie gerade im Büro sitzen".[8] Und vor allem dürfen sie nicht nur „Nein" zu einem Projekt sagen, sondern müssen klar und verständlich aufzeigen, wie es rechtlich zulässig verwirklicht werden kann.

In Wahrheit sind Unternehmenssyndizi also **Prozessvermeider** und in heutigen Compliance-Zeiten nahezu unerlässlich. Außerdem arbeiten sie in der Regel und von Fall zu Fall mit unabhängigen Anwälten vertrauensvoll zum Wohl ihrer Arbeitgeber zusammen. Dennoch ist es nach wie vor so, dass Hausjuristen im eigenen Hause gelegentlich einen schweren Stand haben. Der Grund ist die Kompliziertheit des deutschen Rechtssystems mit einer Rechtsprechung, die für Normalsterbliche kaum nachvollziehbar ist.

Wenn Unternehmensjuristen also intern eine sachlich richtige Rechtsauskunft geben, klingen die Ergebnisse eben oft absurd. Selbst die Tatsache, dass leitende Angestellte generell Kündigungsschutz genießen, stößt bei vielen Vorständen auf wenig Verständnis. Für deutsche Unternehmen ausländischer Muttergesellschaften gelten die Vorbehalte gegenüber den deutschen Eigentümlichkeiten umso mehr. Gerade Schweizer, Amerikaner oder Engländer sind bei derlei arbeitsrechtsrechtlichen Spielregeln skeptisch gegenüber den Auskünften ihrer Hausjuristen. Oft wollen sie auch eine **Expertenmeinung**. Und natürlich gibt es auch die Situation, dass sich die Hausjuristen nicht sicher sind. Je kleiner eine Rechtsabteilung ist, desto weniger Spezialisten. Dann müssen spezialisierte Anwälte erst recht eingeschaltet werden. All diese Umstände bringen freiberuflichen Anwälten gutes Geschäft. Dabei ist zuzugeben, dass sich viele Stellungnahmen – jedenfalls meine – kaum von denen hauseigener Juristen unterscheiden.

Alle Anwälte verbindet die **Liebe** zu ihrem Beruf. Aber auch sonst huldigen sie der Liebe nicht mehr oder weniger als andere Menschen. Deshalb ist an der sarkastischen Erkenntnis von *Woody Allen* in seinem Film „Die letzte Nacht des *Boris Gruschenko*" (englischer Titel: „Love and Death") aus dem Jahr 1975 natürlich zu widersprechen, dass es „homosexuelle Menschen, heterosexuelle Menschen und solche Menschen gibt, die gar nicht an Sex dächten, sondern Rechtsanwälte würden".[8a]

Welches **Fazit** ist aus dieser Artenvielfalt zu schließen? Vielleicht so:

> „Der Anwalt in seiner Vielfalt – viel zu perfekt, um rein aus Versuch und Irrtum entstanden zu sein. Vergesst *Darwin*. Am Anfang schuf Gott den Anwalt."[9]

II. Rechtsanwältinnen

Rechtsanwältinnen und Juristinnen insgesamt werden von der männlichen Konkurrenz gelegentlich immer noch misstrauisch beäugt. Ab und zu sind despektierliche Äußerungen dahingehend zu vernehmen, dass Frauen ihrem Naturell nach „viel vermittelnder, fürsorglicher und ausgleichender" seien als Männer. Deshalb sollten sich Rechtsanwältinnen, Richterinnen und auch sonstige Juristinnen doch am liebsten den Rechtsfeldern widmen, die sie von zuhause gewöhnt seien: **Familie, Jugend**[10] **und Arbeit**. Das wird weder den Anwältinnen noch den angesprochenen Rechtsgebieten gerecht.

Es handelt sich nur um **Vorurteile**. Auch Juristinnen und insbesondere Rechtsanwältinnen können so wie ihre Kollegen Rechthaberinnen sein. Und: „Sie sind nicht nur mit der seit Urzeiten streitfähigen, aber ohne Ansehen der Person wägenden Justitia verwandt, sondern zeigen es den Männern zutreffend, wie man/frau das Gesetz mit weiblichen und männlichen Anteilen, mit Verstand und Herz ganzheitlich auslegen kann."[11]

Auch Anwältinnen wollen in ihrem Beruf erfolgreich sein und die Möglichkeit haben, Karriere zu machen, ohne dabei auf **Familie und Kinder** zu verzichten. Die Arbeitsgemeinschaft Anwältinnen im Deutschen Anwaltverein hat dokumentiert, wie gut Kinder und die Tätigkeit als Anwältin funktionieren können.[12] Vor allem in Großkanzleien sind Anwältinnen als Partnerinnen allerdings nach wie vor unterrepräsentiert. Es fehlt teilweise – nicht so bei *Gleiss Lutz* – an attraktiven Teilzeitangeboten.

Dennoch verhehle ich nicht, dass es geradezu eine **Kunst** sein kann, Anwältin zu sein, nämlich dann, wenn die Anwältin alleinerziehende Mutter ist oder sich ihr „Macho-Ehemann" nicht im Geringsten um die Versorgung der Kinder und den Haushalt kümmert. Mit dem Thema „Die Kunst, Anwältin zu sein" hat Rechtsanwalt *Árpád Farkas*[12a] aus Eschweiler am Redewettstreit des 63. Deutschen Anwaltstags in München teilgenommen. Seine bemerkenswerte Rede, die am 15. 6. 2012 mit dem zweiten Preis belohnt wurde, endete so:

> „Fühlen auch Sie sich von Themen wie ‚Die Kunst, Anwältin zu sein' eher herausgefordert, provoziert, entnervt? Reagieren auch Sie trotzig, wenn es schon wieder um die Ungleichbehandlung von Anwältinnen und die Unvereinbarkeit von Familie und Anwaltsberuf geht? Wenn ja, dann lade ich Sie ein, mit mir zusammen hieran etwas zu ändern.
>
> Lassen Sie uns endlich in die Diskussion eintreten, damit sich endlich etwas ändert. Damit wir endlich Anwältinnen und Anwälte gleichermaßen, in Ruhe unseren Anwaltstag besuchen können. Damit wir alle gemeinsam endlich – gleich aus welcher Motivation – in das fünfte und letzte Stadium gelangen: Die Gleichheit."

Das ist ein **anspruchsvolles**, aber durchaus berechtigtes **Ziel**.

III. Junganwälte

Zu reden ist aber nicht nur über gestandene Anwälte, sondern auch den Anwalts-Nachwuchs. **Ausbildung** und Noten sind das eine, **Persönlichkeit** das andere. Defizite gibt es gelegentlich bei männlichen Bewerbern, die in eine größere Wirtschaftskanzlei streben. Ihre guten Examensnoten, eine vorzugsweise in den USA absolvierte Zusatzausbildung und eine (bevorstehende) Promotion können dazu führen, dass sie vor Kraft nur so strotzen. Da kann es in der Tat passieren, dass sich der Harvard-Law-School-Absolvent gleich „im ersten Vorstellungsgespräch nach seinem Tiefgaragenstellplatz erkundigt – und überrascht, ja verstört – auf das Ablehnungsschreiben reagiert".[13] Nichts gegen gesundes Selbstvertrauen. Dem einen oder anderen jungen Anwalt, nicht so sehr jungen Anwältinnen, muss allerdings immer wieder beigebracht werden, dass die Tätigkeit in einer erfolgreichen größeren Wirtschaftskanzlei kein Grund dafür ist, sich für etwas Besseres zu halten.

Als ich im Sommer 1975 meine Anwaltstätigkeit bei *Gleiss Lutz* in Stuttgart aufnahm, zeichnete ich mich dagegen durch große **Unsicherheit** aus. In bleibender Erinnerung ist mir einer meiner ersten Gerichtstermine beim Landgericht Stuttgart, den ich anstelle eines älteren Anwalts unseres Büros in einem Zivilprozess wahrnehmen musste. Drei Vertreter unserer Mandantin und zusätzliche drei oder vier Zeugen in meinem Gefolge. Der Vorsitzende Richter eröffnete die Sitzung mit der an mich gerichteten Frage: „Herr Rechtsanwalt, wen haben Sie denn mitgebracht?" Peinliches Schweigen von meiner Seite. Vor Aufregung konnte ich keinen Namen nennen. Was die Mandanten von mir und unserem Büro gedacht haben mögen, weiß ich nicht mehr. Wahrscheinlich nichts Gutes! Diese Erfahrung war für mich Anlass, bis heute in jeden gerichtlichen oder außergerichtlichen Termin mit einem Blatt Papier zu gehen, auf dem die beteiligten Personen vermerkt sind.

Das Einkommen von – auch jungen – Anwälten ist höchst unterschiedlich. Der eine oder andere muss förmlich um sein Überleben kämpfen (s. S. 130). Andererseits ist es kein Geheimnis, dass Junganwälte in größeren Wirtschaftskanzleien teilweise Jahreseinstiegsgehälter von über Euro 100.000,– erhalten. Das hat natürlich auch seinen **Preis**. Und der heißt: Sehr viel Arbeit! Auf Grund des hohen Gehalts ist dieser Nachwuchs regelmäßig verpflichtet, lange Arbeitszeiten in Kauf zu nehmen, und zwar ohne Gegenleistung in Form etwaiger zusätzlicher Überstundenvergütung. Wird ein solcher Junganwalt dann nicht Partner, kann er leicht der Versuchung unterliegen, sich seinen Abgang aus der Kanzlei „versüßen" zu lassen. So kam es in Berlin zu einem Verfahren eines noch relativ jungen Anwalts mit einem Jahreseinkommen von ca. Euro 88.000,–. In seinem Arbeitsvertrag hieß es unter § 3 III „Vergütung":

„Durch die zu zahlende Bruttovergütung ist eine etwaig notwendig werdende Über- oder Mehrarbeit abgegolten."

Das Landesarbeitsgericht Berlin-Brandenburg[14] hielt diese Klausel für unwirksam und sprach dem klagenden Anwalt noch eine Überstundenvergütung für die Zeit vom 16.10.2006 bis 30.9.2008 in Höhe von Euro 30.229,12 zu. Diese Entscheidung animierte eine Berliner Zwei-Mann-Kanzlei im Sommer 2011 dazu, „**Werbebriefe**" an hunderte Junganwälte in Großkanzleien zu verschicken. In dem Schreiben hieß es u. a.:

„Selbstverständlich haben Sie gegenüber Ihrer Kanzlei Anspruch auf Vergütung von Überstunden, die das vertraglich vereinbarte Stundenkontingent überschreiben, sogar dann, wenn – wie so oft – im Arbeitsvertrag steht, dass mit dem Gehalt ‚alle Überstunden bzw. Mehrarbeit abgegolten' sein sollen. Eine solche Klausel ist nach den §§ 305 ff. BGB unwirksam; es ‚lohnt' sich also im wahrsten Sinne des Wortes, Überstunden gegenüber dem Arbeitgeber geltend zu machen (...). Selbstverständlich helfen wir Ihnen als kompetenter arbeitsrechtlicher Partner an Ihrer Seite bei der bundesweiten Durchsetzung Ihrer berechtigten Ansprüche (...) und freuen uns auf Ihre Kontaktaufnahme unter der o. g. Anschrift."

Diesem „innovativen", aber mit einem „Geschmäckle" (leider gelten die früheren Standesregeln nicht mehr!) behaftete **Geschäftsmodell**, hat das Bundesarbeitsgericht[15] Gott sei Dank und völlig zu Recht die Grundlage entzogen. Richtig ist, dass eine Klausel nur dann den Anforderungen von § 307 I 2 BGB genügt, wenn der Umfang der zu leistenden Überstunden bestimmt oder bestimmbar ist. Auch wenn eine Abgeltungsklausel deshalb intransparent ist, führt das nicht automatisch zur ersehnten Überstundenvergütung.

Es kommt nämlich nach § 612 BGB darauf an, ob ein Arbeitnehmer für die Mehrarbeit eine zusätzliche Vergütung erwarten darf. Die **Vergütungserwartung** ist anhand eines objektiven Maßstabs unter Berücksichtigung der Verkehrssitte, der Art, des Umfangs und der Dauer der Dienstleistung und der Stellung der Beteiligten zueinander festzustellen, ohne dass es auf deren persönliche Meinung ankäme. Top-verdienende Associates können eine solche Vergütungserwartung nicht haben und da es sich bei den meisten von ihnen um vernünftige Menschen handelt, haben sie in der Regel eine solche Erwartung auch nicht.

IV. Ruf

Der Ruf der Anwaltschaft ist von jeher **nicht der beste**. In einem arabischen Sprichwort heißt es: „Der Anwalt ist nur das Kamel, auf dem der Geschäftsmann durch die Wüste reitet."[16] Preußens Soldatenkönig *Friedrich Wilhelm I.* hat sich am 15.12.1726 noch viel despektierlicher geäußert, indem er folgende Kabinettsorder[17] erließ:

„Wir ordnen und befehlen hiermit allen Ernstes, dass die Advocati wollene schwarze Mäntel[18], welche bis unter das Knie gehen, unserer Verordnung gemäß zu tragen haben, damit man diese Spitzbuben[19] schon von weitem erkennen und sich vor ihnen hüten kann."

Noch sehr viel härter verfuhr jedoch der **Preußenkönig** *Friedrich II., der Große*, mit der Anwaltschaft. Seine Verachtung für juristische „Ficfacquereyen" geht auf einen Prozess zurück, der seinen Unmut hervorgerufen hatte. So kam es zu einer Justizreform „ganz eigener Art, die das bis dahin gültige System der organisierten Anwaltschaft in den Grundfesten erschütterte und durch königliche Kabinettsorder von 1780 auf ein völlig neues Plateau stellte".[20]

„Es ist wider die Natur der Sache, daß die Partheyen mit ihren Klagen und Beschwerden von dem Richter nicht selbst gehört werden, sondern ihre Nothdurft durch gedungene Advokaten vorstellen sollen. Diesen Advokaten ist sehr daran gelegen, dass die Prozesse vervielfältigt und in die Länge gezogen werden; denn davon dependiert ihr Verdienst und ihr ganzes Wohl."[21]

Und auch heute lästern Laien nach wie vor über „Wortverdreher"
und „Winkeladvokaten", „Streithammel" und „Paragrafenreiter".
Dazu passen die Sprichwörter: „Der beste Advokat, der schlimmste
Nachbar", „Ein Advokat und ein Wagenrad wollen geschmiert sein",
„Jedes Ding hat zwei Seiten. Mit Rechtsanwalt drei"[22] und „Das
Gute ist immer in der Mitte, sagt der Teufel, und setzt sich zwischen zwei Rechtsanwälte." Schon eher akzeptabel ist allerdings:
„Die Linie, die zwischen Gut und Böse steht, das ist der Strich, auf
dem der Anwalt geht."[23] In diesen „**Schmähworten**" schwingt m. E.
stets augenzwinkernde Anerkennung mit, stehen sie doch zugleich
für Eigenschaften wie Durchsetzungsvermögen, Eloquenz und tak-
tisches Geschick. Von unvollkommenen Menschen notwendigerweise nur unvollkommen geschaffene Gesetze brauchen „§§-Bändi-
ger, die ihre Möglichkeiten testen" und „mit Phantasie und Ausdauer
Lösungen finden".[24] Gesetze sind Spinnweben, die die kleinen Fliegen fangen, aber die großen gehen durch sie hindurch.[25] Die Funktion großer Fliegen, besser noch Bremsen, übernehmen Anwälte.
Allerdings sollten diese auch nur Mandate annehmen, denen sie ge-
wachsen sind. Dann wird auch ein vernünftiger Mandant das Motto
beherzigen: „Ohne meinen Anwalt sage ich gar nichts"!

Gelegentlich reagieren Anwälte allerdings mimosenhaft, wenn
sie mit „Schmähworten" belegt werden, insbesondere wenn das
durch Berufskollegen geschieht. So hat das Landgericht Köln[26] einem Anwalt verboten, seinen anwaltlichen Gegenspieler als „**Winkeladvokaten**" zu bezeichnen. Historisch gesehen sei das jemand,
der ohne Ausbildung zum Rechtsanwalt Rechtsrat erteile. Heute
werde darunter jedoch eine Person verstanden, die entweder intel-
lektuell unfähig sei, ihren Beruf zuverlässig und den Regeln des
juristischen Handwerks entsprechend auszuüben, oder die diesen in
einer mit Moral und Gesetz in Konflikt stehenden Art und Weise
ausführe. Die Äußerung stelle deshalb Schmähkritik dar und sei
daher **nicht von** der **Meinungsfreiheit gedeckt**.

Auch in **eigenen Sachen** erweisen sich Anwälte gelegentlich als
„Streithammel". Zu haarigen Auseinandersetzungen kann es vor
allem kommen, wenn die Partnerschaft ohne Einhaltung der an
und für sich geltenden ordentlichen Frist aufgekündigt wird. Dann
wird schon mal mit harten Bandagen gekämpft.[27] Das kann sogar
so weit gehen, dass der Ausschluss eines Partners oder einer Part-
nergruppe – wie eine Entscheidung des Landgerichts Halle[28] zeigt

– erpresst werden soll. Der Namensgründer einer größeren West-Ost-Arbeitsrechtskanzlei drohte zur Durchsetzung seiner Ziele, u. a. der Berichtigung eines aus seiner Sicht nicht ordnungsgemäßen Protokolls einer Gesellschafterversammlung, einem Ost-Partner mit E-Mail vom 18.10.2004 u. a. mit folgenden Worten:

> „Vielleicht ist es auch mal eine gute Gelegenheit für Sie, an Ihrer mangelnden Aufrichtigkeit zu trainieren. Sollte dies Ihnen nicht gelingen, stelle ich Ihrer Frau den mir vorliegenden E-Mail-Verkehr zwischen Ihnen und Frau ... zur Verfügung. Vielleicht hilft das."

Dem angesprochenen E-Mail-Verkehr zwischen dem angefeindeten Partner und Frau ..., einer angestellten Rechtsanwältin in der Niederlassung Dresden, insbesondere einer von Frau ... . an den Ost-Partner gerichteten E-Mail vom 5.1.2004, glaubte der Namenspartner entnehmen zu können, dass der Ost-Partner ein **außereheliches Verhältnis** unterhielt. Die E-Mail war allen Partnern zugänglich gemacht worden.

Der des Ehebruchs verdächtigte Partner verlangte daraufhin eine **Entschuldigung.** Statt das zu tun, wiederholte der Namenspartner jedoch mit E-Mail vom 22.10.2004 seine Aufforderung zur Protokollberichtigung:

> „Bislang liegt mir noch kein geändertes Protokoll der Gesellschafterversammlung vor. Sie wissen, was Sie zu tun haben. Ich lasse Protokollfälschungen generell nicht durchgehen. In einer Kanzlei, die meinen Namen trägt, wird es keine gefälschten Protokolle geben.
> Wenn mir das geänderte Protokoll nicht bis Montag, den 18.10.2004 [*Anm.: Gemeint war wohl der 25.10.2004*] um 12.00 Uhr vorliegt, wissen Sie, welche pädagogischen Maßnahmen ich ergreifen werde."

Nachdem der Namenspartner mit der **Drohung** nicht weiter kam, brachte er der Ehefrau des Ost-Partners am 28.10.2004 die E-Mail vom 5.1.2004 mit folgendem handschriftlichen Vermerk zur Kenntnis:

> „Sie sollen wissen, warum ich darauf bestehe, dass Ihr Mann die Kanzlei verlässt. Anliegenden E-Mail-Ausdruck gebe ich Ihnen zur Kenntnis."

Über dieses Verhalten des Namenspartners der Anwaltssozietät **empörte** sich das Landgericht Halle zu Recht. In Rdnr. 96 des Urteils heißt es:

„Der Kläger hat versucht, den Beklagten zu 7 mit der wiederholten Drohung, sein angeblich intimes Verhältnis mit einer angestellten Rechtsanwältin seiner Ehefrau gegenüber zu offenbaren, zu einer Protokollberichtigung zu nötigen. Dabei mag die von dem Kläger zu 1 begehrte Abänderung des Protokolls den Verlauf der Gesellschafterversammlung tatsächlich genauer darstellen und das von dem Beklagten zu 7 gefertigte Protokoll im Detail von der Wahrnehmung des Klägers zu 1 über den Verlauf der Gesellschafterversammlung abweichen, wie es dem Kläger zu 1 auch zugebilligt werden soll, dass es ihm ein wirklich ernst gemeintes und von der Mehrheit der Partner geteiltes moralisches Anliegen ist, dass in einer Anwaltssozietät, die seinen Namen trägt, außereheliche Verhältnisse der Partner grundsätzlich nicht geduldet werden. Dennoch muss sich der Kläger, abgesehen von dem an Geschmacklosigkeit kaum noch zu überbietenden Verhalten gegenüber der Ehefrau des Beklagten zu 7 vorwerfen lassen, hier zwei Dinge, die an sich nichts miteinander zu tun hatten, in gänzlich sachfremder und unangemessener Weise verknüpft und in der sozietäts-internen Auseinandersetzung instrumentalisiert zu haben, worauf die Kammer bereits im einstweiligen Verfügungsverfahren (...) hingewiesen hat."

Wow! Was für eine Klatsche! So etwas geht in der Tat nicht. Aber natürlich ist ein solches Verhalten unter Partnern eher selten. Anwälte sind überwiegend ehrenwerte Personen. Ihr **Ansehen** müsste eigentlich noch größer sein als das ihrer Kollegen auf der Richterbank. Denn Anwälte müssen ihr Geschäft verstehen – und zwar besser als Richter. Denn während ein Richter kaum je für ein Fehlurteil zur Verantwortung gezogen werden kann, haftet der Anwalt, der ein einschlägiges Urteil übersieht, eine Fachzeitschrift nicht gelesen oder eine Verjährungsfrist nicht beachtet hat. Mit der Milde der Richterkollegen kann er nicht rechnen, denn die Rechtsprechung zur Anwaltshaftung ist ziemlich rigide.

V. Honorar

Die richtigen Schlussfolgerungen daraus können mit der von *Wilhelm Busch*[29] verfassten Sentenz gezogen werden: „Der Rechtsanwalt ist hochverehrlich, obwohl die Kosten oft beschwerlich." Auch gilt, dass **guter Rat teuer ist** – aber immer noch viel billiger als schlechter. Dass es sich bei der Anwaltstätigkeit um etwas Besonderes handelt, wird auch dadurch klar, dass sie nicht nur zu „vergüten", nein zu „honorieren" ist. Das Wort kommt von „honos", Ehre. Vor allem erfolgreiche – z.B. Prozesse gewinnende – Anwälte sind beliebt. Aber auch der beste Prozessanwalt, zumal im Arbeitsrecht auf Arbeitgeberseite, muss viele Niederlagen einstecken. Das kann dazu führen, dass die Freude des Mandanten, das Honorar bezahlen zu müssen, merklich schwindet. Erfahrene Anwälte raten deshalb nicht zu Unrecht, das „Honorar einzuziehen, solange die Tränen noch fließen." Ein renommierter amerikanischer Kollege soll einmal gesagt haben: „Sie ahnen nicht, wie viele berühmte Klienten mich um mein Honorar betrogen haben, das sie mir hoch und heilig zugesagt hatten, als sie noch in Schwierigkeiten waren."[30]

Glaubt man allerdings den bekannten **Zeichnungen** von *Honoré Daumier*, die der eine oder andere Anwalt durchaus in Verkennung seiner Lage sogar noch in seiner Kanzlei als Wandschmuck benutzt, so soll „gegenüber dem Advokaten mit seiner durchtriebengroßstädterischen Blutsaugerei ein durchschnittlicher transsylvanischer Vampir nur ein harmloser Joghurttrinker" sein.[31]

Die Mandanten sollten sich allerdings hüten, bei der Honorierung ihres Anwalts zu knauserig zu sein. Sonst könnte der Anwalt auf die Frage, weshalb er nur so kurz plädiert habe, mit den Worten zu vernehmen sein: **„Wenig Kohle, wenig Worte."**

VI. Vielredner, Vielschreiber

Ansonsten gehören Anwälte berufsbedingt eher zu den Vielrednern. Diese, also Politiker, Lehrer und Rechtsanwälte, haben angeblich den stärksten **Mundgeruch**. Die Ursache: Sie reden zuviel. „Ihr Mund trocknet beim Sprechen aus und dann ist nicht mehr genug Speichel da, um die Bakterien wegzuspülen", hat *Mel Rosen-*

berg, Professor für Mikrobiologie, erläutert.[32] „Gleichzeitig wird der Mund durch die Bewegungen der Zunge durchlüftet und die Gase gelangen nach draußen." Deshalb ist jedem Anwalt zu empfehlen, stets genügend Gegenmittel, wie starke Pfefferminzbonbons, bei sich zu haben.

Anwälte sind aber natürlich nicht nur Vielredner (gelegentlich auch Vielschwätzer), sondern auch Vielschreiber. Dabei sollten sie sich der Mühe unterziehen, die deutsche Sprache nicht zu „verhunzen". Insoweit bin ich bei *Alfred Gleiss*, dem Gründer der Sozietät *Gleiss Lutz*, in eine harte Schule gegangen. Er war nicht nur ein überaus renommierter Kartellrechtsanwalt, sondern auch **Sprachfetischist**. Zu seinem Hobby gehörte es, Schreiben Dritter und Publikationen jeglicher Art sprachlich zu korrigieren. Auch ausufernde Erzählungen, die vor Wiederholungen nur so strotzten, unterbrach er gerne mit dem kurzen Hinweis: „Sie sagten es."

Gleiss sammelte unaufhörlich Beispiele für schlechtes Deutsch. Diese wurden auch literarisch verarbeitet.[33] Maßlos aufregen konnte er sich über typisches Anwaltsdeutsch, wenn z. B. ein junger Anfänger des Büros etwa formulierte:

„Herrn Rechtsanwalt ...

....

Betreff: *Fa. Müller / Schulze*
Bezug: Ihr Schreiben vom

Sehr geehrter Herr Kollege,

in obiger Sache teilen wir Ihnen mit:

Ihren Ausführungen vom ... stimmen wir nicht zu. ...

gez. *Jobst-Hubertus Bauer*"

Prompt kam der Hinweis, die Worte „in obiger Sache" seien total überflüssig. Die **„obige Sache"** sei doch oben erwähnt! Und auch, dass ich etwas mitzuteilen habe, müsse nicht betont werden, sondern folge aus dem nachfolgenden Text. Also müsse es schlicht heißen:

„Sehr geehrter Herr Kollege,

wir stimmen nicht zu. ...

gez. *Jobst-Hubertus Bauer*"

Das alles leuchtete mir und meinen Kollegen durchaus ein. Zu weit ging es allerdings, wenn *Gleiss*, der in seinen letzten Jahren zum **Notar** avanciert war, beim Verlesen einer Urkunde durch den Notarvertreter nur sprachliche Verbesserungsvorschläge unterbreitete und ihm der Notarvertreter sagen musste:

> „Herr *Gleiss*, bei diesem zitierten Text handelt es sich, um den Gesetzestext. Den müssen wir – auch wenn er sprachlich unschön ist – leider akzeptieren!"

Viele Schriftsätze von Anwälten zeichnen sich auch durch **maßlose Übertreibungen** aus („Offensichtlich unbegründet", „Total abwegig" usw.). Dadurch wird die eigene Argumentation eher geschwächt. Aber auch Grundregeln der Grammatik sollten beherrscht werden. Sonst kann es passieren, dass ein hämischer Kollege das (angeblich) mangelhafte Deutsch in dem von seinem Gegner aufgesetzten Vertrag in einem Prozess rügt. Reagiert dann der angegriffene Verfasser theatralisch: „Schließlich beherrsche ich ja meine Muttersprache!", kann das zum „Blattschuss" durch das Gericht oder den Gegenanwalt führen:

> „Die juristischen Fassungen Ihres Vertrages sind unhaltbar und stilistisch ist das keine Mutter-, höchstens Stiefmuttersprache!."[34]

Der eine oder andere Jurist, also auch Anwalt, entwickelt im Laufe seiner Karriere eine gewisse Neigung, sich auch fachlich mitteilen zu müssen. Zu dieser Spezies gehöre auch ich. Und wer relativ viel von sich gibt, muss sich dann schon mal gelegentlich die Frage gefallen lassen, ob man an einem „Tintentripper" leide. So ganz uneigennützig ist das **Publizieren** natürlich nicht. Bei mir hat es mit der Erkenntnis begonnen, sich auf diesem Weg (vielleicht) einen Namen machen zu können. Und so habe ich nach der Schließung eines Nudelbetriebs 1978 die Idee gehabt, meine Erfahrungen, die ich dabei gesammelt hatte, niederzuschreiben. Es entstand der Beitrag „Probleme der Stilllegung von Betrieben und Betriebsteilen".[35] Es war eine mühsame Co-Produktion und der einzige Aufsatz, bei dem ich erst an zweiter Stelle genannt wurde. An erster Stelle stand einer der für mich verantwortlichen Partner von *Gleiss Lutz Hootz Hirsch & Partner* (so hieß die Firma damals noch), nämlich *Klaus-Peter Dolde*. Von ihm habe ich das Manuskript sicherlich achtmal

E. Anwaltschaft

korrigiert zurückbekommen, bevor es veröffentlichungsreif war.
Eine wahrhaft **harte Schule!** Aber dabei habe ich enorm viel gelernt und weil die Koproduktion so anstrengend war, habe ich es
wahrscheinlich geschätzt, danach nur noch Beiträge ohne „Tutor"
zu verfassen oder jedenfalls federführend mitzuwirken.
Nach und nach hat sich dann das Publizieren zu einer Art
Hobby entwickelt. Zunehmend weniger Spaß macht es mir allerdings, **Fachbücher** zu verfassen. Der 20. Kommentar zum Kündigungsschutz reißt kaum noch jemanden vom Hocker. Und so habe
ich mich darauf verlegt, vorzugsweise unter Berücksichtigung des
Mottos von *Werner Flume* „Getretener Quark macht breit, nicht
stark" relativ **kurze** und hoffentlich **prägnante Beiträge** zu aktuel-
len arbeitsrechtlichen Themen zu verfassen oder daran mitzuwirken, sei es in Fachzeitschriften oder Zeitungen. Nachdem mir bei
Gleiss Lutz die ersten arbeitsrechtlichen Mitarbeiter zugestanden
wurden, war und ist es mein Ziel, diese in den Markt einzuführen
und die „*Gleiss Lutz*-Arbeitsrechtstruppe" durch **Koproduktionen**
zu stärken. Dabei ist es nicht so, dass ich mich nur um den Titel
und die Frage, wo veröffentlicht werden soll, kümmere. Auch der
Inhalt wird manchmal – wie von *Dolde* gelernt – bis ins letzte Detail mitbestimmt. Dass bei solchen Publikationen mein **Name** stets
an erster Stelle steht, hat nicht so sehr mit dem Anfangsbuchsta-
ben meines Nachnamens zu tun, sondern mit dem Motto des
hochverehrten Alt-Oberbürgermeisters Stuttgarts, *Manfred Rom-
mel*, „Ehret die Alten, bevor sie erkalten". Nur einmal habe ich ge-
zuckt, ob die Regel nicht eine Ausnahme verlangt. Zusammen mit
Maren Rennpferdt, heute Vorsitzende Richterin am Landesarbeitsgericht Hessen, habe ich 1994 und 1997 in der AR-Blattei[36] Beiträge zum Thema „Kündigungsfristen" verfasst. Wäre es nicht ein
wunderbarer „**Gag**" gewesen, diese unter „*Rennpferdt/Bauer*" erscheinen zu lassen?

VII. Auftreten

Beim Anfertigen von Schreiben, von Schriftsätzen sowie im Auftreten bei (außer-)gericht-lichen Verhandlungen wird ein professi-
oneller Anwalt daran denken, dass es sich meist nicht lohnt, unnö-
tig „**Porzellan zu zerschlagen**".

Das gilt generell, also auch und gerade für arbeitsrechtliche Auseinandersetzungen. Gefährlich wird es dann, wenn in einer Kündigungsschutzsache der Anwalt des Arbeitnehmers den Auftrag hat, unter allen Umständen eine Weiterbeschäftigung zu erreichen. Dann besteht für den Anwalt besonderer Grund, **sachlich vorzutragen**. Argumentiert er dennoch polemisch, kann es sich für den Arbeitgeber und seinen Anwalt empfehlen, den Arbeitnehmer während der Verhandlung zu fragen, ob er sich den Ausführungen seines Anwalts anschließt. Bejaht dies der Arbeitnehmer – was regelmäßig der Fall ist – so steigen die Chancen enorm, wenigstens mit Hilfe eines Auflösungsantrags nach §§ 9, 10 KSchG eine Beendigung des Arbeitsverhältnisses zu erreichen. Stellt sich das Ganze als strafbare Beleidigung dar, ist sogar ein noch heftigerer Konter in Form einer fristlosen Kündigung denkbar. Das habe ich einmal äußerst effektiv in einer mündlichen Kammerverhandlung praktiziert. Der unmögliche Schriftsatz des Gegners war mir eine Woche zuvor zugestellt worden. Den Betriebsrat hörte meine Mandantin daraufhin an. Und als der betroffene Arbeitnehmer in der Verhandlung meinte, der Schriftsatz seines Anwalts sei selbstverständlich mit ihm abgesprochen und er stehe hinter jedem Wort, überreichte ich der Gegenseite die vorbereitete schriftliche fristlose Kündigung mit Kopie für das Gericht. Die Verhandlung wurde für fünf Minuten unterbrochen. Danach erklärte der Vorsitzende, das Blatt habe sich total gewendet; die Kammer habe für die fristlose Kündigung großes Verständnis und gehe von deren Wirksamkeit aus. Entsetztes Schweigen gegenüber!

Unter **kollegialem Umgang** mit dem Gegenanwalt ist nicht „Kungelei" zu verstehen. Angebracht ist Höflichkeit und Respekt auch dann, wenn der Anwalt der Gegenseite nicht gerade übermäßig beschlagen ist. Auch bei einer schlechten Ausgangslage im Rechtsstreit sollten Argumente nicht durch Polemik ersetzt werden. Unter Kollegialität ist auch eine gewisse Zuverlässigkeit zu verstehen. Es sollte möglich sein, mit einem Kollegen offen über die Sache zu reden und Vertraulichkeit zu vereinbaren.

Zu einem ordentlichen Auftreten eines Anwalts gehören ein gepflegtes **äußeres Erscheinungsbild** und **gute Umgangsformen**. In einer Wirtschaftskanzlei sind für Anwälte nach wie vor gedeckte Anzüge oder Kombinationen mit Krawatte üblich und ich selbst finde es scheußlich, wenn mir Anwälte gegenübersitzen, bei denen

die Hosen nach oben rutschen und wegen der kurzen und auch
noch buntgestreiften (!) Socken unappetitlich behaarte, weißliche
Unterschenkel zum Vorschein kommen. Allerdings können etliche
meiner Partner meine Ermahnung, nach Möglichkeit dunkelgraue,
lange Business-Strümpfe zu tragen, nicht mehr hören. Sie halten
das – was es vielleicht auch ist – für eine Marotte!
   Auch als inzwischen „alter" Anwalt verschließe ich mich selbstverständlich nicht neuen **technischen Entwicklungen**. Auch ich
kann inzwischen mit Computer und Blackberry umgehen. Das bedeutet aber nicht, dass ich Tag und Nacht unverzüglich zur Beant-
wortung von E-Mails zur Verfügung stehe. Als ausgesprochen unhöflich empfinde ich es im Übrigen, wenn – meist jüngere – Anwälte
in Besprechungen mit Mandanten gleichzeitig an ihren Blackber-
rys „herumfummeln". Das gehört sich einfach nicht!
   Ich bin kein Freund von Diskriminierungen, insbesondere nicht
im Arbeitsleben. Als Co-Autor des zusammen mit meinen Partnern *Burkard Göpfert* und *Steffen Krieger* verfassten Kommentars
zum AGG stehe ich jedoch nach wie vor voll und ganz hinter dem
kritischen Vorwort der 1. Auflage (das Buch existiert jetzt in 3.
Auflage, 2011) zum – vor allem europäisch geprägten – Antidiskri-
minierungsrecht. Um keine Diskriminierung handelt es sich aber,
wenn bei **Bewerbungen** nicht nur die fachliche Qualifikation, sondern auch die Persönlichkeit unter die Lupe genommen wird. Wer
ungepflegt aussieht, hat bei mir von vornherein schlechte Chancen.
Gleiss Lutz-Bewerber sollten sich darüber im Klaren sein, was eine
Wirtschaftskanzlei erwartet. Also sollte ein männlicher Bewerber
wissen, dass in diesen „Kreisen" nach wie vor Anwälte mit Ohrrin-
gen oder Ohrbrillis (Nasenringe habe ich Gott sei Dank noch nicht
erlebt) nicht gerade hoch im Ansehen stehen. So erinnere ich mich,
dass ich einem sehr qualifizierten Bewerber gesagt habe: „Wenn Sie
bei uns anfangen wollen, muss der Ohrschmuck verschwinden."
Der Bewerber fühlte sich Gott sei Dank in seinem Persönlichkeitsrecht nicht beeinträchtigt und sagte zu. Noch Monate danach hat
er mir für die offenen Worte gedankt.
   Eher unhöflich sind natürlich auch anzügliche Bemerkungen. So
gibt es sicherlich in unserer „satten Zeit" zunehmend auch **dicke
Rechtsanwälte**. Werden sie darauf angesprochen, können sie empfindlich reagieren. Dazu folgende Anekdote von *Nentwig*[37]:

„Ein spitzfindiger, dünner Kollege will seinen Gegenüber ärgern
und führt deshalb in seinem Plädoyer mit bissiger Betonung aus,
‚sein Gegner habe zwar gewichtige Argumente vorgebracht,
aber …‘. Hier unterbrach ihn der Dicke grimmig, er verbete sich
solche Anspielungen. Da hob der Vorsitzende beschwichtigend
die Hände und sagte freundlich lächelnd: ‚Verehrter Herr Kollege, wer isst, muss auch schlucken können.‘ "

In früheren Zeiten, als *Gleiss Lutz* aus einer fast ausschließlich
männlichen Anwaltswelt bestand, waren Machosprüche über
Frauen und ihr Äußeres nicht gerade selten zu hören, vor allem
dann, wenn es in Sozietätskonferenzen um die **Beurteilung des
weiblichen Nachwuchses** ging. Gelegentlich konnte ich es mir
nicht verkneifen, den einen oder anderen „Kritiker" aufzufordern,
doch einmal selbst in den Spiegel zu schauen. Auch habe ich hinzugefügt: „Legten wir an unsere Anwälte in Sachen Kleidung denselben Maßstab an wie bei Anwältinnen, müsste eigentlich die
Hälfte der Mannschaft sofort ausscheiden." Heute sieht das alles
viel besser aus. Nicht nur, was die Kleidung betrifft. Auch Machosprüche sind inzwischen verpönt.

VIII. Problem: Mandant

Aus Anwaltssicht kann es ein Ärgernis geben, und das ist der Mandant, der sich gelegentlich als **ärgster Gegner** erweist. So wird es
inzwischen auch der Strafverteidiger sehen, der *Seine Königliche
Hoheit, Ernst August Prinz von Hannover*, in einem bekanntgewor-
denen Strafprozess vertreten hat. Der Prinz war in Kenia in eine
Prügelei verwickelt. In dem darauf in Deutschland folgenden Strafprozess soll ihn sein Anwalt mit einem falschen Geständnis wider
besseres Wissen in aller Öffentlichkeit als „volltrunkenen, brutalen
Schläger" bloßgestellt haben. Mit dieser – wohl sogar erfolgreichen
– Taktik sollte nur das Beste für den Angeklagten erreicht werden,
nämlich Strafmilderung. Kurz darauf stritten der Prinz und sein
früherer Anwalt um Schmerzensgeld und eine öffentliche Richtig-
stellung.[38]
Eine ganz andere Frage ist natürlich, ob und inwieweit es sich
ein Anwalt leisten kann, bei der Annahme von Mandaten allzu

wählerisch zu sein. Natürlich muss in einer Anwaltssozietät darauf geachtet werden, dass ein Anwalt keinen **Parteiverrat** i. S. d. § 356 StGB begeht. In derselben Sache kann also ein Anwalt der Sozietät nicht die eine Partei, ein anderer Anwalt der Sozietät dagegen die andere Partei vertreten. So weit so gut: Sehr viel mehr Fingerspitzengefühl bedarf es dagegen bei der Frage, ob die Annahme eines bestimmten Mandats opportun ist. Schadet sie dem Ruf des Anwalts? Lohnt sich die Sache? Und gibt es nicht eventuell eine **Interessenkollision**, die es ratsam macht, ein angetragenes Mandat abzulehnen. Dabei erinnere ich mich allerdings immer wieder an die klugen Worte von *Alfred Gleiss*, die er jedem Berufsanfänger gepredigt hat, nämlich: „Der Anwalt lebt nicht von der Ablehnung von Mandaten."

Noch ein paar Anmerkungen zum **Arbeitsrecht**: Ist der Anwalt Partner eines Wirtschaftsbüros, wird er auf Grund einer unternehmenspolitischen Entscheidung in der Regel keine Betriebsräte oder Gewerkschaften gegen Arbeitgeber vertreten, sondern sich vielmehr in **kollektivrechtlichen Angelegenheiten** vollständig auf die Arbeitgeberseite festlegen. Arbeitsrecht ist eben teilweise ideologiebefrachtet.[39] Schwierigkeiten mit so manchem Arbeitgeber-Mandanten wären programmiert, würde dieser erfahren, dass „sein" Anwalt anderen Arbeitgebern durch Vertretung der Gegenseite nach allen Regeln der Kunst Schwierigkeiten bei der Umsetzung eines unternehmerischen Konzepts bereitet. Es besteht deshalb die Gefahr, dass die Vertretung eines Betriebsrats oder einer Gewerkschaft in Kollektivangelegenheiten von der Arbeitgeberseite als **Verrat** empfunden wird.

In kleineren Büros und „Arbeitsrechts-Boutiquen" mit erfahrenen Spezialisten herrscht zugegebenermaßen gelegentlich auch eine andere Philosophie. Die Beratung und Vertretung sowohl von Arbeitgebern als auch Gewerkschaften und Betriebsräten wird als Vorteil angesehen, weil so eben Erfahrungen auf beiden Seiten der „Lager" gesammelt werden könnten. Im Übrigen gibt es Anwälte, die ebenfalls auf Grund einer unternehmerischen Entscheidung nur für die **Arbeitnehmerseite** tätig werden. Auch als Betriebsrats-Anwalt lässt sich ordentliches Geld verdienen. Die Honorare für solche Anwälte, die z. B. in Einigungsstellenverfahren[40], bei der Verhandlung von Interessenausgleichen und Sozialplänen und überhaupt bei Umstrukturierungen von Konzernen, Unternehmen

oder Betrieben sowie bei der Gründung und Betreuung von Be-
schäftigungsgesellschaften federführend auf Arbeitnehmerseite tätig sind, liegen gelegentlich sehr hoch.

Etwas mühsamer gestaltet sich das Geldverdienen dagegen,
wenn es nur um „normale" **Beschlussverfahren** geht. Streitwerte
nach § 23 III RVG führen durchweg zu lediglich mäßigen Honoraren. Erschwerend kommt hinzu, dass das „Coachen" eines Be-
triebsratsmandats hohe Anforderungen an den Anwalt stellt. Dieser muss nämlich nicht nur darauf achten, dass seiner Beauftragung
ein ordentlicher Betriebsratsbeschluss zu Grunde liegt.[41] Ihm stellt
sich vielmehr auch das Problem, dass Betriebsratsmitglieder häufig
unterschiedliche Interessen verfolgen. Das **Kunststück** besteht
dann darin, die Machtverhältnisse im Betriebsrat richtig einzu-
schätzen und Überzeugungsarbeit für die vom Anwalt für richtig
empfundene Lösung zu leisten. Dies kann allerdings stundenlange
Debatten mit und innerhalb der Betriebsratsgremien mit sich bringen.

Als Anwalt einer Wirtschaftskanzlei, die in arbeitsrechtlichen
Angelegenheiten grundsätzlich auf Arbeitgeberseite steht, habe ich
allerdings auch keine Bedenken gehabt, in den 90er Jahren die ge-
werkschaftliche Vermögensholding (BGAG) bzw. ihre Tochterunternehmen zu vertreten. Vorstandsvorsitzender war *Hans Matthöfer*,
der zuvor u. a. Finanzminister im Kabinett von *Helmut Schmidt* war.
So hatte ich die Interessen der Beteiligungsgesellschaft und eines
100%igen Tochterunternehmens, nämlich des Bund-Verlags, zu
vertreten, u. a. in einem einstweiligen Verfügungsverfahren, das
beim Arbeitsgericht Köln[42] und Landesarbeitsgericht Köln[43] geführt wurde. Meine Tätigkeit löste **Proteste der großen Gewerkschaften** aus. Sie fragten, wie es denn möglich sei, dass eine Ge-
werkschaftsorganisation wie die BGAG einen „solchen" Arbeitgeberanwalt beauftragen könne. *Hans Matthöfer* hat darauf sinngemäß
nur geantwortet, auch Gewerkschaften und ihnen gehörende Unternehmen hätten gelegentlich Arbeitgeberinteressen wahrzunehmen, also spreche rein gar nichts dagegen, mich zu engagieren. Das
einstweilige Verfügungsverfahren ging übrigens in die Hose.

Als erklärter Unternehmensanwalt habe ich allerdings auch
schon erlebt, nach einem gewonnenen Kündigungsschutzprozess
vom betroffenen, maßlos enttäuschten Arbeitnehmer gebeten zu
werden, die Gewerkschaft und/oder ihren Vertreter auf Schadens-

ersatz zu verklagen. Die **Geschichte**: Da die Chancen für den Arbeitgeber, das Verfahren zu gewinnen, aussichtslos waren, bot ich in der Güteverhandlung eine Abfindung in Höhe von Euro 20.000,– an. Der Reaktion des Arbeitnehmers war zu entnehmen, dass er nicht abgeneigt war. Der Gewerkschaftsfunktionär hingegen, der ihn vertrat, lehnte brüsk ab: „Wir kämpfen nicht um eine Abfindung, sondern um den Erhalt des Arbeitsplatzes." Wenige Wochen später folgte die Verhandlung mit dem zu erwartenden Ergebnis, dass der Klage des Arbeitnehmers stattgegeben wurde. Kurz darauf rief mich dieser an und teilte mit, jetzt für einen **Abfindungsvergleich** auf der Basis meines in der Güteverhandlung unterbreiteten Vorschlags bereit zu sein. Er fügte hinzu, inzwischen habe er eine interessante, besser bezahlte und sich nahtlos an die Kündigungsfrist anschließende neue Tätigkeit gefunden. Ich wies den Arbeitnehmer darauf hin, dass solch ein Angebot im Gütetermin sofort angenommen werden müsse und es deshalb nach dem *Gorbatschow*-Motto: „Wer zu spät kommt, den bestraft das Leben" nicht mehr gelte. Da rastete der gute Mann aus und beschimpfte mich als „Handlanger des Kapitals" und „Rechtsverdreher". Als ich ihm ruhig riet, sich lieber an seinen Prozessvertreter zu wenden, der ihm offensichtlich falsch beraten habe, kam es zur nächsten Eruption: „Diesem Gewerkschaftsfritzen habe ich doch schon zu Beginn des Prozesses gesagt, dass es mir nicht um den Arbeitsplatz, sondern nur um Kohle geht!"

Das für den Arbeitnehmer schlechte Ergebnis war nur denkbar, weil so manchem Gewerkschaftsfunktionär die Abfindungspraxis bei den Arbeitsgerichten ein Dorn im Auge ist. Eine solche „Einstellung" wirkt sich auf das Mandatsverhältnis aus. Auf dem Rücken des Arbeitnehmers kommt es dann zu einem langwierigen Kündigungsschutz- und Weiterbeschäftigungsprozess. Ein **unabhängiger Anwalt** berät in einer solchen Situation anders: Er ist verpflichtet, die berechtigten Interessen seiner Partei engagiert zu vertreten. Ein solcher Anwalt hätte in der Güteverhandlung noch etwas gepokert und versucht, eine höhere Abfindung herauszuschlagen, die Sache aber letztendlich sicherlich nicht scheitern lassen.

Häufig wird das **persönliche Erscheinen** einer oder beider Parteien angeordnet (§ 141 ZPO, § 51 ArbGG). Soweit dazu die Auffassung vertreten wird, die Anordnung des persönlichen Erscheinens der Parteien sei vor allem deshalb wichtig, weil „eine Beilegung des Streites von den Prozessbevollmächtigten erfahrungsgemäß widerstrebender als von den Parteien selbst vorgenommen" werde[44], ist dem entschieden zu widersprechen, jedenfalls soweit damit Anwälte gemeint sind. Diese sind es nämlich, die in der Regel die Parteien mäßigend beeinflussen und für vernünftige Kompromisse plädieren. Dagegen erweist sich die Anwesenheit der Parteien manchmal als hinderlich; gerade in Arbeitsrechtssachen neigen die Parteien dazu, wie Kampfhähne aufeinander loszugehen.

Vor allem in **Kündigungsschutzsachen** sollte sich ein Anwalt grundsätzlich gut überlegen, ob es sich empfiehlt, eine Güte- oder Kammerverhandlung **mit oder ohne Mandant** wahrzunehmen. Mandanten, die dazu neigen, cholerisch in einer Verhandlung zu reagieren, sollten nach Möglichkeit zuhause gelassen werden. Ist allerdings das persönliche Erscheinen angeordnet, empfiehlt es sich, die von Amts wegen geladene Partei bzw. ihren gesetzlichen Vertreter wenn möglich rechtzeitig vor dem Termin zu entschuldigen und/oder um Verlegung zu bitten. Erfahrungsgemäß wird dann – jedenfalls wenn es sich um die Güteverhandlung handelt – zwar der Termin nicht verlegt, aber die Partei vom persönlichen Erscheinen entbunden, so dass für den Prozessbevollmächtigten kein Risiko mehr besteht, nach § 51 II ArbGG abgelehnt zu werden.

Manchmal ist es so, dass sich der Charakter eines Mandanten erst während der Bearbeitung des Mandats und/oder der Vertretung des Mandanten in einem Prozess herausstellt. Ist der **Umgang** mit dem Mandanten schwierig, ist dies für sich genommen kein Grund für eine einseitige Beendigung des Mandats durch den Anwalt. Das kann sogar Schadensersatzansprüche auslösen. Wird ein Kündigungsschutzmandat angenommen und lehnt der betroffene Arbeitnehmer trotz guter Gründe für eine einvernehmliche Beendigung des Arbeitsverhältnisses gegen Zahlung einer Abfindung eine solche Lösung ab, ist der Anwalt verpflichtet, diese „Weisungen" zu befolgen und den Arbeitnehmer entsprechend weiter zu vertreten. Anders mag es sein, wenn der Mandant in einer (außer-)gerichtlichen Verhandlung dem eigenen Anwalt, die Gegenseite und/oder das Gericht beleidigt oder sich – m. E. fast noch schlimmer – herausstellt, dass der eigene Anwalt hinsichtlich der der Sache zu Grunde liegenden Tatsachen offensichtlich belogen worden ist. Das hat bei mir in einer Kammerverhandlung, in der sich der

Mandant zudem in hohem Maße ungebührlich benahm, einmal dazu geführt, dass ich mich nach vorangegangener, aber vergeblicher Abmahnung der Robe entledigt und das **Mandat** noch im Gerichtssaal **niedergelegt** habe. Das machte bei Gericht schnell die Runde. Im Nachhinein erfuhr ich dann, dass diese Aktion für mein Ansehen bei Gericht alles andere als abträglich war.

IX. Verschwiegenheit

Eine Binsenweisheit ist, dass der Anwalt auch deshalb der geborene arbeitsrechtliche Interessenvertreter ist, weil er zur Verschwiegenheit verpflichtet ist. Die Verschwiegenheitspflicht schützt die Rolle des Rechtsanwalts als Organ der Rechtspflege.[45] Nach § 203 I Nr. 3 StGB macht sich ein Anwalt **strafbar**, wenn er „unbefugt ein fremdes Geheimnis, namentlich ein zum persönlichen Lebensbereich gehörendes Geheimnis oder ein Betriebs- oder Geschäftsgeheimnis offenbart, das ihm (…) anvertraut oder sonst bekannt geworden ist". Verbandsvertreter erfasst § 203 StGB nicht. Die anwaltliche Verschwiegenheitspflicht erstreckt sich darüber hinaus nach § 2 II und III BORA auf alles, „was dem Anwalt in Ausübung seines Berufs anvertraut oder ihm anlässlich seiner Berufsausübung bekannt geworden ist, soweit nicht die Berufsordnung oder andere Rechtsvorschriften Ausnahmen zulassen oder die Durchsetzung oder Abwehr von Ansprüchen aus dem Mandatsverhältnis oder die Verteidigung des Anwalts in eigener Sache die Offenbarung erfordern".

Leider gibt es Anwälte, die das alles nicht ganz ernst nehmen. Nicht zulässig ist es z. B., die Fälle ohne Einwilligung des Mandanten in die Presse zu tragen, einerseits um Werbung für sich zu machen, andererseits um Druck auf die Gegenseite auszuüben. Unabhängig von der Billigung durch den Mandanten kann ein solches Vorgehen auch **unseriös** oder sogar **kontraproduktiv** sein. Nicht alle Gegner lassen sich nämlich erpressen. Die Bereitschaft zur Zahlung hoher Abfindungen in einem Kündigungsschutzprozess kann merklich sinken, wenn die Gegenseite eine **Pressekampagne** startet. Die Aufweichung des Anwaltsgeheimnisses schadet übrigens der gesamten Anwaltschaft, da die Bedeutung des Rechtsanwalts als Vertrauensperson in der Öffentlichkeit geschmälert wird.[46]

Häufig wird auch aus **Unachtsamkeit** gegen die Pflicht zur Verschwiegenheit verstoßen. Fahre ich z. b. mit einem anderen Anwalt in einem Taxi, so passiert es nicht selten, dass der Kollege „losplappert" und unter Namensnennung beginnt, Details seiner Fälle auszubreiten. Taxifahrer spitzen dann sehr gerne ihre Ohren und sie verstehen mehr, als gemeinhin angenommen wird. Solche „**Geschwätzigkeit**" ist natürlich nicht nur ein Problem der Anwaltschaft. Wer hat das nicht schon erlebt? Im ICE schimpfen zwei Manager wie die Brunnenputzer über ihr leicht zu identifizierendes Unternehmen – in einer Lautstärke, dass der gesamte Großraumwagen unterhalten wird. „Vorstand *X*. ist ein ‚Idiot' und ‚einfältig'". Ich habe mir beim Aussteigen den Hinweis erlaubt, ich hätte zufälligerweise in der kommenden Woche mit dem offensichtlich gemeinten Vorstandsmitglied zu tun und würde ihm gern die „Lästermäuler" beschreiben und von ihren „Beschwerden" berichten. Die roten Köpfe der Herren sprachen Bände. Allerdings hatte ich nur gebluff!

X. Humor bis zum bitteren Ende

Das hindert Anwälte jedoch nicht, sogar ihre letzten Dinge noch mit Humor zu besorgen. So posierte der jüngst verstorbene bekannte Münchner Strafverteidiger *Wolfgang Dingfelder* auf der Einladung zu seiner Trauerfeier am 7.12.2011 noch einmal besonders cool, nämlich als **Engel mit Sonnenbrille**. „Meine Arbeit ist getan" setzte er unter sein Bild. Und auch frühere Postkarten *Dingfelders* haben nach einer Meldung des Spiegels[47] in München Kultstatus. Als sich der von ihm vertretene *Max Strauß* während des Strafprozesses wegen der Einnahme starker Beruhigungsmittel für nicht verhandlungsfähig erklären lassen wollte, grüßte *Dingfelder* zu Weihnachten mit Schneemann und Sonnenbrille: „Mit sedierenden Wünschen – Ihre Wohlfühl-Kanzlei mit dem Helfersyndrom."

Anwaltliche Arbeit mit Humor zu besorgen, ist sicherlich richtig. Dagegen sollten sich Anwälte hüten, nur Sprechblasen, wenn auch wortgewandt, von sich zu geben. Sonst kann es passieren, dass sich das Gericht nach einem ellenlangen Plädoyer erschöpft zur Beratung zurückzieht und anschließend intern oder auch extern ein **Grabgedicht** von 1778 zitiert:

„Vernehmlich tönt des Anwalts Zunge,
die Brust ist stark, allein der Geist ist schwach,
nimm ihm, oh Herr, ein wenig von der Lunge
und hilf dafür dem Geiste nach!"[48]

XI. Traumberuf

Dies alles zeigt, dass die Tätigkeit des Anwalts nach Meinung Außenstehender nicht unbedingt zu den Traumberufen gehört. So hat der berühmte US-Psychologe *Martin Seligman* auf die Frage, ob es **Jobs** gibt, **die happy machen** erwidert:

„[Ja] Richter am Obersten Gerichtshof oder Professor an einer mittelgroßen Uni z. B.; Rechtsanwälte hingegen sind unter den Unglücklichsten. Sie sind berufsbedingt sehr pessimistisch, weil sie immer mit dem schlimmstmöglichen Ausgang für ihren Klienten rechnen müssen. Sie arbeiten unter hohem Druck, haben gleichzeitig aber wenig Entscheidungsspielraum. Meist resultiert ihr Job in einem Nullsummenspiel: Die eine Seite kann nur gewinnen, wenn die andere verliert."[49]

Ironisch hat auch *Hachenburg*[50] in seinen **anwaltlichen Lebenserinnerungen** angemerkt:

„Der Anwalt ist der freieste Mensch in der Welt; er ist von niemandem abhängig als von Klienten, Kollegen und den Gerichten."

Ein **gestörtes Verhältnis zur Justiz**[51] pflegte auch der bayerische Dichter *Ludwig Thoma*, der mit seinen „Lausbubengeschichten" und anderen Romanen und Erzählungen zu den erfolgreichsten und bekanntesten volkstümlichen Schriftstellern deutscher Sprache gehört. In der Zeit von 1894 bis 1897 praktizierte er zugleich als Rechtsanwalt in Dachau. Einen Gönner ließ er wissen, warum er sich für diesen Beruf entschied und nicht zum Staate ging:[52]

„Ich habe ein sehr entwickeltes Phäakengemüt und versichere Sie, daß, wenn meine Geschwister nicht wären, so würde ich etwas tun, über das alle Gesitteten und ordentlich Denkenden ein großes Lamento anschlügen. Ich wäre imstande, meine sogenannte ,gute Zukunft' mit dem leichtesten Herzen aufzugeben.

(...) Das bißchen Brot würde ich mir durch Schriftstellerei zu verdienen suchen und ginge es nicht, durch ehrliche Arbeit. Lieber ein Schifferknecht, Holzknecht usw. als diese öde, öde Tätigkeit. (...) Wenn so ein Bursch sonnenverbrannt in meine Kanzlei kommt und so dumm, gutmütig die Taler zählt, so denke ich mir oft: der legt dir die Arbeit von Monaten auf den Tisch, und du streichst sie für eine Stunde Federfuchserei ein. (...)"

Das sehe ich teilweise anders. Das Honorar ist überwiegend hart erarbeitet. Dennoch war und ist für mich der Anwaltsberuf ein Traumberuf. Das kann hier nicht näher begründet werden. Insgesamt ist es so, dass kaum einen anderen Berufsstand in Deutschland eine Aura von **Ruhm** und **Geist** umweht wie die Anwaltschaft. Aus ihr sind nicht nur die anfangs zitierten *Johann Wolfgang von Goethe* und *Ludwig Thoma* hervorgegangen, sondern auch *Theodor Storm*.[53] Auch Kanzler und Bundespräsidenten der Neuzeit wie *Konrad Adenauer, Gustav Heinemann, Karl Carstens, Richard von Weizsäcker, Gerhard Schröder* und *Christian Wulff* waren zunächst als Anwälte tätig. Ob vor allem Letzterer meinem Berufsstand zu Ehre gereicht, mag zweifelhaft sein.

XII. Anwaltswitze

Zur Erheiterung noch einige, mit **größter Vorsicht** zu genießende, Anwaltswitze:

(1) Der **Teufel** erscheint einem Rechtsanwalt und schlägt ihm folgendes Geschäft vor: „Ich werde Dich zum erfolgreichsten Anwalt der Stadt machen. Du wirst im Geld schwimmen und vier Monate Urlaub im Jahr haben. Alle Kollegen werden Dich beneiden. Die Mandanten und Richter werden Dich respektieren. Du wirst Präsident Deines Golfclubs und Ehrendoktor der Universität. Als Gegenleistung musst Du mir aber die Seelen Deiner Eltern, Deiner Frau und Deiner gesamten Nachkommen versprechen." Der Anwalt überlegt kurz und fragt dann: „Und wo ist der Haken an der Sache?"

(2) Kommt ein Mann zum Anwalt: „Herr Anwalt, eine Frage: Was nehmen Sie denn so an **Gebühren**?" Darauf der Anwalt: „Euro 1.000,– zuzüglich Mehrwertsteuer für drei Fragen." Der Mann:

„Finden Sie das nicht total überteuert?" Der Anwalt: „Doch. Und wie lautet die dritte Frage?"

(3) Eine Stellenausschreibung in einem großen Konzern. Schließlich bleiben nur noch drei übrig: Ein Mathematiker, ein Physiker und ein Anwalt. Alle drei werden zu einem letzten Test eingeladen. Als erster bekommt der Mathematiker die Frage gestellt: „Was ist 1 + 1?" Die Antwort des Mathematikers: „2" Auch dem Physiker wird diese Frage gestellt. Seine Antwort: „Zwischen 1,999999 und 2,0000001 ..." Als letzter wird der Anwalt reingebeten. Wieder die bekannte Frage: „Was ist 1 + 1?" Der Anwalt schaut sich um, ob die Tür zu ist und meint dann: „Meine Herren, ... **welches Ergebnis** hätten Sie denn gern ...?"

(4) Der Angeklagte zu seinem Rechtsanwalt: „Wenn ich mit zwei Jahren auf Bewährung davonkomme, kriegen sie Euro 10.000,– von mir." Nach dem Prozess meint der Anwalt: „Das war ein **hartes Stück Arbeit**. Die wollten sie doch glatt freisprechen."

(5) Ein **Anwalt** und der **Papst** starben zur gleichen Zeit und kamen miteinander am Himmelstor an. Petrus fragte den Anwalt nach seinem Namen und suchte ihn dann in seinem Buch. Danach fragte er den Papst nach seinem Namen und suchte ihn ebenfalls in seinem Buch. „Nun, wenn ihr mir folgt, zeige ich Euch Eure Unterkünfte für die Ewigkeit," sagte Petrus. Sie gingen den Wolken entlang und kamen zu einem riesigen Herrschaftshaus, mit allem Luxus, den man sich wünschen kann. Petrus wandte sich an den Anwalt und sagte ihm, dies sei nun sein Haus. Der Papst, im Wissen, dass er die wichtigste Person der Kirche gewesen war, konnte sich nicht vorstellen, wie nun sein Haus aussehen könnte. Petrus und der Papst gingen weiter zu einer kleinen Bretterbude. Petrus sagte dem Papst, dies sei nun sein zuhause. Der Papst war schockiert und sagte zu Petrus: „Moment mal! Der andere Kerl war nur ein Anwalt und bekommt ein Herrschaftshaus. Ich war das Oberhaupt der römisch-katholischen Kirche und dies ist die Belohnung, die ich dafür bekomme?" Petrus schaut dem Papst in die Augen und sagt: „Das ist richtig. Du hast zwar viel für den Glauben getan, aber wir haben viele Päpste im Himmel. Dieser Kerl aber ist der erste Anwalt, der es hierher geschafft hat."

(6) Ein **Arzt** und ein **Anwalt** treffen sich auf dem Friedhof. Der Arzt an den Anwalt gewandt: „Na, suchen Sie neue Erbrechtsmandate?" Der Anwalt: „Und Sie, machen Sie Inventur?"

(7) Ein Arzt, ein Architekt und ein Anwalt streiten in ihrem Rotary-Club darüber, welcher ihrer Berufe der älteste ist. Der Arzt ist felsenfest überzeugt, dass er den ältesten Beruf hat: „Gott schuf Eva, indem er eine Rippe von Adam nahm. Also war Gott selbst Chirurg – und die Ärzte haben den ältesten und damit ehrwürdigsten Beruf der Welt, wie es ihnen auch selbstverständlich zukommt." Der Architekt hält vehement dagegen: „Gott selbst schuf die Welt, davor war nur das **Chaos**. Gott selbst war also der erste Architekt – lange bevor Eva aus der Rippe Adams erschaffen wurde! Architekt ist der älteste Beruf der Welt" Der Anwalt grinst nur, zieht genüsslich an seiner Zigarre und entgegnet: „Das alles ist ja richtig, meine Herren. Aber was glauben Sie wohl, wer das Chaos erschaffen hat?"

(8) Ein Unternehmer bekommt von seinem Anwalt eine gepfefferte Rechnung. Wütend beschwert er sich: „Sie haben mir für die kurze Beratung vergangene Woche eine ganz unverschämte Rechnung geschickt! Ich verlange eine genaue Spezifizierung." Antwort des Anwalts: „Ganz einfach. Die Rechnung setzt sich zusammen aus dem Honorar für eine Stunde Beratung und dem Honorar für 30 Jahre **Berufserfahrung**."

(9) Zwei Mütter unterhalten sich über ihre jugendlichen Sprösslinge: **„Was will Ihr Sohn** denn später **einmal werden?"** fragt die eine, worauf die andere antwortet: „Rechtsanwalt. Er streitet gerne, mischt sich ständig in anderer Leute Angelegenheiten und weiß immer alles besser. Da haben ich ihm geraten, er soll sich das bezahlen lassen."

(10) Drei Mütter unterhalten sich über die Vorzüge ihrer Söhne. „Mein Sohn ist Chirurg", sagt die erste. „Er hat eine künstliche Leber entwickelt, die Millionen von Menschen das Leben rettet." „Mein Sohn ist Architekt", sagt die zweite. „Er hat erdbebensichere Wohnhäuser konstruiert, von denen Menschen auf der ganzen Welt profitieren." „Mein Sohn ist Anwalt", trumpft die dritte Mutter auf. „Er hat ein **Abrechnungssystem** entwickelt, mit dem er seinen Kunden sieben

Mitarbeiter in Rechnung stellen kann, obwohl er nur drei hat!"

(11) Ein berühmter Fachanwalt und Verfasser eines einschlägigen Standardwerks zitiert sich selbst in einer mündlichen Verhandlung mehrfach mit den Worten: „So auch in meinem Kommentar Anm. 12 zu § 14." Beim dritten Zitat unterbricht ihn unwirsch der gegnerische Anwalt: „Sie machen standeswidrig für ṣich und Ihr Buch Reklame." „Herr Kollege" gibt der berühmte Kommentator zurück: „Sie sollten nicht übersehen: Selbst **Gott braucht Glocken!**"⁵⁴

(12) Schließlich der **Spitzen-Kalauer**: Frage: „Woran erkennt man, dass ein Anwalt lügt?" Antwort: „Seine Lippen bewegen sich!"

Und so sehen das die (ehemaligen) **Mandanten:**

(13) Zwei Freunde unterhalten sich. Sagt der eine: „Ich glaube, mein Anwalt nimmt mich aus." „Warum denn das?", fragt der andere. „In der letzten Abrechnung lautete ein Posten: **Nachts aufgewacht und über Ihren Fall nachgedacht**: Euro 300,–."

(14) Ein ehemaliger Mandant wird gefragt: „Sie sind gefangen in einem Raum zusammen mit einem Löwen, einer Klapperschlange und einem Anwalt. Sie haben ein Gewehr, in dem aber nur zwei Kugeln sind. Was tun Sie?" Antwort: „Ich **schieße** auf den Anwalt. Zur Sicherheit zweimal!"

(15) Richter zum 75-jährigen Angeklagten: „Erklären Sie mir doch mal, warum soll denn **jugendliche Unerfahrenheit** Sie ins Gefängnis gebracht haben?" „Mein Anwalt war noch sehr jung, Herr Richter."

(16) Ein **Tourist** geht in ein Antiquitätengeschäft in San Francisco, Chinatown. Er findet eine naturgetreue lebensgroße Bronzeskulptur einer Ratte. Er fragt den Ladeninhaber nach dem Preis. Worauf dieser antwortet: „12 $ für die Ratte, Sir, und 1.000 $ für die Geschichte, die dahintersteckt." Darauf der Tourist: „Sie können die Geschichte behalten, alter Mann. Die Ratte aber nehme ich."
Als der Tourist den Laden verlässt, kommen zwei Ratten aus dem Gully gekrochen und folgen ihm. Er beginnt, schneller zu gehen,

wobei er sich immer wieder nervös umdreht. Aber jedes Mal, wenn er an einem Gully vorbeikommt, erscheinen noch mehr Ratten und folgen ihm. Nachdem er zwei Blöcke gegangen ist, sind ihm mindestens 100 Ratten auf den Fersen und die Leute beginnen, auf ihn zu zeigen und zu rufen. Der Tourist geht schneller und beginnt schließlich zu laufen. Bald sind ihm Tausende von Ratten auf den Fersen. Der Tourist gerät in Panik. Er rennt schneller und schneller. Schließlich folgen ihm **Millionen von Ratten** unter grauenhaftem Gequieke. Als der Tourist schließlich in rasender Geschwindigkeit das Meer erreicht, springt er mit einem gewaltigen Satz auf einen Laternenpfahl, hält sich mit dem einen Arm fest und schleudert die Bronzeratte mit dem anderen so weit wie möglich ins Meer. Fasziniert beobachtet er, wie die wimmelnde Rattenflut über den Kai ins Meer stürzt und ertrinkt.

Am ganzen Körper zitternd, macht sich unser Tourist auf den Weg zurück zum Antiquitätenladen. „Ah, Sie kommen, um sich die Geschichte zu holen", begrüßt ihn der Ladenbesitzer. „Nein", sagt der Tourist, „ich will nur wissen, ob Sie auch **Anwälte aus Bronze** haben."

(17) Der Mandant hat mit Hilfe seines Anwalts nach einem langen, schwierigen Prozess endlich gewonnen. Der Anwalt telegrafiert seinem Mandanten, der sich im Urlaub befindet: „Die **gerechte Sache** hat gesiegt!" Prompt kommt ein Antworttelegramm: „Sofort Berufung einlegen!"

(18) Sagt ein Anwalt zu seinem Klienten: „Ich habe endlich eine faire Regelung mit Ihrem Kontrahenten ausgehandelt!" Darauf der Mandant: „Eine **faire Regelung**? Dazu habe ich Sie nicht engagiert. Das hätte ich auch alleine hingekriegt."

F. Schluss

Das war es, was mein bisheriges „**Schatzkästlein**" an Anekdoten und Geschichten rund um die Juristerei hergab. Im Laufe meiner über 35-jährigen anwaltlichen Tätigkeit ist mir immer mehr bewusst geworden, dass dieser Beruf – wie viele andere auch – und die Juristerei insgesamt, trotz aller ernsten Probleme, besser zu bewältigen sind, wenn sie hie und da von Humor und feinsinniger Ironie begleitet werden. In diesem Sinne hoffe ich, niemandem zu stark auf die Füße getreten zu sein. Möge mein Beitrag mehr Anlass zum Schmunzeln als zum Weinen gegeben haben.

Anmerkungen

A. Wunderliche Jurisprudenz

1 Vgl. nur *Rudolf von Jhering*, Scherz und Ernst in der Jurisprudenz, (1884), neu hrsg. von *Leitner*, (2009); *Hanau*, Fröhliche Rechtswissenschaft, (2009); *Heinze*, Rede v. 29. 9. 1999 beim Festakt zum 50-jährigen Bestehen der Arbeitsgerichtsbarkeit des Landes Rheinland-Pfalz; *Bauer*, NZA-Beil. 4/2011, S. 149 ff.

2 *Ortega y Gasset*, El tema de nuestro tiempo, Madrid 1923 (dt. Zürich 1928).

3 Vgl. *Nentwig*, Richter in Karikatur und Anekdote, S. 11.

4 Brief an *S. K. v. Klettenberger* v. 26. 8. 1770, vgl. *Pausch/Pausch*, S. 46.

5 Vgl. *Heinze*, NJW 1982, 622 („Der Jurist Goethe") und *ders.*, NJW 1999, 1897 („Der Advokat Goethe").

6 Auch der Literat und Richter am OLG a. D. *Herbert Rosendorfer* bekennt in Anlehnung an seinen Bruder im Geiste *Joseph Freiherr von Eichendorff* („Schläft ein Lied in allen Dingen"), dass auch in der Juristerei „Lieder schlafen", sogar im Kostenrecht (vgl. Rechtspolitik im Gespräch, 1. Aufl. (2011), S. 392).

7 *Ludwig Thoma*, Der Vertrag, in: Simplicissimus, Jg. 5, (1901), H 52, S. 414. Die kalauerische Geschichte über den königlichen Landgerichtsrat *Alois Eschenberger* beginnt mit diesem Satz. Kein besonderes Ansehen genießen „bloße" Juristen auch bei *Martin Luther*, der sich so geäußert hat: „Ein Jurist, der nicht mehr ist als ein Jurist, ist ein arm Ding." (zit. nach www. juracommunity.de/zitate).

8 Zu *Prof. G. Hugo*, Rechtslehrer in Göttingen, zit. nach *Pausch/Pausch*, S. 47.

9 Zit. nach www.juracommunity.de/zitate. Das steht durchaus im Einklang mit der Erkenntnis *Gustav Radbruchs*: „Ein guter Jurist kann der werden, der mit einem schlechten Gewissen Jurist ist." (zit. nach www.juracommu nity.de/zitate).

10 Zit. nach *Matthiesen*, Friedrich Hebbel in Selbstzeugnissen und Bilddokumenten, 1970, S. 30 und nach *Müller-Dietz*, NJW 1989, 329 (331).

B. Jus des Gesetzgebers und seiner Behörden

1 *Charles de Gaulle* soll zu ihnen bemerkt haben: „Die zehn Gebote sind deswegen so kurz und logisch, weil sie ohne Mitwirkung von Juristen zustande gekommen sind." Andererseits hat der von den Nazis in den Tod getriebene Anwalt *Hans Litten* zu diesem Thema gemeint. „Als sich der Ochs im

Paradies langweilte, erfand er die Jurisprudenz." (jeweils zit. nach www. juracommunity.de/zitate).

2 Mit den Worten „Ohne Betriebsrat kommen wir nicht in den Himmel" wird *Claus-Peter Morof*, Richter am ArbG Berlin, in Der Spiegel, 40/2011, S. 80 zitiert. Die Äußerung fiel im Zusammenhang mit einem Beschlussverfahren zur Amtsenthebung eines Betriebsrats.

3 Dem Unwort des Jahres 2009 „betriebsratsverseucht" kommt vor diesem Hintergrund ganz andere Bedeutung zu. Mein (vgl. AuA 2011, 497) arbeitsrechtliches Dauerunwort ist „prekär": Alles was einem nicht gefällt (z.B. Befristungen, Arbeitnehmerüberlassung und Teilzeitarbeit), wird so diskreditiert.

4 *Lucius Annaeus Seneca*, Epistel 94, 38 (Legem brevem esse oportet, quo facilius ab imperitis teneatur.).

5 *Goethe*, Maximen und Reflexionen, Aus Kunst und Altertum, (1823).

6 *Goethe*, Faust I, Studierzimmer, Mephisto, Vers 1772-79.

6a *Ludwig Börne*, Der Narr im weißen Schwan. 2. Kapitel. Aus: Gesammelte Schriften. Dritte, vermehrte und rechtmäßige Ausgabe. 2. Theil. Stuttgart: Brodhag, 1840, S. 450.

7 *Pflanze*, S. 76.

8 Zitiert in *Robert B. Laughlin*, 2. Kap.: „Leben mit der Unbestimmtheit", S. 34.

9 Dem entspricht die Toleranz der Gerichte, wenn – auch mehrfach – in einer mündlichen Verhandlung ein Gesetz als „Scheißgesetz" bezeichnet wird, vgl. OLG Düsseldorf, Beschl. v. 10. 4. 1986 – 19 W 9/86, NJW 1986, 2516 und dazu S. 41).

10 *Heribert Prantl*, Süddeutsche Zeitung v. 7. – 9. 4. 2012, Nr. 82, S. 6: „Gärtner der Rechtswissenschaft".

11 Ähnlich *Heinze*, o. Fußn. A.1. Auch *Rupert Scholz* hat jüngst die deutsche Regulierungswut beklagt, vgl. Interview in Handelsblatt v. 22./23./24. 6. 2012, Nr. 119, S. 61.

12 BGBl. I S. 833.

13 VO v. 20. 4. 1972, BGBl. I S. 629; dazu auch *Heinze*, o. Fußn. A.1.

14 BGBl. I, S. 162; dazu auch *Heinze*, o. Fußn. A.1.

15 So *Heinze*, o. Fußn. A.1.

16 Vorschrift Kriegsgräberfürsorge, erwähnt von *Leuthner*, S. 113.

17 Unterrichtsblätter für die Bundeswehrverwaltung, zit. nach *Golluch*, S. 9; vgl. auch FA 2008, 45.

18 Wiedergegeben in FA 2008, 45.

19 Bundesagentur für Arbeit, Broschüre zum Kindergeld, zit. nach *Leuthner*, S. 113; vgl. FA 2008, 45.

20 Informationsschrift des Deutschen Lehrerverbands Hessen, zit. nach *Leuthner*, S. 113; vgl. FA 2008, 45.

21 Wiedergegeben in FA 2008, 45.

22 Deutsches Lebensmittelbuch, 10. Lfg. (1987), Leitsätze für Gewürze, Gewürzextrakte und Gewürzzubereitungen C IX 1/1.

23 Deutsches Lebensmittelbuch, 9. Lfg. (1984), Leitsätze für Margarine und Margarineschmalz, C VIII 1/1.

24 Formular einer privatisierten Bundesbehörde, zit. nach FA 2008, 45.

25 Protokoll im Wirtschaftsministerium, zit. nach *Golluch*, S. 10; vgl. FA 2008, 45.

26 Ich bin allerdings nur ein „neigschmeckter" Schwabe.

27 BR-Drucks. 574/2003, S. 4.

28 Ähnlich *Heinze*, o. Fußn. 1.

29 Vgl. Pressemitteilungen Nr. 2 aus 1967, Blatt 13.

30 *Herta Däubler-Gmelin*, ZRP 1998, 329, wobei allerdings bemerkenswert ist, dass diese mahnenden Worte während des Bundestagswahlkampfs 1998 erfolgten. Als Rot-Grün dann an die Macht kam und sie Bundesjustizministerin wurde, blieb von der kraftvollen Aufforderung nicht viel übrig. Für ein solches Amts sind übrigens – wie für eine Berufung an das Bundesverfassungsgericht – im Unterschied zur juristischen Tätigkeit in der Ministerialbürokratie oder „normalen" Richtertätigkeit keine Prädikatsexamen erforderlich. So hat der Bundesrichter a. D. *Werner Baumgarten* in Bezug auf Bundesverfassungsrichter gesagt: „Da gibt es schon welche, bei denen die politische Qualifikation höher ist als die juristische." (Focus 16/1993, S. 28)

31 Interview in Der Spiegel, 3/2005, S. 30 ff. Beklagt wird aber auch die ungebremste und unkontrollierte Regelungswut der EU, vgl. Der Spiegel, 23/2005, S. 106 ff.

32 *Publius Cornelius Tacitus*, Annalen 3, 25.

33 *Gustav Radbruch* wird das Zitat „Der Gesetzgeber soll denken wie ein Philosoph und reden wie ein Bauer" zugeschrieben. Dazu soll *Heribert Prantl* in einem Kommentar in der Süddeutschen Zeitung einmal angemerkt haben, heute sei es oftmals gerade umgekehrt: „Der Gesetzgeber denke wie und rede wie ein Philosoph."

34 So kritisierte *Horst Köhler* am 19. 1. 2009 beim Festakt zum 100-jährigen Bestehen des Deutschen Richterbunds die Verhältnisse in der Justiz und der Politik.

35 *Zimmermann*, S. 13.

36 So soll sich einmal ein erboster Vorsitzender Richter geäußert haben (*Nentwig*, Richter in Karikatur und Anekdote, S. 36).

37 RGBl. I, S. 321.

38 Der Spiegel, 41/2004, S. 80 ff.

39 Duden, Die deutsche Rechtschreibung, 25. Aufl. (2009), S. 1122.

40 BGBl. 2011, Teil I Nr. 69, S. 2854.

41 Die Beck-Texte (Aichberger und dtv) hatten diese gewichtige Gesetzesänderung allerdings schon längst vorweggenommen. Das „Fugen-s" der GG-Präambel findet sich aber noch im Schönfelder.

42 BGBl. 2003, Teil I Nr. 65, S. 2840 ff.

43 Der Spiegel, Jahreschronik 2006, S. 266.

44 EuGH, Urt. v. 19. 1. 2010 – C-555/07 „*Kücükdeveci*", NZA 2010, 85.

45 Der Spiegel, 23/2005, S. 106 ff.

46 BR-Drucks. 14/79.
47 *Heinze,* o. Fußn. 1.
48 ABl. EU v. 19. 8. 2008 – L 221/8.
49 Auf diese Unannehmlichkeiten hat *Achim Lucchesi* in einem Interview in Sonntag Aktuell v. 8. 1. 2012, Nr. 1, S. 32 im Anschluss an sein Buch „Die Bombe is' eh im Koffer", (2011), hingewiesen.
50 ABl. EG v. 3. 5. 2000 – L 106/21.
51 GVOBl. M.-V. 2004, 318.
52 § 2 LSeilbG M.-V.
53 Zit. nach Frankfurter Allgemeine Sonntagszeitung v. 9. 1. 2005.

C. Aus der Welt der Wissenschaft

1 *Von Jhering,* anonym publizierter Satz, 1861 (vgl. *Stolleis,* S. 424).
2 Ascheid/Preis/Schmidt/*Dörner,* § 626 BGB Rdnr. 22; KR/*Fischermeier,* § 626 BGB Rdnr. 105; vgl. auch schon *Heinze,* o. Fußn. A.1.
3 Zit. nach *Leuthner,* S. 119.
4 Klein/*Gersch,* § 8 Rdnr. 3.
5 Vgl. BFH, Urt. v. 6. 2. 1985 – I R 23/82, BStBl. 1985, 331.
6 Vgl. FG Düsseldorf, Urt. v. 9. 10. 1957 – I 23/27 L, EFG 1958, 144.
7 Angeführt von *Heinze,* o. Fußn. A.1.
8 *Fikentscher,* S. 345.
9 Der Spiegel, 4/1998, S. 44 f.
10 Leider gibt es in der Zunft der Anwälte auch schwarze Schafe, die sich z. B. wegen Veruntreuung von Mandantengeldern oder Parteiverrats strafbar machen.
11 Vgl. www.spiegel.de/unispiegel/studium v. 7. 9. 2007.
12 *Pufendorf* unter dem Pseudonym *Severinus von Monzambano,* Über die Verfassung des Deutschen Reiches, 1667, übersetzt von *Breßlau,* 1870, wobei das Zitat auf S. 24 der Übersetzung zu finden ist.
13 Nicht nur Deutsche sündigen insoweit. Wegen seines massiven „copy and paste"-Vergehens musste am 2. 4. 2012 auch der ungarische Staatspräsident *Pál Schmitt* seinen Rücktritt erklären.
14 „Zar", weil *Volker Rieble* geschäftsführender Direktor des Zentrums für Arbeitsbeziehungen und Arbeitsrecht (ZAAR) ist.
15 *Rieble,* Das Wissenschaftsplagiat – Vom Versagen eines Systems, (2010).
16 Der Spiegel, 16/2012, S. 17.
17 EuGH, Urt. v. 30. 9. 2003 – C-167/01 „Inspire *ART*".
18 *Bauer,* Handelsblatt vom 5. 5. 2004, Nr. 87, S. R 1; vgl. auch meinen Leserbrief in der FAZ v. 28. 4. 2004, S. 19.
19 *Hanau,* S. 64. Gedankt sei ihm dafür, dass er mir gestattet hat, sein Werk zu verwerten. Lesenswert sind aber auch: „Die Koalition" (S. 68), „Die Koalitionsfreiheit" (S. 69), „Der Tarifvertrag" (S. 70), „Mitbestimmung in sozialen Angelegenheiten" (S. 71), „Der Abschluss des Arbeitsvertrages" (S. 75),

„Die Form des Arbeitsvertrages" (S. 77), „Der Rechtsformzwang" (S. 78), „Angestellte und Arbeiter" (S. 80), „Die Treuepflicht des Arbeitnehmers" (S. 82), „Die Haftung des Arbeitnehmers" (S. 84).

20 In den angelsächsischen Ländern werden Vorurteile gegen eine Person auf Grund ihres Alters seit den 1960er Jahren als „ageism" diskutiert.
21 *Hanau*, S. 64.
22 Sein Name ist unter dem Gedicht vermerkt.

D. Über richterliche Narren und ihre Elaborate

1 *Norman Mailer* wird folgende Weisheit nachgesagt: „Eine friedliche und einträchtige Welt ist der geheime Alptraum des Militärs und der Advokaten."
2 Zit. nach www.juracommunity.de/zitate.
3 Die schwäbisch-alemannische Fastnacht (auch Fasnacht, Fasenacht oder Fasnet) kennt deshalb auch die Narrengerichte in Stockach und Grasselfingen. Vgl. *Starck*, NJW 1988, 281; *ders.*, NJW 1989, 363 und *Rosenfeld*, NJW 1989, 359 zur Deutung fastnächtlicher Gerichtsbräuche.
4 Der Tagesspiegel v. 25. 8. 2011.
5 LAG Berlin-Brandenburg, Urt. v. 24. 2. 2009 – 7 Sa 2017/08, NZA-RR 2009, 188, aufgehoben von BAG, Urt. v. 10. 6. 2010 – 2 AZR 541/09, NZA 2010, 1227.
6 Aufgehoben allerdings durch BAG, a. a. O.
7 www.spiegel.de/wirtschaft vom 26. 2. 2009 unter Hinweis auf diese Äußerung gegenüber der Berliner Zeitung.
8 www.bild.de/politik2009 „Keine Gnade für diebische Mitarbeiter".
9 *Schmidt/Hanel*, S. 76.
10 So *Nentwig*, Richter in Karikatur und Anekdote, S. 66.
11 *Nentwig*, Richter in Karikatur und Anekdote, S. 58.
11a Vgl. *Gerhardt/Kepplinger/Geiß*, FAZ v. 14. 6. 2012, Nr. 136, S. 9 zur Macht und zum Mitgefühl von Richtern.
12 Das soll durch eine Studie von Wissenschaftlern der USA und aus Israel bestätigt worden sein; vgl. Meldung der dpa v. 12. 4. 2011.
13 Vgl. Dossier in Die Zeit v. 6. 10. 2011, Nr. 41, S. 17 zu den Zuständen am BGH. Dass nicht nur Richter, sondern auch namhafte Rechtswissenschaftler gelegentlich nicht gerade zimperlich miteinander umgehen, zeigt die von *Rüthers*, JZ 2011, 593 und *Canaris*, JZ 2011, 879 ausgefochtene Kontroverse um *Karl Larenz*.
14 Vgl. Meldung der Süddeutschen Zeitung v. 5. 9. 2003.
15 LAG Hamm, Urt. v. 5. 10. 2000 – 17 Sa 1093/00, ZTR 2001, 133; nachgehend: BAG, Beschl. v. 15. 11. 2001 – 6 AZN 158/01.
16 Vgl. *Nentwig*, Richter in Karikatur und Anekdote, S. 14.
17 BB 1993, 942.
18 LAG Sachsen, Urt. v. 6. 4. 1993 – 1 Sa 10/93, BB 1993, 941.

Anmerkungen

19 Redaktion der Zeitschrift RAnB 1993, 108.
20 *Kissel/Mayer*, § 176 Rdnr. 40: Unter Parteien i. S. d. §§ 175 ff. GVG sind die Prozessparteien, nicht aber ihre Rechtsanwälte zu verstehen.
21 OLG Düsseldorf, Beschl. v. 10. 4. 1986 – 19 W 9/86, NJW 1986, 2516.
22 OLG Düsseldorf, Beschl. v. 7. 8. 1985 – 1 Ws (OWi) 619/85, NJW 1986, 1505.
23 OLG Düsseldorf, a. a. O.; vgl. auch BVerfG, Beschl. v. 14. 3. 2012 – 2 BvR 2405/11, NJW-Spezial 2012, 344, zum zulässigen Verbot des Tragens von „Kutten", die die Zugehörigkeit zu einem „Motorradclub" (hier *Hells Angels*) untersagen.
24 *Kissel/Mayer*, § 178 Rdnr. 11.
25 So zu Recht auch *Kissel/Mayer*, § 178 Rdnr. 15.
26 *Bauer*, NZA 1999, 11 (18).
27 *Bauer*, in: Festschr. 50 Jahre Bundesarbeitsgericht, (2004), S. 1275 (1288).
28 So ähnlich hat es einmal der große deutsche Philosoph *Arthur Schopenhauer* ausgedrückt, vgl. *Nentwig*, Richter in Karikatur und Anekdote, S. 42.
29 *Pünnel*, Rheinische Post v. 23. 9. 1963, zit. nach *Heinze*, o. Fußn. A.1.
30 Auf *Pünnel* geht das heute in 5. Aufl. (2009) vorliegende Buch *Pünnel/Wenning-Morgenthaler*, Die Einigungsstelle, zurück.
31 *Sendler*, DÖV 1991, 521.
32 *Sendler*, DÖV 1991, 521 (530).
33 *Sendler*, hält es mit *Goethe*: „Wer sich nicht selbst zum Besten haben kann, gehört gewiß nicht selbst zum Besten" (Werke – Hamburger Ausgabe Bd. 1, Gedichte und Epen I, Sprüche, 12. Aufl. (1981), S. 318 (III)).
34 Würdigt man einen Jubilar – auch in einer Festschrift – neigt man zum Jubilieren. Das „ist anstrengend, weil man nur Gutes sagen darf und danach der Totenrede verdächtig nahe kommt" (meint jedenfalls *Zuck*, NJW-Editorial, Heft 40/2011).
35 „*N.N.*", DÖV 1991, 709.
36 Festschr. für *Horst Sendler* zum Abschied aus seinem Amt, (1991).
37 Zu den wenigen namhaften Juristen, die sich eine Festschrift dezidiert verbeten haben, gehört z. B. der Arbeits- und Zivilrechtler *Bernd Rüthers*.
38 „*Dr. Use*", in: Festschr. 50 Jahre Bundessozialgericht, Tiefen und Untiefen des Bundessozialgerichts und seiner Rechtsprechung, (2004), S. 899; vgl. dazu auch *Hanau*, S. 165 f.
39 Festschr. 50 Jahre Bundessozialgericht, a. a. O., S. 911.
40 Festschr. 50 Jahre Bundessozialgericht, a. a. O., S. 906.
41 So zu Recht *Hanau*, S. 5.
42 Festschr. 50 Jahre Bundessozialgericht, a. a. O., S. 909.
43 BVerwG, Beschl. v. 13. 6. 2001 – 5 B 105/00, NJW 2001, 2898. Es handelte sich allerdings „nur" um einen ehrenamtlichen Richter.
44 Mitleidloser geht die Rechtsprechung mit schlafenden Anwälten um, vgl. BGH, Beschl. v. 5. 3. 1970 – VII ZB 2/70, VersR 1970, 441: Kein Grund für Wiedereinsetzung, wenn ein Anwalt 50 Minuten vor Fristablauf um

Mitternacht beim Durchlesen und Korrigieren einer Berufungsbegründung in seinem Büro am Schreibtisch einschläft und erst eine Viertelstunde nach Fristablauf wieder aufwacht.

45 *Nentwig*, Richter in Karikatur und Anekdote, S. 28.

46 *Nentwig*, Richter in Karikatur und Anekdote, S. 28.

47 BAG, Urt. v. 12. 5. 2010 – 2 AZR 544/08, NZA 2010, 1250; dazu *Rieble*, FAZ v. 20./21. 11. 2010, Beruf und Chance C 3 „Pöbelnde Arbeitsrichter"; vgl. auch FAZ v. 31. 12. 2011, S. 13.

48 *Egon Schneider*, AnwBl. 1990, 113 meint nicht ganz zu Unrecht: „Manche Richter fühlen sich nur dann richtig unabhängig, wenn sie sich sanktionslos schlecht benehmen dürfen."

49 *Schmitz-Scholemann*, Vortrag v. 10. 3. 2012 „Vom Flashmob zum Pfandbon – Glanz und Elend im deutschen Arbeitsrecht" bei der 63. Tagung der Arbeitsgemeinschaft Arbeitsrecht im DAV in Dresden unter Hinweis auf *Platon*, Nomoi I, 628 a.

50 BGH/Dienstgericht des Bundes, Urt. v. 4. 6. 2009 – RiZ (R) 5/08, NJW 2010, 302; vgl. dazu Anm. von *Schwenker*, IBR 2009, 746 und *Wolf*, LMK 2010, 295953.

51 Der Grundsatz der richterlichen Unabhängigkeit gehört zu den „heiligen Kühen" der Justiz. Deshalb scheint es leider auch nicht möglich zu sein, Richter aus dem Amt zu entfernen, die schlichtweg unlesbare Entscheidungen verfassen. So hat es beim LAG Hamm einen Richter gegeben, der sich dadurch auszeichnete, seine Entscheidungen auf mehreren 100 Seiten mit seitenlangen Sätzen zu begründen, vgl. dazu nur den Leitsatz der Entscheidung des LAG Hamm, Urt. v. 5. 10. 2000 – 17 Sa 1093/00, ZTR 2001, 133; vgl. S. 36 f.).

52 *Sendler*, NJW 2001, 1256 (1257).

53 *Quadbeck-Seeger*, S. 18.

54 Vgl. *Nentwig*, Richter in Karikatur und Anekdote, S. 64.

55 VG Leipzig – 3 K 1106/10.

56 RichterdienstG Leipzig – 66 DG 10/10.

57 VG Frankfurt a. M., Urt. v. 30. 11. 1999 – 9 E 1399/99, DRiZ 2000, 182.

58 *Zimmermann*, S. 86 f. Gedankt sei ihm dafür, dass er mir gestattet hat, seine Gedichte zu verwerten. Köstlich zu lesen sind auch die von *Zimmermann* verfassten „Respektlose[n] Fünfzeiler aus den Niederungen der Gerichtsbarkeit" in dem Büchlein „Jus, Juris, Juristericks", 1999, ebenso wie seine Werke „Pegasus im Paragraphendschungel", 1994, und „Recht perVers und recht prosaisch", 1998, jeweils mit Illustrationen von *Reinhard Ens*.

59 Nach *Rieble*, zit. in FAZ v. 31. 12. 2011, S. 13, „befrieden viele Richter mit den Vergleichen eigentlich nicht die Parteien, sondern bewahren ihr eigenes Dezernat vor dem Absaufen".

60 *Zimmermann*, S. 89.

61 *Zimmermann*, S. 15.

62 Von *Schliemann*, Vorsitzender Richter am Bundesarbeitsgericht a. D. und Thüringer Justizminister a. D., jetzt Rechtsanwalt, anlässlich der 10. NZA-

Jahrestagung am 22./23. 10. 2010 in Frankfurt a.M. zum Besten gegeben; auch er hat mir die Wiedergabe erlaubt.

63 Erzählt von *Nentwig*, Richter in Karikatur und Anekdote, S. 52.

64 LAG Thüringen, Urt. v. 10. 4. 2001 – 5 Sa 403/00, NZA-RR 2001, 347; vgl. aber auch andererseits wohltuend kürzer und richtiger LAG Thüringen, Urt. v. 10. 6. 2004 – 1 Sa 148/01, AuR 2004, 473.

65 Dass sich auch Richter „gemobbt fühlen" oder untereinander „mobben", zeigt der am Landessozialgericht Nordrhein-Westfalen tobende Streit um einen Richter, der sich für Ghetto-Insassen einsetzt, vgl. www.welt.de v. 22. 11. 2011.

66 Der Spiegel, 16/2012, S. 57.

67 Eurofound (2012), 5th European Working Conditions Survey.

68 Glaubt man – so wie es Der Spiegel, 16/2012, S. 57 (58) tut – der EU-Studie, so wird überall gemobbt. Jede Branche ist betroffen. Dabei fällt auf, dass sich die meisten Opfer im Gesundheits- und Sozialwesen, also in weiblich dominierten Arbeitsfeldern zu finden sein sollen.

69 Vgl. BAG, Urt. v. 16. 5. 2007 – 8 AZR 709/06, NZA 2007, 1155; *Bauer*, Handelsblatt v. 22. 5. 2012, Nr. 98, S. 17.

70 Vgl. *Bauer/Günther*, NJW 2007, 113.

71 BAG, Urt. v. 9. 6. 2011 – 2 AZR 323/10, NZA 2011, 1342.

72 Die sexistischen Bemerkungen sind im Urteil der Vorinstanz der BAG-Entscheidung v. 9. 6. 2011 (a. a. O.) wiedergegeben, vgl. LAG Hamm, Urt. v. 15. 10. 2009 – 11 Sa 511/09.

73 BAG, Urt. v. 19. 4. 2012 – 2 AZR 258/11, AuR 2012, 229.

74 BGH, Urt. v. 3. 6. 1993 – III ZR 104/92, NJW 1993, 3061 (3064).

75 *Bauer/Göpfert/Krieger*, § 15 Rdnr. 21, 73; *Bauer/Evers*, NZA 2006, 893 (894).

76 Vgl. *Stiefel/Bungert*, ZIP 1994, 1905 (1918); *Mörsdorf-Schulte*, S. 65; vgl. auch FAZ v. 8. 9. 1994, S. 17.

77 Vgl. *Stiefel/Bungert*, ZIP 1994, 1905 (1918); vgl. auch Der Spiegel 32/1998, S. 104: „Der Sieg der Puritaner".

78 Gesetz v. 20. 12. 2001, BGBl. I, S. 3983. Bei „ProstG" denke ich allerdings eher an ein Animationsgesetz zum Genuss von Alkohol als an Sex.

79 AuR 2005, 321.

80 *Schrader* in: *Schaub/Koch/Neef/Schrader/Vogelsang*, Arbeitsrechtliches Formular- und Verfahrenshandbuch, 9. Aufl. 2008, I. Buch, § 20, I, 13. Sexuelle Dienstleistungen (S. 258).

81 *Bauer/Lingemann/Diller/Haußmann*, Anwaltsformularbuch Arbeitsrecht, 4. Aufl. (2011).

82 LAG Thüringen, Urt. v. 16. 5. 2006 – 7/1 Sa 176/05; LAGE § 626 BGB 2002 Verdacht strafbarer Handlung Nr. 2.

83 Vgl. LAG Thüringen, a. a. O.

84 So *Schmitz-Scholemann*, o. Fußn. D.49.

85 LAG Köln, Beschl. v. 18. 8. 2010 – 3 TaBV 15/10, NZA-RR 2011, 85 und dazu *Bauer*, NJW-Editorial, Heft 7/2011; vgl. auch BVerwG, Urt. v. 2. 3.

2006 – 2 C 3/05, AuR 2006, 327 zum Erscheinungsbild uniformierter Polizeibeamter und ArbG Essen, Urt. v. 17. 5. 1966 – 6 Ca 749/66 zur langhaarigen Frisur („Beatle") eines Auszubildenden der damaligen Bundesbahn.

86 *Bauer,* NJW-Editorial, Heft 7/2011.
87 *Cour de Cassation,* Urt. v. 28. 5. 2003, AuR 2004, 34.
88 Es handelt sich dabei um den von der AuR-Redaktion gebildeten, nichtamtlichen Leitsatz der Entscheidung.
89 KR-Gemeinschaftskommentar zum Kündigungsschutz und zu sonstigen kündigungsschutzrechtlichen Vorschriften, 9. Aufl. (2009).
90 *Schmitz-Scholemann,* Vortrag v. 5. 10. 2002 bei der Tagung „Employment: Redundancy and Insolvency" in Trier.
91 *Adolph Freiherr von Knigge,* 1752-1796, wird das folgende Zitat zugeschrieben: „Juristischer Wille ist oft das Gegenteil von dem, was man im gemeinen Leben Willen nennt."
92 BT-Drucks. 2090 v. 27. 3. 1951, S. 2 (11).
93 In eine ähnliche Richtung geht auch die Studie der Wirtschaftswissenschaftler *Neugart* und *Berger,* vgl. NJW-aktuell 48/2011, S. 12.
94 So schon *Bauer,* NZA 2005, 1046.
95 In diese Richtung gehen auch *Söllner,* in: Gedächtnisschr. für *Heinze,* (2005), 867 (876); *Löwisch,* NZA 2003, 689 (690); *Rüthers,* NJW 2002, 1601 (1602); *Buchner,* NZA 2002, 533 (536). Dass diese These nicht ganz falsch sein kann, hat auch Spanien erkannt. Am 10. 2. 2012 ist eine Arbeitsmarktreform mit einer deutlichen Lockerung des Kündigungsschutzes verkündet worden.
96 Auch darauf hat *Schmitz-Scholemann* in seinem Vortrag (o. Fußn. D.90) hingewiesen, wobei es allerdings Aufgabe des Gesetzgebers sei, darüber nachzudenken und zu entscheiden, ob diese kritische Größe in Deutschland überschritten sei.
97 LAG Rheinland-Pfalz, Urt. v. 20. 1. 2011 – 11 Sa 353/10, StBW 2011, 858.
98 LAG Rheinland-Pfalz, Urt. v. 23. 8. 2011 – 3 Sa 150/11, BeckRS 2011, 77068.
99 LAG Schleswig-Holstein, Urt. v. 9. 6. 2011 – 5 Sa 509/10, NZA-RR 2011, 572.
100 LAG Rheinland-Pfalz, Urt. v. 18. 8. 2011 – 2 Sa 232/11, NZA-RR 2012, 16; vgl. auch LAG Hamm, Urt. v. 30. 6. 2004 – 18 Sa 836/04.
101 LAG Hamm, a. a. O.
102 LAG Köln, Urt. v. 30. 1. 1998 – 4 Sa 930/97, NZA 1998, 1284.
103 LAG Hamm, Urt. v. 20. 4. 2011 – 4 Sa 2230/10, GWR 2011, 484.
104 Vgl. LAG Köln, Urt. v. 29. 11. 2005 – 9 (7) Sa 657/05, EzA-SD 2006, Nr. 9, 12.
105 Vgl. nur BAG, Urt. v. 28. 5. 2009 – 2 AZR 223/08, BB 2010, 1863: Dem Kläger wird vorgeworfen, „er habe mit einer Soft-Air-Pistole auf Mitarbeiter geschossen, er habe einem Mitarbeiter eine Gaspistole an die

Schläfe und ein Messer an die Kehle gehalten, er habe einem Mitarbeiter mit einer elektrischen Fliegenklatsche einen Stromschlag versetzt, er habe Mitarbeiter mit einer Lederpeitsche oder einem Streifen aus einer Ledertischablage geschlagen und habe Auszubildende während der Ausbildungszeit zum Drogenkonsum aufgefordert".

106 LAG Düsseldorf, Urt. v. 27. 5. 1998 – 12 (18) Sa 196/98, BB 1998, 1694.
107 Auf diese Entscheidung hat *Heinze* (o. Fußn. A.1) hingewiesen, leider ohne Angabe von Datum und Aktenzeichen.
108 BAG, Urt. v. 17. 3. 1988 – 2 AZR 576/87, NJW 1989, 546.
109 LAG Hessen, Urt. v. 15. 11. 2006 – 8 Sa 854/06.
110 *Koczwara*, S. 82 vermerkt dazu: „Das ist deutsche Rechtsprechung im Zenit ihrer Leistungskraft."
111 So eine Meldung der dpa, wiedergegeben in der FAZ v. 6. 9. 2003.
112 Ein solches Urteil wird von *Koczwara*, S. 153, erwähnt mit der Bemerkung, mehrere Juristen hätten ihm gegenüber glaubhaft die Existenz dieses Urteils versichert. Zweifel ob der Existenz dieses Urteils sind angebracht!
113 So triftig die Kündigungsgründe auch waren, so wurde ich doch jahrelang vom damaligen Direktor des ArbG Reutlingen unter Hinweis auf 5. Buch Mose Kap. 15 (sinngemäß: „Wenn Du Deinen Diener entlässt und wegschickst, sollst Du ihn nicht mit leeren Händen gehen lassen") mit der Frage begrüßt: „Nun, Herr Rechtsanwalt, was haben Sie in Ihrem Köcher mitgebracht?"
114 ArbG Paderborn, Urt. v. 8. 1. 1997 – 2 Ca 1222/96, BB 1997, 738.
115 LAG Hamm, Urt. v. 16. 11. 2005 – 3 Sa 1713/05, NZA-RR 2006, 128.
116 Vgl. nur BAG, Urt. v. 11. 12. 2003 – 2 AZR 667/02, NZA 2004, 784; BAG, Urt. v. 17. 1. 2008 – 2 AZR 536/06, NZA 2008, 693.
117 BAG, Urt. v. 3. 6. 2004 – 2 AZR 386/03, NZA 2004, 1380.
118 BAG, a. a. O.
119 *Lingemann*, Teil 3, Rdnr. 511.
120 BAG, Urt. v. 27. 11. 2008 – 2 AZR 675/07, NZA 2009, 842; *Lingemann*, Teil 3, Rdnr. 512.
121 ArbG Düsseldorf – 7 Ca 2591/11; vgl. dazu eRecht24-Portal zum Internetrecht von Rechtsanwalt *Sören Siebert*.
122 BAG, Urt. v. 24. 2. 2011 – 2 AZR 636/09, NZA 2011, 1087.
123 LAG Schleswig-Holstein, Urt. v. 20. 1. 2009 – 5 Sa 270/08.
124 Das hat *Schmitz-Scholemann* berichtet, o. Fußn. D.49.
125 EGMR, Urt. v. 21. 7. 2011 – 28274/08, NZA 2011, 1269.
126 Die SPD-Fraktion hat das Urteil zum Anlass genommen, den Entwurf eines „Gesetzes zum Schutz von Hinweisgebern" (BT-Drucks. 17/8567) vorzulegen. Darin wird definiert, wer unter einem guten „Whistleblower" zu verstehen ist: „Beschäftigte, die auf einen Missstand aufmerksam machen, der tatsächlich besteht oder dessen Bestehen die Hinweisgeberin oder der Hinweisgeber, ohne leichtfertig zu sein, annimmt."
127 LAG Berlin, Urt. v. 28. 3. 2006 – 7 Sa 1884/05, AuR 2007, 51.
128 BAG, Beschl. v. 6. 6. 2007 – 4 AZN 487/06.

129   BVerfG, Beschl. v. 6. 12. 2007 – 1 BvR 1905/07.
129a Das Verfahren ist auch tatsächlich wieder aufgenommen worden; die
      Parteien haben sich am 24. 5. 2012 gegen Zahlung einer Abfindung im
      hohen fünfstelligen Bereich geeinigt (LAG Berlin-Brandenburg, Urt. v.
      24. 5. 2012 – 25 Sa 2138/11, PM 22/2012).
130   *Bauer,* DB 6/2012 – Standpunkte, S. 15.
131   Vgl. den Gastbeitrag von *Udo Di Fabio* in der FAZ v. 21. 10. 2010, S. 6
      „Friedliche Koexistenz".
132   *Udo Di Fabio,* FAZ v. 21. 10. 2010, S. 6.
133   So *Schmitz-Scholemann,* o. Fußn. D. 49.
133a *Bild-Zeitung* v. 27. 4. 2012, S. 1, 9.
133b BGH, Urt. v. 5. 6. 2008 – I ZR 223/05 „Bohlen", AfP 2008, 598 und
      BGH, Urt. v. 5. 6. 2008 – I ZR 96/07 „Ernst August Prinz von Hannover",
      NJW 2008, 3782.
134   BAG, Urt. v. 4. 6. 1997 – 2 AZR 526/96, NZA 1997, 1281.
135   BAG, Urt. v. 28. 10. 2010 – 2 AZR 293/09, EzA § 1 KSchG Verhaltens-
      bedingte Kündigung Nr. 78.
136   LAG Hamm, Urt. v. 19. 1. 2001 – 5 Sa 491/00, AuR 2002, 433.
137   BAG, Urt. v. 28. 2. 2002 – 6 AZR 357/01, BB 2002, 1920.
138   *Höcker/Brennecke,* S. 22.
139   ArbG Wilhelmshaven, Urt. v. 6. 6. 1968 – Ca 166/68, AuR 1969, 157;
      erwähnt auch von *Heinze,* o. Fußn. A.1.
140   ArbG Marburg, Urt. v. 13. 2. 1998 – 2 Ca 482/97, NZA-RR 1999, 124.
      Vgl. aber auch OVG Lüneburg, Urt. v. 13. 11. 1996 – 2 L 1764/93,
      OVGE MüLü 46, 470, wonach einer 25-jährigen Frau wegen ihres Ge-
      wichts von 128,5 kg bei 1,60 m Körpergröße der Beamtenstatus verwehrt
      werden kann.
141   *Bauer/Powietzka,* NZA-RR 2004, 505 (514 f.).
142   *Schmitz-Scholemann,* o. Fußn. D. 49.
143   So schon *Bauer,* NZA 2002, 529 (531).
144   Zit. nach *Heinze,* o. Fußn. A.1.
145   LAG Hamm, Urt. v. 29. 7. 1998 – 14 Sa 1145/98, NZA-RR 1998, 481;
      vgl. dazu *Vahle,* DVP 2000, 128; *Roellecke,* NJW 1999, 999.
146   Ausweislich des Urteils des LAG Hamm (a. a. O.) hatte der Betriebsrat
      sein Mitbestimmungsrecht nach § 87 I Nr. 1 BetrVG in Form der Rege-
      lungsabrede zustimmend ausgeübt.
147   Vgl. *Bauer,* Handelsblatt v. 17./18. 10. 2003, Karriere & Management;
      ders., Die Erste Seite, BB Heft 5/2005, S. I.
148   So ähnlich soll ein Sachverhalt gewesen sein, den das ArbG Frankfurt,
      Beschl. v. 14. 1. 1999 – 13 BV 17/97, AuR 2000, 115 zu beurteilen hatte;
      vgl. dazu auch die Anm. von *Fischer,* AiB 2001, 178.
148a Vorgesetzte, insbesondere Firmenchefs sollten sich generell bei Äußerun-
      gen über ihre Mitarbeiter, selbst wenn sie ausgeschieden sind, mäßigen.
      Eine Mail an alle Mitarbeiter, in der es über eine entlassene Führungs-
      kraft heißt: *„Er ist ein jämmerlicher Spesenbetrüger, geht hinterfotzig auf*

Firmenkosten mit seinem angetrauten Mann mehr auf Lustreisen als auf Dienstreisen." Und weiter: *„Nichts gearbeitet, der Firma geschadet, gelogen und betrogen. Ich sage Ihnen, ich könnte brechen."* ist inakzeptabel (vgl. *Stuttgarter Zeitung* v. 24. 5. 2012, Nr. 119, S. 14 zu Äußerungen, die dem Chef des Ulmer Motorenölherstellers *Liqui Moly* nachgesagt werden.)

149 Unglaublich, was für banale Zeugnisprobleme den Gerichten gelegentlich zur Entscheidung vorgelegt werden, vgl. BAG, Urt. v. 21. 9. 1999 – 9 AZR 983/98, NZA 2000, 257 (darf ein Zeugnis gefaltet werden? Das Gericht bejaht das zu Recht nach dem Motto: Ein Knick in der Karriere geht nicht auf einen Knick im Zeugnis zurück) und BAG, Urt. v. 8. 3. 1995 – 5 AZR 848/93, NZA 1995, 671 (handelt es sich beim Zeugnis um eine Hol- oder Schickschuld?). Das sind Fälle eines „Prozesshansel-Stadls"!

150 ArbG Düsseldorf, Urt. v. 19. 12. 1984 – 6 Ca 5682/84, NZA 1985, 812.

151 Vgl. BAG, Urt. v. 23. 9. 1992 – 5 AZR 573/91, EzA Nr. 16 zu § 630 BGB.

152 Wie *Bösche*, AuR 2001, 99 unter Hinweis auf das Gesinde-Dienstbuch der *Maria Else Kock* v. 23. 4. 1904 offengelegt hat, hat die Zeugnisformulierung „vollste Zufriedenheit" allerdings ein „ehrwürdiges Alter".

153 BAG, Urt. v. 15. 11. 2011 – 9 AZR 386/10.

154 ArbG Köln, Urt. v. 28. 3. 2011 – 15 Ca 8058/10.

155 LAG Frankfurt, Urt. v. 11. 3. 1974 – 1 Sa 27/74, BB 1974, 1164.

156 Zit. nach Kalender 2012 des Instituts der deutschen Wirtschaft, 4. Woche, Januar 2012.

157 Zit. nach Kalender 2012 des Instituts der deutschen Wirtschaft, 4. Woche, Januar 2012.

158 Den Fall, dass einem Arbeitnehmer wegen zu großen Arbeitseifers gekündigt worden ist, hat es – soweit ersichtlich – in Deutschland noch nicht gegeben. Anders dagegen in Italien: Dort wurde, wie die FAZ am 3. 12. 1998 gemeldet hat, einer Mitarbeiterin eines Altenheims wegen „maßlosen Eifers" gekündigt. Die Mitarbeiterin habe „die angebliche Unfähigkeit der Kollegen" deutlich machen wollen. Sie habe sogar die Arbeit der anderen miterledigt und so gegen das „Prinzip der Solidarität" verstoßen und den „Arbeitsfrieden gestört".

159 Der Stern, 37/2006, S. 200.

159a *Bild-Zeitung* v. 14. 6. 2012, S. 1.

160 Dieses Rechenkunststück habe ich vor geraumer Zeit irgendwo gefunden, ohne allerdings heute noch den Urheber benennen zu können.

161 EuGH, Urt. v. 20. 1. 2009 – C-350/06 *„Schultz-Hoff",* NZA 2009, 135; vgl. dazu *Bauer/Arnold*, NJW 2009, 631.

162 *Bauer/Arnold*, NJW 2009, 631; *Bauer/v. Medem*, NZA 2012, 113; ähnlich *Franzen*, NZA 2001, 1403 (1404).

163 EuGH, Urt. v. 22. 11. 2011 – C-214/10 *„KHS AG ./. Winfried Schulte",* NZA 2011, 1333; vgl. dazu *Bauer/v. Medem*, NZA 2012, 113; *Franzen*, NZA 2011, 1403.

164 BAG, Urt. v. 20. 9. 2011 – 9 AZR 416/10, NZA 2012, 326.

165 BAG, Urt. v. 19. 11. 1996 – 9 AZR 376/95, NZA 1997, 879.

166 BAG, Urt. v. 9. 8. 2011 – 9 AZR 352/10, ArbR 2011, 458.

167 EuGH, Urt. v. 3. 6. 1992 – C-45/90 *„Alberto, Vittorio, Raffaela* und *Carmela Paletta / Brennet AG"*, NZA 1992, 735.

168 Die Fa. *Brennet AG* war ab dem Berufungsverfahren bis zum 10 Jahre späteren rechtskräftigen Abschluss der Verfahrens von mir vertreten.

169 BAG, Beschl. v. 27. 4. 1994 – 5 AZR 747/93, NZA 1994, 683.

170 EuGH, Urt. v. 2. 5. 1996 – C-206/94 *„Brennet AG / Vittorio Paletta"*, NZA 1996, 635.

171 BAG, Urt. v. 19. 2. 1997 – 5 AZR 747/93, NZA 1997, 705.

172 Az. 10 Sa 85/97.

173 LAG Baden-Württemberg, Urt. v. 9. 5. 2000 – 10 Sa 85/97, NZA-RR 2000, 514.

174 Über diesen Rechtsstreit hat *Christoph Schmitz-Scholemann* berichtet (o. Fußn. D.49).

175 BGH, Urt. v. 15. 7. 2010 – I ZR 57/08, NJW-RR 2011, 331.

176 Vgl. www.welt.de/finanzen/verbraucher v. 28. 10. 2011.

177 So *Schmitz-Scholemann*, o. Fußn. D.49.

178 ArbG Nienburg, Urt. v. 7. 1. 1986 – 2 Ga 17/85, NZA 1986, 829; vgl. dazu auch *Gerhardt*, Wenn man's Recht betrachtet, S. 32 f.

179 St. Rspr., vgl. schon BAG, Urt. v. 10. 11.1955 – 2 AZR 591/54, BAGE 2, S. 221.

180 Bejahend: LAG Hamburg, Urt. v. 10. 6. 1994 – 6 Sa 42/94, LAGE BGB § 611 Beschäftigungspflicht Nr. 37; *Kappenhagen*, FA 2007, 167; ablehnend: LAG Hessen, Urt. v. 14. 3. 2011 – 16 Sa 1677/10, NZA-RR 2011, 419; ErfK/*Preis*, § 611 BGB Rdnr. 568.

181 Zuletzt BAG, Urt. v. 26. 5. 1977 – 2 AZR 632/76, NJW 1978, 239.

182 BAG (GS), Beschl. v. 27. 2. 1985 – GS 1/84, BAGE 48, 122.

183 So *Söllner*, in: Gedächtnisschr. für *Heinze*, (2005), 867.

184 *Söllner*, o. Fußn. 272, 867 (879).

185 Sog. „Letzte Hand"-Fassung von *Martin Luther*, 1545.

186 Von dem amerikanischen Schriftsteller *Sinclair Lewis* (1885-1951) stammt allerdings auch die Erkenntnis: „Auf die Arbeit schimpft man nur so lange, bis man keine mehr hat."

187 *Russell*, Lob des Müßiggangs, in: Philosophische und politische Aufsätze, (1971), S. 166 (178).

188 ArbG Düsseldorf, Urt. v. 8. 7. 1985 – 9 Ga 40/85, NJW 1985, 2975.

189 Im Vordergrund steht dabei nicht die von dem Kapuzinermönch *Walter Luding* vertretene Weisheit: „Nichtstun ist schön, solange wir es freiwillig tun." (zit. nach Kalender 2012 des Instituts der deutschen Wirtschaft, 17. Woche, April 2012).

190 ArbG Freiburg, Beschl. v. 25. 1. 2007 – 13 Ca 511/06.

191 LAG Baden-Württemberg, Beschl. v. 24. 5. 2007 – 9 Ta 2/07, AuR 2007, 442.

192 *Kurt Tucholsky,* der u. a. auch Jurist war, steht aus der Sicht mancher für beleidigungsfähige Literaturzitate, wie z. B. für den Satz: „Soldaten sind Mörder." (Der bewachte Kriegsschauplatz, in: Die Weltbühne, Nr. 31 v. 4. 9. 1931).
193 *Seul,* S. 50.
194 ArbG Detmold, Urt. v. 23. 8. 2007 – 3 Ca 842/07, NZA 2008, 318.
195 ArbG Detmold – 1 Ca 1129/06.
196 LAG Hamm, Urt. v. 21. 2. 2008 – 8 Sa 1736/07, BeckRS 2008, 53988.
197 BGBl. I/2006, S. 1897 geht auf die europäischen Anti-Diskriminierungsrichtlinien zurück. Ziel des AGG ist es, „Benachteiligungen aus Gründen der Rasse oder wegen der ethnischen Herkunft, des Geschlechts, der Religion oder Weltanschauung, einer Behinderung, des Alters oder der sexuellen Identität zu verhindern oder zu beseitigen" (§ 1 AGG).
198 Vgl. die Meldung in der Metallzeitung 10/2009, S. 5.
199 Vgl. ArbG Stuttgart, Urt. v. 15. 4. 2010 – 17 Ca 8907/09, NZA-RR 2010, 344, allerdings mit der Maßgabe, dass keine Diskriminierung wegen ethnischer Herkunft angenommen worden ist; dazu Anm. v. *Bauer,* ArbR 2010, 228; vgl. auch *Bauer/Göpfert/Krieger,* AGG, 3. Aufl. (2011), § 1 Rdnr. 23.
200 Vgl. die Meldung in AiB 2004, 147: „Mit den Falten kommt die Kündigung."
201 Vgl. *Bücker,* Wer die Hölle fürchtet, kennt das Büro nicht, (2011). Die daraufhin vom Arbeitgeber des Autors ausgesprochene Kündigung wegen (angeblich) erkennbarer Rückschlüsse auf im Unternehmen tätige Mitarbeiter hat das LAG Hamm, Urt. v. 15. 7. 2011 – 13 Sa 436/11, BB 2011, 1844, für unwirksam erklärt, vgl. dazu auch Metallzeitung 12/2011, S. 7.
202 Vgl. die Meldung der Stuttgarter Zeitung v. 20. 10. 2009, S. 1.
203 BAG, Beschl. v. 11. 11. 1986 – 3 ABR 74/85, NZA 1987, 449.
204 *Reinecke,* in: Festschr. für *Franz Josef Düwell,* 2011, 399 (408 f.).
205 NZA 2011, 233.
206 BGBl. I/2011, S. 2854.
206a BT-Drucks. 17/9781.
207 BVerfG, Beschl. v. 20. 7. 1981 – 1 BvR 1417/80, NJW 1981, 2178; dazu auch *Gerhardt,* Wenn man's Recht betrachtet, S. 29 ff.
208 *Bauer/Göpfert/Krieger,* § 1 Rdnr. 51.
209 Vgl. schon BVerwG, Urt. v. 27. 3. 1992 – 7 C 21/90, NJW 1992, 2496.
210 *Bauer/Göpfert/Krieger,* § 1 Rdnr. 31.
211 *Bauer/Göpfert/Krieger,* § 1 Rdnr. 31.
212 BAG, Beschl. v. 22. 3. 1995 – 5 AZB 21/94, DB 1995, 1714.
213 *Bauer/Baeck/Merten,* DB 1997, 2534: „Scientology – Fragerecht des Arbeitgebers und Kündigungsmöglichkeiten"
214 So hat schon *Preis,* NZA 2006, 401 (410) zu Recht gemutmaßt: „Es zeichnet sich ab, dass das Verbot der Altersdiskriminierung zu dem arbeitsrechtlichen Thema der nächsten Jahre wird."

215 EuGH, o. Fußn. B. 44.
216 BAG, Urt. v. 9. 9. 2010 – 2 AZR 714/08, NZA 2011, 343.
217 Vgl. *Wiedemann/Thüsing*, NZA 2002, 1234 (1236).
218 *Schmitz-Scholemann/Bruhne*, RdA 2011, 129 (135).
219 „Und das ist die Ordnung für die Richter der Gemeinde: Bis zehn Männer, auserlesen aus der Gemeinde, dem Zeitbedürfnis entsprechend vier aus dem Stamm Lewi und Aaron und sechs aus Israel. Sie sollen erfahren sein in dem Buch Hehago und in den Grundlagen des Bundes, 25 (*sic!*) bis 60 Jahre alt. Nicht soll einer noch im Alter von 60 Jahren und darüber auftreten, um die Gemeinde zu richten. Denn durch den Treubruch der Menschen haben seine (Lebens-)Tage abgenommen, und in der Zornglut Gottes wider die Einwohner der Erde hat er befohlen, dass ihre Erkenntnis wiche, bevor sie ihre Tage vollendet hätten." Die Damaskus-Schrift, Text A. 2, X. 4., zit. nach *Schmitz-Scholemann/Bruhne*, RdA 2011, 129 (135), Fußn. 27.
220 BAG, Urt. v. 20. 3. 2012 – 9 AZR 529/10.
221 Vgl. EuGH, Urt. v. 8. 9. 2011 – C-297/10 und C-298/10, NZA 2011, 1100 „*Hennings*"; BAG, Urt. v. 10. 11. 2011 – 6 AZR 148/09 und 6 AZR 481/09; BAG, Urt. v. 8. 12. 2011 – 6 AZR 319/09, NZA 2012, 275.
222 EuGH, a. a. O.
223 BAG, Urt. v. 28. 7. 2005 – 3 AZR 457/04, NZA-RR 2006, 591.
224 BAG, Vorlagebeschl. vom 27. 6. 2006 – 3 AZR 352/05, NZA 2006, 1276.
225 EuGH, Urt. v. 23. 9. 2008 – C-427/06 „*Bartsch*", NJW 2008, 3417; dazu *Bauer/Arnold*, NJW 2008, 3377.
226 *Schmitz-Scholemann/Bruhne*, RdA 2011, 129 (141).
227 So das Fazit bzw. die Frage von *Schmitz-Scholemann/Bruhne*, RdA 2011, 129 (141).
228 VG Gelsenkirchen, Urt. v. 25. 6. 2008 – 1 K 3143/06, NVwZ-RR 2009, 252; *Bauer/Göpfert/Krieger*, § 1 Rdnr. 44.
229 BAG, Urt. v. 13. 10. 2011 – 8 AZR 608/10 entgegen den m. E. richtigen Entscheidungen beider Vorinstanzen.
230 BGBl. II/1998, Nr. 25 v. 16. 7. 1998, S. 1314.
231 *Werner Birkenmaier*, Stuttgarter Zeitung v. 28. 1. 2012, S. 3.
232 LAG Rheinland-Pfalz, Beschl. v. 28. 1. 1987 – 10 Ta 1/87.
233 Am 23. 9. 2011 konnten „200 Jahre Arbeitsrechtsprechung in Köln" gefeiert werden.
234 Solche Fälle scheinen zu belegen, dass das Anwaltsboot nach wie vor voll ist. So hat *Hagenkötter* im NJW-Editorial 5/2004 beklagt, junge Anwälte müssten sich zunehmend als „forensische Laufschweine" oder „Aktenautisten" für einen Halbtagsjob in irgendeiner Provinzkanzlei mit EUR 400,– im Monat durchschlagen; ihre Zukunftsperspektive sei gleich Null; viele von ihnen würden als Taxifahrer oder mit Depressionen beim Psychiater enden.
235 Sittenwidrige Vergütungsvereinbarungen mit angestellten Anwälten sind nicht so selten wie man annehmen sollte, vgl. LAG Hessen, Urt. v.

28. 10. 1999 – 5 Sa 169/99, NZA-RR 2000, 521: DM 1.300,– mtl. bei 35-Stunden-Woche sind entschieden zu wenig.
236 ArbG Köln, Urt. v. 21. 1. 2010 – 6 Ca 3846/09; vgl. auch ArbG Paderborn, Urt. v. 21. 7. 2010 – 2 Ca 423/10, wonach die bloße Tatsache, dass ein langjähriger Mitarbeiter rund eine Viertelstunde für einen Toilettengang benötigt, keine fristlose Kündigung rechtfertigt.
237 *Harald Schmidt*, FAZ v. 7. 3. 2011, Nr. 55, S. 3.
238 LAG Köln, Urt. v. 13. 7. 2005 – 7 Sa 1597/04.
239 LAG Hamm, Urt. v. 26. 11. 2004 – 15 Sa 463/04, NZA-RR 2005, 414.
240 Vgl. *Bauer*, in: Festschr. zum 25-jährigen Bestehen der Arbeitsgemeinschaft Arbeitsrecht im DAV, (2006), S. 1123 (1128).
241 ArbG Marburg, Urt. v. 3. 11. 1995 – 2 Ca 413/95, NZA-RR 1996, 451.
242 So die Meldung im schnellbrief Arbeitsrecht 21/1996, S. 5.
243 Diese Frage wirft zu Recht der schnellbrief Arbeitsrecht auf (o. Fußn. 331).
244 So Metallzeitung, Mai 2010, S. 25.
245 *Bauer*, Handelsblatt v. 23. 3. 2005, Nr. 58, S. 39.
246 LAG Düsseldorf, Beschl. v. 14. 11. 2005 – 10 TaBv 46/05, NZA-RR 2006, 81 „*Wal-Mart*"; vgl. auch BAG, Beschl. v. 22. 7. 2008 – 1 ABR 40/07, NZA 2008, 1248 „*Honeywell*" und dazu *Dzida*, NZA 2008, 1265.
247 Allerdings sollten die von der IG Metall empfohlenen „Regeln für Verliebte" beachtet werden (Metallzeitung, Mai 2010, S. 25): „Dauert das Strohfeuer nur 24 Stunden, bleibt es besser geheim." Das gipfelt in der Erkenntnis, dass ein „One-Night-Stand unter Kollegen selten vor dem Traualtar endet". Ein Satz, der *Hohlspiegel*-verdächtig ist!
248 www.sueddeutsche.de/kultur v. 13. 12. 2011; vgl. dazu auch LG Düsseldorf, Urt. v. 16. 12. 1987 – 2 O 222/87, NJW 1988, 345.
249 BAG, Urt. v. 3. 10. 1979 – 4 AZR 903/77, AP Nr. 1 zu § 1 TVG Tarifverträge: Land- und Forstwirtschaft.
250 BAG, Urt. v. 23. 8. 2006 – 7 AZR 12/06, NZA 2007, 204.
251 BAG, Urt. v. 6. 4. 2011 – 7 AZR 716/09, NZA 2011, 905; BAG, Urt. v. 21. 9. 2011 – 7 AZR 375/10.
252 So z. B. *Höpfner*, NZA 2011, 893.
253 Kap. I. 3., S. 13 ff.
254 Vgl. *Bauer*, NJW-Editorial, Heft 51/2005.
255 BAG, Urt. v. 23. 9. 1976 – 2 AZR 309/75, DB 1977, 213.
256 ArbG München, Beschl. v. 26. 2. 2004 – 26 Ca 14314/03, NZA-RR 2005, 43. Soweit in NZA-RR 2005, 43 allerdings der 29. 10. 2003 als Datum des Beschlusses angegeben wird, ist dies falsch: Laut EuGH stammt der Vorlagebeschluss vom 26. 2. 2004.
257 EuGH, Urt. v. 22. 11. 2005 – C-144/04 „*Mangold*", NJW 2005, 3695.
258 Auf diese Möglichkeit hatte ich in NZA 2005, 800 hingewiesen.
259 Ein ähnlicher Verdacht drängte sich auch schon im *Draehmpael*-Verfahren des EuGH (Urt. v. 22. 4. 1997 – C-180/95, NZA 1997, 645, Vorlage durch das ArbG Hamburg) auf, dem eine auffallend geschlechtsdiskriminierende Stellenanzeige zu Grunde lag.

260 Darauf hat zu Recht *Krannich*, im NZA-Editorial Heft 18/2011 hinge-
     wiesen.
261 BAG, Urt. v. 16. 12. 2004 – 2 ABR 7/04, NZA-RR 2005, 615.
262 BAG, Urt. v. 26. 4. 1990 – 6 AZR 589/88, NZA 1990, 981.
263 Vgl. schon *Bauer*, NZA 1999, 11; *ders.*, in: Festschr. 50 Jahre Bundesar-
     beitsgericht, (2004), S. 1275; *ders.*, Anwälte und ihre Geschichte, (2011),
     S. 879 (889 ff.).
264 *Willemsen*, NJW 2007, 2065 (2075).
265 BSG, Urt. v. 15. 11. 1973 – 11 RA 99/72, BSGE 36, 251.
266 SG Koblenz, Urt. v. 1. 6. 2006 – S 11 AS 317/05, AuR 2006, 409.
267 Hessisches LSG, Beschl. v. 9. 8. 2006 – L 7 SO 23/06 ER und L 7 B
     62/06 SO, ZfSH/SGB 2007, 88.
268 SG Dortmund, Urt. v. 22. 9. 1998 – S 36 U 294/97, HVBG-Info 1999,
     2152.
269 Bayerisches LSG, Urt. v. 6. 5. 2003 – L 3 U 323/01, NJW-RR 2003,
     1462.
270 SG Bremen, Urt. v. 28. 6. 1996 – S 18 U 186/95, AuR 1997, 40.
271 Vgl. auch *Höcker/Brennecke*, S. 26.
272 Vgl. NZA aktuell, NZA 16/2011, XVI zum geltend gemachten Entschä-
     digungsanspruch einer australischen Regierungsangestellten, der während
     einer Dienstreise beim Sex in einem Motel ein gläserner Lampenschirm
     ins Gesicht fiel und der Frau Verletzungen an Nase, Mund und Gebiss
     zugefügt hatte. Begründung für den Anspruch: Sex auf Dienstreisen sei
     ein „normaler Vorfall der üblicherweise nachts in Motelzimmern statt-
     finde"; der Geschlechtsverkehr sei deshalb Teil der Dienstreise gewesen.
273 LSG Baden-Württemberg, Urt. v. 22. 11. 2011 – L 2 U 5633/10, BeckRS
     2011, 78281.
273a LSG Ba-Wü, Urt. v. 21. 10. 2011 – L 12 AL 2879/09, AuR 2011, 487.
274 BVerwG, Urt. v. 3. 12. 1965 – VII C 90/61, NJW 1966, 1883; dazu auch
     Heinze, o. Fußn. A. 1.
275 Vgl. VG Berlin, Beschl. v. 29. 3. 2004 – 28 A 81.04, DÖD 2005, 118.
276 Vgl. OVG Berlin, Urt. v. 17. 8. 1978 – OVG III B 35.78, DVBl. 1979,
     355.
277 Lesenswert ist dazu der Bericht eines unbekannten Verfassers, der im
     Urteil des OVG Berlin, Urt. v. 17. 8. 1978 – OVG III B 35.78, DVBl.
     1979, 355 wiedergegeben ist.
278 VG Köln, Urt. v. 15. 12. 2005 – 6 K 6285/04, NWVBl. 2006, 196.
279 OVG Hamburg, Beschl. v. 3. 3. 1978 – OVG Bf. 186/77 und anschlie-
     ßend BVerwG, Beschl. v. 7. 8. 1978 – 7 B 144/78. Dieser Fall wird auch
     von *Gerhardt*, Wenn man's Recht betrachtet, S. 35, wiedergegeben.
280 BVerfG, Beschl. v. 13. 1. 1979 – BvR 1022/78, BVerfGE 52, 380.
281 *Leutheußer*, Erkenne Dich selbst – Das Bild des Anwalts in der Karikatur,
     (1995), S. 82.
282 *Lechner/Zuck*, § 30 Rdnr. 11; ein schönes Beispiel dazu, auch wenn der
     Anlass „Reiten im Walde" eher belanglos war, BVerfG, Beschl. v.

Anmerkungen

6. 6. 1989 – 1 BvR 921/85, NJW 1989, 2525 mit Sondervotum v. *Grimm*, NJW 1989, 2528.
283 Vgl. *Lechner/Zuck*,§ 30 Rdnr. 11.
284 *Isensee*, in: Verhandlungen des 61. Deutschen Juristentages, Karlsruhe, (1996), Bd. 2/1, H 5 (10).
285 Z.B. *Grimm*, NJW 1989, 2528: Sondervotum zu BVerfG, Beschl. v. 6. 6. 1989 – 1 BvR 921/85, NJW 1989, 2525.
286 Vgl. Sondervotum, in: Die Urteile des BVerfG vom 14. 5. 1996 zum neuen Asylrecht, JZ-Sonderheft 1996, 55 (57 f.): „Um so unschlüssiger"; BVerfGE 93, 149 (151) – Sondervotum: Das BVerfG leistet der „Veränderung des vom Grundgesetz festgelegten gewaltenteiligen Verhältnisses zwischen Gesetzgeber und Verfassungsgericht weiter Vorschub"; BVerfGE 93, 149 (152) – Sondervotum: Das BVerfG etabliere sich gegenüber dem Gesetzgeber „als autoritativer Praeceptor".
287 Der Spiegel 10/2012, S. 152.
287a Ihm gebührt der Dank für die Genehmigung des hier wiedergegebenen Teils seiner Ode.
288 BVerfG, Urt. v. 14. 2. 2012 – 2 BvL 4/10, BeckRS 2012, 47146.
289 OVG Nordrhein-Westfalen, Beschl. v. 17. 1. 2002 – 19 B 99/02, NJW 2003, 1754.
290 BVerwG, Urt. v. 25. 8. 1993 – 6 C 8/91, NVwZ 1994, 578.
291 VG Osnabrück, Beschl. v. 1. 12. 2011 – 2 B 15/11 und 2 B 20/11. Vgl. dazu auch den „Schweinemäster"-Fall, BVerwG, Urt. v. 25. 2. 1977 – IV C 22/75, NJW 1978, 62.
292 Das ist in der Pressemitteilung 32/2011 v. 21. 12. 2011 des VG Osnabrück zu lesen.
293 BVerfG, Beschl. v. 16. 6. 1976 – 2 BvR 97/76, BVerfGE 42, 234.
294 OLG Köln, Beschl. v. 12. 12. 1975 – 2 Ws 473/75.
295 *Gerhardt*, Wenn man's Recht betrachtet, S. 25 f.
296 VG Düsseldorf, Urt. v. 2. 11. 2010 – 23 K 5235/07.
297 VGH Mannheim, Beschl. v. 5. 3. 2012 – 5 S 3239/11.
298 Hanseatisches OLG Hamburg, Urt. v. 19. 12. 2002 – 5 U 79/02, GRUR-RR 2003, 266.
299 AG Mönchengladbach, Urt. v. 25. 4. 1991 – 5a C 106/91, NJW 1995, 884.
300 *Zimmermann*, „Recht perVers und recht prosaisch", (1998), S. 15.
301 AG Frankfurt a.M., Urt. v. 14. 2. 1980 – 30 C 10408/79, Klatt, Entscheidungen, Lfg. 9 / November 1980, S. 798.
302 Vgl. Presseinformation des AG Frankfurt a.M. v. 21. 3. 2007 und dazu Feuilleton der FAZ v. 22. 3. 2007, Nr. 69, S. 35.
303 Zit. nach AuR 2007, 131.
304 Bild-Zeitung v. 3. 2. 2012, S. 2.
305 Die Welt v. 4. 2. 2012, S. 6.
305a Vgl. auch den Bericht der Zeitschrift Der Spiegel 25/2012, S. 36, zur Praxis islamistischer Streitschlichter in Deutschland.
306 BGH, Urt. v. 2. 11. 1966 – IV ZR 239/65, NJW 1967, 1078.

286

307 LG München, Teilurt. v. 24. 8. 1981 – 6 HKO 26/74, JZ 1982, 122; erwähnt auch von *Heinze*, o. Fußn. A. 1.
308 Zit. nach FA 2008, 45.
309 AG Hagen, Urt. v. 9. 9. 1996 – 14 C 149/96, NJW-RR 1997, 727.
310 AG Gießen, Urt. v. 20. 8. 1987 – 46 C 1003/87, NJW-RR 1988, 442.
311 *Zuck*, NJW 1997, 2092.
312 OLG Braunschweig, Beschl. v. 27. 4. 1995 – 1 W 12/95, NJW 1995, 2113.
313 *Feuerich/Weyland*, § 20 BORA Rdnr. 2.
314 LG Stuttgart, Urt. v. 12. 6. 1996 – 21 O 519/95, AG 1996, 561 mit Einleitung von *Mertens*.
315 AG München, Urt. v. 11. 11. 1986 – 28 C 3374/86, NJW 1987, 1425 mit Anm. von *Putzo*.
316 AG Köln, Urt. v. 12. 10. 1984 – 226 C 356/84, NJW 1986, 1266.
317 LG Köln, Urt. v. 22. 1. 1986 – 19 S 138/85, NJW 1987, 1421.
318 BGH, Urt. v. 27. 6. 1961 – I ZR 135/59, GRUR 1961, 544.
319 AG Aachen, Urt. v. 24. 4. 1997 – 10 C-529/96, NJW 1997, 2058.
320 AG Regensburg, Urt. v. 16. 3. 1999 – 4 C 4376/98, NJW 2000, 1047.
321 Vgl. *Beaumont*, NJW 1990, 1969.
322 NJW 1990, 1972.
323 AG Berlin-Schöneberg, Urt. v. 14. 7. 1989 – 16 D 370/89, NJW 1990, 1972.
324 AG Köln, Urt. v. 20. 7. 1985 – 266 C 718/65.
325 AG Bad Mergentheim, Beschl. v. 19. 12. 1996, 1 F 143/95, NJW 1997, 3033
326 AG Northeim, Urt. v. 2. 10. 1995 – 3 C 420/95, NJW 1996, 1144.
327 AG Düren, Urt. v. 13. 10. 1999 – 47 C 301/98, NJW 2001, 901.
328 AG Oldenburg, Urt. v. 16. 3. 1987 – 3 C 443/86, SchlHA 1987, 115.
329 *Sympher*, SchlHA 1987, 131.
330 *Werner Beaumont*, NJW 1989, 372.
331 AG Offenbach a. M., Urt. v. 22. 5. 2002 – 39 C 6315/96, NJOZ 2005, 185.
332 OLG München, Urt. v. 9. 2. 2012 – 23 U 2198/11.
332a BVerfG, Beschl. v. 27. 11. 1990 – 1 BvR 402/87, NJW 1991, 1471.
332b Supreme Court, Urt. v. 22. 6. 1964, 378 U.S. 184.
332c LG Saarbrücken, Urt. v. 15. 2. 2012 – 5 O 17/11, NJW 2012, 1456.
332d Vgl. Der Spiegel 22/2012, S. 53; vgl. auch Süddeutsche Zeitung v. 8. 5. 2012, Nr. 106, S. 10.
332e So jedenfalls der Bericht der Zeitschrift Der Spiegel 22/2012, S. 53.
333 LG Frankfurt, Urt. v. 17. 2. 1982 – 2/22 O 495/81, NJW 1982, 650 f.
334 FG Köln, Urt. v. 9. 11. 1987 – 11 K 3382/87, EFG 1988, 131.
335 *Koczwara*, S. 145.
336 BGH, Urt. v. 25. 11. 1952 – 1 StR 477/52, BGHSt 3, 330 (332); BGH, Urt. v. 4. 11. 1952 – 2 StR 261/52, BGHSt 4, 11 (12 f.); BGH, Urt. v. 7. 6. 1955 – 5 StR 104/55, BGHSt 8, 216 (218).
337 BGH, Urt. v. 22. 11. 1994 – 1 StR 626/94, NStZ 1995, 230 (231).

338 BGH, Urt. v. 7. 6. 1955 – 5 StR 104/55, BGHSt 8, 216 (218 f.).
339 LG Mannheim, Urt. v. 23. 1. 1997 – (12) 4 Ns 48/96, NJW 1997, 1995.
340 LG Mannheim, Urt. v. 29. 11. 1979 – 5 Ns 97/79.
341 Sehr lebensnah hat auch das AG Sondershausen geurteilt, als es am 26. 8. 2002 einen Zwanzigjährigen zum Toilettenputzen verdonnerte, nachdem er in einem Supermarkt auf Weinflaschen gepinkelt hatte. Der Verurteilte sollte merken, „wie das ist, wenn man den Dreck anderer Leute wegmachen muss", zit. nach www.rp-online.de/panorama/zwanzig-jaehriger-zum-toilettenputzen-verurteilt-1.2044869.
342 OLG Düsseldorf, Beschl. v. 18. 4. 1990 – 2 Ss (OWi) 97/90 – (OWi) 30/90 II, NJW 1990, 2264.
343 BVerwG, Urt. v. 26. 6. 1974 – VII C 36/72, NJW 1974, 2018.
344 BVerfG, Beschl. v. 28. 2. 1999 – 1 BvR 317/74, NJW 1979, 1493.
345 Gerhardt, Wenn man's Recht betrachtet, S. 19.
346 LG Hamburg, Urt. v. 23. 11. 1981 – (42) 139/81 Ns, NStZ 1982, 511.
347 Az. 1 BvR 956/82.
348 Vgl. www.shortnews.de/id v. 23. 9. 2004.
349 Mit diesem sog. „schwäbischen Gruß" hat Johann Wolfgang von Goethe im 3. Aufzug seines 1773 erschienenen und 1774 uraufgeführten Schauspiels „Götz von Berlichingen" ein Denkmal gesetzt. Das Götz-Zitat lautet: „Er aber, sag's ihm, er kann mich am Arsche lecken!"
350 Eine in der taz v. 6. 9. 2002 wiedergegebene Meldung der dpa.
351 So jedenfalls Rieble, NZA 2008, 276. Die TU Braunschweig hat am 21. 1. 2009 mitgeteilt, dass das Verfahren zur Aberkennung der Ehrendoktorwürde beendet wurde, weil Volkert von sich aus auf die Führung des Titels verzichtet hat.
352 Der Sachverhalt ist dem BGH-Urteil v. 17. 9. 2009 – 5 StR 521/08, NJW 2010, 92 entnommen.
353 LG Braunschweig, Urt. v. 25. 1. 2007 – 6 KLs 48/06, CCZ 2008, 32 mit Anm. v. Rieble, CCZ 2008, 34.
354 LG Braunschweig, Urt. v. 22. 2. 2008 – 6 KLs 20/07.
355 Der BGH, Urt. v. 17. 9. 2009 – 5 StR 521/08, BB 2010, 580, hat das Urt. des LG Braunschweig vom 22. 2. 2008 bestätigt, allerdings mit der Maßgabe, dass die zusätzliche Verurteilung wegen (Anstiftung zur) Betriebsratsbegünstigung aus formalen Gründen verworfen wurde. Vgl. auch den Artikel in der Süddeutschen Zeitung v. 19. 1. 2012, S. 22: „Betriebsräte zwischen Konsens und Kumpanei – Für eine Handvoll Euro".
356 Sex-Partys von Vertretern oder Mitarbeitern mit Prostituierten haben im Jahr 2011 auch am Renomee der Hamburg-Mannheimer-Versicherung, einer ERGO-Tochter, und der Bausparkasse Wüstenrot gekratzt.
357 OLG Koblenz, Beschl. v. 29. 12. 2011 – 1 Ss 213/11; vorgehend LG Koblenz, Urt. v. 27. 6. 2011 – 2070 Js 43408/11.
358 So Der Spiegel, 4/2012, S. 34.
359 Der Spiegel, 4/2012, S. 34.
360 BGH, Urt. v. 30. 10. 1963 – 2 StR 357/63, BGHSt. 19, 163.

361 OLG Koblenz, o. Fußn. D.357, Rdnr. 16.
362 OLG Koblenz, o. Fußn. D.357, Rdnr. 22.
363 AG Rheine, Urt. v. 9. 5. 1994 – 5 Ds 47 Js 662/93, NJW 1995, 894.
364 *Sendler*, NJW 1995, 847 (849).
365 Als ehemaliger Corpsstudent und immer noch Freiburger Rhenane kann ich die Richtigkeit dieser Aussage nicht leugnen!
366 AG Höxter, Urt. v. 21. 6. 1995 – 8 Cs 47 Js 655/95, NJW 1996, 1162.
367 *Beaumont*, NJW 1989, 372; *ders.*, NJW 1990, 1969 (1970 f.).
368 OLG Karlsruhe, Urt. v. 26. 4. 1956 – 2 Ss 27/56, erst in NJW 1990, 2009 veröffentlicht.
369 Das von *Beaumont*, NJW 1989, 373 wiedergegebene Zitat findet sich nicht im (teilweise) abgedruckten Urteil.
370 Der Spiegel, 16/2012, S. 55.
370a BGH, Beschl. v. 31. 5. 2012 – 2 StR 610/11.
371 Auf diesen Beschluss hat *Heinze*, o. Fußn. 1, hingewiesen; vgl. auch Der Spiegel, 39/1970, S. 240 unter der Rubrik „Hohlspiegel".
372 *Heinze*, o. Fußn. A. 1.
373 Das hat *Beaumont*, NJW 1989, 372 berichtet.
374 Bundeskartellamt, Beschl. v. 2. 5. 1988, WuW 1988, 916.
375 *Beaumont*, NJW 1990, 1969 (1970).
376 *Beaumont*, NJW 1990, 1969 (1970).
377 Dass das mit Gedichten so eine Sache ist, hat auch der fast vergessene Groß-Literat *Günter Grass* mit seinem an Ostern 2012 von der Süddeutschen Zeitung, der New York Times und der La Republicca abgedruckten Prosa-Gedicht „Was gesagt werden muss" erfahren müssen.
378 *Putzo*, NJW 1987, 1426.
379 *Sendler*, NJW 1995, 847.
380 Ähnlich sieht das das LAG Hamm, Urt. v. 21. 2. 2008 (s. o. D. II. 12). Eine Grenze sei jedenfalls bei einer nicht durch legitime Verfahrensziele gerechtfertigten persönlichen Herabwürdigung einer Partei durch die Urteilsform erreicht. Häufig wird das entsprechende Urteil aber nicht auf diesem Verfahrensmangel beruhen und daher eine Aufhebung allein aus diesem Grund ausscheiden.
381 Vgl. *Beaumont*, NJW 1989, 372.

E. Krone der Jurisprudenz: Anwaltschaft

1 Vgl. *Zuck*, früher auch mal „*Gleissianer*", der in seinem Beitrag in der NJW 2012, 1681 „Der Gute Anwalt – Sein Beruf und seine Berufung" pointiert und optimistisch ein zeitgenössisches anwaltliches Berufsbild skizziert.
2 *Barth*, juve Rechtsmarkt 12/2010, S. 114.
3 Vgl. auch *Prantl*, Süddeutsche Zeitung v. 14. 6. 2012, S. 4 zum „Kampf ums Recht als Überlebenskunst."
4 *Barth*, o. Fußn. E.2.

5 *Barth*, o. Fußn. E.2.
6 So zu lesen bei *Schmidt/Hanel*, S. 90, allerdings mit dem ironischen Zusatz „so sagt man".
7 Vgl. FAZ v. 3. 2. 2012, S. 18.
8 So hat sich *Bernd Scheiffele*, Vorstandsvorsitzender der HeidelbergCement AG, der frühere „*Gleissianer*", am 2. 2. 2012 auf dem ersten Unternehmensjuristenkongress geäußert, FAZ v. 3. 2. 2012, S. 18.
8a Diese Aussage von *Woody Allen* wird vom Generalanwalt *Dámaso Ruiz-Jarabo Colomer* in seinem Schlussantrag in der Rechtssache C-267/06 „*Maruko*" in Fn. 86 zitiert. Hier ging es um die Weigerung, dem Hinterbliebenen aus einer Paarbeziehung gleichen Geschlechts Rente zu gewähren.
9 *Barth*, o. Fußn. E.2.
10 So *Schmidt/Hanel*, S. 18.
11 So *Schmidt/Hanel*, S. 20.
12 Broschüre der Arbeitsgemeinschaft Anwältinnen im DAV „Anwältin und Mutter – klar geht das", März 2012.
12a Auch ihm gilt der Dank für die erlaubte Wiedergabe des Redeauszugs.
13 So zu lesen im Leitartikel „Das Drama der Anspruchselite" von *Reinhard Müller*, FAZ v. 5. 9. 2002, S. 1.
14 LAG Berlin-Brandenburg, Urt. v. 3. 6. 2010 – 15 Sa 166/10, BB 2010, 2367.
15 BAG, Urt. v. 17. 8. 2011 – 5 AZR 406/10, NZA 2011, 1335.
16 Zit. nach *Koczwara*, S. 9.
17 Hinsichtlich der Professoren zeigt sich, dass der erfolgreiche Slogan der 68er Studentenbewegung „Unter den Talaren Muff von 1000 Jahren" durchaus ambivalent gesehen werden kann.
18 Heute sprechen wir von Roben. Sie sollen Erhabenheit, Autorität und Objektivität (wohl nur bei Richtern) signalisieren. Dabei ist der Ursprung des Wortes „Robe" gar nicht ehrenhaft. „Erbeutetes Kleid" ist die eigentliche Bedeutung, weil es dem althochdeutschen Wort „Roub" entlehnt ist, was das Herunterreißen der Kleidung von besiegten Kriegsgegnern bezeichnet.
19 Keine Spitzbuben sind die Anwälte im Bezirk des OLG Stuttgart, zu denen auch ich gehöre. Es handelt sich um besonders ehrenwerte Vertreter ihrer Zunft, weil nur ihnen es gestattet ist, Roben mit Samtbesatz zu tragen (§ 2 I der VO v. 1. 7. 1976, GBl. Ba-Wü 1976, 527)
20 *Wagner*, FA 2004, 1.
21 In dieser Kabinettsorder bekamen allerdings auch die Richter ihr Fett ab: „Dagegen werden wir nicht gestatten, dass irgendein Richter unsere Gesetze zu interpretieren, auszudehnen oder einzuschränken, viel weniger neue Gesetze zu geben, sich einfallen lässt." Wohl eher ironisch als anerkennend hat in diesem Zusammenhang auch *Johann Wolfgang von Goethe* in den „Zahmen Xenien" gemeint: „Im Auslegen seid frisch und munter! Legt ihr's nicht aus, so legt was unter."

22 *Klaus Klages*, Homepage, Spruch des Tages am 4. 6. 2010.
23 Zit. nach *Koczwara*, S. 9.
24 *Schmidt/Hanel*, S. 24.
25 Vgl. *Honoré de Balzac,* in: La Maison Nucingen, 1837/1838.
26 LG Köln, Urt. v. 15. 11. 2011 – 5 O 344/10.
27 Vgl. *Jahn*, FAZ v. 31. 3. 2012, Nr. 78, S. 18: „Die Schlacht um den Wechsel eines Anwalts".
28 LG Halle (Saale), Beschl. v. 20. 1. 2006 – 5 O 577/04.
29 Zit. nach www.juracommunity.de/zitate.
30 Das wird von *Nentwig*, Rechtsanwälte in Karikatur und Anekdote, S. 70, berichtet.
31 *Westermann*, S. 45.
32 Zit. nach Die Welt v. 22. 2. 1999, S. 12.
33 *Alfred Gleiss*, Besseres Deutsch mit lebendigen Beispielen – Sprache auf dem rechten Gleis, (1976); *ders.*, Unwörterbuch – Sprachsünden und wie man sie vermeidet, (1984).
34 *Nentwig*, Rechtsanwälte in Karikatur und Anekdote, S. 60.
35 *Dolde/Bauer*, BB 1978, 1675. *Dolde* hat dann *Gleiss Lutz* leider in den 80er Jahren verlassen. Er ist Namensgründer der Kanzlei *Dolde Mayen & Partner* mit Sitz in Stuttgart und Bonn. Er gehört zu den Top-Verwaltungsrechtlern Deutschlands.
36 *Bauer/Rennpferdt*, AR-Blattei Kündigung V, 9. und 45. Lfg., 1994, 1997.
37 *Nentwig*, Rechtsanwälte in Karikatur und Anekdote, S. 64.
38 Vgl. Stuttgarter Zeitung v. 8. 9. 2011, S. 11.
39 Vgl. *Weiss*, Arbeitsrecht als Gegenstand der Beratungen des Deutschen Juristentags, in: Festschr. 150 Jahre Deutscher Juristentag, (2010), S. 370; vgl. auch *Bauer*, in: Anwälte und ihre Geschichte, (2011), S. 879 (891).
40 Den Vorsitz solcher Einigungsstellen, der noch besser vergütet wird, haben allerdings regelmäßig Arbeitsrichter inne. Sie deshalb als durch Einigungsstellen-Honorare „gefütterte Knechte des Kapitals" zu bezeichnen, geht allerdings zu weit (so auch *Schmitz-Scholemann*, o. Fußn. D.49).
41 *Fitting*, Nach § 1 Rdnr. 26.
42 ArbG Köln, Urt. v. 6. 2. 1996 – 6 Ga 15/96, AuR 1996, 158 mit dem von *Rudolf Buschmann* sinnigerweise initiierten Hinweis: „Berufung eingelegt von *Jobst-Hubertus B.*"
43 LAG Köln, Urt. v. 14. 6. 1996 – 4 Sa 177/96, AuR 1996, 410.
44 *Grunsky*, § 54 Rdnr. 8.
45 *Rüpke*, NJW 2002, 2835.
46 *Streck*, S. 19 f.
47 Der Spiegel, 49/2011, 177.
48 *Nentwig*, Rechtsanwälte in Karikatur und Anekdote, S. 36.
49 Der Focus 12/2003, S. 98 (100).
50 Zit. nach *Nentwig*, Rechtsanwälte in Karikatur und Anekdote, S. 14 (93).
51 *Seul*, S. 47.
52 *Ludwig Thoma*, Brief an einen Gönner, zit. nach: *Otto Gritschneder*, Ludwig

Thoma und die Justiz, in: *Hermann Weber* (Hrsg.), Prozesse und Rechtsstreitigkeiten um Recht, Literatur und Kunst, (2002), S. 12 ff.

53 Vgl. *Erdmann-Degenhardt*, NJW 1989, 337.

54 *Nentwig*, Rechtsanwälte in Karikatur und Anekdote, S. 38.

Buchanzeige

Erfurter Reihe zum Arbeitsrecht

Bauer/Diller

Wettbewerbsverbote

Rechtliche und taktische Hinweise für Arbeitgeber, Arbeitnehmer und vertretungsberechtigte Organmitglieder

Von Prof. Dr. Jobst-Hubertus Bauer und Dr. Martin Diller, beide Rechtsanwälte und Fachanwälte für Arbeitsrecht

6. Auflage. 2012
XXX, 512 Seiten. Kartoniert
€ 55,–
ISBN 978-3-406-63905-0

Zum Werk

Die Bedeutung nachvertraglicher Wettbewerbsverbote für Arbeitnehmern und Führungskräfte nimmt in einer immer schnelllebigeren Wirtschaft ständig zu. Der Umgang mit solchen Wettbewerbsverboten wird jedoch durch eine ausufernde Rechtsprechung sowie sozial- und steuerrechtliche Fallstricke immer schwieriger. Ziel des Buches ist die umfassende Darstellung des Rechts der nachvertraglichen Wettbewerbsverbote mit Arbeitnehmern und Organmitgliedern unter Einbeziehung aller arbeits-, steuer-, sozialversicherungs- und wettbewerbsrechtlichen Fragen.

Vorteile auf einen Blick

- kompakte und kompetente Darstellung der rechtlichen und taktischen Vorgehensweise
- prominente Autoren

Zur Neuauflage

Einzuarbeiten war eine sehr lebhafte Rechtsprechung sowohl der Arbeits- als auch der Zivilgerichte. Fast zehn Jahre nach Ausdehnung des AGB-Rechts auf Arbeitsverträge stellen sich ständig neue AGB-rechtliche Fragen.
Die 6. Auflage des Standardwerks berücksichtigt mit Stand Februar 2012 alle Gesetzesänderungen, insbesondere im Handelsrecht, Sozialversicherungs- und Steuerrecht.
Die Randnummern wurden neu durchgezählt. Bei dieser Gelegenheit wurden an vielen Stellen zur besseren Verständlichkeit die Gliederung umgestellt oder Zwischenüberschriften eingefügt.
Zahlreiche Beispiele, Muster und Checklisten mit Hinweisen zur praktischen und vor allem taktischen Handhabung sollen verdeutlichen, wie Wettbewerbsverbote effektiv und rechtlich wirksam vereinbart werden, was bei der Beendigung des Arbeitsverhältnisses zu beachten ist, wie sich der Arbeitgeber vor Umgehungen schützen und auf Verstöße schlagkräftig reagieren und der Arbeitnehmer sich gegen die Inanspruchnahme aus einem Wettbewerbsverbot wehren kann.

Zielgruppe

Für Rechtsanwälte, Arbeitgeber, Arbeitnehmer, Organmitglieder und Richter.

Zu den Autoren

Dr. Jobst-Hubertus Bauer und Dr. Martin Diller, Rechtsanwälte und Fachanwälte für Arbeitsrecht, sind durch die tägliche Praxis mit der Materie der Wettbewerbsverbote bestens vertraut und weisen sich durch zahlreiche Publikationen hierzu als Kompetenzteam aus.